LE

NOUVEL OPÉRA

DE PARIS

LE
NOUVEL OPÉRA
DE PARIS

PAR

M. CHARLES GARNIER

ARCHITECTE
MEMBRE DE L'INSTITUT

VOLUME I

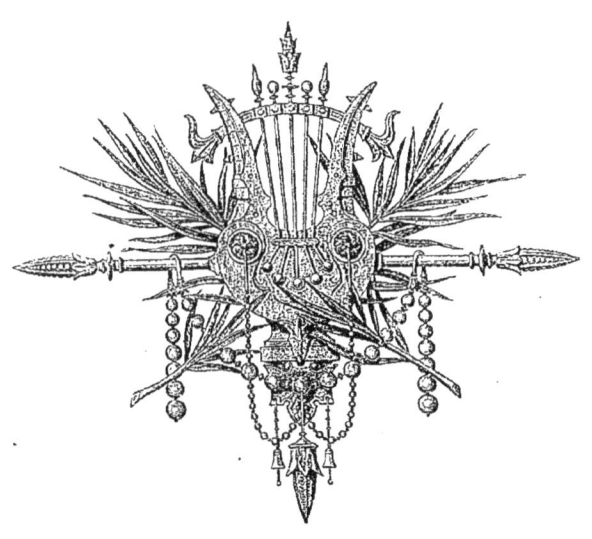

PARIS
LIBRAIRIE GÉNÉRALE DE L'ARCHITECTURE ET DES TRAVAUX PUBLICS
DUCHER ET Cie
51, RUE DES ÉCOLES, 51
1878

AVANT-PROPOS

Je commence ce livre avec l'espérance d'être lu, avec le désir d'être utile à plusieurs, et surtout avec la volonté d'être sincère. Il ne me plairait guère d'écrire ici une description d'un monument que bien d'autres déjà ont décrit avant moi; mais il me convient de le juger moi-même et au besoin de dire de mon œuvre et tout le bien que j'en sais et tout le mal que j'en pense.

Cette espèce de confession n'aurait, à vrai dire, qu'un médiocre intérêt si je me bornais à me dresser un piédestal ou à me traîner aux gémonies; mais il me paraît que la critique raisonnée du nouvel Opéra, critique s'étendant même parfois aux productions de mes collaborateurs, peut n'être pas tout à fait indifférente si elle indique les motifs qui ont pu m'amener à prendre telle ou telle décision.

Je dirai donc, en les discutant, les points qui ne me satisfont pas; mais je dirai de même, et sans fausse modestie, ceux qui me paraissent dignes d'être approuvés. En procédant ainsi, l'examen du monument s'élargit; ce n'est plus un plaidoyer apologétique; mais bien une discussion loyale qui, ayant un point de départ précis, peut s'étendre et se développer bien loin de ce point de départ et rayonner sur toutes les questions artistiques.

Lorsque j'ai écrit l'ouvrage sur *le Théâtre,* toutes les théories que j'ai énoncées me ramenaient fatalement au nouvel Opéra. Ce que je veux faire aujourd'hui sera absolument le contraire et, au lieu de partir de considérations générales pour arriver au monument, je partirai du monument pour en déduire les théories qui se présenteront à mon esprit pendant le cours de cette étude.

Durant les quatorze années qu'a duré l'édification du nouvel Opéra, l'attention du public et de la presse a été bien souvent portée sur l'édifice, et la critique, très-bienveillante en somme, je dois le constater, a pu se développer en toute liberté. Cependant au milieu des louanges qui parfois dépassaient le but, se sont trouvés quelques blâmes ardents qui contenaient de bien grosses erreurs, si même elles ne touchaient à la calomnie. Le public, selon ses goûts, suivait l'éloge ou la critique; mais dans tous les cas, il a accepté bon nombre de faits absolument faux et d'après lesquels il jugeait l'œuvre et l'architecte. J'ai laissé passer tout cela sans me préoccuper du résultat, sachant bien que tout vient à son heure et qu'il ne faut par réagir trop vivement contre les opinions préconçues. D'ailleurs le rô e de l'artiste, son devoir même, est avant tout de produire, et il doit bien se garder de se laisser entraîner à la polémique pendant qu'il compose et qu'il exécute; il risquerait fort en ces débats de se sentir atteint par quelque trait qui porterait juste, et, lui faisant perdre sa confiance en lui, affaiblirait ses convictions. Or l'artiste sans confiance et sans foi est absolument perdu ; il ne fera peut-être pas mauvais, mais à coup sûr il fera médiocre.

J'ai quelquefois cependant été un peu énervé par diverses appréciations injustes ou malveillantes, tout autant que j'ai été irrité par quelques louanges maladroites et qui tombaient fort mal;

néanmoins j'ai tâché de me serrer les reins et de me garer toujours de la lutte, bien que j'eusse plus d'une fois la tentation d'entrer en lice. Lorsque cette tentation m'arrivait, j'écrivais alors une longue lettre aux contempteurs qui m'avaient blessé dans la justice et dans la vérité, et je ne ménageais pas mes apostrophes. Puis une fois la chose faite, une fois que je m'étais soulagé le cœur en ripostant vertement à mes adversaires, je jetais l'écrit au feu, et la flamme consumait et ma réponse et ma colère. J'avais eu le dernier mot, j'étais resté victorieux et je pardonnais de bon cœur aux imprudents qui s'étaient attaqués à moi.

C'est à cela que se bornaient mes ripostes; c'est à ce procédé que j'ai dû de pouvoir n'être que le spectateur des débats de mes partisans et de mes antagonistes, et, sauf quelques petits billets échappés je ne sais comment de ma plume, j'ai pu parvenir à la fin de l'œuvre sans écrire sur ces discussions, et dès lors sans perdre la confiance qui était ma sauvegarde et ma force et surtout celle de mes collaborateurs.

Aujourd'hui l'Opéra est achevé, du moins dans ses parties essentielles, et ce qui reste à faire ne peut le modifier. Je n'ai plus rien à réclamer ni à espérer de personne ; j'ai reçu le prix de mon travail, prix grand comme honneur et à peu près suffisant comme argent, et éloges, attaques ou discussions ne peuvent plus influer sur l'accomplissement d'une œuvre terminée. Donc si maintenant je m'expose à quelque déconvenue, au moins c'est moi seul qui aurai à en souffrir.

Dès lors je deviens libre, absolument libre de parler sur un édifice qui maintenant ne m'appartient plus, et n'étant plus artiste militant (du moins de ce côté), je puis sans inconvénient rompre le silence que j'ai dû garder pendant la période de travail.

Ainsi : apprécier l'Opéra, le défendre ou l'attaquer, tel est le programme que je me donne ; mais je prévois et je préviens même que je n'aurai pas grand ordre et grande méthode dans l'accomplissement de cette tâche. Si pendant près de quinze années j'ai dû tendre ma pensée et mes facultés vers un seul point, si j'ai retenu mon instinct, assez primesautier, pour qu'il ne fît pas de trop violents écarts, je sens que je n'aurai plus le courage de suivre encore un chemin tout droit sans m'arrêter à quelques petits buissons et sans me reposer dans quelques petits sentiers détournés. Songez donc ! pour écrire un ouvrage méthodique et didactique, il me faudrait vivre encore près de deux années avec une pensée unique et rigide; il me faudrait repasser par toutes les études que j'ai faites, tous les ennuis que j'ai eus, tous les dessins que j'ai exécutés, et non-seulement ma volonté n'y suffirait plus, mais encore mon cerveau, qui sort quelque peu fourbu de la bagarre!

Le hasard sera donc à peu près mon guide dans le choix successif des sujets à traiter. Selon que mes idées se porteront sur un point ou sur un autre, j'écrirai tel ou tel chapitre et je passerai « du grave au doux, du plaisant au sévère », suivant l'influence de la pluie ou du soleil et de mes impressions fugitives. Tout cela réuni fera peut-être un ouvrage à peu près complet; mais je n'en réponds pas, et pour ne pas être tenté de recommencer et de coordonner plus tard tous les articles, je les ferai publier dès qu'ils seront écrits ; de cette façon il n'y aura plus à y revenir.

A proprement parler alors on voit que ce que j'adresse au public n'est qu'une sorte de causerie artistique dans laquelle se rencontrera sans doute plus d'un renseignement, mais qui n'aura pas la prétention d'être un long discours. Les trois grands points de rhétorique ne s'y trouveront guère, et si, comme on le prétend, le style c'est l'homme, eh bien ! ce style sera aussi variable que les idées, parfois contradictoires, qui passent par la tête d'un artiste. Ne pouvant avoir la prétention de jouer de la flûte, je soufflerai seulement dans mon mirliton tous les airs qui me bourdonneront aux oreilles.

Au reste, j'aurais dû faire cette préface une fois que l'ouvrage eût été fini; j'aurais su bien mieux dire ce que je voulais y mettre; car il se peut que je change d'avis en route, et que ce que j'annonce soit tout différent de ce que je ferai.

Nous verrons bien !

LE
NOUVEL OPÉRA
DE PARIS

DE LA FAÇADE

La façade du nouvel Opéra a été jadis défendue par quelques audacieux; en revanche, elle a été fort attaquée par plus d'un rigoriste ou par plus d'un malcontent. M. Prud'homme lui-même n'a pas dédaigné d'en faire la critique, et il a cité, avec une grosse satisfaction, le mot du peintre grec : « Ne pouvant la faire belle, tu l'as faite riche! » Puis il a souri d'un petit air protecteur aux naïfs qui l'entouraient. Dame! c'est qu'avec ces citations-là on passe pour un grand érudit; alors ces naïfs s'exclament: « Mon Dieu! qu'il a d'esprit; avec trois paroles il juge, et sans appel! » Pardon! pardon! je fais appel aujourd'hui, bien que le jugement soit rendu. Il y a tant de sentences artistiques qui ont été cassées que je ne perds pas toute espérance. Les moutons, voire ceux de Panurge, changent de chemin quand le porteur de grelot change de route, et il me semble que celui-ci revient sur ses pas.

J'aurais pu, certes, lui laisser faire tranquillement cette petite évolution et attendre que le temps ait complétement harmonisé les tons de la façade, ce qu'il exécute assez vivement; mais je ne veux pas que cet allié des architectes fasse tout pour moi, et avant que je sois mort (c'est-à-dire avant l'époque à laquelle l'Opéra sera trouvé parfait, non pas tant pour son mérite, hélas! que pour faire pièce aux monuments qui s'élèveront alors), avant donc ce moment, je ne veux pas abandonner tout à fait cette pauvre façade qui, vraiment, a quelques qualités. Je lui reconnais cependant bien des défauts, et je les signalerai sans honte aucune et ferai volontiers amende honorable. Il est probable néanmoins que, par suite de la logique humaine, ce que je condamnerai sera trouvé par plus d'un « ce qu'il y a de mieux », et naturellement on pourra user du *vice versa*. N'importe, je tiens moins à convaincre qu'à faire un examen de conscience, et puisque j'ai levé le lièvre, je veux au moins le chasser.

Je vais me défendre d'abord; je m'accuserai ensuite. De cette façon, je ramènerai peut-être à la fin du chapitre quelques bonnes âmes que mon apologie du commencement aurait pu indisposer contre moi. Je ne parle pas, bien entendu, de certains personnages à esprit chagrin et qui dénigrent l'œuvre d'autrui uniquement parce que c'est œuvre d'autrui. Ce sont gens trop précieux à avoir comme antagonistes pour que l'on ait l'idée de les rallier, car, sans être Voltaire, on aime assez à avoir aussi ses petits Frérons.

Voyons donc les reproches faits à la façade, j'entends ceux qui ont une certaine consistance et qui méritent qu'on s'en occupe :

1° Le soubassement est trop bas ;

2° La coloration polychrome est une hérésie à Paris ;

3° Il y a trop d'or et c'est trop riche ;

4° Ça ressemble à un dressoir surchargé de *bibelots*.

C'est à peu près tout, je crois ; du reste, c'est bien suffisant ; car si ces critiques étaient justes, il faudrait savoir bien mauvais gré aux juges qui m'ont choisi dans un concours, et à l'unanimité encore ! Mais il faudrait me pardonner, n'est-ce pas ? car ce n'est pas ma faute si l'on m'a préféré au génie inconnu qui, certainement, aurait fait merveille !

Parlons donc du soubassement de la façade !... Pendant longtemps une barrière en planches cachait la partie inférieure de l'Opéra, et le soubassement, qui émergeait à demi au-dessus de la palissade, paraissait naturellement écrasé. « Puisqu'il paraît trop bas, se dirent quelques critiques, c'est qu'il est réellement trop bas », et ils écrivirent alors avec conviction dans plusieurs feuilles : « Le soubassement est trop bas ! » C'était imprimé ; dès lors, il fallait bien y croire. On y crut donc, et lorsque les passants traversaient la place de l'Opéra, ils s'écriaient : « Il est trop bas ! » — Il est trop bas, c'est bien ; mais encore faut-il s'entendre. Est-il trop bas intrinsèquement, ou trop bas relativement ? C'est ce que les braves gens ne pouvaient savoir ; ça n'avait pas été imprimé ; ça ne fait rien : « C'était trop bas ! »

Le soubassement de l'Opéra est cependant tout aussi haut que celui de la colonnade du Louvre, et il est plus élevé que celui du Garde-Meuble ; et cependant on ne se plaint pas des soubassements de ces deux édifices ! Peut-être bien même que, si les critiques de la première heure avaient vu cette particularité, ils eussent dit : « Il est trop haut », et beaucoup alors eussent répété : « Il est trop haut! »

Comme je ne puis pas démontrer par des mots que le soubassement de l'Opéra n'est pas trop écrasé et que si je dis blanc on pourra toujours me répondre noir, sans que rien puisse prouver de quel côté est la raison, je vais seulement donner les motifs qui m'ont conduit à adopter les proportions mises en œuvre, motifs pratiques et motifs artistiques. Au moins l'on verra que si je me suis trompé, ce dont j'ai grande envie de douter, au moins je me suis trompé logiquement et ce résultat me suffit.

L'ancien Opéra avait soixante-trois marches pour arriver du sol de la rue au niveau du foyer et des premières loges. Les abonnés du théâtre, qui, à bon droit peut-être, se considèrent un peu comme les maîtres du logis, avaient pris l'habitude de gravir ces soixante-trois marches, qu'ils avaient dû au surplus accepter, l'Opéra ayant été construit avant leur entrée en jouissance; mais dans la nouvelle salle, dans laquelle ils consentaient à émigrer, ils entendaient bien ne pas monter davantage, et plus d'un, avant même que le nouvel Opéra sortît de terre, se plaignaient déjà, par anticipation, des nombreux degrés qu'ils auraient sans doute à franchir pour arriver à leurs places. Cette crainte d'ascension trop prolongée était en somme très-respectable, et je comprenais fort bien les préoccupations de mes futurs locataires. D'ailleurs il est évident que les escaliers ont été inventés par des personnes ingambes, et que si Scarron avait été architecte, il n'eût construit que des monuments n'ayant qu'un rez-de-chaussée. Comme, grâce à Dieu, je ne marche pas encore dans une boîte à roulettes et que je n'ai pas trouvé le moyen de faire plusieurs étages sans les relier par des degrés, j'ai dû établir des marches pour aller du sol de la rue aux divers sols supérieurs. Pourtant, ne voulant encourir aucun reproche de la part des irascibles abonnés, je suis parti de ce point : que je ne mettrais pas au nouvel Opéra plus de marches qu'il n'y en avait à l'ancien, et soixante-trois marches seulement conduisent au foyer, suivant l'usage devenu traditionnel.

Cela fixait donc l'altitude des premières loges et, par suite, la hauteur du soubassement; mais il faut remarquer qu'à l'Opéra le terrain est en pente et que l'entrée des abonnés, par la descente à couvert, est de plus de un mètre au-dessous du niveau de la place sur le boulevard. Naturellement, et par suite de cette disposition, le soubassement sur le devant devait alors être moins élevé que si le terrain fût allé au contraire en se surélevant, ou si même il eût été simplement horizontal. Mais quand même cette particularité se fût présentée, le soubassement aurait été ramené par moi à ses dimensions actuelles et cela par l'adjonction de quelques degrés au perron antérieur.

S'il y avait donc convenance pratique pour fixer la hauteur normale du sol du foyer, il y avait surtout, de ma part, préméditation pour que le soubassement n'ait pas plus d'élévation qu'il n'en a actuellement.

Ce qui me guidait dans cette décision était cette fois une question de convenance artistique, dérivant des principales règles de l'architecture : celles des proportions et des oppositions.

Dans tout édifice, ce qui est la partie la plus importante doit être marqué avec le plus d'importance, comme les parties secondaires ne doivent avoir qu'un développement secondaire. C'est ainsi qu'un monument prend un caractère défini et indique bien, par ses divisions de lignes, à quel endroit et à quel étage se trouvent les services principaux. Eh bien, dans un théâtre, le grand étage, *l'étage noble,* est celui des premières loges et du foyer. C'est là que la circulation est la plus active ; c'est là que sont placées les galeries de promenade et les grandes dépendances ; c'est là enfin qu'est le point de réunion de la foule des spectateurs. Au-dessus ou au-dessous ce ne sont que des endroits de passage, qu'il ne faut pas négliger, je le veux bien, mais qui, néanmoins, cèdent le pas comme grandeur et comme prépondérance aux salles et aux portiques de l'étage d'honneur. Je n'ai pas à m'étendre plus longtemps sur cette vérité, elle s'impose d'elle-même, et je doute que les plus récalcitrants s'ingénient à démontrer que dans un théâtre le grand étage doit se trouver dans les caves ou dans les combles.

Dès lors, ce grand étage, ce point dominant de l'édifice doit être largement indiqué, non-seulement comme richesse (je reviendrai tout à l'heure sur ce sujet), mais encore et surtout, peut-être, comme dimension. Or tout point principal a des points relatifs et complémentaires, et la grandeur d'aspect d'un objet dépend tout autant de la grandeur de ce qui l'entoure que de la sienne propre. Donc, pour faire dominer telle ou telle partie d'un édifice, il faut diminuer, dans une certaine mesure, les parties qui l'entourent. Par suite, pour donner au grand étage de l'Opéra toute l'ampleur qu'il réclame, il fallait restreindre les dimensions du soubassement ; il fallait que celui-ci ne fût, pour ainsi dire, qu'un support et que le motif principal, le frontispice du temple, le dépassât de beaucoup comme développement; mais comme, cela va de soi, ce n'est pas dans le sens de la largeur que la réduction du socle pouvait s'opérer, c'était alors sur la hauteur même qu'il fallait agir et c'est ce que j'ai fait. Si donc on vous dit : « Le soubassement paraît trop bas parce que le premier étage paraît trop grand », je dirai, moi : « Le premier étage paraît grand parce que le soubassement paraît petit. »

Nous arriverons ainsi, sous deux formes diverses, l'une approbative, l'autre critique, à la même impression, celle que j'ai voulu donner : développement du frontispice du foyer et indication nette et précise d'un premier étage devant avoir et ayant en effet plus d'importance que le soubassement.

Les reproches adressés à ce sujet ne sont donc pas fondés. On aurait dû plutôt les faire à une autre partie de la façade, partie qui ne me satisfait guère ; ce que je montrerai bientôt.

Passons à la deuxième critique, relative à la décoration polychrome. Oh! là, c'est non-seulement affaire de goût, mais surtout affaire de routine, et j'aurais bien du mal à ramener les gens, si déjà le temps n'était mon auxiliaire. Il a rendu les tons de la façade moins éclatants, et il a permis aux yeux de s'habituer à ce qui les choquait d'abord.

Mais je ne veux pas profiter de ces avantages, sur lesquels je comptais du reste ; j'aurais l'air de plaider les circonstances atténuantes et de défendre timidement les marbres et les ors, tandis qu'au contraire mon intention est de les glorifier. Je veux, si cela m'est possible, faire passer un peu de ma conviction dans l'esprit des autres, et montrer que Paris ne doit pas être déshérité plus qu'Athènes ou Venise des charmes de la couleur et de la richesse des marbres.

Pourquoi cette inconséquence des hommes, qui vivent chaque jour et chaque heure dans des milieux colorés, et qui refusent seulement à leurs monuments et à leurs costumes le droit de participer à cette coloration générale? Certes il ne faut pas qu'un édifice se présente sous la forme d'un bariolage incohérent; certes il est bon que les grandes masses aient une teinte pâle et monochrome, afin que les silhouettes se détachent bien sur le ciel ou sur les fonds; mais en quoi donc cela peut-il vous choquer que diverses parties, éclatantes et chaudes de tons, viennent égayer et aviver la masse générale, comme les cheveux, les lèvres et surtout les yeux égayent et avivent la physionomie humaine?

Je ne veux pas faire ici un cours de polychromie; je vous dirai seulement : les Assyriens, les Égyptiens ont fait de l'architecture polychrome, et ils n'étaient pas absolument barbares, je crois. Les Grecs ont développé la polychromie dans toutes les branches de l'art, et les Grecs étaient, ce me semble, aussi délicats de goût que les Français. Les Romains ont employé à profusion les marbres et les granits, et les Romains n'étaient pas les premiers venus. Puis les Italiens : Florentins, Vénitiens ou Lombards ont continué la tradition, et jusqu'au XVIe siècle leurs monuments ont été colorés par les marbres ou les peintures. En France même, sous Henri IV et sous Louis XIII, on sacrifiait au goût de la polychromie puisque la brique se mariait gracieusement à la pierre ; enfin les plus grands siècles, les plus grandes époques, les plus grands artistes, faisaient de la couleur un emploi large et puissant.

Quel est donc le méchant démon qui est venu tout à coup glacer les yeux des Occidentaux en glaçant aussi un peu, il faut le dire, et leurs cœurs et leurs aspirations ? Cependant cette singulière maladie, qu'on pourrait appeler *chromotophobie,* ne se déclare que pour les façades des édifices. Chez soi chacun s'entoure de tentures et de tapis colorés ; les meubles sont de tons souvent violents ; on aime les fleurs, les tableaux ; on aime la couleur du vin, et les poëtes chantent le jus vermeil, ainsi que les yeux bleus, les lèvres rouges et les cheveux d'ébène ! Tout enfin autour de nous vit par sa couleur autant que par sa forme, et cette expansion de l'art s'arrête subitement devant le seuil des maisons et des palais, c'est-à-dire devant tout ce qui constitue une ville ! Les longues suites de moellons gris et de pierres blanches rangés à la queue leu leu vous refroidissent immédiatement, et pour un peu le joyeux Polichinelle se transformerait en croque-mort !

Mais, chose étrange ! ces Parisiens, ces Français qui frémissent quand ils voient dans leur pays un petit coin de palais orné d'un marbre, admirent, dès qu'ils sont en Italie, les monuments les plus bariolés : Sainte-Marie-des-Fleurs, le campanile du *Giotto,* ou Saint-Marc de Venise les transportent d'admiration, et ils n'ont plus assez de mots pour exprimer leur enthousiasme ! Quelle est la cause de ce phénomène ? Il y en a deux, je crois : c'est que, d'abord, les monuments sont déjà vieux et que tout ce qui est vieux en art est de droit magnifique ; puis ensuite, c'est que les villes d'Italie sont plus colorées que Paris, que les rues sont moins droites, que, grâce à Dieu, le pittoresque y réside encore, et que les marbres et les mosaïques semblent faire partie intégrante de l'ensemble. Ici les rues sont froides, les maisons tristes et régulières, et une tache de couleur qui éclate solitairement fait l'effet d'un air de trompette dans la chambre d'un malade.

Mais est-ce la faute du monument coloré? n'est-ce pas plutôt celle des maisons grises, et, au lieu de blâmer celui qui cherche à mettre un peu de gaîté et de joie dans un art qui doit être grand, mais qui peut être aimable sans déchoir, faudrait-il pas mieux l'encourager et profiter de son exemple, de son dévouement peut-être, pour chercher à répandre dans notre bonne ville quelques-unes de ces charmeresses couleurs, qui réveillent la vue et l'entrain comme le grand air sain et oxygéné réveille les forces et l'appétit?

Laissez donc venir ici le renouveau des bons siècles! Laissez vos yeux se réjouir aux rayons dorés, laissez votre âme s'échauffer aux vibrations de la couleur, et, peuple grec par le goût, peuple latin par le cœur, peuple gaulois par le sang, retrouvez l'héritage des Grecs, des Romains et des Francs, c'est-à-dire l'amour du ciel bleu, l'enthousiasme de la passion, l'insouciance de la gaîté ; ce qui veut dire en art : couleur, foi et audace! Alors vous ferez vos maisons moins blanches et vos palais plus radieux!

Vous ai-je convaincu? Non. Vous supposez que je puis avoir raison si je bâtissais en Italie ; mais vous persistez à croire que j'ai tort parce que je bâtis à Paris! On vous a dit que les marbres se ternissaient ici, que les ors se fanaient et que les pierres se noircissaient, tandis que sous les ciels cléments les chatoiements du premier jour restaient immaculés! Il y a bien du vrai là dedans; mais il y a encore plus de faux : le vrai est que les pierres et les marbres blancs prennent sous le soleil du Midi une teinte chaude et dorée qui nous fait ici défaut; mais les tons des marbres de couleur ne se conservent pas plus à Palerme qu'à Paris. Cela dépend des matériaux employés et de la climatologie spéciale des cités. A Venise, où l'humidité saline règne toute l'année, les marbres se rongent un peu; mais s'imprègnent de cet air salin qui fait ressortir les tons inégalement, il est vrai, mais avec puissance. A Rome les marbres grisonnent; à Florence ils pâlissent; à Athènes ils se jaunissent; cela dépend, je l'ai dit, du climat, mais surtout de la nature des marbres mis en œuvre. Les verts antiques, les africains, les portasanta se conservent assez bien, ainsi que le granit et les porphires; tandis que les brèches violettes, les brocatelles ou les griottes perdent la plus grande partie de leur éclat. Il en est absolument de même à Paris : les granits roses offrent une grande résistance aux variations de la température, témoin les deux grandes colonnes de granit d'Aberdeen qui sont placées à l'entrée de la rampe douce de l'Opéra. Le marbre rouge de Sampan, le vert de Suède et plusieurs encore gardent presque intacte leur coloration primitive; d'autres, au contraire, comme le Sarancolin ou les pierres dures de l'Échaillon ou du Jura, blanchissent promptement et semblent morts. Ici, comme là-bas, il y a des matériaux résistants et d'autres passagers. Il faut donc savoir choisir et employer les marbres qui durent; c'est affaire de pratique. A l'Opéra, quelques-uns se sont fanés, d'autres, au contraire, ont gardé la tonalité douce et harmonieuse que j'avais cherchée, et ceux-là doivent être surtout mis en œuvre. Chose assez remarquable! presque tous les marbres qui se conservent à l'extérieur proviennent des régions plus froides que Paris : le Jura, l'Écosse, la Suède, la Belgique, la Finlande fournissent ces matériaux persistants. Eh bien, nous n'avons qu'à choisir ceux-là; il ne manque pas de carrières dans le nord de l'Europe, et si nous voulons que nos monuments restent colorés, nous n'avons qu'à nous fournir aux bons endroits.

Mettons donc de côté ce faux axiome que les marbres ne peuvent s'employer au dehors que dans les régions chaudes, et reconnaissons que les marbres peuvent s'employer partout, pourvu que le choix en soit judicieux. Si notre soleil teinte en gris nos pierres, s'il rend nos matériaux moins chauds que ceux exposés au soleil du Midi, il harmonise néanmoins le tout dans une gamme fine et délicate qui, moins ardente que celle de la Sicile, n'en a pas moins un très-grand charme et une vivacité suffisante.

Que chacun donc recherche les marbres et les mosaïques; que chacun se rende compte des effets produits par le temps, et, instruits bientôt par les leçons de l'expérience, nous pourrons employer à Paris une palette marmoréenne assez persistante pour se transmettre aux générations qui nous suivront.

La polychromie naturelle, c'est-à-dire la polychromie faite au moyen de matériaux, est donc possible en nos climats, et c'est faire œuvre d'artiste que de chercher à lui donner droit de cité. J'ai cherché; que d'autres cherchent aussi; que nos jeunes confrères stimulent un peu le goût public, et peut-être dans un quart de siècle verra-t-on Paris tacheté par-ci par-là de marbres et de mosaïques éclaircissant notre ciel un peu terne et nos rues un peu tristes! L'art ne perdra rien à cette transformation : il n'est pas besoin d'être guindé pour être savant; il n'est pas besoin d'être pédant pour être artiste.

La polychromie a donc le droit de se produire à Paris, et si quelques classiques endurcis se sont formalisés à la vue des marbres de l'Opéra, ils ont imité en cela les bonnes gens qui se sont formalisés lorsque le gaz a remplacé la chandelle et lorsque les chemins de fer ont remplacé les coucous.

La façade est trop riche! Voilà le gros reproche qui ne m'a pas été épargné. A vrai dire, je me demande pourquoi? Il y a au monde mille monuments ayant des façades bien plus riches que celle de l'Opéra, et auxquelles on n'a jamais pensé à faire ce reproche : la façade de Saint-Marc de Venise, celle de la cour du Louvre, le portail de Saint-Eustache, la Chartreuse de Pavie, la Bibliothèque de la Piazzetta, que sais-je enfin? Je vois partout, dans tous les siècles, dans tous les pays, d'innombrables monuments bien plus surchargés de sculptures ou bien plus ornés de marbres que la façade de l'Opéra, et chacun s'extasie sur les pierres dentelées de ceux-ci et sur les matériaux précieux de ceux-là! Si je demandais le pourquoi rationnel de ces jugements divers, je crois que j'embarrasserais fort ces juges illogiques. Je soupçonne que le bruit de cette richesse outrecuidante s'est répandu lorsque l'on a su que j'employais des marbres et quelques dorures. Comment des marbres? comment des ors? là où nous ne voyons ordinairement que de la pierre! mais cet architecte est un gaspilleur qui veut mettre sous nos yeux tous les trésors de Golconde! — Il est vrai que les marbres que j'ai mis en œuvre ne coûtent guère plus cher que la pierre dure; il est vrai que j'ai dépensé près de huit cents francs pour dorer la façade! Cette prodigalité devait être vertement tancée. « Voyez le théâtre de la Porte-Saint-Martin (l'ancien), voilà une façade simple, voyez celle de l'Opéra-Comique, qui a une marquise coupant en deux les colonnes (marquise que vous n'avez même pas) et celles du théâtre de Montparnasse et du Caveau des aveugles, ce sont des façades d'une grande simplicité, monsieur; il fallait vous en inspirer et joindre la pondération à cette simplicité de bon goût! »

Voilà qui est bien dit, et je n'ai que ce que je mérite. Je m'étais imaginé qu'un théâtre devait avoir un aspect plus gai que celui d'une prison, comme une femme qui est au bal doit avoir l'air plus pimpante qu'une maritorne qui lave la vaisselle. Il paraît que je me suis trompé et qu'il faut remplacer maintenant le rideau d'avant-scène par les tentures des pompes funèbres!... Mais pourtant, bonnes gens, raisonnons un peu, et voyons les édifices qui, logiquement, doivent avoir un front sévère ou une face souriante.

Je commence par les plus sombres : la morgue et la prison. Il est évident que là des marbres et des ors seraient mal placés, et si jamais je construis un pénitencier, je vous assure que je ferai une façade si lugubre qu'il sera moins triste d'être dans le bâtiment que d'en voir le dehors! Après la prison viennent les hôpitaux, les casernes, les séminaires; ça ne doit pas être très-gai non plus parce qu'on se trouve là dedans entre confrères, et vous savez, les confrères ne sont pas comme les augures; ils ne rient pas quand ils se rencontrent. Puis les tribunaux, les palais de justice, qui peuvent être non plus grognons, mais seulement graves; ensuite les bibliothèques qui peuvent sourire un peu; après : les hôtels de ville qui, représentant une cité, doivent avoir comme un uniforme de gala; puis les musées qui réclament déjà la richesse. C'est l'art qui y séjourne, et l'art ne doit pas être entaché de pruderie; il faut seulement que la richesse soit quelque peu digne, parce que si l'art peut danser la gavotte ou le menuet, il doit se garder du cancan. Après le musée vient le palais du souverain (du temps où il y en avait); celui-là représente le pays, comme la maison de ville représente la cité, et si l'habit de gala de l'un peut n'être encore qu'une demi-toilette, l'habit de gala de l'autre doit resplendir et étinceler. Le palais du souverain c'est l'église des bons dieux d'ici-bas, et si ceux-ci ne sont pas éternels, il ne faut que mieux les recevoir quand ils sont de passage. Vient ensuite l'église du bon Dieu d'en haut qui peut bien être une grange, mais qui peut aussi être un temple magnifique; non pas que ce temple doive lutter avec les splendeurs du ciel; mais parce qu'il doit indiquer que les fidèles n'ont pas ménagé leurs offrandes pour honorer la divinité. Je sais bien que de notre temps, sauf l'église du Sacré-Cœur qui tente l'aventure, les églises s'édifient plutôt par un arrêté du préfet que par les souscriptions des chrétiens; mais on peut continuer le principe de la tradition. Enfin, où le luxe doit se manifester avec le plus d'abondance, c'est dans le théâtre; je ne parle pas, bien entendu, des théâtres forains ou des petites salles secondaires; je parle des grands théâtres monumentaux, tels que les salles d'opéra des villes capitales. L'Opéra est non-seulement « le Temple du plaisir », c'est aussi, et surtout, le Temple de l'art et d'un art particulier qui parle aux yeux, aux oreilles, au cœur et aux passions; c'est-à-dire qui met en jeu toutes les richesses de l'organisation humaine. Il faut que cette exubérance de sensations se produise dans un milieu favorable et que cette abondance d'impressions qui jaillit du drame lyrique soit encore complétée par l'impression d'abondance qui jaillit de l'architecture.

Comment, messieurs, vous passez votre frac noir et mettez la cravate blanche! comment, mesdames, vous apparaissez à l'Opéra avec les épaules nues, des diamants au cou, des fleurs sur la tête et la soie autour du corps! Vous avivez l'éclat de vos yeux et la grâce de votre sourire, vous êtes belles enfin; et vous consentiriez à traîner votre élégance, votre charme et vos atours, dans un monument qui, de son côté, ne serait pas en fête pour vous recevoir? Cela ne se peut; lorsque le moindre petit bourgeois du Marais reçoit chez lui, il allume ses bougies, et met des fleurs sur son palier, et lorsque Paris, lorsque la France reçoit l'univers entier dans le palais élevé à la gloire des chefs-d'œuvre de l'esprit humain, vous voudriez qu'elle ne fît pas ce que fait un simple particulier, c'est-à-dire qu'elle ne mît pas l'édifice dans lequel elle convie en harmonie avec les hôtes qui sont conviés? Les diamants et les parures des uns réclament les marbres et les dorures dans l'autre, et l'architecte qui, dans ce cas, n'userait pas des ressources décoratives qui sont mises à sa disposition, devrait passer pour un maladroit sinon pour un mal appris!...

Mais entendons-nous bien : je dis richesse et non pas prodigalité; je dis luxe et non pas dévergondage; quelques roses parent une jeune fille, un boisseau de dalhias ensevelirait la pauvrette. N'allez pas trop loin et ne dépassez pas le but; mais convenez seulement que si l'architecture peut devenir vivante et colorée, c'est dans un opéra surtout que la carrière est ouverte.

Voyons maintenant un peu la façade du nouveau théâtre et rendons-nous compte de ce luxe soi-disant exagéré. Cela sera bien simple; il ne s'agit que de procéder par comparaison et celle qui vient le plus naturellement à l'esprit c'est le Garde-Meuble ou la colonnade du Louvre qui, pour le public du moins, ont quelque parenté avec le nouvel Opéra. Pour simplifier la comparaison, je supprime l'attique, qui n'existe pas dans les deux monuments cités, et je fais ensuite cette facile opération : j'enlève, par la pensée cela va sans dire, la claustra en marbre des baies et, si vous voulez, les groupes et les statues du soubassement. Que reste-t-il? une colonnade qui est tout aussi simple que celle du Louvre, un soubassement qui est plus simple que celui du Garde-Meuble. Il y a bien dans la frise trois plaques de marbre rouge et un rinceau courant; mais, sauf ces détails, on ne trouve plus que des fûts, des chapiteaux, des arcades et des frontons, ni plus ni moins ornés que ceux des monuments qui nous servent de comparaison et qui ont toujours passé pour être sévèrement composés. Ce que je dis là est positif, n'est-ce pas? et ce n'est pas de ce côté qu'il faut chercher le luxe et la surabondance.

Le soi-disant excès de richesse de la façade vient donc seulement et absolument des groupes du bas et de l'ordonnance entre les grandes colonnes. Cela se réduit déjà singulièrement. Je passe vite sur les statues et groupes du rez-de-chaussée. Il y en a dix fois plus au Louvre, à l'École des Beaux-Arts, et il y en aurait presque autant à la colonnade du Louvre si l'on avait placé sur les piédestaux d'attente les groupes qui devaient s'y trouver. D'ailleurs ce n'est pas cela qui a offusqué les yeux; ce sont seulement les marbres de la loggia et les dorures des bustes et des chapiteaux.

Eh bien! je reviens à ce que j'ai dit en commençant ce chapitre, que le grand étage devait avant tout s'indiquer à la vue et dominer la composition. Pour arriver à cet effet, non-seulement les dimensions devaient être prépondérantes, mais encore la coloration devait, ou du moins pouvait être employée utilement. C'est ce qui a eu lieu; c'est ce principe qui m'a conduit, et je n'aurais eu que cette intention que cela aurait pu suffire pour me faire absoudre; mais j'ai été guidé par une autre idée que j'ose dire plus typique et plus nouvelle. Je n'ai pas voulu que ces grands portiques, qui écrasent les yeux par leur hauteur, restassent béants et inoccupés; j'ai voulu que des espèces de tentures, de rideaux, vinssent s'agencer dans les entre-colonnements afin de garantir d'abord un peu la loggia de la pluie et du vent, et afin surtout que le monument parût habité. C'est cette claustra, ce sont ces grandes portières à jour qui donnent du mouvement et de la vie à l'édifice. Au lieu de ces grands péristyles plus pompeux que rationnels, j'ai voulu un portique abrité et habillé, qui réchauffât le regard, et fît, je le répète, l'office de grands rideaux adaptés à des fenêtres monumentales.

Pour compléter cette idée, aussi pratique que je veux

la croire originale, il fallait que ces rideaux construits fussent d'un aspect différent du corps même de l'édifice ; il fallait qu'ils fussent colorés et légèrement travaillés afin de bien donner à la vue non pas l'impression d'une construction faisant partie intégrante de la façade, mais bien celle d'un remplissage élégant et souple. C'est donc alors que j'ai employé les marbres, que j'ai semé par-ci par-là quelques dorures et que j'ai tapissé enfin le monument par ces divisions marmoréennes comme on étend de grandes et chaudes draperies aux vastes baies d'une salle de fêtes.

Et c'est tout! la richesse de la façade de l'Opéra se borne à cette adjonction, adjonction originale, je le redis, et c'est parce que j'ai coloré ainsi logiquement l'édifice que l'on a crié presque au scandale!

Je m'arrête; que les gens de bonne foi me jugent; moi, je me suis jugé sur ce point et ne me suis pas condamné, et si j'ai l'occasion de refaire un autre grand théâtre, vous verrez que je serai récidiviste!...

Il ne reste plus qu'à examiner la quatrième critique, celle qui veut transformer l'Opéra en un dressoir chargé de bibelots ou en une grande cheminée avec sa garniture ; mais, tout bien pesé, ça ne vaut pas la peine de s'en préoccuper ; il y a longtemps déjà que le peuple, né malin, s'amuse à comparer les monuments avec quelques objets usuels, et la manie est en somme trop innocente pour qu'on s'arme contre elle. On a dit que le Panthéon ressemblait à un gâteau de Savoie, que la colonne Vendôme avait l'air d'un mirliton, et que le campanile du Giotto n'était qu'une pièce de nougat montée ; puis les clarinettes de Saint-Sulpice, puis les malles des théâtres du Châtelet, puis le bonnet de coton du Tribunal de Commerce... Il y a bien peu d'édifices qui aient échappé à une comparaison plus ou moins triviale et ils n'en ont éprouvé aucun préjudice. Mettons donc que l'Opéra ressemble à une cheminée comme l'Italie ressemble à une botte. Cette ressemblance a diverti celui qui l'a inventée; elle a fait sourire ceux à qui on l'a dite; je la considère comme étant suffisamment juste! *Alleluia!* tout est donc pour le mieux!

J'en ai fini avec les critiques faites à la façade et l'on me rendra cette justice que je me suis défendu à ciel ouvert et sans aucune modestie. Je vais être moins modeste encore en signalant quelques détails, vus peut-être par les délicats et les artistes, mais qui n'ont guère, je crois, frappé les yeux de la foule. Du moment où je juge mon œuvre, je ferais acte de lâcheté si je ne disais pas ce que j'y trouve de bon; mais je vous assure qu'il faut un réel courage pour se tenir à soi-même l'encensoir sous le nez. Il y a un certain charme à se défendre quand on vous attaque, mais il n'y a pas grand plaisir à se mettre sur un piédestal, sur un tabouret même, quand personne ne songe à vous renverser.

Je monte malgré cela sur mon petit marchepied et je commence... Non, je ne pourrai jamais vous dire que les clefs des arcades du rez-de-chaussée sont, *à mon avis,* de petits chefs-d'œuvre, — et que je les recommande à l'examen des gens de goût; je ne pourrai jamais vous dire que j'ai fait une grande invention d'une chose qui est bien minime pourtant : ce sont les astragales des colonnes grandes et petites. Au lieu de ce tore et de ce filet traditionnels, qui, depuis deux mille ans, couronnent sans exception tous les fûts des colonnes, j'ai placé, et c'est là la hardiesse et la nouveauté, une succession de diverses moulures qui se relient au chapiteau et accompagnent le fût; j'ai même fait une opération analogue au-dessus des bases des colonnes. C'est peu de chose, n'est-ce pas? eh bien! je ne donnerais pas ces petites idées-là pour d'autres bien plus grandes... Décidément, je m'arrête; d'abord parce que je ne sais pas comment vous expliquer tout ce que je trouve de bon et de beau dans la façade, et qu'en résumé j'ai grande envie de dire que je trouve tout bien et tout bon...

Tout! sauf cependant plusieurs parties qui me chagrinent sans cesse quand je les regarde et pour lesquelles il faut bien que je confesse que je n'ai pas réussi.

Ah! cela me soulage! Je vais donc pouvoir enfin écrire et dire tout haut ce que je pense tout bas depuis déjà plusieurs années; il me semble que lorsque mes aveux seront faits, je trouverai les défauts moins grands.

Eh bien! le défaut capital de la façade c'est l'attique, dont la proportion est mauvaise! Il est trop haut, d'au moins 50 ou 60 centimètres; — et voici ce qui m'a conduit à ce méchant résultat :

Lors du projet primitif, le monument était couronné par une simple balustrade qui n'écrasait pas le grand étage et lui laissait toute son importance; puis une terrasse couvrait la loggia en s'arrêtant au mur du foyer. — Ainsi composée, la façade était plus légère, se *tenait* mieux et était terminée par les deux frontons circulaires qui se silhouettaient en partie sur le mur du fond. Elle avait un couronnement qui ne manquait pas d'élégance.

Mais pendant que les fondations se construisaient, les maisons de la place de l'Opéra et de la rue Auber s'élevaient rapidement et à des hauteurs inusitées jusqu'à ce jour; j'avais compté qu'elles ne dépasseraient pas la hauteur réglementaire de 17^{m}50; elles en ont atteint je crois 23. Mon pauvre Opéra, déjà placé sur un terrain descendant et en retraite des maisons faisant l'angle du boulevard, allait, par suite de ces grosses bâtisses, diminuer sinon de grandeur au moins de proportion. Le monument n'allait plus être le théâtre, mais bien le Grand-Hôtel. C'est alors que j'ai maudit et le préfet et les financiers, qui, sans pitié pour l'Opéra, l'enfermaient comme dans une grande boîte. Du reste, comme le théâtre dépendait du ministre d'État et que les grosses maisons dépendaient de la Ville, il n'y avait pas de chance pour que les deux administrations s'entendissent. Que faire? je pris le parti d'avancer le mur du foyer au niveau de la colonnade et de couronner la façade par un attique; de cette façon au moins la masse du monument serait plus élevée et pourrait lutter avec moins de désavantage contre ses gigantesques voisins.

Mais, pour gagner le plus de hauteur possible, j'ai forcé un peu trop celle de l'attique. Je ne puis que regretter ce qui est fait; il est trop tard pour y revenir.

Cependant, dès le principe, je m'étais aperçu de ce défaut et j'avais cherché à le corriger, sans changer toutefois la hauteur totale. J'étais parvenu à ce résultat, incomplet sans doute, mais néanmoins déjà satisfaisant au moyen d'un artifice d'optique; j'avais divisé l'attique par une grande bande de marbre horizontale qui, paraissant se relier au chéneau du grand ordre, surélevait celui-ci à la vue et diminuait par contre l'élévation de l'attique. Lorsque la façade fut découverte, le marbre, de valeur assez intense, remplissait suffisamment l'office qui lui était destiné; mais ce marbre était mal choisi; c'était du Sarrancolin, matière qui ne se conserve pas à l'air et perd très-promptement sa couleur. Il en est résulté que la pierre se noircissant et le marbre se pâlissant, ils ne se distinguèrent plus guère l'un de l'autre et que l'attique reprit aux yeux ses dimensions primitives. Ce défaut pourra se corriger et, si j'en ai quelque jour les moyens, je remplacerai le bandeau en Sarrancolin par de la pierre rouge de Sampan qui, elle, conserve à peu près toute sa tonalité. Il est possible alors que l'artifice que j'ai imaginé suffise, pour le plus grand nombre, à déguiser un peu la hauteur trop grande de l'attique.

Le regret causé par ce défaut est d'autant plus grand que je puis voir à mon gré l'attique se diminuer et revenir à de meilleures proportions. Je n'ai pour cela qu'à me placer à peu près au pied du grand perron, et de préférence à l'un des côtés; immédiatement alors la saillie de la corniche cache la partie inférieure de l'attique, et le monument gagne d'une façon très-sensible. Du reste, à mon avis, ce point de vue est l'un de ceux auxquels il faut se placer pour considérer l'édifice sous un de ses meilleurs aspects. Tout se tient, se groupe avec fermeté, et les saillies, très-prononcées dans cette vue de trois quarts, donnent à la façade une grande puissance et un grand mouvement.

Indépendamment de la hauteur trop forte de l'attique, je ne suis pas très-satisfait de sa décoration. Dans le principe, je l'avais composé avec un seul grand bas-relief sur fond d'or, qui courait tout le long de la façade, et c'est ainsi qu'il était indiqué dans le modèle qui a été exposé en 1862. Mais j'ai eu le tort de soumettre cette idée à diverses personnes et le tort encore plus grand de suivre les conseils qui me furent donnés à ce sujet, et au lieu de cette disposition, qui ne manquait pas d'unité, je coupai l'ensemble par des divisions verticales correspondant à celles de la façade. — Je pensais en agissant ainsi donner plus d'importance à cette façade au détriment de l'attique, parce que je plaçais, au-dessus de chaque groupe de colonnes, des motifs de sculpture qui devaient prolonger celles-ci et faire pour ainsi dire s'élever la colonnade jusqu'au couronnement général. Malheureusement, ces motifs de sculpture d'une exécution et d'un goût parfaits, et qui font honneur à leur auteur M. Maillet au point de vue de la sculpture, ont été indiqués avec trop de finesse et trop de détails. Aussi, au lieu de prolonger les fûts des colonnes par une masse claire, ils se sont confondus avec les panneaux de l'attique et ont perdu ainsi la première des qualités qu'ils devaient avoir, celle de constituer des points lumineux, coupant tout le couronnement de la façade. A cela, il n'y a plus de remède; on ne recommence pas un monument quand il est terminé; mais si quelques confrères se trouvent dans le même cas que moi, je les supplie de rechercher s'ils ne doivent pas remplacer les sculptures statuaires par des sculptures ornementales et architecturales, pour lesquelles on a bien plus de liberté comme étude et comme composition.

Dans tous les cas, il faut reconnaître que les parties de l'attique qui s'élèvent au-dessus des frontons circulaires sont bien près d'être absolument mauvaises. Cela paraît lourd, se relie mal avec le reste de l'édifice, et rend tout à fait illogiques les deux frontons qui viennent se coller au devant d'elles : Du reste, cette partie est assez difficile à étudier et encore maintenant, tout en n'étant pas satisfait de ce qui existe, je ne sais trop ce que je pourrais faire pour le rendre meilleur.

Tout cela vient en résumé d'une modification faite après coup, et en architecture, comme dans tous les arts, il faut que la composition primordiale soit faite de jet. Il faut éviter autant que possible les adjonctions postérieures et surtout peut-être, en suivant parfois les conseils que l'on demande, refuser impitoyablement les conseils que l'on ne demande pas.

Voilà le gros défaut de la façade; mais il en est encore quelques autres petits que je dois aussi signaler. Les masques du couronnement sont trop lourds, les chapiteaux du grand ordre, bien conçus dans leur ensemble, pèchent dans quelques détails, notamment dans l'espèce de lyre qui entoure le fleuron de l'abaque; c'est gros et court; mais ce qui est surtout à blâmer, ce sont les modillons placés dans les corniches des frontons circulaires; ces espèces de râteliers mal plantés écrasent les sculptures et font papilloter et corniche et fronton. J'ai hésité longtemps avant de les employer; puis je me suis décidé à les mettre; c'est une faute; mais heureusement elle est réparable, car rien n'est plus facile, sinon de supprimer ces modillons importuns, au moins de les changer de forme de façon à les rendre légers et à ne pas avoir leur face dans un plan vertical.

Je pourrais bien parler aussi de la proportion des

grands groupes de couronnement, modelés par Gumery. Mais, malgré mes fréquentes observations à ce sujet, j'avoue ne pas être encore bien édifié sur ce point. Sont-ils trop grands? sont-ils trop petits? ont-ils une juste mesure? je l'ignore vraiment, et cela dépend beaucoup des jours où je regarde et des distances auxquelles je me place. J'ai interrogé bien souvent quelques confrères sur cette question, et leurs réponses ont été aussi variables que mes impressions; peut-être plus tard cette question sera-t-elle résolue.

Je ne trouve plus maintenant rien de mauvais à signaler dans la façade; mais d'après ce que je viens de dire on voit que je ne la regarde pas absolument comme parfaite. C'est au surplus, de tout l'Opéra, la partie qui me donne parfois d'assez violents regrets, non pas tant à cause des défauts que j'y remarque, qu'à cause de l'impuissance où je suis maintenant d'y remédier. Malgré cela, malgré les incorrections de détails qui existent, et malgré quelques notes fausses qui détonnent dans l'harmonie générale, je considère la façade de l'édifice comme étant la partie la plus typique et la plus personnelle de l'œuvre entière, et dût-il y avoir encore plus de défauts dans cette façade, j'aurais toujours quelque fierté à l'avoir composée. A côté de lourdeurs regrettables, il y a des élégances parfaites, et n'eussé-je fait que la loggia du premier étage et employé des marbres de divers tons, que je croirais avoir rempli largement mon devoir d'artiste, en me trompant quelquefois, il est vrai; mais en allant hardiment sans trop suivre les chemins battus!

Ah! vous tous qui êtes sans pitié pour les erreurs des architectes, vous êtes-vous dit ceci : que seuls, peut-être, parmi les artistes et les producteurs ils doivent réussir de prime abord! Pour eux point de répétitions, point de retouches, point de ratures! Ils travaillent au jour le jour, devant les yeux du public, et ne voient en somme leur œuvre que lorsqu'elle est terminée. Qui d'entre vous voudrait accepter cette terrible responsabilité? Est-ce vous, auteurs dramatiques ou lyriques, qui pouvez modifier votre œuvre au fur et à mesure qu'elle s'étudie? Est-ce vous, peintres, qui laissez et reprenez à votre choix vos cartons et vos toiles et qui ne livrez vos tableaux que lorsque vous les jugez parfaits? Est-ce vous enfin, écrivains, qui pouvez corriger votre copie et vos épreuves jusqu'à ce que vous soyez satisfaits? Tout, en somme, ne se fait ici-bas qu'au moyen d'essais : on essaie les bottes et les habits avant de les livrer; le cuisinier goûte ses sauces avant de les servir; les architectes seuls doivent aller sans tâtonner et, sans hésiter, mettre du premier coup la balle dans le milieu de la cible. Quant à moi, j'ai mis quelques balles en dehors du but! N'importe! malgré cela je remporte mon carton de tir sans trop rougir de ma maladresse!...

TROP D'OR! TROP D'OR!

« Trop d'or! trop d'or! » voilà ce qui s'est dit et répété bien souvent au sujet de la salle de l'Opéra et au sujet du foyer, et l'on a supputé avec effroi les sommes englouties et l'abondance de ces flots dorés que je faisais rouler dans mon grand tonneau des Danaïdes!

« Trop d'or! » ont dit les journalistes! « Trop d'or! » ont dit les financiers, et les braves bourgeois, et les députés, et les Parisiens, et les provinciaux! « Trop d'or! cet architecte nous ruine et dilapide les finances de l'État!... » Quelques artistes seuls, quelques clairvoyants n'ont pas été du même avis, et non plus, je crois, le personnel du ministère des travaux publics qui, mieux que tous, savait à quoi se réduisait cette prodigalité, déclarée si ruineuse!

Nous allons, si vous le voulez bien, examiner ensemble cette petite affaire; mais pour que les gens épouvantés n'aient plus rien à répondre, je laisserai pour l'instant de côté ce qui se rapporte seulement au goût, c'est-à-dire à la question artistique, me réservant d'y revenir plus tard, et je ne m'occuperai que de la question matérielle et financière.

Ce chapitre n'est donc pas destiné à ceux qui me reprochent seulement d'avoir doré le monument, mais qui ne me reprochent pas la dépense (en cherchant bien, peut-être peut-on trouver quelques-unes de ces bonnes âmes qui ne sont pas plus d'à demi mécontentes). Ce chapitre, dis-je, n'est pas destiné à ceux-ci, mais bien à ceux-là qui se préoccupent beaucoup moins de l'effet des salles que des sommes qui ont été gaspillées. Pour leur rendre quelque tranquillité d'esprit, je leur donnerai des dimensions et des surfaces comparatives qui, je l'espère, les satisferont autant qu'elles les étonneront, et je leur dirai, non pas à un centime près, mais absolument et exactement les sommes dépensées. Ces dimensions et ces dépenses, si certains incrédules doutaient de moi, pourront se contrôler à la Cour des comptes, au ministère, aux archives de l'Opéra et même sur les planches auxquelles ce texte est annexé. Alors chacun pourra bien voir que ces pactoles qui se déversaient dans le monument n'étaient en fait que de petits ruisseaux qui n'ont même pas pu arriver à faire une modeste rivière.

Si je ne craignais pas que l'on m'accusât d'émettre un paradoxe, je dirais tout d'abord, en commençant, qu'il n'y a pas d'or à l'Opéra! Ce ne serait pas tout à fait juste, je le sais; mais ça serait, en somme, plus juste que de dire qu'il y en a, puisque les trois quarts au moins de ce qui semble doré n'est autre chose qu'une simple peinture à l'huile!...

Ne vous récriez pas! c'est ainsi. Cet or qui vous choque n'est presque toujours qu'un peu d'ocre jaune qui, passé à trois couches, coûte environ dix-sept sous le mètre. C'est cet ocre jaune, un peu mélangé avec du gris et du rouge, qui trompe vos yeux et vous fait crier au scandale et à la prodigalité !

Il y a en France deux procédés principaux employés pour la dorure : ou bien la dorure en plein, ou bien celle en rehaussé. La dorure en plein, comme son nom l'indique, recouvre la surface entière des ensembles que l'on veut dorer; la dorure en rehaussé ne couvre que quelques parties de cet ensemble : filets, côtes de feuilles, contours d'ornements, etc. Le premier procédé donne naturellement une plus grande impression de richesse que le second, qui n'est pas sans présenter quelques maigreurs. Il faut dire que le plus souvent cette dorure en rehaussé s'emploie sur tons blancs. On en a fait un fréquent usage sous le règne de Louis XV et sous les dernières années du règne de Louis-Philippe, où le blanc et or était la gamme de tous les cafés et de tous les salons de parvenus. Maintenant, bien que le goût ait un peu changé, heureusement, on se sert encore souvent de ce procédé de dorure, toujours un peu mesquin d'apparence.

Mais, entre ces deux procédés, il s'en rencontre un autre qui, bien qu'à peu près délaissé en France, a été fréquemment employé en Italie, surtout à l'époque de la Renaissance, alors que les artistes avaient tous inné le grand sentiment décoratif. Ce procédé, appelé *dorure à l'effet,* n'est qu'une espèce de rehaussé, non plus appliqué sur des contours définis, mais bien sur des parties de surfaces qui, par leur position, doivent recevoir les reflets et les brillants de la lumière; puis, ce qui complète et caractérise surtout ce genre d'emploi, c'est que la tonalité générale des parois qui reçoivent les ors, au lieu d'être blanche ou d'un ton qui ne fait pas partie de la gamme des ors, est au contraire peinte dans la valeur exacte que ces ors auraient dans les ombres ou les demi-teintes. De cette façon tout l'ensemble se tient et s'harmonise à ravir, et, à moins d'avoir les regards très-proches des parties ainsi exécutées, l'impression générale est que l'or est mis en plein sur les parois, figures et ornements traités par ce procédé.

Il faut, il est vrai, pour arriver à ce résultat, que cette teinte de fond soit d'une qualité particulière et ait bien la valeur exacte des ors non éclairés. On arrive facilement à composer cette teinte, qui, suivant les cas, peut et doit même être graduée ou modifiée et qui influe d'une façon singulière sur l'aspect général de la coloration des ors. Ce moyen, comme on le voit, est fort simple, et des yeux un peu exercés trouvent bientôt les nuances qui conviennent et qui harmonisent puissamment la décoration. Au lieu de ces ors toujours criards et aigus lorsqu'ils sont neufs, on obtient des ors doux, fondus et bien plus simples d'effets que les premiers, et au lieu d'être, en somme, un peu l'esclave d'une matière riche et brillante, mais qui impose ses défauts comme ses qualités, on en devient le maître et on la manie à son gré et suivant son sentiment de coloriste.

Ainsi donc, au point de vue artistique, le procédé de dorure à l'effet a des avantages indiscutables, et, quant à moi, je le préfère, au moins dans notre siècle où l'on veut jouir vite, à la dorure en plein, qui n'est réellement belle et puissante qu'après qu'elle a été ternie par le temps et l'usage. La dorure à l'effet donne immédiatement cette apparence d'ors un peu effacés et pendant de longues années elle gagne encore en harmonie comme en richesse grave et puissante.

Cet effet est sensible dans quelques salles du palais Pitti et dans celles du grand palais ducal, à Venise, qui, ornées de cette façon, conservent encore, après deux siècles peut-être, mais en tout cas après de nombreux ans, une force de coloration et une largeur d'aspect qui séduisent le regard.

Il est évident cependant que, pour tirer le meilleur parti possible de ce procédé, il faut s'en servir avec intelligence, c'est-à-dire qu'il faut savoir bien choisir les touches à rehausser, et graduer surtout l'importance de ces rehaussés, de telle sorte que ceux qui sont presque sous les yeux cachent une plus grande partie de la teinte de fond que ceux qui en sont éloignés; il faut même que quelques endroits soient dorés en plein afin que l'on ne sente pas l'artifice, et que de cette dorure pleine on arrive peu à peu à des points de dorure de plus en plus espacés. Il faut enfin, pour ainsi dire, que l'on touche du doigt à ce qui est vrai, tandis qu'on ne touche que du regard à ce qui est factice. C'est ainsi que l'on opère dans les panoramas, où les premiers plans sont formés par des objets réels, qui se relient peu à peu aux plans suivants, tracés seulement de façon à faire illusion. Grâce à ce procédé la vue s'étend sans secousses de la réalité au mirage, et l'impression de la vérité est saisissante. Cet effet se produira donc s'il est habilement ménagé dans les exemples de dorure à effet, et, trompé par les yeux, le spectateur s'écriera : « Tout est en or! »

C'est ce qui a lieu à l'Opéra où le mirage existe, et c'est en somme un éloge indirect qui m'est adressé puisque j'ai si bien réussi à déguiser une misère relative sous une richesse apparente.

Au surplus, cette impression est presque nécessairement ressentie, et, à moins d'un examen attentif, il faut être prévenu du procédé pour le reconnaître ; j'en parle par expérience. J'avais déjà vu bien souvent jadis, à Florence et à Venise, des salles ainsi traitées sans m'apercevoir de ce moyen de décoration ; il y a plus même ; j'avais fait, il y a bien longtemps déjà, une aquarelle de la grande salle du palais ducal, dans laquelle j'avais passé près de trois journées, et, n'ayant pas l'esprit éveillé sur ce point, j'avais copié et parois et plafonds sans me douter qu'ils n'étaient pas dorés en plein. Ce n'est qu'il y a dix ans, dans un de mes voyages en Italie, que je découvris tout à coup cette méthode, qui m'était encore inconnue et que je résolus immédiatement d'employer à l'Opéra. Il est présumable que bien d'autres artistes avaient avant moi fait cette découverte ; mais j'ignore s'ils en ont profité. Quoi qu'il en soit, je me suis senti plus fier de ce transport de procédé que Jussieu ne dut l'être de celui de son petit cèdre.

Les avantages de l'emploi de la dorure à effet sont donc manifestes, et n'eût-elle que ceux que j'ai signalés, qu'on devrait déjà ne pas les dédaigner ; mais à côté de ces avantages, au-dessus d'eux peut-être pour certaines personnes (celles précisément auxquelles je m'adresse), il en est un autre bien plus précieux : je veux parler de son bon marché.

Cela est facile à comprendre sans longues explications. Du moment qu'il y a dans ce procédé trois ou quatre fois moins d'or employé que dans celui de la dorure en plein, naturellement il doit coûter trois ou quatre fois moins cher que celle-ci, et naturellement aussi bien moins que la dorure en plein, faite à l'eau. Je n'ai pas parlé de ce dernier moyen parce qu'il est maintenant rarement employé, car c'est le luxe dans le luxe... Pourtant la galerie dorée de la Banque de Paris est ainsi ornée; mais Dieu sait ce qu'elle a coûté! Ainsi, en prenant des prix moyens, la dorure à l'eau revient de 120 francs à 140 francs le mètre superficiel; la dorure en plein revient à 30 francs environ, et la dorure à l'effet à 15 francs à peu près, quand elle est faite pour être vue de près, et à 5 francs lorsqu'elle doit être vue de loin. C'est donc approximativement le tiers de la dorure en plein et le douzième de la dorure à l'eau.

Voilà, ce me semble, qui démontre déjà que l'architecte qui a choisi la dorure à effet a eu l'intention de réaliser d'assez notables économies. Voyons donc celles qui, de ce fait, se sont réalisées à l'Opéra, et j'ai quelque idée que les millions que l'on supputait déjà vont se réduire singulièrement.

Pour bien fixer les idées, je vais d'abord prendre un point de comparaison fort connu et d'autant plus facile à apprécier que pour bien des gens les deux termes comparés sont identiques : je veux parler de l'ancienne salle de la rue Le Peletier.

Personne, à ce que je crois du moins, n'avait pensé à reprocher à cette salle un trop grand abus de dorure; elle passait, avec raison du reste, pour une salle magnifique et très-harmonieuse dans sa tonalité et son aspect cossu. Avouez cela, n'est-ce pas, vous qui accusez de trop d'éclat la nouvelle salle et qui pensez qu'elle a coûté tout un trésor! Oui, vous avez toujours dit comme les autres, et comme de fait cela était, que l'ancienne salle satisfaisait les yeux des gens artistes et des gens économes. Eh bien! je vous suis dans cette impression, et si j'ai été moins réservé que l'architecte de l'Opéra incendié, je consens bien volontiers à accepter sans murmurer tous les reproches qui me seront adressés...

Cette salle, construite par Debret en 1815, a été restaurée en 1853 par Rohaut de Fleury; c'est à cette époque que l'on a redoré la salle, en profitant sans doute de quelques restes dont je n'ai pas même besoin de tenir compte.

La dorure de la salle a coûté à cette époque la somme de 35,000 francs, ainsi qu'il appert des mémoires réglés, et ce n'est pas trop; car il y avait un assez grand nombre d'ornements qui développent beaucoup en surface et reviennent à un prix bien plus élevé que les parties lisses.

Lorsque, en 1863, je restaurai à nouveau cette salle, indépendamment des raccords de dorure que je fis exécuter afin de ne pas repeindre bien des fonds de balcons ou de tympans, je fis également faire des berclés dorés sur ces mêmes fonds; puis, ayant changé la décoration de la coupole et y ayant établi les espèces d'œils-de-bœuf qui la contournaient, je fis dorer en rehaussé ces œils-de-bœuf exécutés en peinture; enfin, je détachai le plafond, peint par MM. Lenepveu et Boulanger, sur un fond d'or quadrillé, qui tenait toute la surface de la voûte.

Ces dorures diverses, ajoutées aux anciennes, coûtèrent environ 9,000 francs, et je dois dire que tout ce qui faisait partie de la coupole était de l'or *faux;* sans cela la dépense se serait élevée à plus de 25,000 francs. Cependant, comme dans ces travaux il y avait certaines parties qui n'étaient que des raccords de l'ancienne dorure, on peut évaluer très-approximativement que tout l'ensemble des nouvelles dorures, supposées en or vrai, aurait coûté une somme moyenne de 20,000 francs.

Ces dernières données doivent naturellement être ajoutées aux anciennes pour donner le prix total de la dépense des ors faite dans la salle de l'Opéra, telle qu'elle apparaissait au public à partir du mois de mars 1863, époque à laquelle elle fut ouverte après la réparation.

C'est cette salle, ainsi complétée, qui depuis douze ans servait de critérium aux jugements comparatifs. C'est cette salle, que chacun admirait et dans laquelle j'avais apporté mon minime contingent, qui, de l'avis de tous, était déclarée la plus harmonieuse des salles de théâtre; c'est cette salle enfin, qui, sans qu'on s'en préoccupât, avait coûté pour sa dorure totale une somme de 53,000 francs!

Voyons maintenant les dimensions de ce vaisseau et nous aurons le rapport de la dorure avec la surface. Nous verrons ensuite les dimensions de la salle du nouvel Opéra et nous comparerons facilement.

Voici succinctement les grandes surfaces de l'ancienne salle : elle avait aux premières loges un développement circulaire de 54 mètres, et la hauteur du sol au-dessus de la corniche était de 15 mètres, en faisant abstraction des courbes des tympans (abstraction que je ferai également pour la nouvelle salle); en considérant cette partie inférieure comme un grand cylindre développé, nous avons déjà une surface partielle de 810 mètres. De cette surface je retranche celle de l'arc doubleau qui n'était pas doré, mais qui était seulement composé d'une toile peinte, percée d'une trappe par où l'on descendait le matériel des bals. Cet arc-doubleau avait une largeur de 61 mètres sur un développement de 16 mètres; c'est une superficie de 96 mètres à retrancher des 810 ci-dessus. Il reste donc 726 mètres.

A cela il faut ajouter la surface de la coupole qui, ayant 16 mètres de diamètre et 9 mètres de demi-développement curviligne, donne une surface de 226 mètres, soit donc en tout comme superficie du vaisseau 952 mètres.

Mais cette superficie comprend le cylindre et l'ellipsoïde tangeant aux parois, sans tenir compte des surfaces développées par les moulures et les ornements. Ces dernières superficies ne peuvent se donner très-exactement; mais en me rendant compte par les dessins de cette salle que j'ai sous les yeux et par quelques modèles de pâte qui sont restés en ma possession, j'estime que le développement de toutes ces surfaces non comptées dans la surface tangeante peut s'évaluer, à peu de chose près, à 500 mètres *au plus*. Cela donnerait donc pour tout l'ensemble une superficie et un développement total de 1,452 mètres; puis ajoutons environ 100 mètres pour les dessous des arcs-doubleaux et 150 mètres pour les dessous des bordures des balcons, nous aurons comme surface maximum un chiffre de 1,702 mètres; — mettons 1,700 mètres.

Je ne veux pas recommencer ces fastidieux calculs pour la nouvelle salle; je dirai seulement que la surface-enveloppe comprenant la salle et la coupole est de 1,483 mètres; que le développement des corniches, des ornements de tympans, etc., est énorme (les tympans seuls développant *cinq fois la surface lisse*), et que ces développements peuvent s'évaluer, à l'erreur d'un cinquantième près, à 2,300 mètres, ainsi qu'il résulte des opérations minutieuses auxquelles je me suis livré pour trouver cette surface. Cela donne déjà une superficie en nombre rond de 3,800 mètres. Ajoutons maintenant le cadre de la scène avec les retours, 100 mètres; les dessous des arcs-doubleaux et des lunettes, 200 mètres; les dessous des balcons, 300 mètres, et nous arriverons ainsi à un chiffre de 4,400 mètres.

Voilà donc deux chiffres de comparaison de surfaces qui ont déjà quelque intérêt : ainsi 1,700 mètres d'une part, 4,400 mètres de l'autre! Que va-t-il arriver maintenant pour se rendre compte des dépenses relatives ? Une chose bien simple, une modeste règle de proportion; celle-ci : si une salle ayant 1,700 mètres de surface a coûté 53,000 francs, combien coûterait une salle ayant une surface de 4,400 mètres? Réponse : 137,176 francs.

Ainsi la nouvelle salle de l'Opéra, pour n'être pas plus chargée de dorure que l'ancienne, pour ne pas mériter plus que celle-ci le reproche d'être trop luxueuse, devrait coûter *137,176 francs!*

Eh bien, la nouvelle salle, *y compris tous les apprêts,* a coûté en tout *47,520 francs!*

C'est-à-dire, en proportion, à peu près le tiers de ce qu'a coûté la salle de la rue Le Peletier et en réalité un prix inférieur! D'où il résulte, je suppose, qu'il y a moins d'or dans toute la salle du nouvel Opéra que dans toute la salle incendiée, et qu'il y en a trois fois moins par rapport aux surfaces réelles.

Après cela, que devient l'accusation? où sont ces millions qui s'étaient engloutis dans les dorures du nouveau théâtre? où sont ces prodigalités insensées de luxe et de dépense? Vous ne trouviez pas l'ancienne salle trop fastueuse et vous ne l'accusiez pas d'avoir coûté trop cher, et voilà que celle à laquelle vous adressez les reproches épargnés à sa devancière a coûté encore moins cher que celle-ci, et est trois fois moins dorée!

Pensez-vous maintenant que vos critiques étaient fondées? Au surplus, voulez-vous que je vous dise à quelle somme reviennent TOUTES les dorures de l'Opéra, et la salle, et l'escalier, et le grand foyer, et l'avant-foyer, et les salons circulaires, et le foyer de la danse, et tous les petits coins enfin où des ors ont été placés? Toutes ces dorures *sans exception*, y compris tous les apprêts de teintes dures ou de mixion, ont coûté *au total 132,000 francs!!!*

Et voilà comme on juge les choses et comme on accuse les gens! et, fait à noter, si dans diverses parties dont je parlerai plus tard, et notamment dans la machinerie théâtrale, les devis ont été plus ou moins dépassés, il se trouve que les travaux dits de luxe, ceux qui ont été accusés d'être la cause des dépenses, sont précisément ceux qui ont présenté souvent des économies sur les prévisions : ainsi le devis de dorure s'élevait à 320,000 francs, y compris, il est vrai, les deux pavillons marqués pour une somme d'environ 50,000 francs, et il arrive que les dépenses ne s'élèvent pas à la moitié du chiffre prévu!

Allons, décidément, le mot : « Trop d'or, trop d'or! » était une fausse alerte. Je parle toujours au point de vue des dépenses; nous verrons plus tard ce qu'il faut en penser au point de vue de l'art.

Mais, maintenant que vous êtes avertis, ne tombez pas dans l'excès contraire et ne vous avisez pas de dire que j'ai été trop parcimonieux dans l'emploi de l'or, puisque la teinte jaune que j'ai mise trompe vos yeux et vous donne l'impression de la richesse. Il n'est pas nécessaire d'avoir de l'argenterie massive pour recevoir ses hôtes, et l'on peut dîner fort élégamment dans des couverts en ruolz!

N'importe! le premier coup est porté; peu de gens liront ces lignes, et pendant longtemps encore ceux qui voudront bien s'occuper un peu de l'Opéra pousseront sans doute toujours ce cri : « Trop d'or! trop d'or! »

« Et voilà comme on écrit l'histoire! »

LE FOYER DE LA DANSE

Si le grand escalier de l'Opéra m'a valu des félicitations en prose et en vers, il faut bien avouer que le foyer de la danse ne m'a guère attiré que des invectives et qu'il a fait l'office de tête de Turc. Si l'on n'avait pas tout à fait raison, on n'avait pas non plus tout à fait tort, et ce petit coin du monument qui, avant l'exécution, m'apparaissait comme une merveille, n'a plus été, après son achèvement, que l'image déformée de ce que j'avais rêvé.

Cela ne veut pas dire que je l'abandonne tout entier à la critique ; loin de là : j'y trouve encore bien des choses qui satisfont mon amour-propre d'artiste et que je réclame avec un certain orgueil ; mais comme, à côté de ce qui me réjouit, je vois des parties qui m'attristent et dont pourtant je ne suis pas réellement responsable, je me laisse aller, malgré moi, plutôt aux regrets de voir mon projet mal construit qu'au plaisir de regarder quelques points échappés au massacre et exécutés comme ils avaient été conçus.

Lorsque ces bouffées de regrets m'arrivent à la cervelle je n'ai d'autre envie que celle de voir disparaître ce malencontreux foyer, cette page pleine de coquilles, et j'en veux alors à ceux qui, m'ayant attaqué, ont pour moi le défaut impardonnable de n'avoir pas été entièrement injustes! Mais lorsque je puis faire sortir de mon esprit chagriné l'amertume qui me tient en voyant ma pensée trahie, lorsque je songe à l'idée première qui m'a guidé, lorsque j'étudie à nouveau ces détails multiples sortis bien constitués de ma tête et de mon crayon, je me dis qu'après tout, avec ses manques d'harmonie et ses lourdeurs déplaisantes, le foyer possède encore dans sa composition générale et dans l'indication artistique de ses ornements tout ce qu'il faut pour satisfaire les yeux des gens qui ne jugent pas tout un drame sur quelques scènes mal venues.

Laissez-moi donc, tout en abandonnant au sort qu'elles ont encouru ces mauvaises scènes plutôt mal récitées que mal composées, laissez-moi donc défendre un peu ce qui mérite non-seulement indulgence, mais vraisemblablement approbation. Peut-être qu'après avoir lu cette discussion sincère quelques aristarques oublieront leur mauvaise humeur pour trouver, qu'en somme, je suis plus à plaindre qu'à blâmer. Je plaiderai, je le sais, les circonstances atténuantes ; mais il me faut plus de courage pour agir ainsi que pour m'insurger contre les jugements rendus, défendre pied à pied mon œuvre, et finalement monter au Capitole pour rendre grâces aux dieux.

Voici d'abord ce que je voulais faire ; nous verrons ensuite ce qui a été fait :

Le foyer de la danse à l'Opéra reçoit bien quelques ministres, quelques ambassadeurs, quelques abonnés et quelques journalistes ; mais ce n'est pas spécialement pour les diplomates ou pour les reporters que ce foyer a été construit. Il est destiné avant tout à servir de cadre aux gracieux essaims des ballerines, toutes coquettement et pittoresquement costumées. La fantaisie a grande part dans la confection de toutes ces coiffures, de tous ces corsages et de toutes ces jupes, et la fantaisie est plus grande encore dans les attitudes variées que prennent les volontaires du séduisant bataillon. Lorsque toutes les danseuses sont réunies dans leur salon on dirait, à les voir, qu'on a devant les yeux les grains mouvants d'un kaléidoscope qui, y entremêlant leurs couleurs, les combinent heureusement de mille et mille manières.

Comment placer cette foule bigarrée et papillonnante dans un milieu froid et compassé ? comment demander à l'architecture qu'elle garde son décorum et toute sa raison pour abriter, comme auraient dit nos pères : toutes ces fleurs animées par le tambourin de Terpsichore ? Cela eût été presque une inconvenance artistique ; autant vaudrait mettre des tentures funèbres dans le boudoir d'une marquise Pompadour.

Il fallait donc, pour harmoniser l'écrin et les joyaux, que l'architecture du foyer de la danse fût un peu fantaisiste, mouvementée et, pour ainsi dire, dansante et animée ; néanmoins, dans toute chose construite il faut une certaine stabilité d'apparence et une certaine pondération, qui empêchent l'architecture exécutée d'avoir une complète liberté d'allure. Bien que les compositions capricieuses que les décorateurs excellent à mettre dans les féeries fussent peut-être un des types que l'on pouvait, sinon choisir au moins consulter, il m'était impossible de faire porter des arcades par des roseaux enguirlandés de lierre, et de faire des murs ou des voûtes avec des feuilles de bananiers et des treillis de bambous, servant de support à des libellules et à des papillons. C'est pourtant peut-être ce que j'aurais tâché de faire si, à l'Opéra, le foyer de la danse, placé dans l'axe de la scène, n'avait dû, suivant ma pensée, servir parfois aux grandes pompes de la mise en scène. J'espérais, et j'espère encore, que pour quelques grands ballets on se servira de cette salle, qui prolonge la perspective et que l'on pourra, au moyen de décors se reliant avec elle, disposer comme une immense galerie de fêtes, ayant non-seulement l'aspect de la grandeur, mais en ayant encore la réalité.

Pour faciliter la composition, et surtout la diversité des décorations successives que je me plaisais à imaginer, il était indispensable que le foyer de la danse, si l'on venait à l'utiliser, eût un caractère pour ainsi dire métis, qu'il pût se combiner avec les rêveries des compositions fantastiques, tout autant qu'avec les compositions plus gourmées ou plus sévères. Certes, je ne pouvais avoir la prétention de construire une salle qui fût à la fois égyptienne, grecque, gothique ou renaissance ; mais sans tenter l'impossible, je voulais au moins chercher un caractère indécis qui pût, conventionnellement, se rattacher aux époques et aux lieux les plus communément employés dans les opéras. C'est ainsi que le style bâtard et un peu dévergondé que j'ai introduit dans le foyer de la danse peut s'adapter, sans trop d'invraisemblances, à l'architecture espagnole, italienne, allemande ou française depuis deux ou trois cents ans, et peut aussi et surtout se rattacher à peu près aux combinaisons décoratives usitées dans les ballets, plutôt fantaisistes qu'historiques. Ainsi *Don Juan* et *la Favorite*, *Don Carlos* et *les Huguenots*, *le Prophète* et *les Foscari*, si leurs ballets ou divertissements se combinaient avec l'architecture du foyer de la danse, pouvaient laisser encore aux décorateurs une latitude suffisante pour relier conventionnellement leurs toiles peintes aux ornementations du foyer ; et comme il va sans dire que c'est plutôt pour l'avenir que pour le passé que la salle de l'Opéra a été construite, il est présumable que dans la suite des temps il se présentera nombre de cas où l'architecture d'*illustration* que j'ai employée pourra servir de point de départ à la composition de nombre de salles destinées aux ballets.

Cela explique assez, je pense, pourquoi j'ai mis des colonnes, qui se trouvent dans presque toutes les architectures ; mais pourquoi je les ai contournées assez capricieusement pour en permettre l'emploi dans toute salle de fêtes pouvant supporter quelques extravagances artistiques ; pourquoi, tout en faisant une voussure, qui est la terminaison ordinaire de la plupart des couronnements de grands salons, j'ai donné à cette voussure des formes découpées et un peu excentriques afin que la fantaisie ne fût pas exclue des compositions qui pourraient s'y relier ; pourquoi enfin j'ai fait cette voussure se détachant sur une autre, ornée de peintures, afin que l'éclairage pût se modifier, et que le foyer de la danse pût recevoir toute la lumière non par un lustre visible, mais par une rampe cachée aux yeux, et donnant par la disposition de ses feux des effets fantastiques usités dans les tableaux fantasmagoriques. — Ai-je réussi ? Je n'en sais rien encore, puisque le foyer de la danse n'a pas jusqu'à présent servi à ce qu'il me paraissait devoir servir. En tout cas mon intention est maintenant connue, on jugera sans doute plus tard si elle était bonne et pratique.

Voilà donc ce qui m'a guidé dans l'idée générale de ma composition. Est-ce bien cela qui a été exécuté ? Pas tout à fait malheureusement, et je dois reconnaître qu'il y a tout d'abord un défaut capital qui m'a sauté aux yeux dès que la salle a été débarrassée des échafaudages, défaut que j'ai cherché à atténuer ensuite sans grand succès, et qui ne pouvait être supprimé qu'en refaisant la première voussure. Je veux parler du manque d'harmonie qui existe entre la partie supérieure et la partie inférieure du foyer ; celle-ci est beaucoup trop lourde, même intrinsèquement ; l'autre est beaucoup trop grêle, mais relativement.

Puisque j'en suis réduit à plaider les circonstances atténuantes, je tiens à faire connaître ce qui a amené à ce manque d'harmonie assez choquant, et qu'ont sans doute remarqué les personnes ayant le goût artistique subtil et développé.

Il y a pour expliquer ce fait deux causes principales : l'une est une erreur de construction ; l'autre une désaccoutumance de mes yeux à une proportion unique ; désaccoutumance occasionnée par un scindement prolongé entre l'exécution des deux parties. Quant à cette dernière cause, en effet, les modèles de la partie inférieure avaient été exécutés avant la guerre de 1870, et étaient restés en dépôt dans les ateliers, tandis que les modèles de la partie supérieure n'ont été faits que plus de trois ans après, lorsque l'ancien Opéra fut incendié. A cette époque je me préoccupais surtout de l'ornementation de la salle et du grand foyer, laquelle était de très-grande dimension, et j'éprouvais une certaine difficulté à changer à tout instant d'échelle proportionnelle à des salles de vaisseaux si différents. Mes dessins me servaient bien de points de comparaison, mais, entre des motifs dessinés et des motifs sculptés, il y a encore bien de la place pour des modifications, et celles-ci se font d'autant plus fréquemment, qu'un long espace de temps sépare la pensée primitive de l'exécution effective.

Je me suis donc laissé aller, malgré moi, à amplifier un peu la composition première, et cela avec d'autant plus d'entraînement, que, pour les facilités du travail, un grand échafaudage divisait en deux étages le foyer de la danse, et que je ne pouvais plus guère me rendre compte de l'ensemble des proportions de la salle.

Il y avait donc, dans cette interruption de trois ou quatre ans, une cause presque fatale de désorientement de la pensée et des regards, et il eût fallu, pour que je pusse y échapper, que tous les ornements du bas du foyer fussent mis en place. C'était chose impossible, d'abord parce qu'il fallait faire le moulage des modèles déjà acceptés, puis parce que, sous peine de les exposer à de graves avaries, je ne pouvais placer ces premiers modèles inférieurs avant ceux qui devaient être au-dessus. J'ai donc poursuivi ma besogne; mais naturellement en croyant qu'elle était bonne; sans cela il est évident que j'eusse modifié l'échelle des ornements qui s'exécutaient alors.

Quant à la seconde cause de la lourdeur des motifs de la voussure, elle est plus grave que la première en ce qu'elle a eu un effet encore bien plus prononcé sur l'aspect général, tout en étant cette fois le résultat d'une erreur faite en dehors de toutes mes prévisions. Cette erreur consiste en ce que, par suite de je ne sais quelle circonstance (l'erreur n'ayant été reconnue que plusieurs années après qu'elle avait été commise) les fers qui formaient l'ossature de la voussure ont été bien plus longs qu'ils ne devaient l'être d'après mes dessins. Ainsi cette voussure, qui devait largement dégager l'arrière-voussure, a, tout au contraire, presque caché celle-ci, et, par suite, les rapports de cette première voussure avec toutes les autres parties de la salle ont été complétement changés ; l'erreur entre les dessins et l'exécution a été de plus de 0^m,30 sur des dimensions qui variaient de un mètre à trois, et non-seulement ces dimensions en développement de hauteur ont été bien modifiées, mais encore celles qui se rapportaient aux contours ondulés du couronnement de la voussure. Il en est résulté qu'au lieu d'une dentelure élégante comme je le désirais, je n'ai plus eu qu'une découpure mauvaise et empâtée.

Mais ce n'est pas tout encore : la surface de la voussure, devenue plus grande, me contraignit d'agrandir aussi les divers motifs qui la garnissaient, et cela non pas régulièrement, mais principalement dans le sens de la hauteur ; il en résulta que ces motifs furent poussés les uns contre les autres, et que leurs proportions, tout en se déformant, durent s'agrandir singulièrement ; les médaillons des danseurs, les enfants qui les soutenaient et qui durent déborder sur les cadres, les lyres et feuillages d'accompagnement, tout cela se distendit par la force des choses, sans la comparaison des décorations voisines, et sous le seul contrôle de mes yeux qui, ainsi que je l'ai dit, s'étaient habitués à des ornementations robustes et développées.

Néanmoins je pressentais bien que j'avais dû être entraîné par cette erreur d'exécution et que j'aurais quelques déboires lorsque les modèles seraient tous posés; aussi lors des moulages et des réparages de ces modèles, sans changer les proportions générales imposées, hélas! par les dimensions fautives de la voussure, je fis quelques modifications de détails et tâchai, autant que possible, de donner de la légèreté aux grosses masses que j'avais été entraîné malgré moi à établir. Puis je caressai l'idée de faire par-ci par-là quelques rehaussés et filets d'or, afin de couper encore les ensembles qui pourraient me paraître trop importants.

Tout cela fut inutile. Lorsque les modèles furent terminés, lorsque les moulages furent placés, je fis enlever enfin les échafaudages qui me cachaient l'ensemble, et quand la salle fut vide et désencombrée, j'allai tout seul, presque en catimini, me rendre compte de l'effet général. Il me parut pitoyable et je constatai qu'hélas! le foyer de la danse n'avait pas d'unité dans son ornementation, et que des jambes de girafe supportaient un corps d'éléphant!

Si j'avais eu devant moi cinq ou six mois de latitude, j'eusse certainement fait remplacer bon nombre de moulages et changer quelques ornements; mais la limite fatale était là; il fallait arriver quand même, produire au milieu de la fièvre et aller devant soi sans jamais regarder par derrière... Je me résignai donc à conserver les lourdeurs qui me désespéraient ; néanmoins je pus en cacher quelques-unes au moyen de petites guirlandes de grelots, et de quelques petites brindilles légères qui, passant devant les grosses masses, en déguisaient un peu le volume ; mais s'il y eut ainsi un avantage du côté des proportions relatives des divers ornements du foyer, il y eut aussi l'inconvénient que ces guirlandes et ces brindilles rendirent encore plus confuse la décoration de la voussure. Cette confusion venait de ce que l'agrandissement contraint des motifs avait fait supprimer les parties faisant fond et repos.

Malgré cela, je me serais encore consolé de ce défaut si je n'avais été vraiment attristé de la diminution apparente de la seconde voussure, destinée à recevoir les peintures de Boulanger. Cette seconde voussure, sur laquelle je comptais pour bien caractériser ma composition, n'était plus que comme une simple bande, une grosse gorge, et il fallait renoncer à l'orner ainsi que je le désirais ! De plus, les supports du plafond central (celui-là très-réussi), qui, en partant des angles de la salle, derrière la première voussure, devaient bien accuser le motif de décoration, se trouvèrent presque cachés par la saillie intempestive de cette voussure et surtout par les dentelures du couronnement qui, ainsi que je l'ai dit, étaient non-seulement plus larges que je ne les avais indiquées, mais qui encore étaient beaucoup plus épaisses. Plus de vingt centimètres au lieu de cinq ! En résumé, je cherchai à pallier les défauts qui me sautaient aux yeux, et si j'y parvins dans quelques parties, ces défauts me furent et me sont toujours présents et me tirent les regards avec plus de persistance que les qualités, qui se montrent encore dans bien des points du foyer de la danse.

Puisque j'ai avoué avec franchise ces défauts, que je regrette plus que jamais, tout en cherchant à expliquer leur production, on me permettra, je le suppose, d'être aussi sincère pour constater ce qu'il y a de bien et même de très-bien dans cette salle incomplète et dont je ferais, je crois, une chose typique et élégante, si les architectes avaient la faculté de corriger les ouvrages qui sortent plus ou moins bien venus de leurs mains.

Je pense donc que la composition générale du foyer de la danse et le caractère d'architecture libre et un peu aventurée que j'ai adoptée conviennent parfaitement à leur destination, et lorsque le soir toutes les danseuses se mêlent et circulent dans cette salle, doublée d'aspect par la grande glace qui en occupe le fond, il y a, sans contredit, une harmonie réelle entre les parois du foyer et les groupes animés des ballerines. On ne pense plus guère aux lourdeurs de la voussure ni aux dimensions exagérées des petits génies en plâtre; mais l'œil passe sans secousses et sans arrêts des costumes bigarrés des dames du corps de ballet aux colonnes pailletées, aux tentures lilacées et aux arcades contournées. On ne s'occupe guère alors, il est vrai, de l'architecture; mais c'en est peut-être là le vrai mérite, puisqu'elle ne doit que servir de cadre au tableau gracieux et mouvant, figuré par les danseuses. Aussi il est probable que les critiques adressées à ce foyer, et dont j'ai reconnu la justesse, en supposant qu'elles aient été les mêmes que celles que j'ai formulées moi-même, il est probable, dis-je, que ces critiques ont été faites par ceux qui n'ont vu le foyer que vide de danseuses, ce qui est sans doute une bonne manière de juger lorsque l'on veut analyser de l'art sérieux; mais ce qui devient moins équitable lorsque l'on veut juger une composition pittoresque, qui ne donne tout son effet que lorsqu'elle est accompagnée de son complément.

Je signalerai maintenant comme détails les encadrements des quatre panneaux, peints par Boulanger. Les motifs qui les accompagnent, en leur servant pour ainsi dire de supports, sont, je crois, irréprochables au point de vue de la composition et de l'étude. J'en dirais autant du lustre central, si je ne trouvais que le culot est un peu petit et que les guirlandes et cristaux sont d'une forme un peu molle; il gagnerait sans doute si ces cristaux étaient disposés avec plus de variété. A part cette observation, ce lustre, chose très-difficile à bien trouver, est d'une très-bonne silhouette et d'un excellent caractère, et je m'empresse d'ajouter qu'il a été modelé très-finement par M. Martrou. Mais ce qui, selon moi, est le plus digne d'éloge, c'est le grand plafond de la salle que j'ai déjà cité plus haut. Le dessin en est ferme, la tonalité harmonieuse, l'étude très-serrée et pourtant point pédante, et lorsque quelques délicats viendront à se scandaliser en voyant les lignes maniérées de la voussure, je les prie de jeter un coup d'œil sur ce plafond; peut-être suffira-t-il pour me faire pardonner ce que plus d'un est tenté d'appeler des excentricités de mauvais goût.

Comme je ne veux pas finir cet examen architectural sur une espèce de panégyrique, je dirai en terminant, que les cannelures des colonnes sont trop minces et trop multiples et que les chapiteaux de ces mêmes colonnes sont mesquins et confus; ils auraient sans doute gagné à être tout blancs ou tout dorés; en tout cas, tels qu'ils sont, je les abandonne bien volontiers aux blâmes qu'ils peuvent soulever.

Je crois aussi devoir répondre, sinon à un reproche qui m'a été adressé, du moins à une observation qui m'a été faite quelquefois : on m'a demandé pourquoi j'avais mis des marches devant le foyer de la danse. A vrai dire, au point de vue artistique, cela fait mieux que si le sol du foyer était de plain-pied avec le sol du couloir, et si quelquefois ce foyer sert de perspective à la scène, on se félicitera de le voir ainsi exhaussé; mais ce n'est pas cette raison artistique qui m'a conduit à installer ces quatre degrés; c'est une raison toute autre et procédant tout à fait d'un autre ordre d'idées.

Voici le fait. Lors du commencement des travaux de l'Opéra, et sur ma demande, le ministre institua une commission ayant pour objet l'étude de ce qui se rapportait à la machinerie théâtrale. La pente du plancher de la scène faisait naturellement partie des études auxquelles devait se livrer la commission. Or il arriva que cette commission fonctionna pendant plus de cinq ans et que ce ne fut que vers la fin de ses travaux que la pente du plancher de la scène fut déterminée invariablement. Je ne pouvais attendre cette décision pour construire l'Opéra et il me fallut bien, pendant le cours des discussions, élever les murs et poser les planchers. Or, le point de départ de la scène étant déjà fixé dans mon projet, il en résultait ceci : c'est que la pente adoptée modifiait naturellement la hauteur au *lointain,* c'est-à-dire au corridor avoisinant le foyer de la danse, et d'après les propositions faites au sujet de cette pente, il arrivait qu'entre la plus faible et la plus forte, il y avait environ un mètre de différence.

Si donc j'avais supposé le plancher du foyer de la danse au niveau de la pente la plus faible, il n'y aurait pas eu de marches à monter du couloir au foyer, si cette faible pente avait été adoptée; mais si, au contraire, on avait choisi une pente plus forte, il serait arrivé ceci : que le foyer eût été en contre-bas, et que, dès lors, il eût fallu non-seulement y descendre par quelques degrés, mais qu'encore, lors de l'utilisation future de ce foyer dans la mise en scène, on n'eût aperçu que les bustes des danseuses qui y eussent pris place, et l'effet eût été désastreux ou ridicule. En plaçant, au contraire, ainsi que je l'ai fait, le sol du foyer au point possible de la plus haute pente, je pouvais avoir l'inconvénient (si c'en est un) de faire gravir quelques marches pour y arriver; mais au moins j'étais certain de ne jamais y enfouir les danseuses, qui devaient déjà disparaître un peu par suite de la pente en sens inverse du plancher du foyer de la danse.

Il n'y avait donc pas à hésiter : il fallait se garer contre les éventualités de l'avenir et préférer un exhaussement sans dommage à un effondrement possible ; c'est ainsi que j'ai agi, et les marches qui donnent accès au foyer et qui, selon moi, font bon effet, à la vue du moins, ne sont que le résultat de l'indécision primitive sur la pente de la scène.

Maintenant que j'ai parlé de ce qui me touchait comme architecte, je ne dois pas oublier les collaborateurs qui ont participé de leur côté à la décoration du foyer de la danse, et qui, comme moi, mais avec moins de justesse, ont été attaqués dans leurs œuvres. Ces collaborateurs sont : Chabaud pour la sculpture et G. Boulanger pour la peinture. J'ajourne pourtant ce que j'aurais à dire sur le talent de Chabaud; cet artiste ayant fait de nombreuses et remarquables œuvres à l'Opéra, œuvres disséminées partout, je lui consacrerai un article spécial dans lequel je dirai tous les grands services qu'il a rendus au monument. Je veux seulement, quant à ce qui touche au foyer de la danse, le décharger de la responsabilité des proportions des génies soutenant les médaillons, et l'assumer sur moi seul; car c'est moi qui lui ai assigné la dimension de ses figures, ainsi que le caractère qu'elles devaient avoir. Il ne reste donc à lui revenant, que l'habileté dont il a fait preuve dans les divers arrangements de ces petits amours, et des têtes décoratives qui ont été exécutées par lui dans le foyer.

Quant à Boulanger, dont le grand travail était divisé en trois parties : la voussure, les portraits et les panneaux, il ne doit pas non plus supporter les critiques qui ont été adressées aux deux premières parties de sa besogne, ces critiques devant aller directement à moi, cause première de l'insuccès relatif; et il mérite encore moins celles qui ont été adressées aux panneaux qui, dans ma conviction comme dans la vérité, sont des œuvres très-remarquables.

On sait déjà que les arrière-voussures ont été, par suite d'une erreur de construction, notablement diminuées. Ce fait a amené le changement du parti des peintures que Boulanger devait y exécuter. Il y avait là dans les esquisses de cet artiste une ronde très-gracieuse et très-mouvementée, qui aurait séduit tous les regards; la place manquant, il a fallu à peu près supprimer toutes les figures et les remplacer par des espèces de petites taches vigoureuses, se découpant sur des ciels variés : enfants, oiseaux, papillons, etc., furent donc les seules choses que le peintre pût employer pour garnir ces voussures devenues presque invisibles. Nous avons adopté alors le parti pittoresque et caractéristique que l'on rencontre dans les éventails japonais, et ce parti une fois accepté, il est juste de déclarer que Boulanger l'a traduit à merveille. Il y a une grande invention dans les mouvements, et une opposition agréable et vigoureuse dans les tonalités employées. Aussi, si l'on doit regretter que Boulanger n'ait pas été à même d'exécuter les grandes compositions qu'il avait projetées, il faut au moins reconnaître qu'il est sorti à son honneur de celles qu'il lui a fallu choisir.

Quant à la série des portraits de danseuses, tous très-typiques et très-curieux, il est évident que les têtes sont beaucoup trop grandes, et qu'elles choquent un peu la vue ; mais cela vient encore de cette malheureuse erreur de voussure. Ayant grandi les médaillons, ayant grandi les petits génies, il fallait bien, pour que les portraits fussent à l'échelle de l'entourage, qu'ils fussent aussi agrandis et plus développés que ceux prévus tout d'abord ; — c'est donc moi seul qui, ayant donné les dimensions des têtes à Boulanger, suis responsable de leur trop grande proportion. Du reste ce défaut était bien plus choquant dans le principe qu'actuellement, où j'ai fait dorer les fonds, primitivement d'un ton verdâtre : l'effet de l'or miroitant a cerné les figures et les a diminuées d'aspect, de sorte que maintenant, sauf deux ou trois danseuses, dont les coiffures excentriques semblent vouloir déborder du cadre, tout l'ensemble ne paraît plus de dimensions exagérées ; aussi ai-je cru devoir refuser l'offre de Boulanger, qui voulait refaire à ses frais toute la série des portraits. D'ailleurs, si l'on avait diminué les portraits il aurait aussi fallu diminuer les enfants, puis les ornements, c'est-à-dire changer toute la voussure, chose à laquelle il ne faut pas songer, du moins en ce moment ; mais si dans l'avenir, par suite de circonstances quelconques, un architecte était chargé de restaurer le foyer de la danse, je le supplie, si à ce moment ces lignes tombent sous ses yeux, de prendre en considération les observations que j'ai consignées dans cet article. Autant je serais désolé de penser qu'un jour on pourrait modifier la décoration et la coloration de la salle, du grand foyer et de l'escalier, autant je désire que l'on puisse plus tard diminuer la première voussure du foyer de la danse, et surtout les silhouettes demi-circulaires qui empâtent le couronnement de cette voussure.

Je viens encore en parlant de Boulanger de me laisser entraîner à parler de ce que j'ai fait ; c'est qu'à vrai dire il n'y a dans tout l'Opéra que ce seul point qui me chagrine réellement, et que j'ai l'espérance qu'en voyant mon dépit, il se trouvera quelque jour un ministre charitable, qui fera disparaître la tache qui me saute aux yeux, comme une goutte d'encre sur une robe de soie blanche chagrine la femme qui la porte, quelles que soient la qualité et la valeur du vêtement élégant, et immaculé sauf cette petite tache noire !

Des quatre panneaux de Boulanger, qui représentent la danse bachique, la danse guerrière, la danse champêtre et la danse amoureuse, le premier seul me paraît pouvoir offrir quelque prise à la critique. La bacchante, malgré le grand talent que révèle l'exécution, offre peut-être un type assez déplaisant de vulgarité ; mais c'est là dans ces magistrales peintures le seul point qui soit discutable, et je doute qu'aucun artiste eût fait, je ne dirai pas mieux, mais même aussi bien que Boulanger, ce travail difficile, où la peinture était sous les yeux et devait, tout en conservant une certaine grandeur de composition, se mettre en harmonie avec le milieu mouvementé et pétillant dans lequel elle était placée.

Parmi les peintres de notre école française Boulanger tient un rang que les artistes eux-mêmes ne lui ont jamais contesté ; il dessine avec sûreté et adresse ; il arrange avec science et habileté, et avec un fonds très-sérieux d'études classiques, il a une dose très-marquée d'imprévu et d'originalité. Il a mis non-seulement toutes ces qualités dans les panneaux du foyer de la danse, mais encore il y a joint un sentiment de coloration décorative, tout à fait adapté à l'emplacement et à la nature de ses toiles. On dirait presque des tapisseries, tant les valeurs différentes qu'il a employées se fondent entre elles avec charme et douceur ; puis, ce dont il faut encore tenir compte et à un haut degré, c'est la manière dont les panneaux sont exécutés : manière grasse et fine à la fois.

Boulanger, comme ses confrères de l'Opéra, savait qu'il fallait craindre l'action du gaz sur les peintures et, comme ses confrères, il a évité les couleurs à base de plomb ; mais il a cherché mieux encore ; il a fait de nombreux essais qui, je l'espère, réussiront à garantir son œuvre des causes de destruction auxquelles elles sont naturellement exposées. De plus, comme ses toiles sont très-couvertes, elles pourront résister longtemps aux lavages et nettoyages successifs qui pourraient être faits dans l'avenir. Ce n'est pas, je le sais, sur cela qu'il faut juger un peintre, et d'autres, qui ont exécuté différemment quelques-unes de leurs toiles, n'en ont pas moins fait des œuvres admirables ; mais je tenais néanmoins à constater que Boulanger, en se retirant un peu de la liberté d'exécution qui marche ordinairement de pair avec les tableaux décoratifs, a triomphé des difficultés qui se sont présentées à lui. La facture est grasse quoique soignée, et l'étude des détails n'a pas nui à l'aspect de l'ensemble.

Cependant ces grands panneaux, qui, on le reconnaîtra plus tard, resteront comme un des plus intéressants spécimens de l'art contemporain, ont été jugés bien sévèrement lors de leur première apparition ; mais j'avoue que, si les critiques ayant souci de la dignité de leur tâche ont été moins infaillibles et moins réservés qu'ils ne le sont ordinairement, les critiques d'aventure qui, en somme, sont les seuls qui font et défont les renommées passagères, étaient, malgré leurs intolérances, un peu excusables, par suite de la mauvaise installation des toiles de Boulanger, lorsqu'elles furent exposées à l'École des Beaux-Arts.

Au lieu de former des motifs différents, ayant chacun un emplacement particulier et ne devant se relier que par les qualités de composition d'une même allure, mais d'une entente spéciale à chacun d'eux, ces panneaux, dans leur exposition, furent accolés les uns aux autres et, de plus, ils se détachèrent sur l'espèce de mosaïque de tableaux, formant les parois de la salle de Melpomène. Ils perdirent ainsi leurs cadres particuliers, et se confondirent comme en une seule et même composition. Il en résulta que les nus si élégants des figures de Boulanger s'assemblèrent et s'accumulèrent, pour ainsi dire, en confondant un peu tous les mouvements spéciaux à chaque groupe. Alors cet assemblage fortuit de ces bras, de ces jambes et de ces torses fit que l'on ne considéra plus chaque panneau séparément, mais bien comme faisant partie d'un ensemble total, et que cette réunion de chairs, qui devaient être séparées, surprit un peu les yeux, en offusquant même les gens qui demandent un mouchoir pour échapper à la vue d'une gorge découverte. On partit alors de ce principe pour dire que le peintre n'était qu'un artiste dévergondé, et que les panneaux de la danse ne devaient trouver place que dans un musée secret! Or comme la morale est bonne et facile à faire, même à ceux si nombreux qui la pratiquent le moins, on déclara, avec des phrases prudhommesques, que les peintures de Boulanger étaient une offense à la vertu, que le foyer de la danse n'était qu'un lupanar, et qu'en résumé l'Opéra, qui avait déjà les danseuses de Carpeaux, n'était que le monument du vice et de la débauche!

Bien peu s'en fallut que les malencontreuses peintures ne fussent livrées aux flammes, et si je n'avais eu à ce moment un ministre et un directeur des bâtiments qui avaient autant de bon sens que d'habitude des travaux, il suffisait de cette nouvelle étincelle pour retarder encore l'achèvement de l'Opéra.

Mais il arriva ceci : c'est que lorsque les panneaux

de Boulanger furent mis à la place pour laquelle ils avaient été faits, ils changèrent tout à coup d'aspect, et l'on vit bien, du moins ceux qui voulurent voir, que si l'artiste avait été trahi par une exposition mal agencée, il avait retrouvé toute sa force dès que son œuvre se montrait telle qu'elle avait été conçue ; mais le coup était porté, la routine était établie, et ce ne fut que timidement que les gens consciencieux annoncèrent que les peintures du foyer de la danse étaient dignes du nom de leur auteur.

Je viens, aujourd'hui que tout est un peu oublié, faire entendre au public un son nouveau qui, je l'espère, ne sera pas troublé par des notes discordantes, et je déclare que, quant à moi, au point de vue de la composition, du dessin et du coloris, ces quatre panneaux sont absolument ce que je désirais ; quant au talent qui s'y montre de toute part, il est assez grand pour qu'il n'ait pas besoin de mes affirmations pour le faire constater, et, après avoir lutté contre un courant contraire, les toiles de Boulanger n'auront plus qu'à se laisser porter par le courant de justice et de vérité qui accompagnera son œuvre.

Dans tous les cas, je remercie sincèrement mon vieil ami *Boulo*. Sans notre amitié de trente ans, j'aurais été sans doute moins réservé dans mes éloges ; mais en parlant de lui il me semble que je parle de moi-même, et j'ai quelque scrupule à dire tout le bien que je pense. Néanmoins, lorsque je vais au foyer de la danse, je sens souvent mes yeux attirés par les panneaux de Boulanger, et, en les voyant, j'oublie parfois la voussure, qui me désole, pour ne plus contempler que les peintures qui me charment !

DES AIGLES, DES LYRES, DES LETTRES
ET DES BUSTES

Les critiques de profession (j'entends ceux qui ont ou du moins doivent avoir certaines notions artistiques) ont jugé l'Opéra en se basant seulement sur des théories esthétiques, et en discutant suivant leur sentiment les expressions architecturales du monument. Ces critiques-là, hommes de bonne foi et accomplissant leur besogne en conscience, sont lus de quelques-uns ; mais ils sont le plus souvent abandonnés par la foule, qui aime mieux un trait en forme de sentence qu'une discussion approfondie.

Les critiques de rencontre (ceux qui parlent d'art comme d'un *fait divers* et donnent leur avis sur l'architecture et la peinture, entre l'histoire scandaleuse de M. X. et la dernière aventure de Calino) ne recherchent dans l'appréciation d'une œuvre que ce qui peut donner prétexte à un bon mot. Pourvu qu'ils soient *amusants* leur mission est remplie. De cela je ne leur fais pas un crime, car je préfère encore être diverti par une boutade spirituelle, qui parfois peut tomber juste, qu'assommé par une lourde et pédante leçon, plus indigeste que nourrissante. Le public en général pense de la même façon et préfère les petites pointes, qui le chatouillent, aux gros sermons qui l'endorment. Si donc la critique de *racontars* n'est pas tout à fait le dernier mot de la raison et de la vérité, c'est le premier que la foule aime à épeler.

Enfin à côté de ces deux classes de critiques, il s'en présente une autre qui n'est pas sans influence, parce qu'elle s'adresse à cette passion aveugle que l'on nomme la politique, et que tous ceux qui tournent dans la cage à écureuil d'un parti, ne peuvent guère faire autrement que de tourner les pattes avec les autres afin de suivre le mouvement. Ces critiques-là, par conviction sans doute, ne se préoccupent des productions nouvelles que pour y trouver l'occasion de placer leur petit boniment politique. Si l'œuvre a été commandée ou achetée par un partisan, et si l'artiste lui-même fait partie de la confrérie, on dira les mérites des hommes et des choses ; si le contraire se présente, les choses et les hommes risqueront fort de se trouver compromis dans le discours, qui ne manquera pas de se produire, sur l'influence pernicieuse d'une administration hostile au parti que représente la critique.

C'est naturellement aux critiques du premier ordre que je cherche à répondre dans ce volume ; mais je puis néanmoins chercher quelquefois à réfuter ceux des deux autres catégories, croyant qu'il peut y avoir quelques avantages, non pas à me défendre sur les points incriminés par eux ; mais à défendre l'architecture et les architectes contre une espèce de malentendu de convention, qui tendrait à leur retirer une ressource dont ils doivent largement user dans leurs compositions ; c'est-à-dire les attributs, les emblèmes et les allégories.

Parmi ceux que j'ai placés à l'Opéra, les lyres ont éveillé la gaieté de quelques critiques reporters ; c'était du reste une gaieté bien permise, de bon aloi et sans méchanceté : *Prenez garde aux lyres,* était un mot tout parisien, ne devant froisser personne et en somme disant avec finesse la pensée de mon aristarque. Quant aux aigles et aux quelques N, qui ont pris place dans la décoration de l'édifice, ils ont bien failli me jouer un mauvais tour en mettant contre moi plus d'un honorable, crispé par la vue de ces armes de la France d'alors. On s'est imaginé, de part et d'autre, que je faisais de la propagande bonapartiste au lieu de faire de l'architecture ! comme si l'artiste n'avait pas le devoir de mettre l'art avant toute chose et ses convictions politiques (s'il en a !) après ses convictions esthétiques ! Je reviendrai sur ce point ; mais comme, grâce à Dieu, je n'ai pas de profession de foi à faire aux électeurs, je dirai seulement tout de suite que si ce n'est pas une allégorie nominale qui fait un bon gouvernement, une allégorie bien étudiée peut aider à faire de la bonne architecture.

J'ai donc mis des lyres dans les ornements de l'Opéra : Pourquoi ! c'est ce que je vais expliquer.

Il y a des attributs qui sont typiques et qui disent tout de suite leur signification ; la lyre est de ce nombre. Que ce soit une convention, je l'admets ; que ce soit un peu vieillot, ou pour parler plus respectueusement, une tradition, je l'accorde ; mais il n'en est pas moins vrai que, par suite d'un accord général, la lyre représente la musique : il serait sans doute plus nouveau de prendre un autre instrument ; mais je m'imagine qu'il faudra encore bien du temps avant que les artistes remplacent celui qui est consacré, par un piano à queue ou un orgue de barbarie. En attendant que le changement se fasse il faut accepter ce qui est et conserver la lyre comme type de l'allégorie musicale, et cela se comprend tout aussi bien que la croix pour le Christ, la balance pour la justice et l'ancre pour l'espérance! Donc, si l'on veut indiquer par des attributs que la musique a droit de cité dans tel ou tel endroit, il faudra bien employer la lyre antique, qui est tout à fait significative et ne permet aucune erreur d'appréciation. Ainsi j'ai fait ; et l'étendard musical qui couronne le monument est la lyre tenue haut par Apollon, comme la lyre, mêlée aux ornements capricieux de l'intérieur, est l'enseigne poétique du chant et de la mélodie.

Je suis absous sur le choix, je suppose, puisqu'il n'y avait pas à choisir; mais on me reproche moins le choix que l'abus de l'instrument traditionnel. Si c'est affaire de goût, je n'ai rien à répondre ; je trouve cela bien; vous trouvez cela mal; ce n'est ni vous ni moi qui pourrons résoudre impartialement la question ; laissons-la donc pendante; mais si c'est affaire de logique, oh! alors j'ai la prétention d'avoir été guidé par le raisonnement, sinon par la raison.

Tout monument est destiné à devenir ruine après un certain nombre de siècles ; toute ruine est destinée à devenir page historique de l'art ; toute page est destinée à être renseignement, voire même enseignement, aux générations futures. Il faut donc dès à présent préparer la sincérité des documents futurs et faire en sorte que nos arrière-descendants, lorsqu'ils étudieront nos monuments, comme nous étudions ceux des Grecs, soient avant tout fixés sur leur destination. C'est donc faire acte de prévoyance archéologique que d'introduire dans la composition de nos édifices des éléments qui, en dehors des textes perdus ou détruits, puissent servir à faire reconnaître leur usage primitif ; et non-seulement il est du devoir de l'architecte de marquer ces jalons dans les parties pour ainsi dire immuables de l'édifice, tels les murs ; mais encore de mettre ces indications typiques dans les parties sujettes à des déplacements, telles que les ouvrages en métal, les candélabres, les panneaux d'accroche, etc. Au moins si ces parties décoratives de l'œuvre viennent à être distraites du corps de l'édifice, les attributs qui y sont indiqués aideront plus tard à les rapprocher de l'ensemble dont ils faisaient partie. Vous marquez bien toutes les pièces de votre argenterie de votre chiffre ou de vos armes ; vous marquez bien tous les morceaux de votre linge afin qu'ils ne s'égarent pas au blanchissage ; vous marquez les voitures, les bateaux, les bestiaux et les billets de banque afin de retrouver plus facilement ce qui se perd, et lorsqu'il s'agit de conserver à l'avenir des choses importantes et dont le temps doit favoriser la perte, vous hésiteriez à les mettre sous la sauve-garde d'un signe connu du monde entier, et qui, vraisemblablement, devra subsister encore pendant de bien longues années !...

Jadis cette précaution était moins utile que de nos jours ; les monuments avaient par eux-mêmes un type consacré, et les temples, comme les forums, étaient le plus souvent élevés suivant une formule architecturale, qui se déduisait du moindre fragment de construction qui restait encore ; mais maintenant où les édifices, ayant un caractère plus personnel, ne sont plus construits sur des données inflexibles, les ruines de ces édifices ne suffiront pas à l'avenir pour dire avec certitude leurs destinations passées. Je parle surtout des édifices civils. Si donc l'architecte n'avait déjà en vue que cette seule question archéologique, il agirait avec conscience en inscrivant sur son monument les caractères souvent répétés de cette écriture conventionnelle, qui devra plus tard être lue comme le texte immuable d'un document historique.

Mais si l'on ne pense pas à l'avenir, si l'on veut laisser à nos successeurs la besogne de se retrouver dans les ruines futures des constructions, on peut tout au moins penser à ceux qui sont présents, et mettre sous leurs yeux les symboles acceptés qui concentrent leurs idées vers le point principal. Certes on n'oublie pas, lorsque l'on est à l'Opéra, que le monument est destiné à la musique, non plus qu'on n'oublie dans une église qu'elle est consacrée à Dieu ; mais, cependant, cette idée de concentration est plus forte et plus intense lorsque les regards rencontrent, presque fatalement, les attributs qui disent la destination du lieu. On se sent alors, pour ainsi dire, environné par une atmosphère rationnelle ; on se sent dans un milieu homogène, qui influe inconsciemment sur l'esprit, et les croix sur les autels, comme les lyres et les masques dans les théâtres, ramènent incessamment, par les yeux, la pensée vers le sujet initial.

Puis, que l'on songe bien que les éléments de la décoration architecturale, infinis dans leur combinaison, sont très-limités dans leur principe. Des moulures, des feuillages, des cartouches, c'est à peu près tout le point de départ de ces ornementations qui, si elles varient de caractère, sont impuissantes par elles-mêmes et malgré ces transformations, à caractériser nettement la destination de l'édifice dans lequel elles sont mises en œuvre. Que ce soit un palais, un musée ou un théâtre, si l'on emploie dans ces divers édifices des colonnes, des arcades, des entablements, des chapiteaux ou des panneaux, le caractère particulier des éléments de décoration ne change guère, et le chapiteau corinthien, je suppose, d'une salle de bal, s'il se compose seulement de feuillages, ne sera guère plus typique que le chapiteau corinthien d'une salle du trône. Ils pourraient être tous fort dissemblables de composition, d'étude et de caractère; mais si aucun attribut spécial ne s'y montre, il serait absolument impossible, lorsque l'on verrait ces chapiteaux isolés, de dire à quels monuments ils sont fatalement destinés. — Une corniche peut convenir à tous les édifices, un rinceau n'a pas qu'une seule destination et, je le répète, malgré la diversité des arrangements que l'on peut donner aux quelques éléments décoratifs mis à la disposition des architectes, aucun de ces éléments n'a un caractère assez particulier pour que, d'après son examen, on puisse dire à quel type d'édifice il doit appartenir. Ce sont les attributs seuls, absolument seuls, qui peuvent servir à faire reconnaître l'usage de l'édifice dans lequel ils sont placés : tel un chapeau banal n'indique pas la qualité absolue de celui qui le porte, tandis que la casquette d'un employé de chemin de fer, avec les attributs qui y sont placés, indiquent nettement la situation de cet employé.

Si donc en architecture, on veut, dans les détails,

montrer bien clairement la destination de l'édifice, on ne peut arriver à ce résultat qu'en employant les attributs ou les monogrammes qui, à eux seuls, disent, et sans erreur possible, cette distinction particulière.

Maintenant à ces raisons logiques, que je viens d'exposer, s'ajoute la raison d'imagination, c'est-à-dire le désir de combiner un élément nouveau, ou du moins qui n'a pas été pressuré de toutes parts, avec des ornementations plus usitées sans doute, mais qui, grâce à des arrangements rendus plus imprévus par un emploi moins banal, peuvent conduire à des motifs ayant une certaine originalité. Lors même qu'il n'y aurait que cette raison artistique, lors même qu'il n'y aurait dans tous ces motifs cherchés, sinon trouvés, qu'un seul d'entre eux qui constituât une tendance marquée à une invention ornementale, cela suffirait amplement pour que l'architecte fût approuvé dans sa tentative. Or, trouve-t-on dans les motifs de lyre que j'ai employés à l'Opéra cette exception originale qui doit mériter l'approbation?

Je n'hésite pas à dire, avec toute la sincérité que je cherche à mettre dans ces pages, que les trois quarts au moins des motifs qui comprennent l'agencement des lyres ornementales, se recommandent à l'examen attentif des gens de goût. Certes je ne suis pas comme Mercure; je n'ai pas inventé la lyre; mais, du moins, je lui ai donné cent formes diverses et de bon aloi, et, aidé dans ces compositions multiples par le talent d'exécution des excellents sculpteurs, Corboz et Darvant, j'ai plus que la prétention, j'ai la conviction profonde que ces choses cornues et biscornues (comme l'a dit un de mes bons amis, critique sévère, mais injuste) serviront pendant assez longtemps de modèles à ceux qui auront à exécuter semblables ornementations. Au surplus, je puis le certifier déjà; car depuis l'époque où l'Opéra a été livré au public, je reconnais à chaque instant dans une foule de productions plus ou moins similaires, non-seulement des imitations lointaines de mes compositions; mais encore des copies absolument exactes. Je suis loin de m'en plaindre, et j'ai au contraire grande reconnaissance pour ceux qui veulent bien m'emprunter ainsi; c'est pour moi une douce récompense et je désire vivement qu'elle me soit encore bien longtemps et bien souvent donnée!

En résumé, je crois avoir dit les principales raisons qui expliquent l'emploi fréquent des lyres décoratives à l'Opéra; je dirai cependant en plus, que cette fréquence vient de la grandeur de l'édifice. Il a fallu, en effet, pour éclairer les spacieux vaisseaux, que les motifs d'appareils en bronze fussent très-nombreux dans une même pièce. Dans l'escalier, par exemple, il y a douze fois le même candélabre et par conséquent douze fois le motif de lyres accouplées, sculptées sur l'un d'eux.

Je termine ces longues explications; mais j'ai tenu à ne pas trop les écourter, afin que l'on vît bien que si je suis coupable, je le suis avec préméditation. En attendant le nouveau jugement qui pourra être porté après lecture de cette plaidoirie *pro domo meâ,* je persiste à dire que les attributs ornementaux doivent avoir grande place dans l'architecture des monuments que l'on veut caractériser, et que, dans un temple à la musique, il faut mettre avec abondance l'instrument allégorique, comme on met abondance d'amours dans les boudoirs, et abondance de fleurs dans les jardins.

Passons aux aigles et aux monogrammes qui ont horripilé, et horripilent peut-être encore, bien des braves gens, qui s'imaginent que le seul gouvernement qu'ils préconisent a seul le droit d'être représenté allégoriquement sur les édifices. A vrai dire cette prétention est tellement extravagante, qu'on devrait la laisser passer sans la réfuter; néanmoins il est bon de constater que si les passions politiques ou autres font parfois faire de grandes choses, elles vous amènent souvent aussi à dire quelques sottises. Je ne parle pas tant de la mauvaise humeur que les emblèmes détestés peuvent inspirer à quelques fanatiques ignorants que de la coupable et ridicule idée que d'autres, plus fanatiques encore, ont de vouloir détruire des attributs qui appartiennent à l'histoire, quelle que soit la valeur artistique de ces attributs.

Voyons, dites-vous bien, vous à qui je m'adresse spécialement en ce moment, que si je défends actuellement les aigles de l'Opéra, je défendrais dans les mêmes circonstances le coq gaulois, la fleur de lys ou le bonnet phrygien : ce n'est pas affaire de préférence, c'est affaire de logique.

S'il est bien, ainsi que je viens de le dire, de mettre dans les monuments des attributs, qui plus tard aideront à en déterminer la destination exacte, il est au moins tout aussi bien que l'on puisse trouver dans ces monuments d'autres attributs ou emblèmes qui indiquent l'époque à laquelle ils ont été construits. Ce sont alors des espèces d'inscriptions parsemées dans l'édifice, et dont quelques-unes resteront sans doute lorsque le temps aura détruit les autres.

Au point de vue archéologique, il y a deux avantages à mettre dans les constructions soit les chiffres du souverain régnant, soit les armes du pays adoptées pendant ce règne. Je n'ai pas à m'étendre sur ce point ; ce que j'ai dit précédemment à propos des lyres explique assez ma pensée et mon raisonnement.

Il en est de même en ce qui touche la question artistique ; ces armes et emblèmes fournissent également des motifs de décorations typiques et parfois originaux et on ne saurait retirer aux architectes une ressource précieuse, et dont ils ont le devoir d'user. Je dirai donc que cet emploi des aigles impériales m'a fourni divers motifs caractérisés et que je suis loin de regretter d'avoir composés; tels les grands aigles qui couronnent les piliers d'angle des murs de la scène, tels ceux qui sont supportés par les deux colonnes de granit placées à l'entrée de la rampe douce.

Maintenant, tout esprit de parti mis de côté, il faut bien reconnaître que les aigles, arrangés d'une façon un peu conventionnelle, fournissent une ornementation puissante et de grande allure, et je sais bien des cas où l'aigle, n'ayant même pas une raison historique d'être employé, a été néanmoins placé comme motif absolument décoratif.

Laissez donc de côté les mesquines attaques faites en passant à un ornement, pour aller plus haut et plus loin ; respectez les emblèmes, les étendards et les attributs de la France à quelque époque qu'ils aient été employés, et respectez assez l'art et l'artiste, pour ne voir dans les productions de celui-ci, faites en l'honneur de celui-là, qu'un acte de raison, de logique, d'imagination et de devoir professionnel, et non une basse et ridicule flagornerie à l'adresse d'un pouvoir quelconque. Tout règne, quel qu'il soit, a existé ; il forme une page de notre histoire, et pour juger plus tard cette page, il faut la conserver intacte avec tous les documents politiques et artistiques qui ont aidé à l'écrire.

Mais songez donc un peu : si, maintenant que les passions sont calmées sur ce qui s'est passé il y a quelques siècles, chacun voulait supprimer du monument les emblèmes qui rappellent les régimes qu'il déplore, il ne resterait plus rien de typique dans une grande partie de la décoration des édifices. Il faudrait détruire les hiéroglyphes de l'Égypte, les statues des anciens dieux des Grecs, les aigles des monuments de l'empire romain, les fleurs de lys de la Sainte-Chapelle, les salamandres du palais de Fontainebleau, les monogrammes de la cour du Louvre, ceux du château de Versailles, les faisceaux de l'Académie de médecine, les coqs gaulois de la colonne de la Bastille, et raser une grande partie des monuments nouveaux. Qui songe à cela maintenant? La passion est moins rétroactive que présente, et si quelqu'un s'avisait aujourd'hui de demander la suppression de ces emblèmes du passé, il serait traité comme un énergumène. C'est pourtant ce qui s'est produit il n'y a pas six ans, et cette espèce d'iconoclastie venait moins encore de la classe populaire que de gens haut placés, mais plus rancuniers que raisonnables. L'Opéra en est une preuve. Le lendemain du 4 Septembre, j'ai reçu deux lettres officielles, du maire de Paris et du directeur des travaux de la Ville, qui, en m'appelant « citoyen », m'intimèrent d'avoir à enlever immédiatement les emblèmes rappelant le régime renversé. Je refusai non moins immédiatement par devoir artistique, puis parce que, dépendant du ministère des travaux publics, je n'avais d'ordre à recevoir que de mon nouveau ministre, lequel me laissa fort tranquille sur cette question. Je fus, je l'avoue, assez outré de cette façon sommaire de décider l'enlèvement d'œuvres d'art dues à des sculpteurs de talent, et je ne pus m'empêcher de protester contre les instructions reçues. Comme en résumé ces instructions avaient été données plutôt pour suivre la routine des dernières révolutions que par conviction bien arrêtée, on voulut bien me répondre, qu'après tout, c'était pour sauvegarder le monument que l'on m'avait averti; mais que l'on était autant que moi partisan du respect des choses artistiques.

La liberté que je réclamais m'était donc laissée ; je ne fis que le seul sacrifice d'un emblème plus personnellement affecté à l'empereur déchu : c'est-à-dire les deux aigles placés sur ce qui devait être son entrée particulière ; mais encore je ne fis cet enlèvement que parce que cela ne causait *aucun* dommage à l'œuvre elle-même; il s'agissait seulement de couper un scellement, toujours facile à refaire, si l'on voulait plus tard replacer les deux aigles de Rouillard; ces aigles de grande beauté, étant à la portée des mains, et surtout des pierres, ce fut principalement pour les garantir contre une attaque irréfléchie de quelques polissons, que je les mis en lieu sûr.

De plus je fis mettre deux toiles sur les deux aigles héraldiques modelés par Jacquemard, et cela suffit pour que le monument ne reçût aucun projectile. — Aujourd'hui tout cela est passé ; les ornements emblématiques sont conservés et restent comme œuvre artistique et historique, et je m'applaudis chaque jour d'avoir su résister à l'ordre de destruction de ces bronzes et de ces sculptures, qui sont dus à des hommes de grand mérite. — Je regrette seulement encore que les deux aigles de Rouillard ne soient pas replacés ; d'abord parce qu'ils manquent aux couronnements des deux portes d'entrée de la rampe douce, qui font ainsi triste figure ; puis, parce que l'on prive le public de la vue d'un travail important, exécuté avec talent par un de nos meilleurs sculpteurs d'animaux. — Il faut espérer que toutes les petites niaiseries qui accompagnent trop souvent les grands faits seront bientôt réprouvées, et que l'on m'autorisera à remettre en place ces œuvres artistiques, par la même raison que l'on a autorisé à remettre en place la statue de Napoléon Ier sur la colonne de la grande armée. Ce sont des dates dont je réclame le juste rétablissement.

Au milieu de cette effervescence de passions politiques déchaînées, j'ai trouvé cependant un prétexte pour procéder moi-même à l'enlèvement de chiffres impériaux qui, au point de vue artistique, produisaient le plus mauvais effet, et comme il restait encore après cet enlèvement assez d'attributs pour bien marquer la date de construction de l'Opéra, j'ai pensé que j'avais bien le droit de supprimer une chose certainement fort peu réussie : Ce sont les N et les E placés sur l'attique de la façade.

Je désirais avoir aux endroits où étaient inscrites ces lettres quelque point de rappel d'or, devant relier les chéneaux aux parties inférieures du monument, et j'avais étudié quelques monogrammes simples ou doubles qui, peut-être, eussent été d'un bon aspect; mais au moment de la découverte de la façade, qui devait être faite à jour fixe, le 15 août 1867, les modèles de ces monogrammes n'étaient pas terminés, et le temps manquait, non pas tant pour les achever que pour les faire couler en bronze, et les placer dans le médaillon de marbre. Comme, à tort ou à raison, je tenais à avoir dans ces médaillons ces petits points dorés, je pris le parti de choisir dans les lettres du commerce les caractères que je n'avais pas le loisir de faire exécuter, et je me décidai, faute de mieux, pour deux grosses lettres ressemblant fort à des caractères d'enseignes. Cela passait encore lorsque, mis en place, je les vis sans reculée; mais une fois que la cloison de planches qui couvrait la façade fut démolie, je reconnus bien vite que ces N et ces E étaient lourds, d'une mauvaise forme, et presque ridicules. Le public ne fit guère attention à ces formes défectueuses, et ce fut seulement sur leur opportunité que les chiffres furent attaqués. — Je ne pouvais guère alors les supprimer immédiatement et surtout je ne le voulais pas; car il est dans l'esprit humain, même le plus conciliant, de ne pas suivre les conseils qui ne sont pas demandés, et il me semblait que donner ainsi raison à la critique contre moi, c'était non pas faire acte de sagesse, mais bien de faiblesse. C'était assez sot, j'en conviens; mais si vous retirez aux artistes l'amour-propre qui les soutient, ils ne seront plus bons à rien. — Je laissai donc ces vilaines lettres, en me promettant de les changer lorsque, ainsi que je le supposais alors, on ferait une visite générale de la façade, avant d'ouvrir le monument au public.

Je n'eus pas besoin d'attendre cette occasion; le 4 Septembre vint me la fournir, et je retirai enfin ces malencontreux monogrammes, si déplaisants et si communs. S'il est utile de marquer les dates historiques du monument, il n'est pas indispensable que les architectes, lorsqu'ils peuvent l'éviter, marquent les dates de leurs défaillances artistiques!...

Puisque je parle de lettres, je veux dire aussi quelques mots sur celles qui forment les deux inscriptions de la façade, CHORÉGRAPHIE et POÉSIE LYRIQUE. Ces inscriptions ont été assez vivement attaquées, et comme texte et comme effet; et j'avoue que l'on n'avait pas tout à fait tort, du moins au point de vue de l'effet. Je tenais encore à avoir dans les frises des deux pavillons des rappels de points dorés, et c'est cela surtout qui m'a conduit à mettre ces inscriptions; mais, bien que cette fois les caractères eussent été modelés sur mes dessins, je n'en reconnais pas moins que ces deux inscriptions retirent à la façade un peu de *comme il faut;* ça ressemble à l'enseigne d'un magasin et conviendrait mieux peut-être à une boutique qu'à un monument; et pourtant les points dorés font bien là! En tout cas sur cette question je comprends les critiques formulées, et si mes successeurs architectes ont un jour le désir de faire enlever ces deux mots, ils peuvent procéder à cette exécution, sans craindre que mon ombre vengeresse vienne leur reprocher leur vandalisme. Quant à ce qui touche au texte même, j'en suis naturellement et moralement responsable; mais je ne me suis décidé à inscrire les deux mots incriminés qu'après de nombreuses consultations, prises, comme on dit, aux sources des plus autorisées : littérateurs, musiciens, professeurs, savants, membres de l'Institut, etc. Tout cela fut consulté, et il fallut plus de réunions et de discussions pour être fixé sur ces mots techniques que pour préparer un projet de loi à la Chambre, et ma foi, en cette occasion j'ai grande envie de me mettre en dehors de la décision prise, et d'en retourner l'honneur ou le blâme à la docte association de lettrés qui a conclu à ce que j'ai exécuté.

Si je laisse aux commissions bénévoles la responsabilité des inscriptions de la façade, je les décharge complétement de celle qui pourrait peut-être leur incomber au sujet des bustes de compositeurs, installés au pourtour du monument.

Le choix de ces bustes a soulevé bien des récriminations, oubliées sans doute en ce moment, et je devrais n'en plus parler si je ne croyais devoir donner encore un nouvel exemple de la difficulté qu'il y a à contenter tout le monde.

Lorsque j'ai pris le parti de donner une espèce d'immortalité plastique aux illustres compositeurs de tous les pays, je me suis adressé à ceux qui, par leurs études, leur science et leur talent musicaux, pouvaient plus que tous autres me guider dans le choix que je devais faire parmi tant de gens de génie. Je savais bien cependant que le génie est souvent conventionnel, et que, sauf quelques exceptions indiscutées, tout ce qui touche aux appréciations humaines est rempli de contradictions et de solécismes artistiques. Néanmoins, en consultant les chefs autorisés de la critique, de l'érudition ou du savoir, je pensais que si des nuances se produisaient dans la confection de la liste que je demandais, au moins je trouverais dans l'ensemble un accord assez complet pour me permettre de le prendre comme point de départ.

Mais, hélas! il n'en fut pas ainsi! Chacun, et malgré lui, jugeait suivant son sentiment, et comme le sentiment artistique est chose bien variable, il en résulta que j'eus une quinzaine de désignations différentes! Sur les trente-trois bustes qui faisaient l'objet de la discussion, c'est à peine si quatre ou cinq furent acceptés par tous, et encore ils furent placés dans des ordres dissemblables!

Cela dura près de deux ans! Après ce laps de temps écoulé, je n'étais guère plus avancé qu'au commencement et mes œils-de-bœuf menaçaient de rester vides, faute d'occupants déclarés absolument méritants!

Du reste, cette diversité d'opinion, qui se manifesta avant que le choix en fût fait, se manifesta de nouveau une fois que les bustes furent en place, et l'on ferait de bien gros volumes, non-seulement des articles publiés alors à ce sujet, mais surtout des lettres innombrables que je reçus à cette occasion. Or, en comparant toutes ces lettres et tous ces articles je vis bien que chacun prêchait pour un saint quelconque, mais que tous les autres élus étaient vertement discutés. Cela me rappelait l'épisode de ce peintre antique qui exposa son tableau en priant les visiteurs de marquer d'un trait blanc toutes les parties approuvées, et qui le lendemain l'exposa encore en priant les mêmes visiteurs de marquer également d'un trait blanc toutes les parties qui paraîtraient défectueuses, et il arriva que le jour comme le lendemain, le tableau fut entièrement couvert de traits.

Devant cette diversité d'opinion, je me consolai bien vite des reproches faits à mon choix en me disant que, quel qu'il pût être, il n'aurait pas satisfait davantage ceux qui devaient le juger.

Il fallait cependant bien que je prisse un parti, et faute de conseillers pouvant s'entendre, je me décidai à m'entendre tout seul, ce qui fut bien plus tôt fait! Je me donnai pour programme d'exclure ceux qui étaient encore vivants; car le choix devenait alors très-délicat et en mettant celui-ci je froissais naturellement celui-là. Je ne fis exception que pour trois maîtres : d'abord Auber et Rossini, qui étaient encore de ce monde, mais dont la gloire était déjà de l'autre : c'étaient deux chefs illustres qui, depuis longtemps, n'étaient plus discutés, et leur place était toute marquée dans le petit Panthéon que je me plaisais à édifier moi-même aux artistes qui me semblaient devoir l'honorer. Quant à la troisième exception, elle fut moins bien acceptée que les deux premières, parce que le grand musicien, qui a ses fanatiques, a encore des détracteurs : il s'agit de Verdi; mais, comme je l'ai dit, ne trouvant pas dans ma consultation un guide suffisant pour me faire aller droit et sans hésitation, je me guidai parfois sur mon sentiment absolument personnel. Or, comme j'ai pour Verdi une sincère admiration, que je trouve son œuvre humaine, vivante, colorée et qu'elle m'émeut, malgré les défauts qu'on lui reproche, plus que d'autres œuvres dans lesquelles on ne trouve que des qualités, je me suis décidé à installer le maître présent, qui me remue violemment, au milieu des maîtres passés, qui ont su toucher aussi mon âme et mes sens. D'ailleurs Verdi était Italien; cela pouvait me servir d'excuse. Cette introduction d'un vivant, bien vivant, c'est-à-dire discuté, parmi les morts bien morts, c'est-à-dire consacrés, pouvait passer à quelques yeux pour un acte de courtoisie internationale; mais pour moi le choix fut dicté, non par la politesse, mais bien par la conviction; et maintenant, lorsque je regarde par hasard ce buste, placé par ordre chronologique, je me surprends à croire que c'est moi qui ai découvert et inventé Verdi! Avouez que cette pensée n'est pas sans charme, et qu'elle me dédommage amplement des injures qui m'ont été adressées à cause de ce choix par quelques pseudo-musiciens qui, faute d'idées, s'imaginent que le but d'un repas n'est pas de faire manger les convives, mais bien de leur offrir une serviette bien pliée et des assiettes bien lavées!

Du reste, pour avoir la conscience en repos, une fois que ma liste fut bien arrêtée dans mon esprit, j'allai la soumettre d'abord à Auber, qui, avec la bienveillance courtoise qui lui était habituelle, me déclara que, sauf lui, indigne (il n'en croyait rien, j'espère), ma liste était parfaite, et qu'il n'y avait rien à changer. Puis j'allai chez Rossini, qui me reçut en me lançant une gaudriole, et m'assura, avec toutes les plus grandes protestations, que j'avais fait un chef-d'œuvre d'impartialité et de vérité. En voyant seulement le nom de Meyerbeer et celui de Beethoven sur les bustes de la façade, il me dit (c'était sans conséquence, à cette époque) : « Vous aimez bien les Allemands, vous autres Français?

— Dame, il me semble qu'ils font de la bonne musique!

— Oui; mais ils font de la fichue cuisine!

Ce fut mon exeat définitif. Je n'élevais pas de statues aux inventeurs du miroton, et en somme, fortifié par l'approbation de ces deux illustres compositeurs, je pus me croire infaillible dans mon choix... J'ai vu ensuite que non ; mais je vous assure que je me console aisément de ce petit déboire.

Tout ce que je dis là n'est guère de l'architecture ; mais j'en ai fait déjà pendant si longtemps, que l'on peut me pardonner d'échapper un peu à cette tunique de Nessus !

DES BALUSTRADES EXTÉRIEURES

Les balustrades, formant la clôture extérieure du périmètre de l'Opéra, se composent de piédestaux, de balustres, de candélabres, de colonnes, de grilles et de portes; ce n'est donc pas la variété qui leur manque; ce serait plutôt l'unité. De fait, il y a un peu de papillotage dans tout cet ensemble, surtout du côté de l'est, et il aurait sans doute gagné à être simplifié.

Cependant il est arrivé que cette abondance de motifs, que je regrette peut-être maintenant, vient non-seulement de certaines exigences d'un programme pratique, mais surtout d'un parti pris de ma part : j'ai mis toutes ces statues, toutes ces colonnes et j'ai ouvert toutes ces portes pour tâcher de déguiser autant que possible le fâcheux nivellement des abords de l'Opéra. Il se peut, en effet, que le moyen que j'ai employé ait quelques avantages à ce point de vue; mais le résultat est néanmoins loin d'être tout à fait satisfaisant, et je crois, en somme, que j'aurais mieux fait de ne pas chercher un problème qu'il était matériellement impossible de résoudre. Quand une jambe artificielle ne cause que des lourdeurs aux hanches, quand la marche ne devient pas, grâce à elle, facile et presque naturelle, et quand, en résumé, le membre postiche ne fait pas illusion et que chacun le reconnaît, même sous le vêtement, il vaut bien mieux renoncer au désir de cacher son infirmité et mettre tout simplement la vulgaire jambe de bois. L'Opéra, mal assis sur un terrain en pente, péchait par sa base; j'ai voulu le redresser à la vue, au moyen de ma balustrade orthopédique, et je n'ai réussi qu'à fort mal déguiser un défaut, qui aurait été sans doute accepté plus facilement si je l'avais laissé tout simplement apparent!...

Je vais revenir sur cette disposition et sur les causes qui l'ont amenée; mais je veux, avant de dire un peu de mal des autres, me débarrasser du bien que j'ai à dire de moi; au surplus, ce ne sera pas long.

Ce qui est bien dans les détails de cette balustrade, ce sont d'abord les portes : la composition en forme d'éventail, reportant le poids et la poussée de la grille sur le pivot de support, est logique et originale; l'arrangement de la ferrure de ces portes avec les piédestaux est également logique et forme un motif assez bien trouvé. Les petits candélabres, qui séparent les grilles fixes, sont élégants et d'une agréable silhouette, et les porte-affiches ne sont pas mal arrangés. En ajoutant à cela que les piédestaux sont d'une bonne étude, et que les balustres sont assez fermes, j'aurai signalé tout ce qui me semble avoir des qualités.

Maintenant, quant au reste (il ne reste, il est vrai, que les colonnes rostrales), je reconnais que ce motif, qui eût pu être fort bien réussi, est très-loin de l'être. La base des colonnes est lourde, les proues sont empâtées, les lanternes mesquines, le chapiteau banal et le couronnement en forme de boule d'assez pauvre invention. Je ne sais vraiment ce qui m'a conduit à ce piètre résultat; car l'étude de telles colonnes est réellement assez facile à faire, et je ne retrouve pas dans ces détails le caractère, bon ou mauvais, mais au moins assez personnel, qui se retrouve dans les autres parties de l'édifice. J'ai bien une sorte d'excuse : c'est que ces colonnes sont en fonte de fer, recouverte de cuivre, et que ce procédé empâte toujours un peu les surfaces; mais l'excuse n'a vraiment pas grande valeur, et j'aime mieux, en somme, avouer que ces motifs, qui, avec une étude plus fine et plus complète, auraient sans doute été une très-bonne chose, ne sont en réalité qu'une œuvre d'art assez médiocre.

Quant aux torchères, modelées par Chabaud, elles sont de fort gracieuse exécution; les deux types de femmes qui portent les lanternes sont très-élégants, et l'étude de ces figures est très-soignée et très-savante. Il faut donc féliciter sincèrement l'éminent statuaire, qui a si bien réussi ces fines compositions, d'une silhouette si heureuse, et d'un mouvement si juste et si naturel.

Cependant plusieurs personnes ont critiqué ces figures, non pas au point de vue de la statuaire, mais plutôt au point de vue des convenances, comme à celui de la trop grande répétition d'un même motif. Ces personnes avaient et ont encore raison; en fait quant au dernier point, et en apparence quant au premier.

Il est évident que cette procession de femmes, ayant même pose et même tournure, irrite un peu les regards, et que, si la répétition des mêmes éléments décoratifs cause presque toujours un grand charme, c'est parce que ces éléments sont pour ainsi dire inertes et qu'il n'y a aucune raison pour qu'ils soient diversifiés. Une succession de colonnes, de pilastres, de candélabres, et même de sphinx, peut fort bien se produire sans que l'on éprouve le désir d'en voir changer les formes particulières. Tant que ces éléments ont la même destination et concourent au même but, rien ne milite en faveur de leur diversité; au contraire, cette suite de motifs, rigidement semblables, arrive, mieux que toute variété, à donner à l'ensemble un aspect de grandeur et de simplicité; mais lorsque les éléments décoratifs, au lieu d'être empruntés à des bases immuables et immobiles, dérivent de bases qui, par leur nature, sont vivantes et mouvementées, l'effet de répétition ne satisfait plus les yeux, parce qu'il ne satisfait plus la logique et le sentiment. La répétition ne peut être admise que lorsque les objets répétés ne peuvent changer de nature et d'aspect; elle doit être rejetée toutes les fois que les objets répétés ne peuvent être identiques sans violer les lois naturelles.

Eh bien, lorsque l'on met à la queue-leu-leu une vingtaine de statues toutes semblables, on viole ces lois; quel que soit l'office que ces statues aient à remplir, elles devront le remplir régulièrement comme but, mais diversement comme moyen, sous peine de ressembler à une rangée de soldats faisant l'exercice. D'ailleurs toute statue prise en elle-même constitue une œuvre d'art personnelle, et l'art semble disparaître tout à coup si l'on traite ses produits comme des machines fabriquées à l'emporte-pièce et devant toujours se produire à la douzaine.

J'aurais donc dû, pour agir suivant la logique, la vérité et le bon goût, au lieu de mettre partout sur la balustrade les deux figures de Chabaud, toutes se répétant à l'infini, placer des statues de même allure générale, mais de tournures différentes. J'aurais dû, en somme, au lieu de faire faire deux modèles dissemblables, en commander vingt-deux, c'est-à-dire autant qu'il y a de piédestaux.

Oui, certes, j'aurais dû faire ainsi ; mais je n'ai pas dû même y songer, sinon pour regretter de ne pouvoir agir suivant mon désir ! Quoi que l'on en ait dit et quoi que l'on pense peut-être encore, j'ai eu très-peu d'argent à dépenser à l'Opéra par rapport à l'importance du monument, et chaque jour je devais me préoccuper tout au moins autant de la dépense que de l'effet à produire. Eh bien, les deux modèles de Chabaud ont coûté chacun 2,400 francs, soit 4,800 francs ; pour la fonte, les vingt-deux statues, mises au rabais par concurrence, ont coûté seulement 1,500 francs l'une, parce que le moule était le même pour toutes. Il en est résulté que la somme totale de ces lampadaires est de 37,800 francs. Si j'avais dû faire toutes ces figures différentes, j'aurais eu déjà à payer vingt-deux modèles à 2,400 francs, soit 52,800 francs ; et, pour la fonte, le prix *minimum* eût été de 2,400 francs pour une figure ; soit, pour l'ensemble également, 52,800 francs... Il aurait donc fallu dépenser en tout 105,600 francs, tandis que je n'en ai dépensé que 37,800 !

Il n'y a pas d'autres raisons à cette répétition de figures, et plus que personne je la déplore ; mais qu'y faire ? Près de 70,000 francs d'économie valaient la peine d'y regarder à deux fois ; je n'y ai regardé qu'à une seule pour ne pas être entraîné, et j'ai sacrifié mon sentiment, la logique, la beauté et l'art, en somme, à cette malheureuse question d'argent, qui a été incessante et s'est présentée à tout instant à moi comme un cauchemar perpétuel et irritant.

Quant à l'inconvenance de ces figures, inconvenance qui leur a été reprochée par bien des gens, qui peut-être ont plus de pudeur pour les statues que pour les personnes, il y a au fond quelque chose de vrai dans l'accusation; mais cela ne tient aucunement à l'immodestie des sculptures en elles-mêmes, qui sont fort chastes dans leur nudité; mais seulement et encore à la répétition de ces sculptures. Une femme toute nue peut fort bien, si elle est traitée avec délicatesse et retenue, représenter la virginité tout aussi bien qu'une statue couverte de voiles; mais il faut que cette statue soit, pour ainsi dire, isolée et dans un entourage virginal. Si, au lieu d'une figure pudiquement nue, vous en mettez une vingtaine ensemble, ces vingt, fussent-elles tout aussi pudiques que la première, donneront immédiatement aux yeux l'impression d'une réunion de courtisanes, et ce qui, ainsi que je l'ai déjà dit, est arrivé lors de l'exposition des tableaux de Boulanger, arrivera de même lorsque tous les bras, toutes les jambes et tous les torses offriront, par leur réunion seule, un aspect dévergondé et licencieux.

Ce ne sont donc pas les figures de Chabaud qui sont cause de l'impression produite sur quelques-uns; mais bien la réunion et la répétition de ces figures. Il est d'ailleurs facile de s'en convaincre à l'Opéra même en regardant les portions de balustrades établies du côté Ouest. Là, par suite de la disposition des abords, il n'y a que deux piédestaux et deux lampadaires. Eh bien, ces deux lampadaires, qui sont composés avec ces mêmes figures de Chabaud, ne donnent prise à aucune mauvaise pensée et semblent bien plutôt des déesses vertueuses que des nymphes un peu effrontées. C'est donc le nombre seul des statues qui a fait leur immodestie ; mais j'aurais dû penser à cela dès le principe, et puisque je ne pouvais prétendre à varier les motifs, j'aurais dû sans doute faire composer les figures avec des draperies, qui eussent retiré, je le crois, tout prétexte à l'accusation d'impudeur.

J'ai cru pourtant un jour pouvoir modifier ces statues et leur donner quelques voiles : c'était du temps où M. de Larcy était ministre et où M. de Lorgeril fulminait contre les débauches sculptées de l'Opéra. L'attaque devint un instant si forte que je fus sommé par l'administration de cacher ces seins que l'on ne saurait voir, et comme, en résumé, je ne demandais pas mieux que d'essayer quelques modifications, je me décidais à faire faire des espèces de tuniques flottantes qu'on aurait ajustées sur les torses, lorsque M. de Larcy quitta son poste en emportant avec lui les récriminations qui lui avaient été adressées par quelques puritains de son parti. Comme c'était encore une assez grosse somme à dépenser, je remis alors à plus tard l'opération de l'habillage de mes divinités de la nuit, qui, maintenant, paraissent devoir tenir longtemps leurs becs de gaz sans mettre leurs chemises de bronze.

N'importe ! si quelque jour on ne savait en France que faire d'un peu trop d'argent, je ne serais pas fâché que l'on pût habiller par-ci par-là quelques-unes des statues de Chabaud, en en laissant pourtant au moins une ou deux paires tout à fait intactes.

Je reviens aux abords de l'Opéra, à ces malencontreux abords qui m'ont amené à mal établir ma balustrade, et, bien que mes lamentations soient maintenant faites en pure perte, je saisis l'occasion qui se présente à moi pour dégonfler un peu mon cœur, tout gros d'ennuis à ce sujet depuis plus de quinze ans!

C'est qu'en effet, je ne connais pas un monument, soit ancien, soit moderne, qui soit planté dans des conditions plus déplorables que le nouvel Opéra! Il y en a qui sont obstrués, d'autres qui sont presque cachés, d'autres qui sont sur des buttes ou dans des creux; mais tous au moins, dans quelque condition qu'ils se trouvent, n'ont pas à lutter avec des abords régulièrement irréguliers, avec des maisons plus grosses qu'eux, avec des vues où le devant, les côtés et le fond sont formés par des constructions banales, encombrantes et symétriquement tout de travers, et avec des espaces trop petits pour dégager le monument ou trop grands pour lui donner de l'échelle! L'Opéra est, en somme, fourré dans un trou, remisé dans un fond et enseveli dans une carrière! et vraiment, si je n'avais pas une réelle admiration pour les grandes choses qu'a faites M. Haussmann, j'aurais contre lui de vrais sentiments de rage! Mais comme j'ai eu le temps de me calmer depuis qu'il a fait découper le quartier de la Chaussée-d'Antin en tranches triangulaires, et mis une bosse sur la chaussée du boulevard des Capucines en mettant un creux à celle du boulevard Haussmann, quand il aurait fallu faire tout le contraire, je me console en pensant que dans quelques centaines d'années il viendra à Paris un préfet ayant, ainsi que les nôtres actuels, le désir de dégager les monuments du Paris d'alors, et qu'il s'avisera de désencombrer l'Opéra en rasant tout le quartier! Il est, du reste, probable que ce préfet-là, pour suivre la tradition, en faisant dégager les monuments des époques passées, fera construire des bâtiments tout neufs qu'il engagera dans des constructions mal plantées, afin que ses successeurs puissent aussi avoir le plaisir de procéder à leur tour à ces fameux dégagements des monuments!

Mais, en attendant que l'on démolisse Paris pour le reconstruire et le redémolir ensuite, il n'en est pas moins vrai que ni vous ni moi ne verrons l'Opéra avec des entourages de légers portiques, des jardins, des maisons basses et surtout des rues étroites et contournées; nous ne sommes pas encore à l'époque de la renaissance du pittoresque, et il faudra attendre bien longtemps, j'en ai peur, pour que la ligne brisée ou la ligne courbe remplace la ligne droite dans les nouvelles rues de nos villes. Enfin il faut espérer en l'avenir, et si quelque jour je deviens préfet de la Seine, je mettrai une grosse amende sur ceux qui s'aviseront de bâtir leurs maisons à la même hauteur que celles de leur voisin et sur le même alignement.

Quoi qu'il en soit du Paris de l'avenir, l'Opéra du présent est bien mal partagé comme assiette; le terrain sur lequel il est bâti est étroit par devant, étroit par derrière et s'élargit en ventre au milieu, de sorte que la clôture de ce terrain, devant suivre la silhouette, a l'air de faire des ronds de bras comme une demoiselle de paveur; puis, ce qui est plus terrible encore, le terrain s'en va en pente et, entraîne forcément avec lui, dans cette pente, cette malheureuse clôture, qui n'a plus l'air de tenir à rien et qui, au lieu de servir de cadre au monument, fait bien plutôt l'effet d'un tableau accroché de travers au beau milieu d'un salon!

Rien n'est déplaisant comme ces lignes penchées des balustrades, qui coupent les lignes horizontales du bas de l'édifice, et, comme la perspective donne à celles-ci ou à celles-là des inclinaisons sans cesse différentes, il en résulte que l'Opéra, au lieu d'avoir l'air d'être planté solidement et d'être soutenu à sa base par une ceinture d'appui qui lui donne de l'empâtement, a l'air, tout au contraire, d'être placé sur un radeau mouvant qui s'incline plus ou moins, mais n'a jamais l'apparence d'un sol stable. Toutes les fois que je passe du côté Est de l'Opéra, je fais malgré moi le mouvement que l'on fait instinctivement quand une voiture tend à se renverser : on se jette du côté opposé à celui vers lequel elle penche. Eh bien, moi, je me penche toujours à gauche, en cherchant à entraîner dans mon mouvement tout le sol de la place et des rues, pour le faire relever et le rendre horizontal...

Ce qui me choque surtout, c'est ce démanchement, ce dégingandage de la balustrade, qui procède par parties horizontales, par parties inclinées et par angles fuyants. J'ai pourtant bien cherché à donner à tout cela une tenue générale, mais je n'y suis guère arrivé. C'est qu'aussi il y avait dans cette opération une difficulté insurmontable; il fallait bien que les portes fussent horizontales afin de se développer, et comme ces portes sont toutes à des niveaux différents, il s'ensuivait que les parties de raccord entre elles devaient, ou bien être construites en pente, ou bien se décrocher les unes sur les autres; à moins cependant de composer l'ensemble en se préoccupant seulement de l'horizontalité de la partie

supérieure, et, par suite, en donnant à la balustrade et
aux portes des hauteurs variant suivant les niveaux. C'est
peut-être ce moyen qui, en somme, aurait été préférable.
Il y aurait bien eu ainsi du côté du Nord des balustrades
presque aussi hautes que des murs de clôture et des becs
de gaz à 6 mètres du sol ; mais au moins il y aurait eu
un parti plus franc. Et encore est-ce bien certain? Car la
forme en plan de l'enceinte, faisant converger les lignes
vers l'édifice, aurait par la perspective détruit l'horizontalité désirée!...

Quoi qu'il en soit, j'ai essayé de tout et j'ai trouvé à
tout des inconvénients ; j'ai étudié tous les arrangements
imaginables et je ne suis arrivé à rien de bon, parce que,
je le répète, la question paraît insoluble. Aussi, toutes
les fois qu'un malheureux architecte sera aux prises avec
ces formes bâtardes et ces terrains trop inclinés pour
donner belle assiette au bâtiment, ou trop horizontaux
pour permettre une plantation pittoresque, il arrivera que
les monuments qu'il construira sur ces terrains auront
une apparence boiteuse et déplaisante. En résumé, quand
on veut que quelqu'un soit bien assis, on lui donne un
siége où l'on ne glisse de nulle part, et non un plan
incliné où l'on glisse de partout ; et il doit en être de
même pour les monuments.

Que faire à cela maintenant? Rien, ou peu de chose ;
profiter du percement de l'avenue de l'Opéra pour rema-
nier un peu les niveaux et abaisser de quelques centimètres celui du boulevard des Capucines. Ça ne serait pas
un mal ; mais ça ne serait pas encore un très-grand bien,
et je crois que le moyen le plus efficace serait de mettre
quelques plantations d'arbustes au pied du monument. Cela

couperait les lignes et déguiserait les malencontreuses pentes. D'ailleurs la verdure des arbres et des fleurs a été inventée, il me semble, pour corriger les défauts de toute architecture, et il est bien rare qu'une mauvaise bâtisse ne prenne pas un certain charme quand elle est accompagnée de végétation. Vous verrez, plus tard, quand l'Opéra sera en ruine et qu'il sera couvert de lierre, vous verrez (c'est un euphémisme) comme cela sera grand, pittoresque, imposant et presque merveilleux! Eh bien, sans démolir tout de suite le bâtiment, on pourrait déjà lui donner ce généreux compagnon des pierres, cet ami de l'architecture, et planter de ci, de là, quelques arbres toujours verts, qui vaudraient mieux comme cadre que la clôture mal équilibrée qui existe maintenant.

Je voudrais bien encore émettre un vœu, mais je sais déjà à l'avance qu'il sera stérile. Cependant si dans l'avenir on pouvait y prendre garde, peut-être ferait-on sagement. Ce serait, lorsqu'il s'agit de construire un monument quelconque, de consulter tant soit peu l'architecte, qui doit l'édifier, sur les abords et le terrain. Je ne dis pas que les architectes soient infaillibles, oh! non, et ils prouvent chaque jour qu'ils sont bien de la race imparfaite des humains ; mais enfin, celui qui élève un bâtiment a quelque intérêt à ce que son œuvre soit bien placée, et, en définitive, peut-être pourrait-on lui demander s'il aime mieux bâtir sur un coteau que dans une fondrière.

On m'a bien consulté, il est vrai, pendant au moins cinq minutes : c'était en 1861, lorsque mes plans de l'Opéra furent portés aux Tuileries. L'Empereur eut l'air de requérir mon avis sur le terrain choisi et les rues projetées; j'émis, assez timidement il est vrai, ce petit avis sur le tracé adopté et je regrettai la forme triangulaire donnée à tous les pâtés de maisons, et Sa Majesté partagea cette opinion en reprochant au préfet de la Seine d'aimer trop les *fichus*. Elle fit même de sa main une espèce de petit croquis sur le plan des alentours, en supprimant les rues biaises et les remplaçant par des places rectangulaires, et je pus croire qu'avec cette haute protection il serait changé quelque chose au projet.

Mais tout se bâtit comme s'il n'avait été question de rien, et lors de la seule visite que l'Empereur fit à l'Opéra, en 1862, lorsque je me hasardai à lui demander pourquoi on avait continué le découpage en fichus du quartier, sans rien modifier aux premières parties, S. M. Napoléon III me répondit en *termes textuels* :

« Malgré ce que j'ai dit, malgré ce que j'ai fait, Haussmann a agi comme il a voulu!!... »

Et dire que c'est peut-être toujours ainsi que les souverains font leurs volontés!

LES GROUPES MILLET ET LEQUESNE

Le pignon de la scène de l'Opéra, du côté de la façade, est accompagné de trois groupes en métal dont l'un, celui du centre, est exécuté par Millet, et dont les deux autres sont l'œuvre de Lequesne.

Ces trois groupes, indépendamment de leur valeur artistique, ont une importance fort grande au point de vue architectural, parce que, par leurs silhouettes, ils constituent celle de cette partie du monument. Or, ce n'est pas une petite affaire que de composer de bonnes silhouettes, et plus d'un statuaire de grand talent peut échouer là où un artiste de second ordre, mais ayant le sentiment décoratif, peut réussir à merveille.

Je ne veux pas dire que Millet et Lequesne soient des sculpteurs de deuxième catégorie. Ils ont fait leurs preuves et peuvent revendiquer leur place dans les premiers rangs : je veux dire seulement qu'ils ont l'intuition décorative, si précieuse en ce cas spécial, et que leurs œuvres ont été composées de façon à ce que, pour ce couronnement de la scène, je puis presque considérer ces sculpteurs comme des collaborateurs architectes.

Il est vrai que ces artistes ont bien voulu quelquefois écouter mes avis, non comme sculpture, cela va sans dire, car je ne me serais pas permis cette immixtion, mais comme arrangement des contours et des masses. Grâce à cette entente amicale, qui au surplus s'est presque toujours présentée à l'Opéra, le résultat de nos efforts a été très-heureux, et le pignon de la scène, ainsi complété par des bronzes de belle allure, a grand air et belle tournure, ce dont il est juste de féliciter les deux vaillants statuaires.

Il est évident que ces groupes, placés haut et se détachant toujours en vigueur sur le ciel, ont dû être exécutés d'une façon un peu conventionnelle; c'est-à-dire que, pour leur faire produire un effet net et marqué, il a fallu exagérer certaines parties aux dépens des autres : les bras ont été considérablement grossis; les modelés ont été simplifiés; les contours ont été *soutenus;* en somme, il fallait, pour mener à bien ces œuvres de dimensions colossales, voir plus loin que le travail d'atelier; il fallait, pour ainsi dire, prévoir l'avenir et, sculptant en artistes, sculpter de plus en divinateurs. C'est à peu près le rôle que joue l'architecte qui ne peut agir qu'avec une sorte de prescience; c'est du reste celui que doivent jouer tous les artistes ayant l'occasion de faire une œuvre qu'ils ne pourront juger que dans un milieu différent de celui dans lequel elle s'exécute.

Certes la sculpture ainsi que la peinture n'ont pas la décoration monumentale comme but le plus élevé, et l'art le plus pur n'est pas celui qui produit toujours l'effet le plus saisissant. La *Venus de Milo* et la *Joconde* de Léonard sont de l'art plus parfait que les statues du Bernin ou les plafonds de Lefranc; mais la perfection de ceci ne nuit pas à la désinvolture de cela. Ce sont presque deux arts différents, ayant chacun leur génie et leur mission; les comparer tous deux d'après la même idée serait injuste, et on peut admirer également, sans chercher à les rapprocher, et l'*Yllyssus* de Phidias et le *Départ* de Rude.

Mais l'architecte n'a pas tout à fait la même liberté; il doit rechercher, dans les ouvrages plastiques qui décorent son monument, peut-être moins cette perfection élégante qui fait les chefs-d'œuvre, que cette espèce d'exubérance imparfaite et conventionnelle qui fait les œuvres décoratives; mais il va sans dire que lorsque l'on trouve réunis le talent et l'entrain, le génie et l'indépendance artistique, ce qui se rencontre quelquefois, voire même à l'Opéra, dans les peintures du foyer, par exemple, on ne peut que se sentir heureux de cette manifestation, qui satisfait les délicats et les passionnés.

Dans les groupes qui m'occupent en ce moment, j'ai presque entièrement cette double satisfaction; en tout cas, j'ai complétement celle que les architectes doivent surtout rechercher, et, bien que ces œuvres, comme beaucoup d'autres, hélas! dans le monument, aient été un peu négligées et mises de côté au profit de telle sculpture qui, par suite de circonstances diverses, a presque tout pris pour elle, je considère comme un devoir de les signaler à l'attention admirative qu'elles méritent. Puisse ce modeste appel que je fais aujourd'hui pour ces groupes, et que je ferai plus tard pour les autres ouvrages de mes collaborateurs, être quelque peu entendu et ramener l'intérêt artistique sur des productions qui en sont dignes en tous points!

Les deux groupes de Lequesne, représentant des

Renommées tenant Pégase par la bride, sont d'une fière silhouette. Ils sont traités, comme je l'ai dit déjà, d'une façon conventionnelle. Les têtes des chevaux sont énormes par rapport aux corps (c'est du reste ainsi que faisait Phidias), et les jambes de derrière sont courtes et ramassées. Cette construction arbitraire du cheval donne au groupe un caractère bien marqué et architectural. Les jambes, ainsi diminuées, font asseoir le tronc du cheval d'une façon solide et sans laisser des jours qui, vus de loin, produiraient des maigreurs inévitables, et la grosse tête, bien nerveuse et bien ferme de modelé, arrête les contours du cheval avec une grande décision de lignes. Les ailes sont également nerveuses et sobres de détails, et tout cet ensemble, traité bien plutôt dans un style ornemental que naturel, s'harmonise à merveille avec les ornements véritables et les lignes rigides de l'architecture.

Quant à l'exécution de ces groupes, exécution qui ne peut être appréciée qu'en montant sur le toit de la scène, elle est d'une singulière habileté et d'une largeur vraiment remarquable.

Ces deux groupes ont été reproduits en galvanoplastie par M. Oudry, pour le prix très-modique de 25,000 francs les deux. Je dis très-modique, car ces groupes équestres ont, de la plinthe au haut des ailes des Pégases, près de 4 mètres de haut.

La hauteur est plus grande encore pour le groupe de Millet, qui a près de 5 mètres et qui, lui, est fondu en bronze, M. Denière ayant consenti à exécuter cette fonte pour le prix absolument insuffisant de 40,000 francs (c'est le prix qui m'était demandé pour exécuter ce groupe en fonte de fer).

Le groupe de Millet, représentant la *Danse et la Musique,* sous la forme de deux figures amies, et la *Poésie* sous celle d'Apollon tenant la lyre, est peut-être exécuté avec moins de parti-pris conventionnel que les groupes de Lequesne ; mais il est néanmoins conçu dans un grand style décoratif, surtout l'Apollon, qui est réellement une figure ayant fière silhouette. Le mouvement du dieu élevant la lyre au-dessus de sa tête, comme un saint-sacrement, ainsi que le dit Millet, est vraiment noble, et la forme de cette remarquable figure est aussi puissante que l'idée.

C'est, en somme, l'enseigne du monument, et il était impossible de la présenter avec plus de dignité et de convenance. J'estime que, parmi les œuvres remarquées de Millet, celle-ci est une des plus remarquables. Les deux figures assises ont peut-être moins de grandeur que la figure centrale, et on pourrait leur reprocher quelques petits détails un peu mesquins ; mais au moins leur contour est bien dessiné et s'harmonise à merveille avec la magistrale statue d'Apollon.

Pour qu'il n'y ait pas d'équivoque et pour laisser à qui de droit tout le mérite qui lui revient, je déclare bien haut que la pensée de l'Apollon élevant la lyre est absolument et tout entière de Millet. C'est là une chose bien simple une fois qu'elle est trouvée ; mais je la considère malgré cela comme une de ces créations originales, typiques et spontanées, qui ne se trouvent pas toujours dans les œuvres d'art ; et notez bien que, comme architecte, je tiens moins à l'idée qu'à la silhouette ; mais comme la première a amené à la seconde, qui est parfaite, j'ai grande joie de constater que l'art du sentiment est aussi l'art de la décoration.

Millet a mis près de dix-huit mois à exécuter cette colossale composition. Son atelier était à l'Opéra, et j'ai pu le voir chaque jour, grimpé sur ses grandes échelles. C'était vraiment un spectacle curieux que de regarder cet artiste, d'une taille un peu exiguë, à côté de ces grosses statues aux genoux desquelles il accédait à peine. Les bras de l'Apollon étaient plus gros que lui, et je me demandais toujours par quel procédé un artiste pouvait mettre en proportion des membres et des muscles dont il ne pouvait voir à la fois qu'une toute petite partie.

Quoi qu'il en soit, Millet a accompli sa besogne avec un courage et un entrain surprenants, ne se rebutant d'aucune difficulté, recommençant sans hésiter ce qui lui paraissait imparfait, et n'épargnant ni son temps ni sa peine à ce gros ouvrage, payé, comme tous les ouvrages artistiques, au-dessous de ce qu'il valait réellement.

J'ai appris, pendant ce long travail, à estimer sincèrement cet artiste de grande valeur, et, lorsque je me reportais par la pensée à ces peintres commerçants qui font de l'art un moyen de gagner des gros sous, je me sentais vraiment touché de cette loyauté et de cette sincérité professionnelle qui animaient le courageux sculpteur. Si son œuvre eût été mal venue, il eût toujours fallu respecter le labeur consciencieux de l'artiste; l'œuvre est hors ligne, et au respect dû au travail il faut ajouter celui dû au talent.

DE LA DÉCORATION DE LA SALLE

Dans tout théâtre, la salle est évidemment le point le plus important, parce que c'est dans cette partie de l'édifice que l'on séjourne le plus longtemps et que les spectateurs ont hâte d'arriver. Lorsque l'on va au bal, on recherche les salles de danse ; lorsque l'on va à un banquet, le but défini est la salle à manger, et lorsqu'on a envie de dormir, on se dirige vers la chambre à coucher. Il est donc fort naturel, lorsque l'on va au spectacle, que l'on aille avant tout se placer dans la salle, d'où l'on peut seulement assister à la représentation.

Il semblerait donc que ce point principal, ce centre attractif, dût réunir toutes les splendeurs et toutes les richesses architecturales, et que tout le reste du monument, ne comprenant que des locaux où l'on passe plus ou moins vite, ne dût être composé que d'une façon très-sobre, afin de laisser en évidence artistique la salle où chacun doit séjourner.

Il n'en est pourtant pas tout à fait ainsi, et, pour deux raisons dominantes, il est plus convenable et plus pratique de ne pas donner à la salle la primauté comme luxe décoratif, tout en lui imprimant néanmoins un caractère de confort et de somptuosité.

La première raison est que, dans une salle de spectacle, l'objectif n'est pas tant la salle elle-même que la scène ; c'est en somme ce qui se passe sur cette scène qui forme l'attraction principale de la réunion ; il faut que la salle ait un aspect digne et convenable en tous points, afin que les spectateurs se sentent dans un milieu artistique et même grandiose ; mais il faut que cet aspect soit pourtant assez simple comme parti et surtout assez calme comme coloration, afin que des tonalités éclatantes ne viennent pas inopinément distraire le public, une fois que le rideau est levé. — Il résulte de cette obligation absolument logique que l'architecte doit se refuser les motifs de décoration brillants ou trop accentués, qui tendraient à faire lutter les colorations de la salle avec les colorations de la mise en scène.

Cette raison de convenance et de logique n'existe plus lorsqu'il s'agit de la décoration de grands escaliers et de foyers ; là, la foule qui circule dans ces endroits de passage ou de promenade ne doit pas être intéressée par autre chose que par la vue de ces locaux eux-mêmes, et sans craindre alors de distraire intempestivement l'esprit et les regards, on peut les réjouir et les stimuler par toutes les ressources artistiques dont on dispose : foyers, galeries, escaliers, etc., ne sont pas mis dans l'obligation d'assombrir leurs lumières, leurs marbres et leurs dorures devant les costumes et les décors de la scène, et ils peuvent briller et resplendir à l'occasion.

Cette première raison, qu'il est inutile de développer parce que tout le monde la comprend instinctivement, et qui même s'est imposée dernièrement avec exagération au théâtre de Bayreuth, cette raison, dis-je, explique déjà comment il faut que les salles de spectacle ne concentrent pas en elles toutes les splendeurs de l'art et du luxe, et se tiennent dans une espèce de réserve relative, principalement quant à la tonalité, qui attire avant tout la vue et distrait l'attention.

La seconde raison qui doit amener à ce résultat est celle-ci : tandis que dans ce qui touche aux foyers, aux grands escaliers, aux galeries, etc., l'architecte n'a d'autres entraves que la logique des distributions, d'autres limites que celles assignées par son goût (question d'argent à part, bien entendu), et que son imagination peut se donner un libre cours sans crainte de nuire aux effets du théâtre; lorsqu'il s'agit d'une salle de spectacle, cette imagination, cette liberté, sont à tout instant arrêtées par mille obstacles divers qui en empêchent le développement normal. Il faut là, non-seulement tâcher de faire de l'art, mais il faut surtout tâcher de faire de la science, et de la science la plus difficile de toutes, de la science sans exactitude et pleine d'imprévu! Il faut penser à l'acoustique, bien que cela soit un peu dérisoire; il faut penser à l'optique, à l'éclairage, au chauffage, à la ventilation; il faut penser à la facilité des entrées et à celle des sorties, à la division des places, à des constructions difficiles, à des cloisons mouvantes, enfin à mille choses, toutes fort importantes, mais toutes se combattant et formant antagonisme. Comment satisfaire à la fois à toutes ces exigences opposées et imposées, et arriver à la solution d'un problème rigoureusement insoluble? Il faut chercher à faire long et court à la fois, large et étroit en même temps, haut et bas dans un même endroit; il faut être ample et réservé, calme et mouvementé, polychrome et monochrome! Où est la mesure? où est le point où il faut s'arrêter? Telle une mère de famille ayant deux filles jumelles, l'une brune et maigre, l'autre grasse et blonde, et qui voudrait les vêtir toutes deux à leur plus grand avantage en les habillant chacune d'un costume identique : à celle-ci il faudrait du blanc pour lui donner de l'ampleur, et du rouge pour aviver ses traits; à celle-là il faudrait du noir, pour la rendre plus svelte, et du bleu pour accompagner son regard, et comme tout cela se combat, que ce qui convient à l'une ne convient pas à l'autre, on finit par prendre du gris et du lilas, qui vont à peu près à toutes deux sans bien aller à aucune. Il en est ainsi pour une salle de spectacle, sauf qu'au lieu d'avoir à satisfaire à deux conditions opposées on a affaire à une vingtaine, et, de compromis en compromis, de concessions en concessions, on arrive, et avec raison, à ne faire ni haut ni bas, ni coloré ni éclatant ; aussi le mieux qui puisse advenir est qu'en résumé, l'on ne se plaigne pas trop de ce qui est fait, et que quelques points seulement soient assez typiques et intéressants pour occuper les regards qui s'égarent parfois dans la salle.

Cependant entendons-nous bien; car je ne voudrais pas que ma pensée fût mal comprise : si j'avance qu'une salle de spectacle comporte moins de luxe décoratif qu'un foyer, par exemple, je ne veux pas dire, et j'insiste sur cela, que cette salle doive être triste, pauvre et par trop simple; loin de là : ce que je pense et qui découle des observations que je viens de faire, c'est que la richesse d'une salle peut être réelle dans l'ensemble et les détails si l'architecte le conçoit ainsi; mais que cette richesse doit, malgré son abondance et même sa surabondance, n'attirer la vue des spectateurs que lorsque ceux-ci en éprouvent le désir. En résumé, lorsqu'on la regarde, il faut qu'on y trouve des motifs artistiques dignes de leur destination; mais il ne faut pas que l'on soit forcé de la regarder lorsque l'attention est portée sur la scène; et, je le redis encore, c'est surtout par le système de coloration plus ou moins discret que l'on arrivera à ce résultat; car une salle criblée d'ornements et de rondes-bosses, ayant tous une teinte sensiblement monochrome, s'imposera toujours moins aux regards qu'une salle, même toute simple et sans ornementations, mais bigarrée de couleurs éclatantes.

Pour terminer ce sujet, permettez-moi une comparaison : lorsque le rideau du théâtre est baissé et que l'orchestre joue une ouverture d'opéra, c'est cet orchestre seul qui doit intéresser les auditeurs; aussi le compositeur peut-il y employer toutes les ressources de son art, varier tous ses effets, et donner à chaque instrument l'importance qu'il juge convenable. Leur sonorité n'a pas de limites, et si les violons peuvent chanter en sourdine, toutes les trompettes peuvent aussi sonner de brillantes fanfares. Il n'y a pas d'antagonisme entre deux sensations, et la symphonie instrumentale doit seule former la dominante; mais quand le rideau se lève, quand le drame lyrique commence sur la scène, quand les chanteurs traduisent en mélodies les passions qui animent les personnages qu'ils représentent, l'intérêt principal se reporte sur eux, et cela d'autant plus exclusivement que le génie musical développe avec charme et puissance les sentiments qu'ils doivent ressentir. — A ce moment, l'orchestre garde encore toute sa qualité artistique; il conserve ses idées mélodiques et ne délaisse pas complétement ses sonorités étendues ; mais il doit néanmoins perdre une partie de son importance, laisser au chant, à la voix humaine, la place première et, bien que formant une partie indispensable, n'être plus guère que l'accompagnement modeste et secondaire de leurs accords ; mais cela n'empêche pas que lorsque quelque dilettante, voulant oublier parfois ce qui se dit sur la scène, porte son attention exclusive sur les dessins de l'orchestre, il ne puisse y trouver, et cela avec abondance, de quoi satisfaire ses aspirations artistiques. Laissant ainsi momentanément de côté les impressions dramatiques et vocales, il retrouve dans les symphonies instrumentales, qu'il étudie à son gré, autant de charme, de force et de grâce mélodique et harmonique que cela est nécessaire pour faire de cette orchestration une œuvre complète, dès qu'elle est dégagée accidentellement de la mission d'accompagner et de soutenir le point capital de la composition dramatique.

Eh bien, cet effet est absolument le même que celui que l'on doit éprouver dans les symphonies architecturales du théâtre. Les foyers, les escaliers, formant un tout complet en eux-mêmes, ont le privilége de l'orchestre entendu seul ; tandis que la salle doit à son tour se comporter comme cet orchestre lorsqu'il est devenu pour ainsi dire accompagnement : complet dans son étude, discret dans ses manifestations. Elle doit s'harmoniser avec la scène sans prétendre la dominer comme importance ; mais elle doit offrir aux délicats des arts des architectures assez puissantes et développées pour constituer en elles seules une œuvre entière et attachante.

C'est en partant de ces principes que j'ai composé la décoration et la coloration de la salle de l'Opéra ; mais laissez-moi vous dire pourtant que si j'ai cherché à rendre clairement ma pensée en l'écrivant ici, je n'ai cherché aucunement à la rendre telle dans mon esprit, lorsque je l'ai mise à exécution. J'ai une fort grande crainte de toutes les théories arrêtées dans les arts d'une manière exclusive; car si l'esthétique ne devenait plus que la mise en œuvre d'une formule trop raisonnée et trop raisonnable, ce serait la perte de l'imagination, de l'imprévu et même de l'incorrection, qui n'est pas à dédaigner dans les œuvres humaines.

Les théories ont surtout pour but l'explication de ce qui a été fait; mais elles seraient parfois bien dangereuses si on les écoutait avant de produire. De prime abord, l'artiste doit composer et exécuter même, sans se préoccuper outre mesure de ces axiomes et de ces raisons dogmatiques. C'est par l'intuition seulement qu'elles doivent pénétrer dans l'esprit; c'est par intuition qu'elles doivent se manifester, et lorsqu'il en est ainsi, elles n'en ont que plus de force, le sentiment étant d'accord avec la logique. Mais si l'on s'avisait de vouloir raisonner avant tout, on n'arriverait qu'à faire des œuvres automatiques sans mouvement et sans vie.

Certes, malgré l'espèce de réputation d'hallucinés dont on se plaît souvent à affubler les artistes, j'ai encore la prétention d'avoir un peu d'ordre et de bon sens et de juger les choses d'art, même les plus excentriques, par leur côté pratique et rationnel. Aussi, lorsque je prenais le crayon pour composer, je me sentais parfois envahi par ces idées théoriques qui se dressaient devant moi comme un pédagogue se dresse devant un enfant qui fait une faute ; mais je vous assure qu'au lieu de chercher à raisonner en ces moments-là avec ces sages visions, je les chassais de mon mieux, jusqu'au moment où le sentiment seul, et tout seul, avait guidé mes yeux, ma main et ma pensée. Cela fait et définitivement fait, je consentais à reprendre l'étude de ces théories un instant si fâcheuses, et je faisais alors ce retour de bon cœur et avec toute la logique dont je suis capable. Il arrivait le plus souvent que les théories élucidées avec conscience coïncidaient juste avec les compositions provenant de l'intuition artistique et pratique, et dès lors je marchais sans crainte; mais si quelquefois il arrivait que le raisonnement abstrait et rationnel de divers points tendait à renverser celui qui était sorti naturellement de mon esprit et avait satisfait mes tendances artistiques, je n'hésitais jamais, et je donnais toujours la préférence au sentiment sur la théorie. J'ai même agi parfois ainsi pour des choses qui devaient être purement scientifiques, comme des formules de construction pure, et je n'ai jamais eu à m'en repentir.

J'ai mis *je* dans ce paragraphe d'abord par habitude, puis parce qu'il me plaît assez de me rendre seul responsable de mes idées; mais je mets en fait que la plupart des artistes, réellement artistes, agissent ainsi, ce dont il faut les louer; les autres feront de l'art comme Noël et Chapsal faisaient de la littérature.

Cette fois, j'ai trouvé très-promptement ce que je voulais faire pour la salle : j'ai cligné les yeux en dedans; j'ai vu ce que je voulais voir et mon parti de décoration générale a été pris dès le principe et sans hésitation. J'ai donc pu dès lors et sans crainte de mal tourner, raisonner ensuite mon sentiment, et vous voyez qu'en somme,

DE LA DÉCORATION DE LA SALLE.

ce que je vous ai dit pour l'expliquer est réellement très-logique et très-rationnel.

Le parti pris est donc très-bon. Comment est l'exécution? Nous allons le voir.

L'architecture proprement dite d'une salle quelconque comprend trois points principaux : la composition, la décoration, la coloration.

Comment est composée la salle du nouvel Opéra? Comme l'ancienne, répondra à peu près tout le monde, et de fait il faut avouer que l'impression générale que l'on ressent dans celle-ci rappelle l'impression générale que l'on ressentait dans celle-là. Il y a cependant de grandes différences entre les deux; mais elles ne peuvent frapper que les esprits attentifs; de sorte que bien des gens s'imaginent, en résumé, que l'une n'est que l'exacte copie de l'autre.

Nous verrons tout à l'heure ce qu'il y a de réellement fondé dans cette opinion ; en tout cas, il est positif que le parti que j'ai adopté est le même que l'ancien, ce dont il ne faut pas se plaindre.

On a supposé que ce parti m'avait été imposé et que je n'avais pas eu dans cette occurrence le libre arbitre que l'on me laissait pour le reste. Ce n'est pas absolument vrai; car j'ai été un peu l'instigateur de cette décision, et si j'ai reproduit le parti magistral de la salle ancienne, c'est qu'en réalité je reconnaissais qu'il était impossible d'en trouver un plus noble et plus grandiose.

J'ai vu bien des salles de spectacle. J'en ai trouvé de fort élégantes et de fort gracieuses; mais il n'y en a pas une seule qui puisse soutenir la comparaison avec cette splendide ordonnance, si simple de principe, si

rationnelle de composition et si belle comme aspect. De
toutes les œuvres conçues et exécutées par Louis, c'est
celle-là qui, pour moi, donne la mesure de son génie,
c'est celle-là qui est son plus beau titre de gloire. Je
reconnais cependant que le fait primordial de cette conception n'était pas dans le principe aussi large et puissant que ce qui était exécuté à la salle Le Peletier. En
effet, Debret, qui a été chargé de construire cette salle
provisoire et qui avait fidèlement respecté la plantation
des colonnes, avait sensiblement amélioré le caractère de
celles-ci, en leur donnant plus d'élévation et en supprimant l'ordre ionique, adopté par Louis, pour le remplacer
par un ordre corinthien. Cette modification avait permis
de donner au vaisseau plus de hauteur et partant plus
d'élégance. Debret avait aussi modifié bien des détails
dans les voussures et dans les arcs, et tout cela au grand
avantage de l'ensemble. Malgré ces heureuses modifications, malgré l'espèce de renouveau que Debret avait su
donner à son œuvre, il avait fait cependant pour la salle
de Louis ce que j'ai fait pour la sienne ; il a respecté la
composition et l'ordonnance, chose si importante dans
l'art, et il a consacré cette magnifique disposition.

Mon Dieu ! maintenant que la chose est exécutée
depuis longtemps, maintenant que tout le monde à peu
près connaît ce parti et que beaucoup d'architectes l'ont
employé dans la construction de diverses salles de spectacle, il peut paraître un peu exagéré que l'on s'enthousiasme pour une conception qui semble, en somme, si
naturelle qu'on la dirait venue spontanément. Quant à
moi, qui pourtant ne suis pas sans avoir vu et admiré
beaucoup de grands monuments et beaucoup de salles

splendides, je ne sais vraiment s'il y a eu jamais dans toutes ces merveilles qui emplissent le monde une conception aussi franche, aussi belle et aussi originale que celle qui consiste simplement à réunir des colonnes par groupes de deux et à leur faire ainsi porter de grands arcs et une espèce de voussure.

Certes, tous ces éléments ne sont pas nouveaux; certes, ils ont été mis bien souvent en œuvre, mais jamais de la même façon que Louis et avec autant de netteté d'idée et d'ampleur de pensée.

Il y a quinze ans je n'étais peut-être pas tout à fait dépourvu d'imagination et j'aurais pu, comme tout autre, chercher une salle dont le parti fût à peu près de moi tout seul; mais j'étais né avec le respect et l'admiration de la salle de l'Opéra. Chaque fois que je la voyais, je sentais cette admiration se développer, et en m'interrogeant avec sincérité, je me trouvais absolument indigne de lutter à armes égales avec le grand génie de Louis. Je dis génie et non pas talent, car Louis était un de ces forts qui ne savent guère ce que c'est que le talent. Il était toujours imparfait dans les détails et grandiose dans les ensembles. Ce sont de ces artistes qui dédaignent l'étude délicate de leur œuvre, peut-être parce qu'ils ne se sentent pas aptes à y exceller, mais qui voient large et grand et qui remplacent la finesse de forme par la puissance de conception. En tout cas, qu'il soit plus robuste qu'élégant, Louis est une de nos gloires, et il m'eût semblé manquer à sa mémoire que de laisser détruire son œuvre théâtrale sans conserver au moins le magistral parti qui s'impose à tous les regards.

J'ai donc composé la salle de l'Opéra en suivant

presque exactement le plan de l'œuvre de Louis et de Debret, et, grâce à cette disposition monumentale, mais qui ne peut guère convenir qu'à une salle de grande dimension, j'ai donné à l'ensemble cet air de somptuosité, de largeur, de noblesse que toute autre disposition pouvait fort bien supprimer. Comme Louis est mort depuis longtemps et que la critique, qui l'a tant assailli pendant sa vie, n'a plus de raisons pour marchander ses éloges, il est probable que chacun trouvera maintenant que, quels que soient les reproches que l'on puisse adresser à la nouvelle salle, il est au moins un point qui doit rallier tous les suffrages : la composition. C'est le point principal, et cela suffit pour que les réserves que l'on peut encore faire laissent toujours intacte la sensation de grandeur et de noblesse résultant de la pensée de l'illustre architecte.

C'est avec un véritable sentiment de plaisir et de loyauté que je m'abrite en ce moment sous le patronage d'un maître; car étant convaincu que ce que je lui ai emprunté est beau et bon, je puis laisser dominer sur ce point l'esprit créateur de Louis, certain que ma retraite ne sera pas une défection et qu'en lui laissant le privilège de sa responsabilité et en lui rendant ce qui lui appartient, j'honore ainsi sa mémoire et sa haute valeur. Que quelques critiques s'élèvent, que quelques blâmes se dressent, ils n'iront pas, cela est évident, jusqu'à l'architecte mort avec l'auréole du génie, et ils s'arrêteront à l'architecte encore vivant, qui réclame maintenant la responsabilité du reste de la composition.

Je note seulement en passant la forme que j'ai donnée aux grands arcs de la salle; elle vaut mieux, cela est certain, que celle des arcs anciens qui, composés d'une partie droite et de deux parties circulaires, semblaient par la perspective s'abaisser vers le milieu, comme s'ils s'effondraient. C'est là une étude de courbe importante comme effet, mais qui ne constitue pas une innovation.

La maigre corniche qui couronnait jadis l'ancienne salle a été changée en un entablement très-développé, à frise très-marquée, ce qui arrête bien plus complétement la salle qu'un simple cours de moulure ; mais cela, malgré l'étude assez typique que j'ai apportée à cette partie, n'est aussi qu'une modification du principe primitif et ne change pas virtuellement la composition. Il en est autrement du couronnement en œils-de-bœuf, alternés avec des jours rectangulaires, se découpant en festons très-marqués et très-robustes sur la partie inférieure de la coupole. Là, il y a un motif nouveau et certes très-caractéristique. Il a pu paraître moins original à quelques-uns qui se souviennent d'avoir vu à l'ancienne salle cette suite d'espèces d'œils-de-bœuf, non alternés, cette fois, mais se découpant à peu près de la même façon en peinture sur le plafond de Lenepveu et Boulanger.

Cela se peut ; seulement il faut se rappeler que cette décoration a été faite par moi en 1863 et qu'elle a remplacé la vulgaire balustrade, aux draperies pendantes, qui contournait la corniche. J'avais fait là un essai que j'ai complété plus tard, et si l'on retrouve le germe de l'idée dans la salle Le Peletier, il faut reconnaître que ce germe m'appartenait en propre et que l'invention, faite, si vous voulez en deux fois, vient toujours du même architecte.

Eh bien, ce couronnement, qui a le grand avantage de terminer la salle par des lignes grasses et mouvementées et qui relie par ces mouvements les caprices de la peinture et les lignes rigides de la corniche, est, si je ne m'abuse, nouveau dans sa conception ou du moins dans son application.

Je ne parle pas des détails de toutes ces parties ; c'est secondaire ; je parle seulement de l'idée de cette espèce de cadre, appartenant à la fois à la salle et à la voussure, et, si j'avais à le juger chez un autre que moi, si ce cadre était l'œuvre d'un de mes confrères, je dirais sans nul doute que c'est une œuvre d'art réelle et puissante, et que celui qui a trouvé ce motif et lui a donné ces proportions heureuses, a été réellement bien inspiré et que des louanges méritées devraient aller à lui.

Je parle de moi, je ne puis en dire autant ; je me contente donc de le penser, et vous verrez pourtant que l'on ne me tiendra pas compte de cet excès de modestie !...

En résumé, que la composition de la salle du nouvel Opéra soit pour la plus grande part l'œuvre de Louis, qu'elle doive quelque chose à Debret, et que le reste m'appartienne, telle qu'elle est, elle a certainement grand air et belle tournure ; elle est puissante et simple, et le peu de multiplicité des points d'appui, la dimension des arcs principaux, le développement de la voussure lui donnent une espèce de calme et pour ainsi dire de quiétude, qui fait que l'on se sent dans un milieu aussi ample que discret, et que les conditions que j'avais posées en commençant ce chapitre sont pleinement remplies.

Et maintenant, si vous hésitez à être de cet avis en pensant que je revendique l'effet du couronnement, vous pouvez, par la pensée, supprimer ce couronnement qui, bien qu'étant réellement un point de composition, est peut-être encore plus un motif de décoration, et il ne vous restera plus alors qu'à approuver sans réserve l'œuvre collective de deux artistes qui ne sont plus. Cela vous sera facile, et j'aurai toujours au moins eu le mérite de remettre leur valeur en évidence, c'est-à-dire le talent de l'un et le génie de l'autre.

Passons à la décoration : là, comme tout est de moi, je ne puis plus m'abriter derrière un grand nom, et il faut que je reprenne le premier rôle. Je le fais sans trop de peur, car vraiment le rôle est assez bon et la pièce est bien écrite. Si les spectateurs sont du même avis que l'auteur, je crois que l'on peut espérer un succès...

Puisque l'ancienne salle me servait de point de départ, il était bien naturel que j'étudiasse son ornementation afin d'en faire mon profit. J'ai étudié, et le résultat le plus clair de cette opération a été que je n'ai pu me servir de rien de ce qui avait été exécuté. Ce n'est pas que la décoration de l'ancienne salle fût réellement médiocre; elle avait, au contraire, une certaine ampleur qui s'harmonisait assez bien avec le parti de composition; mais vraiment il ne fallait pas y regarder de trop près; toutes ces ornementations avaient un défaut capital : elles étaient grossières et communes. Les motifs étaient quelquefois placés à bon endroit; les saillies étaient en général, bien comprises; c'est beaucoup; mais tout cela paraissait emprunté aux modèles courants du commerce, et il semblait que ceux qui avaient dessiné ou simplement choisi en magasin ces ornements bourgeois, n'eussent pas pensé un instant que la décoration était aussi un art. Il y avait des sans-façon d'arrangement vraiment trop primitifs; il y avait des profils de corniches vraiment trop élémentaires ; il y avait enfin des enroulements et des cartouches vraiment trop pauvres d'invention. Néanmoins, et malgré cette indigence artistique, la réunion de tous ces éléments sans caractère produisait bon effet, parce qu'il y avait dans leur distribution une sorte d'harmonie décorative qui faisait que l'ensemble se tenait bien.

C'était là, il est vrai, peut-être le point le plus important, car l'impression générale devenait ainsi satisfaisante, et ceux qui ne poussaient pas trop loin leur investigation, se contentaient parfaitement de cette harmonie banale, mais assez réelle. Moi-même, qui fais maintenant de grandes réserves, lorsque je voyais jadis cette salle sans penser qu'un jour j'aurais à la remplacer, et qui dès lors me laissais aller plutôt à l'impression première qu'à la recherche minutieuse des détails, je ne me sentais aucunement choqué de l'absence de goût de cette ornementation. Elle était assez puissante et colorée ; elle avait bon aspect; cela me suffisait parfaitement ; mais lorsqu'il s'est agi de la voir à un autre point de vue, lorsque j'ai cherché si, empruntant le parti de composition, je pouvais aussi me servir du parti d'ornementation, je n'ai plus trouvé autre chose que quelques indications éparses et incomplètes.

Cependant, ce n'a pas été sans profit que j'ai pu étudier souvent cette salle qui, malgré les défauts que je découvrais, me servait à tout instant de guide construit et pour ainsi dire de grand moule, que je pouvais à mon gré habiller de telle ou telle façon. Il est très-probable que si je n'avais pas eu fréquemment sous les yeux ce grand vaisseau, qui était de la famille de celui que je projetais, j'eusse été bien plus timide que je ne l'ai été, et que c'est avec moins d'assurance que j'eusse mis la décoration plantureuse, dont je voyais clairement l'effet futur, en la supposant déjà exécutée par la pensée sur les parois de la salle de la rue Le Peletier. J'ai fait, j'en suis convaincu, beaucoup mieux et beaucoup plus neuf que mes prédécesseurs n'avaient fait dans cette salle ; mais il est présumable que si je n'avais pas eu cette salle sous les yeux, j'eusse fait beaucoup moins bien, tout en cherchant à faire moins poncif.

Si donc je réclame mon droit dans les éloges qui pourraient me venir et, qu'en tout cas, je m'adresse *in petto*, je veux être très-juste en déclarant que sans les travaux de mes précédents confrères, ces éloges auraient sans doute changé de chemin... Rien ne corrige de l'envie de se jeter à l'eau comme de voir un homme qui se noie, et si j'ai cherché avec tant de soins à faire de l'ornementation, c'est que j'ai vu avec tristesse des maîtres qui s'étaient laissés aller à ne faire que de la maçonnerie et du carton-pâte.

Vous n'attendez pas, je le suppose, que je vienne vous décrire par le menu toutes les ornementations de la nouvelle salle. D'abord les descriptions sont fort difficiles à faire, et je préférerais de beaucoup dessiner un ornement sur toutes les faces, plutôt que d'écrire seulement deux phrases pour en indiquer la composition. D'ailleurs, je le dis en toute sincérité, sauf un point dont je parlerai bientôt, je trouve que l'abondante décoration de la salle est absolument réussie, et il y a même dans cette salle une partie qui, d'après mon sentiment, est de tout l'Opéra, je crois, ce qui m'est le plus cher, en me paraissant le plus complet dans son espèce. Je sais bien que j'en dirai peut-être autant plus tard sur d'autres objets, et que les œuvres dont je m'occupe ont, à ce moment d'attention, plus de charme et plus de force que celles que j'oublie momentanément. C'est l'effet que l'on ressent souvent en voyageant, où l'on déclare de bonne foi que la dernière chose que l'on voit est sans contredit la plus remarquable, et qu'on n'a jamais rien vu de plus beau. Enfin, en attendant que je change de sentiment, je dirai, pour me conformer à cette façon de parler, que je n'ai jamais rien vu de plus beau que l'ensemble de l'arc-doubleau de la scène, de la grande corniche, du tympan et du couronnement à jours alternés. Quand mes yeux se portent sur cet ensemble, je me laisse tout béatement aller à un sentiment très-honnête et très-naïf d'admiration. Je ne pense plus que c'est moi qui ai fait cela, et je regarde bouche béante toutes ces saillies bien puissantes, ces ornements bien décidés aux formes bien arrêtées, et en somme je suis tout près en ces moments-là de croire que c'est merveilleux. Si par hasard il me vient à la pensée que je ne suis pas étranger à ces splendeurs artistiques, j'ai comme une secousse dans tout l'être, une espèce de bouffée d'orgueil me monte au cœur et au cerveau; mais cela ne dure que quelques secondes! Je deviens quasi honteux de moi-même; je rentre timidement en dedans, en repoussant cette éclosion rapide de vanité, et je n'ose plus lever les yeux sur le haut de la salle! Aussi, je la quitte le plus tôt possible pour me fourrer pendant quelque temps dans un petit coin où j'oublie que j'ai été artiste, pour me souvenir qu'en résumé si je n'ai pas mal fait, il y a en ce moment plus de cent architectes qui auraient fait aussi bien, sinon mieux que moi, s'ils en avaient eu l'occasion !... Mais, puisque pour l'instant j'ai osé regarder là-haut et confesser la satisfaction que me causait ce spectacle, puisque j'ai eu l'impudence de dire cette pensée outrecuidante, eh bien! je ne veux pas fuir devant les dangers qu'il y a à se louer soi-même et, dussé-je faire hausser les épaules de ceux qui croient que la modestie consiste à ne pas dire le bien que l'on pense de soi, je déclare à nouveau que toute la partie supérieure de la salle du nouvel Opéra est sans conteste une œuvre de grande valeur, pleine d'entrain, d'imagination et d'unité à la fois.

En ai-je dit assez à ce sujet ? Si j'ai laissé place encore aux louanges des autres, je le regrette; car elles seront peut-être moins sincères que les miennes, et j'aurais voulu, puisque je suis en train de me couvrir de fleurs, en faire un tel usage que personne ne trouvât plus même une feuille de rose à me jeter.

Maintenant que je suis monté au Capitole, il faut bien que j'avoue que j'y suis monté en belle et nombreuse compagnie. J'ai gagné la bataille comme la gagne un général, c'est-à-dire avec une armée d'officiers et de soldats, et mon armée à moi était si bien composée que je crois que tous mes soldats étaient au moins des colonels ! Vous voyez que cela me rendait la tâche plus facile; car c'étaient des colonels de bonne volonté qui ne discutaient pas, mais qui exécutaient à merveille. J'ai eu d'abord M. Corbòz, le sculpteur-ornemaniste, dont l'habileté de main et la finesse de goût venaient me soutenir quand je faiblissais sur quelques points; j'ai eu MM. Mercié, Barthélemy, Hiolle et Sanson, tous quatre grands-prix de Rome et statuaires de haute valeur, qui ont exécuté avec tant de talent les grandes figures des tympans ; j'ai même eu là un modeste sculpteur, M. Duchoiseul, qui a modelé à l'avance les quatre esquisses de ces tympans, de sorte que j'étais certain, en priant les statuaires choisis de rester dans le parti général de cette composition, j'étais certain, dis-je, que tous ces morceaux différents se tiendraient bien ensemble et auraient de l'unité. J'ai eu Chabaud, qui a modelé les enfants de l'arc-doubleau, et les têtes si originales et si fines de la salle ; j'ai eu aussi MM. Valter et Tournois, qui ont fait les têtes du couronnement, et Crauck et Lepère, qui ont sculpté les figures des loges d'avant-scène, et MM. Rubé et Chaperon, qui ont exécuté les peintures décoratives des voussures des cintres. J'ai eu enfin un autre grand artiste, dont je parlerai plus loin, Lenepveu, qui a peint la voussure de la salle ; de sorte que ces artistes, aidés eux-mêmes par des praticiens habiles, ont concouru avec dévouement et talent à l'ornementation générale, et si j'ai tenu à amasser sur ma tête tous les éloges et toutes les louanges possibles, c'est que je voulais que ces éloges et ces louanges fussent presque innombrables, afin de ne pas en manquer en les reportant à tous mes collaborateurs, qui y ont des droits incontestables.

Et maintenant je vais à la roche tarpéienne, en confessant mon erreur pour le motif des loges d'avant-scène. Certainement c'est bien étudié ; il y a de très-bons détails et le parti-pris décoratif n'est pas absolument condamnable ; néanmoins tel qu'il est, il est fort peu réussi ; il a de la maigreur, de la gêne ; ça ne tient pas assez avec le reste de la salle ; en somme, c'était un motif qui pouvait prêter à un bel effet et, tel que je l'ai exécuté, l'effet est fort médiocre. Comme il n'y a pas de remède à y apporter, je ne puis que confesser ma faute et, pour faire pénitence, me condamner à aller voir quelquefois ces malencontreuses avant-scènes.

Cela m'est déjà arrivé ; mais voyez ce que c'est que l'esprit de contradiction ! Je les regarde en sachant bien que c'est loin d'être parfait ; mais quand je me suis avoué cela, je me sens pris de compassion pour ces pauvres loges, et je finis par me dire qu'après tout elles en valent bien d'autres ! C'est, ma foi, très-possible ; mais ça ne prouve pas qu'elles valent grand'chose.

A ceux qui ne l'ont pas remarqué, je signalerai encore un défaut que j'ai cependant pallié de mon mieux : c'est la hauteur trop grande de l'architrave de l'entablement général, et celle trop petite de la moulure encadrant les grands arcs-doubleaux de la salle. Ce défaut vient de ce qu'en exécution, les fers qui supportent le haut de la salle ont été placés trop bas d'environ 30 centimètres, et que lorsque j'ai voulu faire exécuter les plâtres de cette partie, j'ai vu que, tels qu'ils étaient indiqués, ils laissaient ces fers à nu. Il a donc fallu modifier les profils et descendre le bas de l'entablement de la quantité nécessaire pour que les fers pussent échapper. De là, augmentation des dimensions projetées de l'architrave et diminution de celles du tore de l'arc-doubleau. J'ai cherché à dissimuler cette erreur de construction en modifiant le profil de ces arcs, de manière à leur donner par-dessous le plus grand développement possible, et cela peut au besoin être acceptable. Il est probable, du reste, que si j'avais dès l'abord composé cette partie comme elle est exécutée, je l'aurais trouvée satisfaisante; mais comme il y a là une erreur matérielle qui m'a contraint à faire autre chose que ce que je voulais, je regrette peut-être plus que de raison la modification qui a eu lieu. Enfin je ne trouve pas le chapiteau des colonnes aussi bien que je l'espérais, et il y a un peu trop d'égalité dans les feuillages et de sécheresse dans les caulicoles. Cela provient en grande partie de la pose des éléments du chapiteau qui, primitivement projeté en métal, a été, faute d'argent, fait en carton-pâte. Les épaisseurs des feuillages étant alors bien plus fortes que je ne les avais supposées, il a fallu faire quelques coupes dans les ornements pour les joindre entre eux; c'est peut-être là la cause des réserves que je fais sur le chapiteau. C'en est peut-être une autre qui tient seulement à ce que mes dessins ont été mal interprétés par l'ornemaniste de passage qui l'a modelé, sans y mettre le goût particulier que j'avais fait accepter par mes ornemanistes ordinaires. C'est, du reste, bien des explications pour un petit point; mais comme, en cherchant bien dans toute la salle ce qui me déplaisait plus ou moins, je n'ai trouvé que ce que je viens de signaler, je n'ai pas été fâché de m'étendre un peu sur cela, afin que l'on pût croire que j'abandonnais beaucoup de choses à la critique. Comme l'os à ronger n'était pas bien gros, je l'ai entouré d'un peu de sauce.

Il faudrait maintenant rapprocher l'ornementation de la salle de la théorie que j'ai émise en commençant, et voir si, de fait, elle est assez calme pour ne pas attirer les regards malgré eux, et assez diversifiée pour les intéresser et les charmer au besoin. Pour le premier cas, je crois que j'ai rempli la condition; car c'est surtout dans les parties supérieures que l'ornementation est abondante, et ces parties, ne se trouvant pas sur le passage des rayons visuels des spectateurs de la salle à la scène, ne peuvent donc pas l'interrompre et le distraire. De plus, malgré leur saillie très-forte et leur diversité, les ornements sont tous d'un même caractère et s'unissent entre eux à la façon d'une foule uniforme, c'est-à-dire en formant une masse compacte dont chaque point a assez de similitude avec les autres pour qu'aucun ne tire forcément les yeux. C'est ainsi que dans une forêt touffue on se sent environné de toutes parts par des arbres d'essences nombreuses et diverses, mais qui se confondent dans une seule masse de verdure, dont l'unité inspire un sentiment de calme et de tranquillité.

Il en est ainsi, je le crois, au nouvel Opéra, et si les ornements sont touffus et variés, ils ne sont pas irritants à la vue.

Quant à la seconde condition, elle n'a pas besoin d'être démontrée; car il est bien évident qu'il y a assez de motifs ornementaux dans toute la salle pour que celui qui voudrait se distraire de la scène, en regardant un peu d'architecture, ne soit pas exposé à voir chômer ses regards. Quant au caractère de ces motifs, à leur délicatesse et leurs compositions, comme c'est là surtout une question d'art et de goût et qu'on ne peut forcer personne à avoir le sien, je me contente de dire que, quant à moi, j'ai autant de plaisir à les regarder que j'en ai eu à les dessiner, ce qui n'est pas peu dire! Si d'autres pensent différemment, ils auront vraiment grand tort. Après tout, si cela leur déplaît, ils n'en seront que plus attentifs à la musique et à la mise en scène, et cela pro-

fitera à la gloire du musicien comme à celle du directeur.
En attendant, comme sur ce point je considère la cause
comme entendue, je passe à la dernière question : la coloration de la salle.

J'ai déjà indiqué dans *le Théâtre* les raisons logiques
qui amenaient fatalement à donner un ton rouge aux
fonds des salles de spectacle. Comme la discussion était
assez longue, je n'ai guère envie de la recommencer,
d'autant plus que si la théorie conseille ce ton rouge, le
goût général a fait qu'on l'a adopté communément, et
que, par goût particulier, j'ai fait comme la plupart des
autres. Je suppose donc que personne ne trouvera à
redire à cette tonalité du fond des loges, et que chacun
reconnaîtra que nulle autre ne peut avoir ce caractère de
richesse, de somptuosité, de *comme il faut,* joint à une
harmonie calme et puissante à la fois. Nous n'avons
plus qu'à nous occuper de la coloration de la salle proprement dite, c'est-à-dire des parois et des voussures.

Si l'on a accepté ce que j'ai dit en commençant ce
chapitre, qu'il fallait que la coloration de la salle fût
assez discrète pour ne pas être importune, bien qu'étant
assez vibrante pour ne pas être pauvre, on admettra,
j'espère, que celle que j'ai choisie possède ces deux qualités : ce ton général d'or vieux et de jaunes chauds est
par sa nature même doux et harmonieux, et il serait difficile d'en trouver un autre qui entourât les spectateurs
d'une atmosphère aussi caressante et aussi délicate en sa
puissance. Mais si ce ton garde ainsi sa douceur et sa
finesse, il forme aussi, par suite de sa diversité d'applications sur les parties ornées de la salle, des points brillants et accusés qui empêchent toute monotonie, et

donnent à l'ensemble l'aspect d'une immense aventurine faisant miroiter ses innombrables paillettes.

Lorsque les vapeurs qui s'exhalent des poitrines des spectateurs, et celles qui s'échappent des appareils d'éclairage, viennent à tamiser un peu les rayons qui les pénètrent et s'agitent insensiblement avec les courants qui les transportent, il y a dans cette espèce de vibration de l'air, faisant vibrer à son tour les taches d'or placées sur les saillies des ornements, comme un effet de mirage oriental; les yeux commencent d'abord par être doucement charmés, puis l'imagination les suit dans une sorte de rêve; on se laisse envahir par un sentiment de bien-être; car les reflets colorés qui se produisent dans ce milieu presque monochrome, loin d'avoir une intensité blessante, miroitent seulement comme s'ils murmuraient la lumière, et rayonnent aux regards apaisés. C'est ainsi qu'un doux parfum que l'on soupçonne à peine, embaume avec suavité les espaces qu'il remplit de ses senteurs.

Ne croyez pas que je fasse ici de la poésie; mais croyez plutôt ceci : c'est que malgré vous cette tonalité qui vous environne vous rend déjà plus apte à ressentir les beautés harmoniques; ce milieu dans lequel vous êtes plongé pendant la durée du spectacle, ce milieu a sur vous et à votre insu une influence certaine, positive, quoiqu'il ne cherche pas à s'imposer à vos regards, à votre attention, et que ce soit sans que vous vous en doutiez qu'il vous pénètre et vous stimule. La musique des sons est certes bien grande et bien puissante; mais la musique des tons a aussi sa force et sa persistance; c'est cette musique des couleurs qui modifie insensiblement vos pensées et même vos actions; c'est cette tonalité rouge, blanche, bleue, noire ou verte qui, lorsqu'elle domine et se poursuit longtemps, donne à votre imagination et à votre cœur des tournures tristes ou joyeuses, vives ou mélancoliques; les pensées couleur de rose ne sont pas un vain mot, non plus que voir la vie tout en noir.

Laissez-vous donc aller à l'impression que vous ressentez forcément dans la salle de l'Opéra, si vous ne voulez pas trop la discuter. La tonalité dont la coloration dorée fait la base, dès qu'elle est une et que rien ne vient mal à propos éclater au milieu d'elle, est la tonalité par excellence pour les intérieurs, dans lesquels il faut toujours se sentir circonscrit et entouré par une somptuosité discrète. Aussi je me suis bien gardé de troubler cette coloration harmonieuse par des tons qui lui soient étrangers : quelques rouges effacés et rompus pour rappeler les fonds de la salle; quelques verts adoucis pour servir de complémentaire au rouge, et c'est tout; la couleur dorée domine partout, et surtout à l'exclusion complète du blanc, qui la ferait paraître sombre et qui, par son éclat insolite, attirerait forcément les regards, qui ne veulent pas être stimulés.

Et maintenant si des couleurs vives et plus éclatantes se montrent dans la salle, ce ne seront plus que celles des toilettes des spectatrices, qui pourront être moins réservées dans leur coloration; car dans un théâtre, et à l'Opéra surtout, la foule forme aussi un spectacle mouvant et animé, qui est loin d'être sans charme et sans poésie. Dites-vous bien ceci, mesdames : c'est que j'ai pensé à vous en donnant à la salle du nouvel Opéra la tonalité qu'elle possède; dites-vous bien que j'ai évité ce qui pouvait lutter avec vos charmes et vos parures, et que l'architecture a beau être belle et grande, elle ne pourra jamais valoir le sourire d'une jeune fille, le regard d'une jeune femme et les grâces de toutes les spectatrices. Mettez donc vos diamants et vos joyaux, décolletez vos épaules, entourez-vous de soie et de dentelles, vous serez toujours vues et admirées; je n'ai fait que l'écrin en cherchant à ne pas nuire aux bijoux.

Ce madrigal me vaudra peut-être l'indulgence de quelques femmes; mais comme je voudrais aussi celle de quelques Aristarques, je m'empresse de déclarer que si j'ai défendu avec conviction la coloration chaude des tons dorés, ce n'est, hélas! pas moi qui ai inventé cette coloration. Il n'a pas, grâce à Dieu! manqué d'artistes de tempérament qui ont, avant moi, été passionnés pour cette tonalité, et si je l'ai employée avec plus ou moins d'habileté, je n'ai fait, en somme, qu'une nouvelle édition d'œuvres déjà éditées. J'y ai bien mis un peu du mien, parce qu'il est, je crois, plus facile d'interpréter à sa guise que de copier servilement; mais en résumé, je le répète, je n'ai inventé ni le jaune, ni l'or, ni les tons mats, ni les reflets brillants. Cette déclaration, que je fais d'autant plus volontiers que tout le monde la ferait à ma place si je m'en privais, me permet de dire encore en terminant, et alors comme s'il s'agissait d'un autre, que l'harmonie décorative de la salle du nouvel Opéra est ce qui convenait absolument à sa destination, et que celui qui l'a composé ainsi a fait œuvre de logicien et (je le dis si bas que vous ne pourrez l'entendre) d'artiste et de coloriste.

Voilà cette grosse discussion terminée et naturellement terminée à mon avantage! Et, en résumant ce chapitre, je puis dès lors dire ce qui est censé maintenant prouvé : que la composition, l'ornementation et la coloration de la salle de l'Opéra doivent obtenir tous les suffrages, puisque, bien sincèrement, je leur ai donné le mien! S'il en est ainsi, nous pouvons procéder à l'examen des autres parties constituantes de cette salle, et ce sera bien le diable si nous n'y trouvons quelques points qui doivent être sévèrement critiqués ; mais je n'en réponds pas.

Ce chapitre était composé : j'en corrigeais les épreuves, lorsque je me suis souvenu qu'au théâtre de Marseille j'avais vu jadis une sorte de décoration semblable à celle de l'Opéra. J'ai voulu savoir à quelle époque cette salle de Marseille avait été construite et voilà que, renseignements pris, elle a été livrée au public trois ans avant que celle de Louis ne fût commencée.

Ce n'était donc pas Louis qui avait trouvé le magistral parti pour lequel je m'étais enthousiasmé, mais bien un autre architecte! Cet autre architecte, ce génie inconnu, je n'ai pu découvrir exactement son nom ; car j'ai reçu des documents qui se contredisent sur ce point. Ce serait ou bien un nommé Bernard, ou bien un nommé Ponge, ou bien un nommé Frère de Montizon. Je n'ai pas en ce moment le loisir ni le moyen de rechercher le véritable auteur de cette grande disposition ; mais quelques-uns le trouveront certainement. Dans tous les cas je ne me sens pas le courage de refondre tout le passage de ce chapitre ayant trait à la composition de la salle ; et comme, en résumé, tout ce que j'ai dit est vrai comme impression et qu'il n'importe guère, au point de vue de la valeur artistique de l'œuvre, qu'elle soit d'un architecte ou d'un autre, je garde absolument intactes les considérations que j'ai exposées et qui sont toujours justes en dehors de la question de paternité.

Si donc un jour on est décidément fixé sur le nom du créateur du parti de la salle de Marseille, et que l'on veuille rapprocher ce que j'ai dit, de l'artiste qui a conçu cette large disposition, eh bien, lorsqu'on lira le nom de Louis il faudra lui accoler ces mots : Voyez Bernard ou voyez Montizon! Après tout Louis a assez de talent pour que sans le diminuer on puisse lui retirer quelque chose de son superflu. S'il est vrai que l'on ne prête qu'aux riches, Louis avait tout ce qu'il faut pour emprunter, et il peut rendre aux autres ce qui leur appartient sans craindre d'être réduit à la misère.

DE LA FORME DE LA SALLE
ET DE L'ARRANGEMENT DES PLACES

La forme des salles de spectacle (je parle surtout de la forme en plan) est peut-être dans un théâtre ce qui doit avant tout préoccuper l'architecte ; car c'est de la composition de ce vaisseau que doit dépendre pour la plus grande part le bien-être des spectateurs. Mais si cette préoccupation doit être grande lorsqu'il s'agit d'un théâtre destiné seulement à la représentation de scènes parlées ou mimées, elle s'agrandit encore lorsqu'elle se rapporte à un théâtre qui doit réunir la musique au drame et l'orchestration à la mise en scène. En effet, il est bien rare qu'une salle, quelle que soit sa forme, ait une acoustique assez mauvaise pour que les paroles, nettement prononcées sur la scène, toutes seules et sans aucune confusion possible, ne soient pas nettement entendues. Il y a certainement des salles où la voix humaine n'a pas le même degré d'intensité et de finesse ; le son peut être augmenté dans celle-ci, diminué dans celle-là ; mais, je le répète, comme il n'y a pas de confusion possible, que deux acteurs ne parlent pas à la fois et que des accompagnements plus ou moins bruyants ne rompent pas la phrase qui se prononce, on peut affirmer qu'en réalité toutes les salles sont assez bonnes pour permettre à la voix de l'acteur de venir librement aux oreilles des spectateurs. Il n'y a donc, dans cette occurrence, qu'une seule préoccupation qui doive dominer dans l'esprit de l'architecte : celle de donner à sa salle la forme la plus convenable pour que tout ce monde, qui entend suffisamment, puisse aussi voir la scène le mieux possible.

Mais lorsque la diction est remplacée par les sonorités musicales, il n'en est plus tout à fait de même; car les sons, en se produisant plus isolément, tendraient à devenir confus s'ils n'étaient perçus avec autant de force et de précision qu'ils sont exécutés par les artistes du théâtre et ceux de l'orchestre. Il ne s'agit donc plus là de rechercher seulement une forme de salle qui permette une vue libre et étendue, si cela est possible ; il faut, de plus, que cette forme soit combinée de façon à faciliter le développement des sons produits et à leur donner une qualité harmonieuse.

Certes, si l'acoustique, appliquée aux salles de spectacle, était une science rigoureusement exacte ; si on possédait des formules mathématiques, indiquant d'une façon inflexible la forme définitive à affecter aux vaisseaux pour leur donner leur maximum de sonorité, comme l'optique est, elle, une science parfaite, en ce sens que l'on sait fort bien si de tel point on verra ou on ne verra pas, on pourrait tenter avec plus de chances de réussite la combinaison des deux lois, garder ce qui peut convenir à toutes deux et choisir à coup sûr dans les solutions opposées ce qui devrait être conservé au détriment de ce qui pourrait être supprimé. Le problème serait sans nul doute encore difficile à résoudre ; mais au moins on ne ferait que les concessions réellement utiles, sans craindre, comme cela se présente en l'état actuel des connaissances acoustiques, de faire des concessions du côté de la vue, ne servant à rien du côté de l'audition.

Cependant, malgré les hésitations de la science de l'acoustique, il est une loi, un indice plutôt, qui se dégage avec de légères probabilités du chaos dans lequel on est encore sur ce point : c'est que les sons vibrent et se propagent beaucoup mieux dans les salles plus longues que larges, en supposant néanmoins que le son provienne de la partie la plus étroite ; la salle fait ainsi l'office d'un long tuyau qui concentre les forces de l'émission. Ce principe est assez généralement reconnu, bien qu'il ne soit pas infaillible, et dans les études que j'ai faites à ce sujet dans un grand nombre de salles existantes, j'ai constaté qu'en effet il se présentait certains cas où l'on pouvait supposer qu'il n'était pas erroné. C'est là, du moins à mon avis, le seul point qui puisse avoir quelque probabilité, et, bien que j'aie vu des salles larges plus sonores que des salles longues, je crois que l'architecte doit se rattacher, se raccrocher plutôt à ce principe de salles profondes et étranglées au point d'émission des sons. S'il ne réussit pas, ce qui est possible, il aura au moins la consolation d'avoir fait tout ce qu'il pouvait, en se servant de l'unique donnée que l'on croit posséder.

Or les lois de l'optique amènent tout naturellement à construire une salle dans des conditions tout à fait opposées à ce principe d'acoustique. Il est évident que plus la scène sera large, plus elle sera visible de tous les points, et que moins une salle aura de parois latérales, moins les places médiocres seront en majorité. C'est, en somme, la forme demi-circulaire, se rapprochant de celle des théâtres antiques, où il n'y a pour ainsi dire que les spectateurs placés sur le diamètre de ce demi-cercle qui soient forcés de tourner un peu la tête pour apercevoir ce qui se passe sur la scène (ceci est dit pour les loges, car les places d'orchestre ou de parterre sont toujours bonnes). C'est, en somme, cette forme, du moins comme point de départ, qui devrait être employée à peu près pour satisfaire aux exigences de la vue libre et complète ; mais on voit tout de suite, sans plus développer ces indications, que le système favorable à l'acoustique exige précisément les conditions opposées à celles exigées par l'optique. Que faire alors? Tâcher de profiter de l'expérience des autres, étudier ce qui a été construit et choisir ce qui paraît avoir le moins d'inconvénients.

Il faut bien se dire que l'on ne pourra, avec les entraves qui vous entourent, édifier une salle dans laquelle toutes les places soient également bonnes : tous les socialistes réunis ne pourront jamais arriver à faire que tous les hommes aient le même bien-être; tous les médecins en corps ne pourront jamais faire que toutes les créatures humaines ne meurent pas avant cent ans, et tous les architectes, passés, présents ou futurs, n'ont fait et ne feront jamais qu'une cinquième loge de côté soit aussi bonne qu'une première loge de face. Mais on peut, on doit chercher le moyen d'augmenter le nombre des places excellentes et de diminuer celui des places mauvaises. Ce résultat n'est pas absolument impossible à obtenir, et il me semble qu'au nouvel Opéra, sauf une vingtaine de siéges placés aux derniers rangs de côté des cintres latéraux, les trois quarts au moins des places sont vraiment bonnes, et que le dernier quart n'est pas non plus trop mauvais. Du reste, j'ai étudié tout cela avec le plus grand soin et la plus grande minutie, et je ne crois pas, en résumé, qu'il y ait au monde une salle quelconque dans laquelle les places médiocres soient dans une proportion aussi faible. Cela vient sans doute de la forme générale de la salle, qui me semble jusqu'à présent être une des meilleures qui aient été employées, et aussi, il est vrai, un peu de la disposition des gradins qui supportent les siéges.

Ne croyez pas que je mette un trop grand amour-propre à faire cette déclaration ; car cette forme, cette très-bonne forme n'a pas été, en somme, inventée par moi, et j'aurais droit tout au plus à un brevet de perfectionnement.

En effet, ainsi que je le disais plus haut, il faut profiter de l'expérience et des essais des autres, et ces essais ont été bien fréquents. Or, comme une mauvaise chose sert autant qu'une bonne, dans une étude qui comprend tout ce qu'il faut faire comme tout ce qu'il faut éviter, il n'y avait guère que l'embarras du choix. J'ai donc relevé, visité, compilé tout ce qui avait été fait comme salle de spectacle en tant que places ; j'en ai vu, dessiné et comparé de toutes sortes et de toutes compositions : salles demi-circulaires, salles en ovale, en cercle, en forme de cloche, de fer aimanté, de carré, de parallélogramme, de trapèze ; voire même des salles projetées ou rêvées par quelques artistes ou quelques illuminés : salles en forme de boule, en forme d'œuf, en forme d'œil, en forme de poisson ; enfin, que sais-je ! car tout a été à peu près fait, à peu près essayé, et si naturellement rien n'était parfait parce que cela ne pouvait l'être, au moins il y avait, dans tous les nombreux exemples dont je pouvais profiter, des données qui devaient me guider et dont j'ai fait mon profit.

De toutes ces formes, logiques ou bizarres, c'est, en somme, celle ressemblant un peu à un fer aimanté, infléchi par ses deux extrémités, qui peut être considérée comme la meilleure et comme celle qui rallie le mieux les exigences opposées dont j'ai parlé.

J'aurais donc vraisemblablement choisi déjà cette courbe, du moins comme principe, si je n'avais été encore stimulé à la prendre par suite de la forme qu'avait la salle de l'ancien Opéra. Cette forme était, en somme, très-convenable, bien qu'elle eût le défaut d'être un peu trop resserrée à l'avant-scène, de sorte qu'une partie des places de côté étaient vraiment très-médiocres. Le défaut une fois reconnu, il était facile d'y remédier en écartant un peu les branches du fer aimanté pris comme type de composition. Au surplus, ainsi que je l'ai dit déjà, j'avais le grand avantage de construire une salle qui devait avoir quelques rapports avec une salle déjà existante, et je pouvais considérer la salle de la rue Le Peletier comme une espèce de grande maquette devant servir à la construction de la salle du boulevard des Capucines.

C'est ainsi que j'ai fait quant à ce qui touchait la forme de la salle et la disposition générale des places. J'ai pu voir ce qui était bon, ce qui était mauvais; j'ai conservé d'un côté, j'ai amélioré de l'autre, et finalement je suis arrivé à la disposition actuelle. J'ai cherché à donner aux balcons des courbes souples et variées, mais toutes composées de façon à ce que leur exécution fût pratique; car je voulais surtout arriver à ceci : c'est que la nouvelle salle de l'Opéra, si elle était trouvée bonne comme disposition, pût au besoin servir de formule pour la construction d'autres salles. A cet effet, j'ai combiné les courbes, les centres, les rayons, etc., de telle manière que, la largeur d'une salle de spectacle étant donnée, on pût, pour ainsi dire mathématiquement, en trouver tous les éléments de composition en plan. Je ne sais pas si ça sera fort utile à mes confrères de l'avenir, qui, probablement, suivront leurs idées sans s'occuper des miennes ; en tout cas, ceux qui s'intéresseraient à cette espèce de problème graphique trouveront dans les planches de cet ouvrage les procédés géométriques que j'ai employés pour construire toutes les courbes avec leur raccordement.

Quoi qu'il en soit, et en tenant compte des difficultés qui se présentent lorsqu'il s'agit de se décider sur la courbure à donner aux parois des salles, on peut, je pense, reconnaître que celle qui est adoptée au nouvel Opéra et qui dérive de la forme de l'ancienne salle est, sinon absolument parfaite, au moins très-satisfaisante. Peut-être bien des gens, la jugeant intrinsèquement, trouvent-ils que quelques places, comme par exemple les troisièmes rangs des loges de côté, ne sont pas absolument bonnes ; cela se peut ; mais si on la juge par rapport aux autres salles, il est probable que, si l'on est sincère, on avouera que les mauvaises places de l'Opéra sont encore moins mauvaises que les places similaires des autres théâtres.

Il y aurait pourtant moyen d'améliorer encore ces places médiocres en soulevant de beaucoup les gradins qui reçoivent les sièges des rangs postérieurs ; mais la diversité des niveaux qui résulterait de cette amélioration rendrait l'habitation des loges bien incommode et serait cause de chutes ou tout au moins de faux pas. Or, comme dans les loges il est presque convenu que les derniers rangs occupés par les hommes sont toujours un peu sacrifiés, il vaut mieux, je crois, en résumé, que le sacrifice fait par ceux-ci soit un peu plus complet et que tous les occupants de chaque loge puissent se réunir assez facilement et échanger leurs impressions sans être contraints de se parler incommodément à des hauteurs par trop diverses et exagérées. Ai-je eu tort de penser ainsi? ai-je eu raison? Il est probable que les avis seront partagés et qu'on ne pourra encore dégager un programme absolu de ces divergences d'opinion.

Cependant j'ai vu si souvent des spectateurs, soumis à une véritable torture pour apercevoir la scène, ne pas se révolter contre le supplice qu'ils enduraient, qu'il est fort possible qu'ils n'aient même pas remarqué la différence qu'il y a entre une place où l'on est commodément assis au premier rang et une autre où l'on est forcé de se tenir debout au troisième. N'importe, lorsqu'un architecte peut éviter au public cette torture si facilement acceptée, il remplit un devoir de philanthropie, et quant à moi, j'ai fait de mon mieux pour n'être exposé chaque soir qu'à une centaine de malédictions. Après cela, il y aurait un moyen bien plus simple de supprimer complétement ce supplice : ce serait de ne pas louer ces places incommodes. La recette, il est vrai, baisserait d'autant; mais au moins personne n'aurait à se plaindre. Qui sait pourtant? Il y a des gens qui ne peuvent s'amuser aux feux d'artifice que lorsqu'ils ne voient que le haut des fusées; il y a des gens qui ne peuvent se distraire au théâtre que lorsqu'ils ont plus de peine que de plaisir! Tout est donc pour le mieux dans les salles les *moins meilleures* du monde, et si les mauvaises places n'existaient pas, il faudrait probablement les inventer!

Cependant, si l'on peut inventer de mauvaises places, il ne me paraît pas aussi indiqué qu'il faille inventer de mauvais dégagements ; et si quelque fanatique ou quelque résigné peut accepter un siége d'où l'on voit mal, il est peu probable que tout le monde acceptera des passages où l'on ne passe pas. Il devrait en être ainsi, et il ne serait pas inutile de songer d'abord que toute salle, dans laquelle on entre et de laquelle on sort, doit avoir des dégagements suffisants pour que la foule puisse s'en servir sans trop de difficultés.

Il semble pourtant qu'il n'en soit rien ; et les spectateurs de l'orchestre et du parterre ont vraiment une patience et une résignation exemplaires ! Il en est de même à l'Opéra pour les occupants des stalles d'amphithéâtre, et si les abonnés maugréent bien un peu, comme ils sont de la maison, il paraît que leurs doléances se passent en famille. Tout ce monde, qui aurait vraisemblablement le droit à la circulation libre, accepte bénévolement le manque absolu de circulation. Les passages qui doivent desservir ces places sont, non pas libres comme cela devait être, mais garnis par des strapontins plus ou moins mobiles, qui les obstruent et les encombrent ; sans compter que les malheureux spectateurs qui siégent sur ces strapontins sont contraints et forcés de quitter leurs places pour livrer le passage aux personnes qui veulent entrer ou sortir!

Je ne sais trop lesquels sont le plus à plaindre, de ces

spectateurs obligés malgré eux à déranger les autres, ou de ces autres obligés malgré eux à laisser circuler les spectateurs. Je crois qu'en somme les deux catégories ne sont pas partagées pour le mieux; et voyez pourtant ce que c'est que l'entraînement de l'habitude et que la force de l'inertie! vingt mille personnes à Paris, peut-être cent mille en province, souffrent chaque soir de cette disposition désagréable, et c'est à peine si quelques-unes songent à récriminer contre l'usage reçu!

Quelques critiques pourtant, porte-voix du désir du public, réclament quelquefois contre un tel état de choses; chacun les approuve; on trouve qu'ils ont raison; on appuie les motifs qu'ils donnent, et le lendemain tout rentre dans l'ordre, ou plutôt dans le désordre accoutumé.

Il est vrai que l'on prétend que toute salle de spectacle a horreur du vide et que les passages ménagés séparent un peu les spectateurs qui, dès lors, se sentant moins ensemble, sont moins disposés à se transmettre cette espèce d'effluve magnétique qui rend toute une salle solidaire. Cela se peut; néanmoins, en Italie où de tels passages existent et sont largement tracés, cela ne semble pas influer sur le magnétisme des auditeurs; car nulle part plus qu'en ces théâtres l'enthousiasme n'éclate et les applaudissements ne sont plus nombreux. D'ailleurs, nous avons en France une institution vénérable et consacrée, chargée de faire jaillir les bravos et de commander l'admiration, et il est bien rare que ceux qui ont envie de manifester leur satisfaction ne suivent pas instinctivement le signal donné sans se préoccuper des strapontins et des passages. Dans tous les cas, la question est de savoir s'il vaut mieux être un peu moins stimulé à applaudir, et un peu plus apte à pouvoir circuler, normalement dans les entr'actes normaux, éventuellement en cas d'indisposition ou de paniques éventuelles.

Je sais fort bien que d'un autre côté la recette peut s'augmenter; ce n'est pas à dédaigner, je le confesse, et il est tout juste et tout naturel qu'un directeur, qui a de grands frais à supporter et qui risque en somme sa fortune, cherche à faire rentrer de l'argent dans sa caisse. Nul ne peut l'en blâmer et même il faut l'en féliciter quand cet argent supplémentaire lui sert à donner un plus grand attrait aux représentations qu'il offre au public. En résumé, je crois qu'il faut, par tous les moyens possibles, permettre aux directeurs d'éviter les déconfitures si fréquentes dans les entreprises théâtrales; mais est-ce à dire pour cela qu'il faut que les spectateurs qui payent ne jouissent pas des facultés et des avantages assignés à leur droit? Je paye pour ceci, donc il me le faut; je paye pour voir, pour entendre, je vois et j'entends, c'est bien; mais je paye aussi pour entrer et pour sortir librement, et je veux entrer et sortir librement.

Je m'étais dit tout cela en étudiant cette question et j'avais ménagé à l'orchestre, et surtout au parterre, des passages suffisamment larges pour que la circulation y fût très-facile. A l'orchestre ces passages étaient naturellement à droite et à gauche aux extrémités des rangées de fauteuils; il en était presque de même à l'amphithéâtre; mais au parterre ils étaient disposés de façon à diviser en deux chacune des rangées de stalles des numéros pairs ou des numéros impairs; ce qui avait le grand avantage de diminuer naturellement de moitié le chemin qu'il faut parcourir du centre à l'extrémité pour trouver les passages qui y sont ordinairement installés. J'avais même projeté une circulation plus facile encore, car j'avais ménagé, outre l'entrée centrale, deux entrées latérales, aboutissant aussi à deux petits passages de communication, mais ces deux entrées latérales supprimaient deux baignoires. Or, comme ces deux entrées supplémentaires, bien qu'utiles, n'étaient pas absolument indispensables, et qu'en résumé l'entrée du milieu pouvait suffire, je me suis rendu aux instances de M. Halanzier et je me suis décidé, peu de temps avant l'ouverture du théâtre, à rétablir les deux baignoires, et à remplir les passages latéraux par des siéges fixes. J'ai cru devoir faire cette opération, qui permettait de recevoir chaque soir une vingtaine de spectateurs de plus, ce qui n'est pas à dédaigner, parce que les baignoires se louent, suivant le cas, simples ou doubles au moyen de cloisons mobiles que l'on met ou retire à volonté, et la suppression de la baignoire empêchait de faire cette opération à droite ou à gauche, soit quatre baignoires qui n'auraient pu être utilisées dans les conditions accoutumées d'agrandissement ou de diminution. D'ailleurs, si à l'avenir, ce qui est peu probable, le public venait à réclamer ces entrées supplémentaires, comme tout est conservé comme construction pour les rétablir, rien ne serait plus facile que cette opération; mais je ne pense pas que cette réclamation se produise, car on s'est déjà habitué à ce qui est. Les abonnés ont des baux passés pour leurs baignoires et le directeur a fait sa balance en se fondant sur les recettes produites par ces places actuellement louées au public. De mon côté, au point de vue architectural, je pense que l'effet est meilleur, avec les baignoires se continuant sans interruption, que si elles étaient divisées en deux par les nouvelles ou plutôt les anciennes entrées du parterre. Je crois donc qu'il n'y a rien à changer de ce côté.

Mais si j'avais volontiers consenti à une modification qui me semblait avoir quelques avantages, c'est que je pensais que les circulations médianes, ainsi que celles qui rejoignent les deux petits escaliers conduisant à la porte de sortie centrale, seraient laissées absolument libres et qu'aucun obstacle fixe ou mobile ne serait établi dans ces passages. J'avais déjà la crainte des strapontins; mais j'espérais que la nouveauté de la salle, les ordonnances de police, et même une sorte de convenance vis-à-vis des spectateurs, les feraient mettre de côté et qu'il y aurait enfin à Paris un théâtre dans lequel on pourrait circuler sans se heurter les genoux contre des morceaux de banquettes.

M. Halanzier cependant, quelque temps avant d'avoir pris possession de la nouvelle salle, insistait auprès de moi pour que j'établisse ces strapontins redoutés. Il alléguait des raisons fort bonnes comme directeur, et dans l'aléa dans lequel il était au sujet de la réussite de sa gestion, il voulait, avec prudence, sachant que les dépenses seraient grandes, ne pas négliger ce qui pouvait augmenter les recettes. Je comprenais fort bien ses préoccupations et j'ai fait de mon mieux pour lui venir en aide, puisque, non-seulement j'ai supprimé, ainsi que je l'ai dit, les entrées latérales, mais encore, comme je le dirai dans un autre chapitre, j'ai refusé d'enlever toute une rangée de fauteuils pour agrandir de ce côté l'orchestre des musiciens, et surtout j'ai établi en peu de jours dans les cintres latéraux plus de cent cinquante places supplémentaires, qui n'étaient pas prévues dans le projet. Je ne me repens pas de cela ; j'ai fait pour le mieux, et je crois qu'en somme, au point de vue même de l'aspect de la salle, j'ai eu raison d'ajouter ces places du cintre, qui garnissent l'espace et utilisent des emplacements qui eussent été à peu près perdus, et comme cette idée vient de M. Halanzier, je m'empresse de lui rendre ce qui lui appartient.

Si je faisais ces concessions, ou tout au moins ces modifications, c'était avec l'idée bien arrêtée de m'opposer à la mise en place des strapontins. Aussi je les refusai énergiquement à M. Halanzier et cela à plusieurs reprises. Ce refus naturellement ne le satisfit guère, et il demanda à son ministre, qui le demanda au mien, lequel me le demanda ensuite, si l'on pouvait établir ces strapontins tant désirés, et dont l'absence, paraissait-il, aurait rendu l'exploitation impossible ! Ah ! dame ! dans ce cas, ayant cru faire tout ce que je pouvais dans l'intérêt de la direction, sans avoir nui au public, je refusai de faire ce qui ne me paraissait pas indispensable à l'exploitation, mais qui me semblait très-nuisible pour les spectateurs, et dans un rapport que j'adressai à M. Caillaux, le ministre des travaux publics, je lui écrivais ceci en le soulignant, c'est que, dussé-je donner ma démission, je ne consentirais *jamais, jamais, jamais,* à établir des strapontins dans les passages !

La salle s'ouvrit donc ainsi, avec la circulation libre et commode, et cela parut tellement invraisemblable, que l'on croyait que le temps avait manqué pour poser les siéges. Aussi, ce qui survint peu après ne surprit personne.

J'avais refusé d'établir les strapontins alors que j'avais encore la salle en mon pouvoir; mais le 5 janvier 1875, à six heures du soir, le directeur prit possession du monument, et à six heures et une minute je n'avais plus aucun droit sur le nouvel Opéra! J'avais bâti le local; le locataire y était emménagé; l'architecte n'avait plus qu'à se retirer! Tel un père qui marie sa fille a le droit d'autorité sur elle jusqu'à la mairie; mais quand le oui est prononcé, l'autorité retourne à une autre personne, et le père ne peut même embrasser sa fille que si le mari n'y met pas d'oppositions! Moi je venais de marier mon enfant, c'est-à-dire ma salle, qui avait fait un mariage de raison avec M. Halanzier; M. Halanzier était devenu mon gendre, et je n'avais plus rien à voir dans son logis!

C'est alors qu'après sa nuit de noces, il revint à son idée que la dot n'était pas suffisante, et qu'il fallait l'augmenter en augmentant le nombre des écus, c'est-à-dire le nombre des places. Cela se fit résolûment et sans que je m'en doutasse en rien, et je vis un beau soir que soixante ou quatre-vingts strapontins avaient tout à coup pris la place des passages! Je me frottai les yeux pour être bien certain que je ne voyais pas double; mais il fallut bien me rendre à l'évidence; mes ennemis étaient dans la place et ne paraissaient guère disposés à déloger. Ils étaient là de par la volonté du maître, et le maître de ce maître, M. de Cumont, ministre des Beaux-Arts, paraissait plus soucieux de me faire payer ma place le jour de l'inauguration que de voir si le cahier des charges autorisait le directeur à agir ainsi qu'il l'avait fait! Je m'informai auprès de M. Halanzier, qui me dit qu'il était autorisé à établir ces places supplémentaires ; je n'ai pas mis sa parole en doute. J'ai réclamé alors, en principe avec assez d'énergie, puis plus mollement aux différents ministres des Beaux-Arts qui se sont succédé. M. de Cumont d'abord, après M. Wallon; j'aurais pu réclamer même à l'avance à M. Jules Simon, et réclamer maintenant à M. Waddington; mais tous ces ministres en *on* riment tous avec le mot *non*. C'est de mauvais augure, et j'attends qu'il en vienne un dont le nom finissant par un *i* rimera avec le mot *oui*. Peut-être alors ferai-je une nouvelle démarche !...

Cependant, je ne le crois pas ; car après tout la chose ne m'intéresse pas personnellement, et si le public est content, je n'ai pas besoin d'être plus difficile que lui, et d'être, en somme, plus royaliste que le roi, et puis, je le redis, M. Halanzier paraît, de par son traité, être absolument le maître chez lui, et alors il a parfaitement raison d'user de sa puissance, comme j'aurais parfaitement tort de chercher à faire naître un conflit. Si je changeais un fauteuil de place dans mon appartement, je trouverais bizarre que l'architecte du propriétaire vînt m'empêcher de faire ce changement sous prétexte que cela dérange ses projets ; le directeur d'un théâtre peut bien augmenter ses places sans que celui qui a bâti le théâtre soit consulté ; à moins pourtant qu'il n'y ait quelque différence entre la jouissance d'un logis particulier et celle d'un monument fourni par l'État et ouvert au public. En tout cas, la question ne me regarde plus, et pourvu qu'il remette en partant les lieux dans l'état où il les a pris, M. Halanzier est libre de bouleverser tout le monument suivant ses convenances ; je le crois du moins, puisque je n'ai pas encore eu connaissance du cahier des charges relatif à mes droits ou plutôt à mes devoirs.

En voilà bien long sur un sujet qui, en somme, a bien peu d'importance ; mais je tenais à dire ma pensée, non pas dans la mesquine idée de récriminer contre *mon* directeur, mais parce que ce qui m'est arrivé à l'Opéra est arrivé, je crois, pour tous les théâtres et arrivera encore et toujours dans l'avenir pour toutes les salles que l'on construira. Les architectes feront des dégagements ; les directeurs les encombreront, et le public, quand il se plaindra, jettera toujours le blâme sur les architectes. Ce n'est pas juste ; nous avons bien assez de nos fautes sans qu'on nous charge de celles des autres.

En résumé, si, à l'Opéra, quelques personnes ne se trouvent pas satisfaites de l'insuffisance des dégagements de sortie de la salle, je les prie de ne pas trop me jeter la pierre ; mais si, au contraire, ce qui est possible, d'autres trouvent que l'adjonction des strapontins est une bonne chose à tous les égards, il faut bien qu'elles sachent que c'est à M. Halanzier qu'il faut adresser tous leurs remerciements. Il les mérite absolument.

Maintenant j'ai dit, et si j'ai parlé en architecte, c'est que pour bien des causes ça m'est plus facile que de parler en financier.

LE PLAFOND DE LENEPVEU

Il ne faudrait pas croire qu'on éprouve une satisfaction sans mélange à toujours parler de soi ; certes, il n'est pas sans charmes de chercher à occuper le monde de sa petite personne ; mais il n'est si bonne chose qui ne fatigue à la longue et je m'en aperçois bien déjà ; je ne parle pas de la fatigue des autres, car un égoïsme bien entendu doit fort peu s'en soucier. J'en suis là en ce moment et j'éprouve un vrai désir de quitter le *moi* pour le *lui*. C'est ce que je vais faire tout de suite en m'occupant de la grande et belle œuvre de Lenepveu. Ce faisant, si des adjectifs élogieux se pressent sous ma plume, je pourrai les écrire en toute liberté et sans craindre d'être trop enthousiaste. Du reste, Lenepveu ne sera pas le seul qui me procurera ces doux moments de répit ; car les belles œuvres artistiques ne sont pas rares à l'Opéra, et ce monument n'eût-il eu comme résultat que celui de les faire naître, que cela serait assez pour qu'on lui pardonnât sa construction.

Tous les artistes connaissent Lenepveu ; mais il est assez étranger au public, qui ignore presque tous ses ouvrages, qui même ne sait pas très-bien son nom. Lenepveu a un talent très-sûr et très-éprouvé ; mais il a une popularité bien restreinte si on la compare à celle que d'autres peintres ont su acquérir. Si j'étais journaliste, j'entreprendrais une campagne suivie pour faire apprécier ses œuvres nombreuses ; mais ici je ne dois être que son architecte et ne parler que de la page qu'il a exécutée à l'Opéra. Elle suffit, au surplus, pour faire connaître la valeur de l'homme et montrer le sentiment élevé qui le guide dans ses compositions.

Cependant, j'aimerais assez essayer le portrait physique et moral de cet artiste. Il n'est pas en ce moment à Paris, puisqu'il dirige notre école de Rome, et j'ai grande envie de profiter de cet éloignement pour trahir un peu sa personnalité.

Lenepveu est grand, maigre, nerveux, osseux, automatique dans ses mouvements ; il a l'air d'être en bois, en fer, en caoutchouc durci ; il est remuant, pétulant, ardent et impatient. Il a l'œil vif et enfoncé dans les cavités sourcilières ; la bouche souriante ; la main privée d'ongles, rongés par lui à tout instant ; la tête bien faite et le nez droit ; il était autrefois superbe ; il n'est plus que beau aujourd'hui.

Jadis d'un entrain exubérant, il est encore d'une vivacité extrême et toujours prêt au travail ; il fait en une heure l'œuvre d'une journée ; d'une nature assez timide, malgré son apparence résolue, il devient féroce et s'exaspère lorsqu'il voit le grand art abandonné, la loyauté oubliée et le devoir trahi. C'est un puritain de l'honneur et de l'amitié ; il n'a jamais failli à une tâche, et s'il a quelquefois peur de lui-même, il est toujours sans reproche. C'est la modestie incarnée ; c'est le doute perpétuel en sa valeur, qu'il connaît pourtant, mais qu'il juge toujours du mauvais côté. Il est bon et obligeant, dévoué à tous ; mais quelquefois sec et tranchant lorsqu'il condamne les fautes d'autrui et surtout les siennes ; il a l'exagération du bien et trouve presque aussi condamnable une légère infraction au devoir qu'un grand crime. C'est un composé de douceur et de sécheresse, de volonté et de défaillance, de pédagogie et de liberté. Il aime les nouveaux ; mais il est sévère pour leurs erreurs ; il les protége, mais il veut qu'ils suivent un droit chemin ; il est jeune par le talent et l'exubérance, mais déjà vieux par sa sagesse ; en somme, c'est une nature particulière, étrange, concentrant en elle toutes les vigueurs de l'art et tous les découragements ; mais ne connaissant guère l'indécision. Il travaille avec l'énergie la plus virile ; il s'accuse avec la rage la plus outrée ; mais il ne reste jamais dans l'abattement. C'est un artiste à tempérament violent, mais exclusif, ne faisant pas de concessions à ses convictions, mais ne croyant qu'elles sont bonnes que parce qu'elles le maintiennent dans la voie qu'il s'est choisie et qu'il parcourt avec constance et fermeté.

D'une conscience hors ligne, il ne délaisse aucune étude et ne néglige aucun détail ; trop parfait peut-être dans le métier d'artisan, il ne laisse rien à l'aventure dans ses œuvres d'artiste ; il sait ce qu'il veut, ce qu'il fait, tout en sachant aussi qu'il ne sera jamais satisfait de sa volonté et de son travail ; enfin, il n'a dans le cœur aucun levain d'envie et de jalousie ; attaquant ce qui lui paraît mal, défendant ce qui lui paraît bien, il juge avec la plus grande équité, mais naturellement d'après ses tendances. Plus dessinateur que coloriste, plus compositeur encore que dessinateur, il a cependant une palette variée, forte, puissante, mais jamais excentrique ; sa coloration est plutôt pondérée ; elle est moins lui que le reste de son talent. C'est comme un souvenir de l'école de ses premières études, qu'il a conservé par respect pour son maître, en lui donnant toutefois plus d'imprévu et de consistance.

D'une habileté peu commune lorsqu'il exécute de vastes compositions, il est rétif aux petits croquis bourgeois ; il lui faut l'espace pour s'étendre, un temps limité pour stimuler sa rapidité de travail et de grands sujets pour développer à son aise sa robuste imagination.

C'était, en somme, l'artiste qui avait toutes les qualités requises pour exécuter la grande voussure de l'Opéra, et je lui dois une véritable reconnaissance d'avoir bien voulu accepter la tâche que je réclamais de son amitié et de son talent.

Lenepveu avait donc accepté de peindre la voûte de la salle ; mais dès ce moment il se présentait déjà une assez grosse difficulté : c'était de savoir, non ce qu'il peindrait, mais sur quoi il peindrait. Vous voyez que cela avait son importance et que la question demandait à être résolue.

Les ordonnances de police, que l'on enfreint souvent il est vrai, mais que je tenais beaucoup à suivre, moins peut-être par esprit d'obéissance que pour sauvegarder la salle contre l'incendie, les ordonnances de police enjoignent à tout architecte qui construit une salle de spectacle d'en former la voûte au moyen de matériaux incombustibles. Bien que celle de l'ancien Opéra fût en simples voliges, il n'en est pas moins évident que cette mesure est fort sage, et qu'il est du devoir de l'architecte de s'y soumettre. Or les matériaux incombustibles sont les ouvrages de maçonnerie et ceux de métal. La maçonnerie ne pouvait, par suite des exigences de la construction, être exécutée que vers la fin des travaux; le temps eût manqué pour qu'elle fût assez sèche et que Lenepveu exécutât son œuvre. De plus, quelle que fût la nature de cette coupole, s'il avait fallu la peindre sur place, cela eût occasionné de grands embarras dont le moindre n'était pas la privation de lumière. Il fallait donc chercher un autre procédé et trouver une voussure que l'on pût peindre à l'avance, afin de la placer à l'instant propice. Cela était naturellement impossible en maçonnerie ; il fallait donc se rabattre sur le métal.

C'est ce qui eut lieu; et après d'assez nombreuses études sur le meilleur procédé à employer, je me décidai pour une calotte en cuivre, composée de vingt-quatre segments, pouvant s'assembler et se démonter à volonté. Il ne s'agissait plus que de l'exécution de ce vaste chaudron, qui avait près de 20 mètres de diamètre!

L'examen des diverses qualités des métaux qui pouvaient être employés m'a amené à choisir, pour la coupole, le cuivre, qui, par sa ductilité, se prêtait facilement à recevoir la forme concave qu'il devait affecter, et le fer pour former les armatures, à cause de sa plus grande résistance aux déformations. Partant de ces données, la coupole fut exécutée dans les ateliers de MM. Monduit et Béchet, et cela avec la plus grande exactitude. Les panneaux furent essayés avec tous leurs assemblages, et les joints furent limés à vif avec tant de précautions que, lorsque les panneaux étaient assemblés au moyen de boulons passant dans les trous des armatures, il devenait presque impossible de reconnaître la trace des joints.

Nous avions eu un instant, Lenepveu et moi, l'idée de faire strier par des petits coups de burin la surface du cuivre, qui devait recevoir l'enduit sur lequel on allait peindre; mais ce travail, long et coûteux, déformait plus ou moins la surface du métal, et après avoir essayé le burinage sur 2 mètres de superficie, nous y avons renoncé, convaincus, au surplus, que la peinture adhérerait parfaitement au métal et que la séparation n'en était pas à craindre. C'est, du reste, ce qui est arrivé, et nous avons cherché maintes fois à détacher l'enduit du cuivre sans pouvoir y réussir, car l'adhérence était si parfaite que le métal faisait pour ainsi dire corps avec lui.

La voussure était donc trouvée. Lorsqu'elle fut terminée, elle fut transportée en morceaux dans le grand atelier, établi provisoirement à l'Opéra, au-dessus de la salle; tous les morceaux furent assemblés de façon à former trois grands éventails, placés presque perpendiculairement. De cette façon, l'artiste avait toute facilité pour accomplir son travail dans les conditions les plus avantageuses. Puis, lorsqu'un groupe ou une figure devait se trouver sur deux panneaux séparés par un joint, on en était quitte pour déboulonner un de ces panneaux et pour l'assembler avec celui dont il était la continuation; le travail se faisait en très-peu d'heures et toujours avec une régularité mathématique.

Lenepveu a donc pu exécuter sa peinture sans interruption et de façon à voir à son gré, assemblées ou disjointes, les diverses parties de sa composition. C'était là une condition indispensable pour arriver à un bon résultat; car s'il avait fallu exécuter séparément chaque partie de la coupole sans pouvoir les réunir au besoin, il aurait été impossible de compter sur un ensemble parfait, lors de la mise en place de tout l'ouvrage. Malgré cela, il y avait encore beaucoup d'aléa sur les proportions à donner aux diverses figures, et sur la nature des raccourcis, qui, devant être vus de bas en haut, pouvaient donner un effet tout différent de celui qu'ils produisaient, lorsqu'ils étaient dessinés sur une surface placée à peu près perpendiculairement, et c'est au moyen de glaces et en se renversant plus ou moins que l'on pouvait, en somme, préjuger de l'effet définitif.

Indépendamment des préoccupations artistiques qui se présentaient dans l'esprit de Lenepveu comme dans le mien, il y avait encore des préoccupations pratiques qui, sans être d'un ordre aussi élevé, n'avaient pas moins leur importance ; ainsi il fallait des échelles de grandeur colossale et roulant avec facilité, afin de pouvoir changer à tout instant de place, suivant les exigences de l'exécution. Il fallait penser aux reflets de la peinture, qui, quand celle-ci serait placée, ne devaient pas être les mêmes que ceux qui se produisaient dans l'atelier, et pour cela faire changer parfois l'éclairage des grands panneaux de cuivre; puis, chose surtout impérieuse, il fallait se préoccuper de la conservation de la peinture et chercher autant que possible des couleurs qui ne devaient pas être altérées par le gaz. Lenepveu a fait à ce sujet mille expériences complètes et nouvelles ; il a essayé presque tous les procédés qui lui étaient soumis par des inventeurs ; il n'a pas reculé devant le surcroît de travail que lui causaient ces opérations délicates. Enfin, après avoir mis en œuvre tous les moyens proposés et avoir fini par se résoudre à revenir à la peinture ordinaire, matée avec un peu de cire, il a voulu ne rien laisser à l'aventure ; il a broyé lui-même toutes les couleurs qu'il achetait en pain pour les réduire en poudre, afin de les mélanger avec la quantité d'huile qui lui paraissait nécessaire. C'était chaque fois une besogne longue, fastidieuse et fatigante ; mais Lenepveu, considérant comme un devoir de prendre toutes les précautions utiles, n'a jamais reculé devant ces opérations répétées journellement ; et si, plus tard, ses peintures viennent à s'altérer, il aura au moins la conscience d'avoir fait ce qui dépendait de lui pour en assurer la conservation.

J'ai voulu indiquer les précautions prises par Lenepveu au sujet de son travail, parce que ces précautions ont été aussi prises avec plus ou moins de persistance par les autres artistes qui ont travaillé à l'Opéra, et qu'il est bon que l'on sache que, non-seulement les peintres consciencieux pratiquent leur art avec talent, mais encore ne dédaignent pas de s'occuper de choses du métier, lorsque cela peut être utile à l'œuvre. La négligence de quelques-uns est malheureusement visible, et combien, employant sans examen des matériaux falsifiés ou plus brillants que durables, ne lèguent, à ceux à qui ils ont vendu leurs toiles, que des tableaux condamnés à l'avance à une durée bien limitée ! Il y a dans ce procédé, je ne dirai pas un manque de délicatesse, mais au moins une incurie un peu condamnable ; car plus l'œuvre artistique a de valeur, plus l'artiste a le devoir d'en assurer la conservation.

Il est vrai que les peintures destinées à l'Opéra exigeaient plus de soin que la plupart de celles destinées aux églises ou aux galeries, l'action continue du gaz devant modifier la tonalité des diverses couleurs, surtout celles à base de plomb. Néanmoins il ne faut pas trop exagérer cette action, qui est peut-être plus apparente que réelle. En effet, à part l'action chimique de l'hydrogène sulfuré qui peut se faire sentir en quelques points, le changement qui se remarque dans les peintures exposées aux émanations provient, pour une très-grande partie, du dépôt de parcelles de carbone entraînées avec la fumée des appareils; cette fumée, qui se dépose sur la surface des toiles, leur retire, il est vrai, de leur brillant et de leur éclat; mais elle les conserve aussi un peu en les abritant sous une espèce de couche assez imperméable et les empêchant ainsi de se combiner avec les émanations du gaz. Lorsque l'on veut rendre à ces peintures leur première fraîcheur, il faut enlever avec précaution cette couche de fumée, et la tonalité primitive reparaît avec plus ou moins de netteté; mais il va sans dire qu'il faut faire cette opération avec légèreté et de façon à ne pas entamer la couleur. On peut l'exécuter soit avec de la mie de pain, soit avec un simple lavage à l'eau bien propre et que l'on change fréquemment, afin que la peinture, un peu humidifiée, n'absorbe pas les parcelles étrangères, qui ne pourraient plus se désagréger de la pâte; soit enfin avec de l'eau et un peu de savon, dont l'effet est plus puissant; mais il faut prendre garde d'abuser de ce procédé, qui pourrait attaquer un peu la peinture s'il était employé trop fréquemment ou trop largement. Quand la peinture est robuste et empâtée, il peut être utile d'employer ce dernier moyen; mais quand elle est un peu superficielle et faite en frottis, il vaut mieux recourir aux deux premiers.

Quoi qu'il en soit, et tout en reconnaissant que l'action continue du gaz a un effet sur les peintures, si les appareils sont placés loin des surfaces, si une certaine ventilation est établie et si l'exécution des toiles est solide, on peut affirmer que la durée des œuvres peintes dans ces conditions n'est guère moindre que celle des mêmes œuvres placées dans des locaux éclairés par la lumière du jour. Il y a bien peu de peintures qui ne changent pas, même après un nombre d'années assez restreint, et la plupart des tableaux peints il y a moins d'un siècle sont déjà soit écaillés, soit recouverts d'une patine colorée qui en change absolument la tonalité primitive, et, il faut le dire, bien souvent à l'avantage de l'œuvre. Il serait, du reste, insensé de vouloir exiger des peintures seules une immutabilité qui ne se retrouve nulle part : tout change, tout se modifie et rien n'échappe complétement à l'action du temps. On doit chercher à s'opposer à des altérations trop précoces, mais il faut prendre son parti des lois de la nature! Quant à moi, je prévois non-seulement sans regrets l'époque à laquelle l'Opéra ne sera plus qu'une ruine, mais, je le dis en toute sincérité, je regrette de ne pouvoir plus être de ce monde lorsque les ronces et les lierres courront dans les murs dévastés de l'édifice. C'est à ce moment où le bon Dieu, ayant mis beaucoup du sien pour faire d'une œuvre humaine une œuvre presque naturelle, que l'esprit sera plus frappé par ces pierres et ces marbres effrités par le temps, que par ces mêmes matériaux plus ou moins bien agencés et combinés avec des couleurs éclatantes.

En donnant à Lenepveu les dimensions de la coupole de la salle, en lui donnant à peu près celles des figures et en lui indiquant le parti décoratif qui me semblait devoir être suivi, je m'étais bien gardé de lui imposer un sujet absolu, afin de lui laisser toute liberté dans ses allures. Au surplus, un sujet n'est guère qu'un programme très-élastique qui peut et qui doit même se modifier, s'il impose quelques entraves à la pensée de l'artiste; dans la peinture décorative principalement, pourvu que cette peinture produise un bon effet, c'est l'essentiel. Si la composition est bonne, si le dessin est parfait et si la couleur est agréable, peu importe que ce soit tel ou tel épisode allégorique, j'entends toujours au point de vue strictement décoratif, celui qui intéresse spécialement l'architecte, chargé d'harmoniser avant tout les peintures et les salles qui les renferment. Quant à l'art qui touche strictement à la peinture en elle-même, il intéresse surtout le peintre et il est alors tout naturel qu'on le laisse libre de ses idées et de son sentiment personnel.

Il y a seulement une espèce de convention consacrée par une suite de siècles et une suite de chefs-d'œuvre; c'est que tout sujet qui permet l'emploi des nus et des draperies flottantes est généralement employé pour faire ce que l'on appelle de la grande peinture. Il est positif que c'est dans ces sortes de sujets que le peintre trouve les meilleures ressources pour composer et ajuster de grands morceaux, pour leur donner une tournure harmonieuse et pour exécuter les nus variés, qui forment la base de la peinture, mais qui en sont aussi le point culminant. Les conceptions tirées de l'Histoire ancienne, les faits se rapportant à la fable, aux légendes, et surtout la mythologie et les allégories, fournissent aux artistes des motifs d'une grande variété, toujours nouveaux, parce qu'ils peuvent être traités avec une nouvelle méthode, et toujours typiques parce qu'ils forment comme une langue particulière que chacun a plus ou moins apprise, et parce que l'on comprend à la première vue le fait, la passion, le sentiment ou la pensée que l'artiste a voulu représenter.

Lenepveu, partisan de ces idées, comme au surplus presque tous les artistes qui ne croient pas que peindre un ramoneur au haut d'une cheminée soit le but de l'art décoratif, Lenepveu a évoqué sur sa toile toutes les allégories qui pouvaient avoir quelques rapports avec la destination du lieu. Apollon, Vénus, les Muses, les diverses musiques, les heures du jour et de la nuit, avec leurs attributs particuliers, la beauté, l'amour, le chant, Diane et d'autres divinités, se trouvent réunis dans sa grande et magistrale composition.

Il y avait dans le choix de ces personnages allégoriques tout ce qu'il faut pour permettre à l'artiste un vaste essor d'imagination, et Lenepveu a bien prouvé que son cerveau était apte à cette besogne; mais ce qui importait peut-être plus encore que le choix du sujet, c'était la façon dont il devait être compris à l'endroit spécial où la peinture serait placée.

Je ne connais rien d'aussi agaçant, d'aussi énervant, d'aussi horripilant que ces plafonds formés par des tableaux, peints comme s'ils devaient être vus perpendiculairement et que l'on colle ensuite à plat au-dessus de vos têtes! Malgré le grand mérite qui peut se trouver dans ces œuvres, il y manque la qualité principale : la logique! Y a-t-il en effet rien de plus mal conçu que ces personnages appliqués sur la paroi d'un plafond et qui semblent toujours prêts à tomber sur vous? Y a-t-il la moindre illusion possible dans ces sujets représentant des hommes ou des femmes marchant sur un terrain, ou bien des vaisseaux naviguant sur la mer, et en mettant la terre et l'onde au-dessus de vous? Si l'œuvre intrinsèquement parlant est bonne et qu'on veuille la regarder, il faut faire de grands efforts de posture et de vision pour tâcher de saisir à peu près le dessin exact des personnages, et on arrive bien plus vite à avoir un torticolis qu'à apprécier la valeur réelle des peintures ainsi mal placées. Les tableaux qui ne sont que des tableaux doivent être exposés de façon qu'on puisse les voir comme ils ont été exécutés, et c'est vraiment manquer au plus simple bon sens que d'agir autrement. On l'a bien reconnu par l'apothéose d'Homère, d'Ingres, qui était chaque jour au Louvre une cause de torture pour les malheureux admirateurs qui se répandaient en plaintes et en imprécations.

Il est évident qu'un plafond, une voussure même, ne se présentent pas avec autant de facilité aux regards des visiteurs qu'une paroi verticale. Pourtant comme l'art décoratif tire un très-grand parti de ces colorations de la partie supérieure des salles, il serait dommage d'y renoncer; mais au moins faites que si on lève la tête pour regarder ce qui se passe au-dessus de soi, on y voie les choses et les gens comme si réellement ils étaient placés normalement dans cette région élevée; que les personnages soient vus à peu près par les pieds, que les architectures présentent leurs faces inférieures à l'œil, que le plafond, que la voussure enfin, soient peuplés par des figures qui semblent être dans leur élément en planant au-dessus de vous. C'est la seule façon logique de composer un plafond ou une voûte, et l'on ne comprend pas qu'elle ait été si longtemps abandonnée.

Au temps de la Renaissance, puis sous les divers règnes qui lui ont succédé pendant une centaine d'années, presque toutes les voûtes, en Italie et en France, étaient ainsi composées. Les Lefranc, les Dominiquin, les Tiepolo et bien d'autres, ont fourni à ce sujet de nombreux et très-beaux exemples, que chacun connaît et que chacun admire; mais à partir du commencement de ce siècle, cette grande tradition s'est complétement évanouie, et, sauf quelques bien rares exceptions, tous les plafonds n'étaient plus formés que par les malencontreux tableaux que j'ai voués aux colères des dieux! Aussi il faut savoir un gré infini à Lenepveu comme à Baudry de ne pas avoir reculé devant le désir que je leur exprimais de faire des olympes véritables dans les plafonds et voussures des salles et de revenir à ces décorations mouvementées et logiques, qui ont fait la gloire de plus d'un grand artiste.

Lenepveu a donc fait rouler le ciel sur la tête des spectateurs ; il l'a peuplé de figures montant et descendant comme des nuées d'oiseaux ; celles-ci traversent l'espace en s'élevant presque perpendiculairement; celles-là, au contraire, les bras et la tête en avant, semblent quitter le ciel pour s'approcher de la terre. Les unes se groupent en grappes mouvantes, les autres s'éparpillent dans l'éther, robustes et puissantes lorsqu'elles sont voisines du cadre, ou légères et effacées lorsqu'elles semblent se dérober dans l'infini... et la lumière du soleil levant, éclatante et pourprée, et la lumière de la pâle lune, sombre et argentée, et les amours qui jettent des fleurs, et les muses qui s'enlacent joyeusement; tout cela frémit, voltige, tourbillonne dans les airs, avec les raccourcis les plus étonnants, les silhouettes les plus fantastiques et les poses les plus élégantes. On regarde alors cet ensemble avec plaisir et charme, parce que l'on sent que c'est bien ainsi que doivent se mouvoir et se tenir toutes ces figures. Ce sont les déesses du ciel, les voltigeuses du firmament, qui, pareilles à mille oiseaux divers, vivent dans les espaces supérieurs, espaces qui semblent apparaître au-dessus de la salle, en la couvrant comme d'une grande voûte céleste.

Cela est logique, cela est beau, cela est bien.

Il y a cependant quelques défauts comme dans toute œuvre humaine; ils sont de peu d'importance, sans doute, et je les aurais passés sous silence si Lenepveu lui-même ne s'en accusait. Ce sera donc pour ainsi dire lui qui fera sa critique; je n'ai qu'à me réserver la part des éloges. Lenepveu trouve les nuages trop secs et durs sur les contours; ils paraissent minces et leur couleur est noire et d'un noir froid; le côté qui représente la nuit est aussi trop noir, non pas trop foncé, mais d'une tonalité un peu sèche et sans vibration, enfin les figures des premiers plans sont un peu trop grandes, et par conséquent alourdissent en partie la composition. Ce défaut n'est pas absolument sensible et il se peut qu'il soit moins grand que Lenepveu ne le suppose. Dans tous les cas, je dois en prendre ma bonne part; car c'est moi qui, voulant harmoniser les figures des premiers plans avec les ornements et les sculptures de la salle, ai fixé à peu près leur dimension. Certes, ces défauts sont toujours trop marqués pour l'artiste qui a fait l'œuvre et en voit les côtés faibles; mais pour le plus grand nombre, et je parle même des gens compétents, ils paraissent bien légers. Ce qui est plus grave et qui ne dépend guère de personne, à moins que la responsabilité ne m'en revienne, ce qui est possible, c'est que la coloration générale de la voussure, par suite des reflets, impossibles à éviter dans une surface courbe qui reçoit irrégulièrement les rayons lumineux, a, à certains endroits, des tonalités louches et sourdes, qui lui retirent une partie de l'éclat qu'elle avait avant sa mise en place. Il est pourtant vrai que lorsque la couronne de lumières était encore allumée au pourtour de la salle, comme il y avait un grand nombre de foyers d'éclairage, les reflets se détruisaient l'un l'autre et que la peinture avait une coloration certainement plus vive et plus claire. Il sera toujours possible de rallumer cette couronne de gaz; je dirai plus tard ce qui l'a fait supprimer; mais il faut avouer qu'en somme la peinture à l'huile, vue surtout le soir, n'a jamais l'éclat, la fraîcheur, la transparence et la distinction même de la peinture à la colle, ni même de la peinture à fresque; il aurait donc fallu, pour faire briller les tons de la coupole, que Lenepveu l'exécutât à la colle. Il y avait bien pensé, et me l'avait offert; j'ai cru devoir refuser, parce que cet éclat de la colle est en somme passager, et que, dans dix ou vingt ans peut-être, il eût été presque entièrement éteint, sans qu'il fût possible de le raviver, à moins de repeindre le tout, et il m'a paru plus digne de l'artiste et plus conforme à mon devoir d'architecte de sacrifier un peu de cette coloration brillante pour assurer la durée de l'œuvre. Il vaut mieux, je le pense, que cette vaste page de la coupole de l'Opéra soit un moment moins éblouissante, mais qu'elle soit bien longtemps encore sous les yeux des générations à venir. Elle est assez grande et assez belle pour que l'on n'agisse pas en égoïste et qu'on la lègue à l'avenir comme une des nobles œuvres du temps présent. Lenepveu aurait fait un sacrifice en assignant à son œuvre une durée limitée. Ai-je eu tort de la préférer moins pimpante, mais plus magistrale, et de demander au peintre de penser non-seulement à lui, mais encore à la perpétuité de notre école française?

Dans tous les cas, ces défauts, que j'ai indiqués parce que Lenepveu, qui n'a jamais fait remarquer les mérites de son œuvre, a voulu que je signalasse ce qu'il appelle une erreur, ces défauts sont de ceux qui ne touchent en rien au grand résultat final.

La composition de la voûte est forte, ample et bien agencée dans ses plus petits détails; le dessin des raccourcis est merveilleux d'interprétation, la coloration est soutenue et possède de remarquables intensités d'oppositions. L'exécution est vraiment admirable; il est impossible de peindre plus largement et plus sûrement. Il règne dans cette œuvre un souffle de noblesse et de puissance indiscutable. C'est une des plus belles pages modernes et une de celles qui commandent le plus de respect. On voit que l'homme qui a couvert cette vaste coupole est un artiste sérieux, élevé aux grandes traditions, plein d'imprévu dans les attitudes qu'il donne à ses figures, plein de conscience dans l'étude qu'il fait de tous les morceaux, plein d'entrain dans le jet de l'idée primordiale. La coupole forme un tout, un tout complet, saisissant, attachant, et nul ne peut et ne pourra, j'en suis convaincu, se dérober à l'admiration qui s'impose en voyant cette œuvre magistrale et digne en tout point de son auteur, mon cher ami Jules Lenepveu.

DE L'ACOUSTIQUE DE LA SALLE

Je vais faire comme font la plupart des gens; je vais parler de ce que je ne connais pas. Ce n'est cependant pas de ma faute si l'acoustique et moi n'avons pu nous entendre. Autant que cela m'a été possible, j'ai fait une cour assidue à cette science bizarre, parente du chien de Jean de Nivelle; mais, malgré mes assiduités, je ne suis, au bout de quinze ans, guère plus avancé qu'au premier jour.

J'avais pourtant appris jadis dans quelques livres et dans quelques cours de physique que les sons se propageaient de telle et telle manière et que les cordes vibraient de telle et telle façon. J'avais vu, sur des plaques de métal touchées avec un archet, de petits grains de sable qui s'arrangeaient suivant des figures déterminées, et je savais que l'air était le véhicule ordinaire des sons. Je reconnaissais même la différence qu'il y a entre les instruments à cordes et les instruments à vent; bref, j'étais de la force de presque tous les bacheliers ès sciences et, comme tous les étudiants forts en X, je m'imaginais que tous les phénomènes de la nature étaient expliqués par une formule.

Lors donc qu'il s'agit pour moi de mettre en pratique les données pédagogiques que je possédais sur l'acoustique, cela me parut de la plus grande simplicité, et je ne doutais pas que, les formules aidant, je n'arrivasse bien vite à trouver par A + B la meilleure forme à donner aux salles pour les rendre sonores.

Cependant, j'eus beau chercher dans mes cahiers, j'eus beau feuilleter dans tous les livres, j'eus beau m'entretenir avec les savants, je ne trouvais nulle part la règle positive qui devait me guider; tout au contraire, je ne rencontrais que des données contradictoires. Je sais bien que l'exception confirme la règle; mais dans ce cas il y avait tant d'exceptions que la règle n'existait plus et qu'on la cherchait en vain au milieu des si, des mais et des car. Je voyais bien que les livres absolument scientifiques laissaient la question pratique à peu près de côté; je voyais bien que les ouvrages dits spéciaux étaient, comme les politiques, divisés en groupes opposés; je voyais bien enfin que les Allemands voulaient ceci, que les Italiens voulaient cela, que les Français demandaient autre chose et qu'en somme tout le monde avançait sa théorie particulière avec preuves censées à l'appui, sauf peut-être sur le seul point, dont j'ai parlé déjà, de salles longues et étranglées; et encore que de divergences d'opinions!

J'ai étudié tout cela avec conscience pendant de longs mois, j'ai lu les ouvrages dans les langues que je savais; je me suis fait traduire ceux publiés dans les langues que je ne connaissais pas; j'ai causé avec celui-ci, discuté avec celui-là, et je suis arrivé, après toutes ces études, à découvrir ceci : c'est qu'une salle, pour être sonore et avoir un timbre agréable, devait être longue ou large, être haute ou basse, être en bois ou en pierre, ronde ou carrée, avoir des parois rigides ou capitonnées, passer sur un cours d'eau ou être bâtie en plein sol, avoir des saillies ou être complétement nue, être chaude ou glaciale, vide ou remplie de monde, sombre ou éclairée ; j'ai appris que quelques-uns voulaient que l'on y plantât des arbres, que d'autres voulaient qu'on la fît toute en cristal, que d'autres encore prétendaient que la neige était le meilleur conducteur des sons et qu'il fallait garnir les parois de neige factice (?) et que d'autres enfin, revenant au principe de Vitruve, demandaient que l'on plaçât quelques casseroles au dessous des banquettes !

Tout cela me donnait assez à penser, et je voyais que vraiment j'aurais bien de la peine à en sortir. Je pris alors bravement mon parti et je me dis que, puisque les livres me laissaient dans l'incertitude, ce que j'avais de mieux à faire était de chercher moi-même ces lois introuvables, et, ne pouvant découvrir le moyen infaillible de passer de la théorie à la pratique, il fallait que je passasse de la pratique à la théorie.

Me voilà donc suivant cette idée, parcourant toute l'Europe en compagnie de Louvet, mon inspecteur et mon ami, entrant dans toutes les salles de spectacle, écoutant si elles étaient sourdes ou sonores. Nous allions en haut, nous allions en bas, nous allions au milieu, demandant souvent l'opinion de quelques artistes ou de quelques directeurs ; puis nous relevions le plan de la salle lorsque nous ne le possédions pas, nous notions le genre de construction, l'âge du bâtiment et enfin les petits détails qui pouvaient avoir une importance quelconque. Tout cela fait, mis en notes, les échos reconnus, les sonorités entendues, les salles mesurées, nous passions à d'autres, faisant le même travail ; de sorte que, tant et si bien, nous sommes arrivés à ausculter ainsi un certain nombre de salles et des plus connues, en Italie, en Allemagne, en France, en Espagne, en Angleterre, en Écosse, en Belgique, en Scandinavie, etc., etc.

Nous avions donc là une statistique exacte, et il était permis d'espérer que quelques lois se dégageraient de cette foule d'observations ; mais point. Tout cela mis en ordre, étudié, comparé, arriva à nous donner comme résultat une incertitude certaine. Cette salle de telle forme était sonore ; cette autre de forme identique était sourde ; ici, c'était le bois qui paraissait devoir être le meilleur ; là, c'était la maçonnerie. Deux salles absolument semblables et construites de même façon étaient absolument différentes comme résonnance. Écho par-ci, silence par-là, timbre vibrant d'un côté, timbre étouffé de l'autre ! et tout cela sans ordre, sans principe, sans continuité ! Le hasard paraissait avoir seul participé à ces cabrioles acoustiques, et je me trouvais aussi dépourvu de guide qu'un homme qui met un quine à la loterie ! Et encore, en cherchant un quine, on se souvient qu'on a rêvé chat ou rêvé chien, et on espère un peu dans quelques fétiches ; tandis que moi, j'avais beau rêver, je ne voyais que le cauchemar de toutes ces salles qui vibraient à mes oreilles en formant un affreux charivari.

Voilà où j'en étais et voilà, hélas ! où j'en suis encore ! Je ne demandais pas mieux que d'apprendre quelque chose ; mais j'ai eu tant de professeurs différents que je n'ai jamais pu parvenir à les mettre d'accord, et j'ai lu tant de grammaires diverses que je ne sais même pas encore le genre des noms. Cela ne prouve pas, il est vrai, que toutes ces grammaires ne soient pas excellentes et que tous ces professeurs ne soient pas très - savants ; mais ça prouve au moins que lorsqu'on veut enseigner une langue à quelqu'un, il ne faut pas lui parler en même temps turc, chinois, arabe, indien, grec et polonais.

Il y a pourtant des gens qui paraissent de bonne foi et qui pensent que tout cela est fort clair ; ces heureux illuminés sont bien près de mépriser de pauvres diables comme moi, qui n'y voient goutte, et j'ai déjà reçu sur les ongles de certains pseudo-savants ayant à ce qu'il paraît le don de se diriger dans les ténèbres. Je veux bien croire que ces esprits favorisés sont réellement convaincus de leur science et qu'en réalité l'acoustique est pour eux le pont aux ânes. Que voulez-vous ? je n'ai pas trouvé le moyen pour passer même à côté ; mais je voudrais bien savoir si ces doctes personnes, qui ont trouvé le moyen infaillible de passer dessus, sont arrivées jusqu'au bout. Je vois bien leurs théories, je vois bien leurs préceptes, je vois bien ce qu'ils conseillent, mais je ne vois tout cela que d'une façon un peu arbitraire, et rien ne me dit que si on les écoutait, on arriverait sans mécompte au résultat qu'ils préconisent. Il n'est pas difficile de prêcher la guerre quand on ne se bat pas, et je sais des gens qui ont des principes bien arrêtés sur la façon de nager ; mais qui se noieraient bien vite si on les mettait à l'eau. Tout ce que disent ces croyants de l'acoustique doit être d'une vérité absolue, puisqu'ils l'affirment ; mais n'importe ! si je ne craignais de copier une annonce de la quatrième page des journaux, je mettrais en lettres capitales : « JE DONNE CENT MILLE FRANCS à qui construira une salle qui, *à priori,* sera la meilleure des salles connues et à qui pourra dire d'avance la qualité des résonnances, l'intensité des sons et les effets des vibrations. »

Enfin, tout est possible ; je ne puis nier la compétence des gens qui se déclarent formellement si compétents ; je ne puis que regretter mon ignorance, et si je n'ai pas la prétention de prouver que l'acoustique, appliquée aux salles de spectacle, est une science absolument indécise, j'ai au moins la liberté de dire que, quant à moi, je n'y comprends rien. Je n'ai pas l'outrecuidance d'offrir mon timide avis à ceux des chroniqueurs ou des feuilletonnistes qui ont la science infuse ; j'ai seulement celle de déclarer mon incompétence et de dire mon ahurissement au milieu de toutes ces théories opposées.

Je laisse donc le champ libre pour l'avenir ; je veux même espérer que quelque jour il sortira la vérité de ce chaos, et ce jour-là je mériterai bien d'être malmené pour mon audacieux scepticisme ; mais en attendant que la lumière se fasse, je reste dans mon obscurité, allant à tâtons, marchant à l'aveuglette, et n'ayant qu'un seul guide ou plutôt qu'une seule espérance : le hasard.

Ne croyez pas cependant que ce soit de gaieté de cœur que je me laisse ainsi aller à l'inconnu. Il est toujours assez pénible de se sentir mené sans savoir où l'on va, et si j'ai abandonné tous les petits jalons que j'avais cherché à mettre sur ma route, c'est qu'au lieu de me guider, tous ces petits piquets, plantés sans méthode, ne servaient à autre chose qu'à me faire trébucher quand je les rencontrais. J'ai fait alors place nette ; je me suis accroché à la grande corde du ballon l'*Incertain,* qui gambadait devant moi, et, fermant les yeux, je me suis laissé entraîner en me demandant si j'arriverais au bout du chemin ou si je tomberais dans une fondrière.

Eh bien ! je suis arrivé.

Je suis arrivé, et c'est ce qui m'a permis de dire que je m'étais laissé aller à la dérive. Je suis arrivé, et c'est pour cela que je puis avouer le peu de part que j'ai prise à mon heureux voyage.

Voyez, si par malheur la salle de l'Opéra avait été mauvaise, voyez combien j'aurais eu mauvaise grâce à mettre ce résultat sur le compte du hasard ! Personne n'eût cru à ma sincérité et l'on n'eût vu dans ma déclaration qu'un moyen assez malhonnête d'échapper à ma responsabilité. Cela eût été vrai pourtant et je n'aurais pas eu, en conscience, à encourir plus de blâme en échouant que je n'ai de mérite pour avoir réussi ! mais puisque, grâce au ciel, la salle est excellente, cela me met fort à mon aise pour dire que je n'y suis absolument pour rien, et si je me félicite plus que personne de cet heureux résultat, j'ai encore assez de loyauté pour ne pas laisser croire que je suis un architecte étonnant et pour lequel la science n'a plus de secrets !

C'est bien convenu, n'est-ce pas ? je suis en dehors de cette grosse question de l'acoustique, et vous me permettez de dire alors que la salle du nouvel Opéra, du moins pour ce qui touche au chant, est non-seulement fort bonne comme résonnance, mais que probablement même elle est la meilleure en sonorité de toutes les autres salles de spectacle.

Si vous n'êtes pas de mon avis, eh bien, rappelez-vous que cela se passe en dehors de moi et discutez avec ceux qui valent la peine d'être battus en brèche.

Je ne suis pas un très-grand musicien; mais il n'est pas besoin d'être un célèbre virtuose pour avoir des oreilles, comme il n'est pas indispensable d'avoir écrit les *Oraisons funèbres* pour savoir lire dans un journal. J'ai donc des oreilles suffisantes en qualité pour pouvoir juger si un son est fort ou faible, pur ou chevrotant, aigu ou velouté, et c'est au moyen de cela que tout simplement j'aurais apprécié la bonté de la salle, si je n'avais eu l'occasion fréquente d'être entouré par des gens dont la profession est d'avoir l'ouïe délicate et le sentiment musical développé; c'est tout le personnel chantant de l'Opéra, voire même les directeurs passés et présents, ainsi que les professeurs, les accompagnateurs et les dilettantes de la maison.

Toutes ces personnes-là sont en général fort polies, et il est présumable que si elles avaient été mécontentes elles auraient caché ce mécontentement sous des paroles gracieuses; car à l'Opéra il faut naturellement être bien élevé; cela rentre dans les traditions; mais j'aurais toujours découvert sous ces aimables paroles l'impression particulière et intime, et je me serais bien vite aperçu des réserves que chacun pouvait faire *in petto*. Mais il n'en a pas été ainsi, et ce ne sont pas seulement des compliments à forme banale que tous les artistes de l'Opéra m'ont adressés; mais bien des félicitations chaudes, senties, vraies, et qui allaient même jusqu'à l'émotion et à la reconnaissance! Il n'y a pas eu une note discordante dans cette appréciation de ceux qui étaient le plus intéressés à la sonorité de la salle, et depuis le soprano le plus aigu jusqu'à la basse la plus profonde, depuis le premier sujet en vedette jusqu'au dernier et modeste choriste, la nouvelle salle a été reconnue non-seulement parfaite, mais bien supérieure même à l'ancienne salle, dont chacun pourtant vantait les grandes qualités acoustiques.

Rappelez-vous toujours que je ne suis pour rien dans ce concert d'éloges, que je porte seulement les reliques, et laissez-moi continuer en vous disant que, de la déclaration formelle des chanteurs, ceux-ci sentent leurs moyens vocaux se développer avec grande abondance et que la fatigue qu'ils éprouvaient, lorsqu'ils chantaient dans des salles de dimensions même restreintes, est pour ainsi dire nulle lorsqu'ils chantent dans la nouvelle salle, si vaste et si étendue.

J'aurais bien pu, et rien ne m'était plus facile, demander à tous ces artistes que j'ai l'honneur et le plaisir de connaître depuis déjà longtemps, j'aurais pu, dis-je, leur demander à chacun un petit mot constatant leur impression personnelle sur les qualités de sonorité du vaisseau de l'Opéra, et nul doute que je n'eusse eu là une suite de compliments ou de remerciements qui eussent édifié le public sur la valeur réelle de l'acoustique. Mais toutes ces lettres, tous ces billets, que j'aurais publiés à la queue leu-leu, m'eussent fait penser à toutes les cures de la revalescière du Barry : n° 2117, M. Faure déclare la salle exquise ; n° 7122, Mme Carvalho la déclare adorable ; n° 8121, MM. Gailhard et Villaret ne connaissent rien qui lui soit supérieur, etc. J'ai eu peur naturellement de toutes ces félicitations numérotées, et je me contente de dire que tout le monde a été satisfait et trèssatisfait ; c'est le principal. Cette unanimité de sentiment ne vaut peut-être pas le dire d'un abonné qui a changé de loge ou d'un critique qui n'a pas reçu son service ;

mais que voulez-vous? je ne puis donner que ce que j'ai ; c'est-à-dire l'assentiment général de vaillants artistes, qui, pourtant, ne sont pas toujours d'accord sur des points moins importants. Si l'on ne trouve pas cela suffisant, je m'en laverai les mains, en pensant que le hasard sert autant dans les jugements humains que dans les lois de l'acoustique!...

Il paraîtrait pourtant, du moins à ce que prétendent un ou deux mécontents, que l'orchestre de l'Opéra ne résonne pas tout à fait assez. Je ne sais trop à quel point il faudrait que l'intensité arrivât pour assourdir les spectateurs ; mais enfin il se peut que quelques personnes, ayant l'oreille un peu dure, trouvent que les chanterelles ne font pas assez de bruit. Comme je ne me constitue pas juge en la question, je ne puis que signaler ce fait à M. le directeur de l'Opéra, que l'on accuse d'économiser les altos et les violons. Ce qu'il y a de bien certain, c'est que les cors et les bassons, lorsqu'ils s'y mettent, font un assez joli tapage et que les pistons et les trompettes semblent s'en donner à cœur joie. Ce n'est pas tout à fait de ma faute si la sonorité de ceux-ci éteint un peu la sonorité de ceux-là, et il y aurait peut-être moyen d'arranger l'affaire en augmentant le nombre des instruments à cordes ; je parle bien entendu dans l'intérêt de ceux qui se plaignent, et ce n'est guère ni le public ni les chanteurs ; mais enfin si on peut contenter tout le monde, je je n'y vois guère d'inconvénient.

Enfin ce que je demande là, en compagnie de plusieurs, paraît assez logique ; car si l'on tient à entendre le bourdonnement d'une mouche, il ne faut pas tirer en même temps une salve d'artillerie ; mais je crois, soit dit sans froisser personne, que si un architecte dispose un emplacement pour des musiciens, il doit laisser le chef d'orchestre libre de la proportion de ses divers intrumentistes. C'est donc bien timidement que j'émets cette idée : que l'on pourrait essayer de donner quelque renfort aux violons, et comme j'ai dans l'idée que dix exécutants font plus de bruit que cinq, il est possible que grâce à ce renfort les modestes violons soient moins dominés.

Il y a au surplus assez de place pour cela dans l'orchestre, qui peut contenir environ quinze musiciens de plus que dans l'autre salle, et si l'envie prenait un jour d'éprouver ce moyen, qui n'est pas précisément révolutionnaire, peut-être pourrait-on satisfaire les malheureux auditeurs atteints de demi-surdité.

Je sais bien que l'on a prétendu que les artistes de l'orchestre, mécontents de l'emplacement qui leur était réservé, ont joué quelque peu en sourdine pendant les jours d'essai, afin de faire modifier cet emplacement. Cela m'a été assuré; mais je n'en crois absolument rien, car des exécutants de la valeur de ceux de l'Opéra ont trop souci de leur réputation pour s'aviser de la compromettre par un méchant tour joué à leur architecte !

Je crois donc tout simplement que ceux qui se sont plaints dès l'abord n'ont pas voulu entendre, et que s'ils avaient écouté sans parti pris, ils auraient trouvé qu'en résumé, s'il manquait un peu d'équilibre dans la distribution des instruments (et encore en manque-t-il?), cela ne dépendait ni de la forme ni de l'emplacement de l'orchestre.

Mais, après tout, je pourrais fort bien supposer qu'il y a là un grand défaut, puisque cela ne me regarde pas, et si je défends la sonorité de l'orchestre, c'est seulement par conscience et parce que, réellement, je la trouve très-satisfaisante. Dans tous les cas, il y a un effet positif et dont, il me semble, on ne saurait trop se louer : lorsque le rideau est baissé, la sonorité est manifestement très-puissante, et les ouvertures, exécutées par les musiciens, ont toutes leurs nuances de finesse et de force ; on passe à son choix du plus petit murmure indécis aux plus vibrants éclats, et lorsque l'orchestre tout entier se livre aux *forte*, on se sent résonner soi-même, tant il y a de puissance de vibration dans l'air. Quand, au contraire, le rideau est levé, il y a un petit, tout petit amoindrissement de sonorité, amoindrissement presque insensible que le chef d'orchestre peut au surplus graduer à sa fantaisie, et cela permet alors aux chanteurs de faire traverser leur voix au-dessus de ces masses instrumentales, avec l'espoir qu'elles seront entendues, ce qui n'est pas tout à fait inutile.

Enfin ! je ne discute plus sur ce point ; je crois bien que les coups de tempête du wagnérisme ont un peu faussé les sensations musicales, et que ce que quelques-uns appellent sonorité serait appelé par tout le monde brouhaha et charivari ! Il n'y a pas besoin d'avoir une voix de stentor pour dire : Je vous aime, et on peut se passer de tirer un coup de canon pour sonner à la porte des gens.

J'admets donc que la sonorité de l'orchestre vaut à peu près celle de la salle ; si on ne l'admet pas avec moi, eh bien, il y aura deux avis différents, voilà tout !

Cependant, il est un fait qui, lui, est très-réel, et, bien que je me refuse à croire qu'il ait eu de l'influence sur le jeu des artistes de l'orchestre, je dois constater que ceux-ci ont été, en principe, peu satisfaits de l'emplacement que je leur avais réservé : ils trouvaient à cet emplacement deux défauts capitaux, ce dont je ne suis pas très-convaincu, mais que j'ai corrigés pourtant, parce qu'en résumé les musiciens étaient plus intéressés que moi à ce qu'ils demandaient.

Le premier grief de ces messieurs est qu'ils manquaient de place ; le second est qu'ils étaient dans un trou.

Il faut croire qu'en déménageant, les artistes de l'orchestre avaient pris un certain embonpoint ; car il s'est produit ce phénomène bizarre, que quatre-vingts personnes qui tenaient à l'aise dans un espace donné ne pouvaient plus y tenir quand cet espace était agrandi ! Il avait pourtant changé bien peu de forme et, sauf deux encoignures mal placées, le contour du nouvel orchestre affectait sensiblement le même dessin que l'ancien. Au surplus, malgré ces encoignures primitives, il arrivait ceci : que l'ancien orchestre pouvait s'inscrire en entier dans le contour du nouveau. Malgré cela, on ne pouvait réussir à se caser d'une façon satisfaisante, et tous les coudes se touchaient en ne permettant plus le libre mouvement des bras ! En raison de ce phénomène, encore inexplicable, il devenait positif que si les exécutants ne pouvaient pas exécuter, ce n'était pas la peine de les avoir, et que, comme ils étaient indispensables, il fallait s'arranger de façon à leur rendre leur liberté d'allure.

J'ai donc reconnu l'étonnant miracle qui se produisait, et, convaincu que dans le nouvel Opéra un espace plus grand arrivait à être plus petit, j'ai fait en sorte de lui donner encore plus d'extension ; mais là ç'a été encore un sujet de surprise pour moi : comme il ne me paraissait pas absolument démontré que je devais supprimer un rang entier de fauteuils d'orchestre, ce qui diminuait la recette, assez problématique encore à ce moment, je n'ai enlevé que les six siéges qu'il était vraiment urgent de supprimer à cause des encoignures, et j'ai conservé intacte toute la rangée de fauteuils que quelques fanatiques, qui n'étaient pas abonnés à ce rang-là, voulaient à toute force jeter dehors ; mais comme il fallait pourtant gagner du terrain pour s'opposer au phénomène de rétrécissement qui s'était produit, j'ai gagné ce terrain en reculant le proscénium, de 0^m,60 au milieu tout en le laissant sensiblement le même aux extrémités.

Ce travail fut fait en deux jours, et l'orchestre, de l'aveu même des occupants, avait cette fois conservé ses nouvelles dimensions sans se réduire à l'arrivée des musiciens! mais voilà qu'une voix jette un cri d'alarme. Le possesseur de cette voix est, à ce qu'il paraît, très-initié aux mystères de l'acoustique, et il déclarait que puisque l'on rentrait le *ventre* du proscénium, tout allait être compromis. Cela fut dit de si bonne foi que quelques personnes s'en inquiétèrent ; les musiciens, qui sont gens naturellement nerveux, crurent que pas un son ne pourrait plus se faire entendre, et que, faute de ventre au plancher de la scène, leurs partitions seraient désormais lettre close. Quelques-uns, et des plus célèbres, jetaient sur moi des regards effarés et tâchaient de me réciter quelques passages de ce feuilleton qui avait mis le feu aux poudres. Je cherchais à les rassurer à grand'peine en leur montrant le vague de cette théorie imaginaire ; mais je voyais bien que tous mes raisonnements ne valaient pas le moindre petit mot imprimé avec tant de confiance et de détermination. J'avais beau leur dire, qu'en somme, l'acteur chante le plus souvent au delà d'un mètre de la rampe, et qu'on l'entend tout aussi bien quand il donne sa voix à 2 mètres du souffleur qu'à 1^m,50 ; je leur faisais voir que les chœurs sont toujours placés au delà du rideau et qu'il importait peu que leurs chants passassent au-dessus d'une rampe plus ou moins courbée ; qu'en tout cas, l'avancée que je conservais au-devant du rideau dans la courbe du proscenium était encore plus grande que celle de l'ancien Opéra, et qu'enfin si le ventre avait de l'influence sur la sonorité, les tymbales seraient le roi des instruments. Ce beau raisonnement ne les touchait guère ; ils me quittaient mélancoliquement, et je voyais bien que j'avais perdu leur confiance !

Quant aux musiciens de l'orchestre, il faut dire que cela leur était bien indifférent : pourvu qu'ils eussent la place qu'ils désiraient, peu importait que ce fût pris de ci ou de là. Ils eurent donc leur place aux dépens du ventre ; mais ils n'étaient pas encore satisfaits ; car ils avaient un autre grief, qui, cette fois, était même plus grand que le premier ! Ce n'était plus une question de place, mais une question de dignité, sinon une question de curiosité ; en tout cas ce fut une question de ténacité !

En effet, il paraît que j'avais mis les musiciens dans un trou ! Trou est bientôt dit ; mettons que je les avais placés dans un fond ; mais dans un fond bien peu profond. Ce qu'il y a de plus répréhensible, c'est que j'avais fait cette opération en connaissance de cause, et que c'est bien exprès que j'avais renfoncé le sol de l'orchestre.

Vous vous souvenez sans doute que depuis vingt

ans, peut-être plus, le public, quand il s'avisait de s'insurger et la presse quand elle combattait les abus, étaient d'un accord unanime pour s'élever contre la domination des queues de contre-basses. Que de lances ont été rompues par les malcontents qui ne voyaient les jambes des danseuses qu'à travers les crosses des instruments à cordes, les têtes sculptées des harpes et les crânes chauves des instrumentistes ! C'était là un cliché consacré, et les malédictions ne manquaient guère à ces exécutants malencontreux qui formaient une entrave mouvante aux regards des spectateurs de l'orchestre. Il fallait absolument se délivrer de ce fléau, et l'on ne parlait de rien moins que d'exiler ces importuns à bras et à bouche dans les dessous de la scène ou dans les hauteurs des cintres.

Que de lignes ont été écrites à ce sujet, que de dissertations prud'hommesques ont été faites sur ce point si condamnable, que de propositions ont été émises pour remédier à cet inconvénient qui semblait si manifeste! Il semble même que toutes ces récriminations, qui sont surtout parties de Paris, ont eu tellement de force que l'Allemagne, après avoir mis le temps qu'il fallait pour les comprendre, s'est décidée à prendre pour paroles d'évangile les plaintes renouvelées des critiques hebdomadaires de nos spectacles. Il y a quelques jours à peine que le fameux théâtre de la fameuse trilogie a mis en exécution les préceptes formulés avec tant de vigueur depuis sept ans. Je suis loin de faire de cela un reproche aux Allemands ; j'aurais bien d'autres choses plus sérieuses à leur reprocher, et je trouve, au contraire, que Wagner a été très-logique en mettant en pratique une chose qui paraissait si universellement demandée ; mais on pourrait croire que les exécutants de Bayreuth ont l'épiderme moins sensible que les exécutants de l'Opéra, et qu'habitués à obéir à une consigne sévère, ils n'ont pas l'idée de se révolter contre elle, comme cela arrive parfois parmi nous. Je parle, bien entendu, de consignes artistiques et non militaires !

Quoi qu'il en soit, je m'étais dit : « Eh bien, puisque tout le monde se plaint d'une chose qui paraît mauvaise, il est bien probable que je satisferai tout le monde en supprimant cette mauvaise chose. Puisque tout le monde demande que les musiciens de l'orchestre soient placés un peu plus bas qu'ils ne le sont d'habitude et que le programme même que j'ai reçu, signé et contre-signé par des ministres, des directeurs, des secrétaires, etc., indique qu'il serait bon d'abaisser le sol de l'orchestre des musiciens d'au moins 0^m,80, il me semble que ma mission est facile à remplir : je vais enfoncer ce sol, non pas tant qu'on le demande, parce qu'il ne faut d'extrême en rien, mais d'une vingtaine de centimètres environ. Cela ne mettra pas les exécutants dans le sous-sol, mais cela suffira pour dégager déjà la vue des spectateurs de l'orchestre ; j'écoute ce que l'on dit ; je me rends aux observations faites à coups répétés, et, en somme, je suis les arrêts du suffrage universel ! Nous sommes en république ; quoi donc de plus sage, de plus conciliant et de plus raisonnable ?...

J'étais donc, il me semblait du moins, non-seulement absous par avance, mais même remercié et complimenté pour mon opération projetée, et c'est avec la certitude d'être approuvé de toute part que je me décidai à abaisser le sol de l'orchestre des musiciens de 0^m,17 du côté de la salle et de 0^m,12 du côté de la scène. C'était peu, peut-être ; mais c'était déjà quelque chose, et si l'on acceptait ce commencement de soumission aux désirs du public, petit à petit on pouvait arriver à se soumettre tout à fait.

J'ai donc établi ainsi le sol de l'orchestre ; mais si vous aviez vu quel déchaînement de protestations cela a produit, les unes sourdes et modestes, les autres irritées et violentes ! D'abord, l'orchestre serait sans sonorité ; et on me le prouva bien ! puis je manquais de convenance envers des artistes de valeur ! Dieu sait si cela était ma pensée ; car nul plus que moi n'admire ces étonnants virtuoses de l'Opéra, qui ont tous les talents, toutes les peines, et qui n'ont que bien peu de la grande réputation personnelle qu'ils devraient avoir. Mais que voulez-vous ? Je me disais qu'en somme, c'est le public qui avait raison, puisqu'il payait pour voir les jambes des danseuses et non les têtes des musiciens.

Mais si les artistes de l'orchestre se plaignaient, à raison sans doute, au point de vue de leur dignité artistique, mais à tort, au point de vue des convenances pratiques, cela était, en somme, fort naturel et j'aurais fait probablement comme eux à leur place. Ce qui l'était moins, c'était qu'un assez grand nombre d'habitués des fauteuils se mettaient à être de leur avis : eux qui avaient maugréé contre les crosses des instruments et les crânes des instrumentistes, trouvaient, alors que je les délivrais de leur gêne, qu'ils ne pouvaient plus causer aussi facilement avec la harpe, le piston ou la contre-basse ! Cette modification, qu'ils avaient réclamée avec tant d'instance, devenait fâcheuse dès qu'elle était exécutée, et, comme dans les conflits entre Collin et sa ménagère, les deux conjoints qui se disputaient parfois, mais qui, je le vois, s'adoraient au fond, ne voulaient pas que le commissaire vînt mettre le holà dans leurs discussions! On voulait bien se plaindre ; mais c'était, à ce qu'il paraît, si grand plaisir, que l'on aurait eu rancune éternelle contre celui qui aurait enlevé le motif de la querelle !

Les journalistes, qui, par état, pénètrent un peu partout, oublièrent aussi les récriminations de leurs confrères et les leurs propres, et plus d'un vint au secours des mécontents pour demander que je les retirasse de leur fondrière. Comme après tout il m'était fort indifférent que tel ou tel abonné causât ou ne causât pas avec la contre-basse, et que je n'étais pas intéressé personnellement à ce que quelque amateur des fauteuils d'orchestre pût voir à son aise les jambes des danseuses, je me résolus bien vite à remettre le sol de l'orchestre des musiciens au niveau qu'il avait dans l'ancienne salle, et en peu d'heures un nouveau plancher fut posé sur celui qui était l'objet de tant de plaintes et de lamentations; mais de façon pourtant qu'un jour, si par hasard un compositeur quelconque exigeait que les instrumentistes fussent plutôt entendus que vus, on pût en un instant retrouver le sol, repoussé maintenant parce qu'il est trop bas, et qui sera peut-être plus tard le sol encore repoussé; mais parce qu'il sera trop haut!

Je me suis bien étendu sur un point qui, vraiment, a peu d'importance ; c'est que je tenais à faire voir combien il est difficile de changer en quoi que ce soit les habitudes routinières, et que l'architecte qui construit un théâtre est toujours placé entre deux alternatives : s'il fait du nouveau, il froisse toutes les manies, et on l'appelle révolutionnaire; s'il fait de l'ancien, il trahit toutes les espérances et on l'appelle réactionnaire; le mieux qu'il ait à faire, en somme, est de faire comme cela lui plaît; de cette façon, il y aura au moins quelqu'un qui ne sera pas mécontent.

Dans cette occurrence, j'ai cependant fait comme il plaisait à autrui; mais comme ce n'est guère de l'architecture, je m'en console en pensant que cela fera plaisir aux gens qui pensent que c'est de l'acoustique.

Puisque ce mot est revenu sous ma plume, j'ai grande envie de finir ce chapitre en déclarant à nouveau que je me dérobe absolument aux louanges comme je me soustrais aux critiques qui pourraient m'être adressées. La salle, en résumé, est bonne, très-bonne, excellente, parfaite (je ne trouve plus d'autres adjectifs), et c'est le principal. Que ce soit le hasard qui l'ait faite ainsi, ce qui est vrai, ou que j'y aie mis du mien, ce qui est faux, cela importe peu, en somme, et il vaut bien mieux, dans tous les cas, avoir une salle sonore sans avoir suivi de règles précises que d'avoir une mauvaise salle d'après toutes les théories que l'on préconise. Ne sachant réellement que résoudre, j'ai jeté la pièce en l'air en demandant face, elle est tombée face; mais elle aurait aussi bien pu tomber pile!

Voyez pourtant comme il est difficile de convaincre les gens : tous ceux à qui je fais cette confession de mon ignorance me lancent un petit sourire narquois et clignent des yeux d'un air entendu. « C'est bon, c'est bon, me disent-ils, ou ont-ils l'air de me dire; nous savons bien le fin mot de la chose; vous faites le modeste parce que l'on vous complimente, et vous feignez de ne rien savoir pour qu'on dise que vous êtes un savant. C'est assez adroit; mais, cher architecte, ça n'est pas nouveau, et vous ne nous ferez pas accroire que vous n'avez pas en cachette quelque formule bien scientifique qui vous a servi dans votre construction. » Et je ne puis parvenir à faire changer cette idée, et toujours mes protestations d'ignorance me valent ce malicieux sourire et cet ironique clignement d'œil. Je suis amené, comme Sganarelle, à être savant malgré moi. Ma foi, puisqu'il en est ainsi, j'aurais tort de garder pour moi ma recette et je veux montrer ma science à tous ceux qui prétendent que je la possède.

Voici donc toutes les raisons qui m'ont réellement conduit dans la construction de ma salle. Écoutez-les et vous en saurez ensuite autant que moi.

... Or, ces vibrations dont je vous parle venant à passer du côté gauche, où sont les numéros pairs, au côté droit, où sont les numéros impairs, il se trouve que le parterre, que nous appelons en latin *armyann*, ayant communication avec le paradis, que nous nommons en grec *nasmus*, par le moyen du trou du lustre, que nous appelons en hébreu *cubili*, rencontre en son chemin lesdites vibrations qui remplissent les cavités des premières loges; et parce que lesdites vibrations... comprenez bien le raisonnement, je vous prie; parce que lesdites vibrations ont une certaine malignité qui est causée par la variété des ornements, engendrés dans la concavité de la voussure, il arrive que ces vapeurs, *acoustica acousticum potarinum quipsa milus*... et voilà justement ce qui fait que la salle est sonore!

LES COULOIRS DE LA SALLE

Les couloirs de la salle ont une très-grande qualité et un très-grand défaut : leur qualité est d'être fort larges; leur défaut est d'être fort tristes; mais vous allez voir que si je me fais honneur de celle-ci, je vais chercher à m'excuser de celui-là !

Ne croyez pas cependant que je veuille mettre trop d'acharnement à ma défense; car cela n'en vaut guère la peine, et quelques billets de mille francs, quelques journées de travail, quelques couches de peinture et quelques becs de gaz, suffiraient pour changer l'aspect un peu lugubre de ces couloirs et leur donner plus de gaieté et d'éclat; mais en attendant que je me défende, ou plutôt que je m'explique, bien ou mal, il est un fait certain : c'est que les corridors des loges sont trop monochromes et trop peu éclairés. Donc, sinon *mea maxima culpa*, au moins *mea culpa* !

J'avais pourtant rêvé de faire de ces couloirs, qui sont presque toujours traités avec négligence et comme une chose secondaire, des espèces de galeries chaudes de tons, lumineuses, agréables à parcourir, et formant ainsi comme un vestibule confortable et élégant à toutes les loges auxquelles ils donnent accès. J'avais même émis sur ce sujet des théories fort sages et fort rationnelles, et montré que les couloirs des salles de spectacle prêtaient à une décoration particulière et typique. Si donc je n'avais pas eu l'occasion d'en construire, j'aurais pu rester sur les principes que j'émettais et adresser des reproches aux architectes qui les auraient délaissés pour rester dans la banalité ordinaire, affectée à ces sortes de dégagements.

Mais voilà que j'ai dû édifier et que je n'ai pas fait mieux que les autres, tout en sachant pourtant ce qu'il fallait faire! Que deviennent alors mes théories sur ce point si je ne les suis pas moi-même? et me voilà réduit au rôle de ce prédicateur qui sermonnait ainsi ses ouailles : « Mes frères, faites ce que je vous dis et non pas ce que je fais. » C'est, du reste, le meilleur moyen de prêcher, et je crois qu'en somme, c'est le seul pratique pour le prédicateur, à moins de dire : « Faites comme je fais et non pas comme je dis »; ce qui est aussi pratique, mais cette fois pour les auditeurs.

Cependant je vous assure que je cherche à être logique et à mettre mes actions en rapport avec mes paroles; aussi je me sens un peu humilié en cette occurrence d'avoir si bien prêché pour agir si mal. Que voulez-vous? Ce n'est pas ma faute!

Ce n'est pas ma faute! C'est la grande raison que l'on donne à tout ce que l'on fait de mal, et il semble que cela doive suffire à vous mettre hors de cause. Mais si, malheureux, c'est ta faute! Il fallait prévoir les empêchements; il fallait être assez vaillant pour triompher des entraves; il fallait, en résumé, gagner la partie puisque tu avais accepté de la jouer! Tu voulais être à l'honneur;

il est bien juste que tu sois à la peine ; tu es payé pour réussir en tout et pour tout; si tu ne réussis pas, tu voles ton argent !

Que voulez-vous que je réponde à cela? Que j'ai volé les 60 francs d'honoraires que m'a rapportés la décoration des couloirs et les 25 francs qui me reviennent sur les becs de gaz. Oh! mon Dieu! je veux bien restituer toute cette grosse somme ; mais ça ne rendra pas les couloirs plus gais. J'aime bien mieux dire ce qui leur manque ; cela servira de conseil à d'autres, et ce conseil vaut bien 85 francs à lui tout seul.

D'abord il leur manque de la lumière, surtout à l'étage du parterre et de l'orchestre. Il y a pourtant un assez grand nombre d'appareils ; mais je vois bien que ce n'est pas encore suffisant. C'est qu'il est vraiment parfois bien difficile de préjuger de la quantité de becs nécessaires pour éclairer tel ou tel local, lorsque l'on veut seulement les rendre clairs et non les faire resplendir ; car cela dépend non-seulement de la quantité et de la grosseur des becs employés, mais encore de leur emplacement, de la qualité des verrières, de la tonalité des pièces, des reflets qui se produisent, de la forme des flammes et de diverses autres conditions. Pour être bien certain de la juste répartition des lumières absolument indispensables, il faudrait faire des essais complets une fois les locaux achevés, se rendre compte des effets produits, et retirer ou ajouter, selon les cas, des lustres, des bras ou des girandoles. Mais combien cette chose, qui paraît si simple, est souvent compliquée en pratique ! Ce n'est que vers la fin des travaux, alors que les pièces sont presque terminées, que l'on peut faire utilement cette expérience, et lorsqu'elle est achevée il arrive que le temps manque le plus souvent pour installer convenablement les nouvelles conduites et pour fabriquer les appareils supplémentaires, et que de plus l'argent, qui devient rare en ces moments, est trop limité pour qu'on se laisse aller au désir de parfaire son œuvre.

Je parle, bien entendu, d'appareils faits sur modèles et ayant un caractère artistique; car il est bien évident que l'on peut en deux jours installer des myriades de suspensions, d'appliques ou de chandeliers rococos répandus dans le commerce, de même que l'on peut en douze heures saccager toutes les corniches, érafler toutes les moulures, et déshonorer tous les murs par des tuyaux de plomb passant au hasard et sans nul souci des lignes de l'architecture. De cette façon, il est vrai que l'on peut tout de suite mettre l'éclairage au point voulu; mais quel est l'artiste qui voudrait jeter ainsi, comme pêle-mêle, au milieu de son monument, ces tuyaux malencontreux et ces appareils à la douzaine? Quant à moi, je suis encore moins attristé en voyant une pièce, peut-être un peu sombre, mais au moins éclairée par des bronzes d'une bonne forme, qu'en la voyant illuminée brillamment par des torchères et des girandoles de mauvais goût. C'est ce qui serait arrivé en partie si j'avais voulu donner immédiatement aux couloirs la lumière qui leur fait un peu défaut, et afin d'éviter semblable ennui, j'ai attendu, pour modifier l'effet d'éclairage, que le temps me permît de faire exécuter d'autres bronzes, et que l'argent me permît de les faire payer. J'ai bien le temps aujourd'hui; mais je n'ai pas d'argent! aussi les couloirs restent-ils encore sombres, bien que j'aie pu déjà faire changer le numéro de quelques becs et adoucir le dépolissage des verres.

On voit, malgré tout, que cela se réduit à bien peu de choses, et que, lorsque l'on pensera que l'Opéra a été livré sans que j'aie eu le loisir de jeter un dernier regard sur sa toilette, il sera facile de redonner aux couloirs l'éclairage qui leur est indispensable et que je leur aurais donné avant l'entrée du public si mes ressources budgétaires n'avaient pas été épuisées, et si je n'avais dû livrer le monument à heure fixe, tout comme une couturière doit livrer une robe de bal. Autrefois on disait, en parlant de choses d'art, que le temps ne faisait rien à l'affaire; aujourd'hui on a changé cela, et il faut arriver au jour dit, dût-on arriver comme le soldat de Marathon.

Ce qui manque encore aux couloirs, c'est un parti pris de décoration moins banal et moins timide. Ce n'était peut-être pas très-aisé à trouver parce qu'il fallait, tout en leur donnant une tonalité particulière, les harmoniser avec les piles en pierre faisant partie du grand escalier. Néanmoins ce n'était pas chose impossible, et l'on pouvait espérer que le problème ne serait pas insoluble. Mais là encore je me suis heurté contre la question de temps. Je ne pouvais commencer les décorations des couloirs qu'une fois que ceux-ci étaient presque achevés, ce qui n'a eu lieu qu'une dizaine de jours avant l'ouverture. J'ai bien tenté quelques essais polychromes et cherché à égayer un peu les longues parois circulaires de ces dégagements; mais ces essais n'ont pas été satisfaisants, et, n'ayant plus le loisir de les recommencer, j'ai pris le parti de peindre les couloirs, au moins provisoirement, avec un de ces tons bâtards, qui ne sont ni bien ni mal, qui ne réjouissent pas les yeux, mais qui ne les blessent pas, et qui sont, pour ainsi dire, de la famille de ces gens aussi nuls que convenables, qui sont reçus partout, sans être agréables nulle part. J'ai mis sur les murs ce ton grisâtre, couleur de pierre plus ou moins légèrement teintée en quelques endroits, et que l'on prodigue dans les vestibules et les couloirs des maisons, sans autre prétention que de les rendre à peu près propres.

Je ne donne pas ce résultat comme bien étonnant, et je ne pense pas que l'application de ce ton grisâtre suffise pour immortaliser le nom d'un architecte; mais que voulez-vous? on n'est pas toujours grand homme suivant son désir, et l'on a vu déjà quelquefois plus d'un humain à court d'idées suivre les chemins battus.

On pourrait penser pourtant, puisque j'avais dans l'esprit le moyen infaillible de faire une belle décoration, que l'exécution devait m'en être facile, et qu'il n'était pas besoin d'essais pour me fixer sur la coloration-modèle. Eh bien, on penserait mal, parce que, entre ce qui se passe dans la cervelle qui conçoit et dans les yeux qui voient, il y a une très-grande distance. Le cerveau comprend très-bien ce qu'il faut faire; il emmagasine les idées et les rend presque pratiques; mais lorsqu'il faut leur ouvrir la porte, il faut, pour que ces idées se conduisent bien en route, qu'elles soient le plus souvent accompagnées par la main qui les traduit et par l'œil qui les juge. Ce dernier travail, nécessaire à l'éclosion complète de la pensée, ne peut se faire utilement qu'à l'instant où celle-ci doit prendre corps; avant cela il y aurait confusion et hésitation au détriment de l'œuvre définitive.

D'ailleurs il serait impossible au cerveau humain de procéder par une espèce de débâcle générale, et il faut, pour bien mener à fin un ouvrage complexe, un certain ordre dans la pensée et un certain ordre dans l'exécution. Il faut, tout voir, tout absolument d'un trait, d'un seul coup, si l'on veut, mais seulement à l'état d'intuition générale ; il faut sentir que tout ce que l'on a à faire gît à l'état de germe dans l'esprit ; mais il ne faudrait pas s'imaginer que cette foule d'idées, qui se logent sous votre crâne, est composée d'individus tous parfaitement constitués. C'est un gros bataillon que l'on fait manœuvrer dans une direction voulue ; mais la manœuvre ne peut être bonne et bien exécutée que si chaque soldat est particulièrement dressé. C'est cette éducation particulière qui est l'œuvre patiente de chaque jour, et qui ne doit être entreprise que lorsque l'on sait au juste vers quel point doit se porter l'étude.

C'est ainsi que j'ai agi à l'Opéra et c'est ainsi, au surplus, qu'agissent tous ceux qui sont à la tête d'une grande opération : une pensée générale, ample, complète et touffue, condensant l'œuvre en un germe fécond ; une étude minutieuse, partielle et journalière de chacun des éléments de cette pensée, lorsqu'il faut la mettre en exécution. J'avais donc, par intuition, la pensée de la décoration des couloirs ; mais lorsque cette pensée a dû sortir et prendre corps, le temps m'a manqué pour la développer et la parfaire.

Je ne puis donc pour l'instant que regretter le ton grisâtre des couloirs, la parcimonie des becs de gaz, la blancheur du plafond et des corniches, et en somme l'air un peu sépulcral de ces longs corridors ; mais j'ai pour me consoler de mes regrets l'espérance que cet état de choses n'est pas immuable ; dans huit ou dix ans, il faudra peut-être songer à repeindre ces dégagements, et si, à ce moment, je suis encore de ce monde, si je suis encore architecte du monument, et que l'on veuille bien me consulter lors du travail, je ferai en sorte de donner aux murs un peu plus de gaieté, et surtout moins de banalité.

En attendant j'ai pallié en partie l'effet actuel au moyen de l'adjonction de gaînes de marbre, destinées à supporter les bustes des diverses personnes ayant participé au développement de l'art théâtral sous toutes ses formes. Ces gaînes, déjà placées, ne donnent pas complétement l'impression qu'elles feraient ressentir si elles étaient plus brillamment éclairées. Cela est fâcheux ; car les gaînes sont faites en marbres fort beaux et dignes de l'attention des visiteurs.

Parmi ces marbres, il en est un qui a un intérêt particulier : c'est celui qui forme, avec deux types différents, les deux gaînes placées à droite et à gauche de la grande porte de l'escalier, au niveau de l'entrée de l'orchestre. Ce marbre est du cipollin; or, jusqu'à ce dernier temps, sauf les carrières de l'île d'Eubée, où l'on trouve encore les restes de l'ancienne exploitation faite par les Romains, les gisements antiques de ce marbre décoratif étaient perdus; et depuis plus de quinze cents ans les blocs de cipollin, que l'on a employés dans divers monuments, provenaient tous des débris des temples d'autrefois. C'était là, au point de vue de la décoration marmoréenne, un très-grand inconvénient; car de tous les calcaires rubanés le cipollin est celui qui, sans conteste, est le plus beau, le plus somptueux et le plus riche de coloration douce et harmonieuse. Je m'étais adressé en Grèce pour avoir quelques morceaux de ce marbre précieux ; mais l'exploitation est délaissée et il aurait fallu payer ces morceaux bien plus cher que je ne le pouvais, et même plus cher qu'ils ne valaient. J'avais donc renoncé à doter l'Opéra de cette belle matière, lorsque, un an environ avant la fin des travaux, je reçus des échantillons de ce marbre, provenant d'une carrière du canton des Grisons, en Suisse. L'échantillon qui m'était soumis avait toutes les qualités de dessin et de coloration du cipollin antique, et, enthousiasmé par la nouvelle découverte de ce marbre, je voulus que l'Opéra possédât les premiers morceaux qui devaient être extraits. Je fis marché à un prix très-modique et qui n'atteignait pas la valeur des marbres ordinaires, et commandai immédiatement deux gaînes qui devaient être prises dans deux bancs différents, l'un ayant une coloration douce et pâle, l'autre une coloration plus vive et plus soutenue. Ces deux échantillons d'une nouvelle carrière ont certainement un grand intérêt, et si à l'avenir les découverts du canton des Grisons se continuent, et si, grâce à cette exploitation, le cipollin peut être encore employé dans la décoration marmoréenne, il ne sera peut-être pas indifférent de savoir que la France a la première encouragé cette renaissance d'une si splendide matière.

Quant aux bustes qui devaient surmonter ces gaînes de marbres divers, ils sont, en attendant leur exécution, remplacés par-ci par-là par des vases de la manufacture de Sèvres, gracieusement prêtés par le ministre des beaux-arts. Ces vases, malgré leur beauté et leur délicatesse, ont certainement moins d'ampleur décorative que des bustes en marbre ou en bronze; mais au moins par leurs couleurs vives et agréables ils atténuent un peu l'effet triste des couloirs, et je crois en somme que, pour l'instant, il faut les préférer à toute autre ornementation.

Néanmoins je désirerais bien vivement qu'un jour ou l'autre on pût donner suite à l'idée que je m'étais faite de considérer ces dégagements comme des espèces de galeries ou musées, renfermant une sorte de panthéon d'hommes illustres, célèbres ou simplement utiles. J'aurais voulu que ces bustes représentassent les traits de tous ceux qui ont collaboré à l'art théâtral dans toutes les branches que celui-ci comprend. Ainsi, en dehors des compositeurs de nos jours qui n'ont pas trouvé place dans le reste du monument et qui devraient avoir droit de cité à l'Opéra, j'aurais voulu placer des librettistes, des chanteurs, des chanteuses, des danseurs, des danseuses, des directeurs, des décorateurs, des machinistes, des savants, et même des architectes! Car il y en a quelques-uns qui ne seraient pas indignes d'un tel honneur. Louis, Debret, Wailly, Peyre, Bibiena, Moreau, Servandoni, etc., peuvent prétendre à entrer dans ce panthéon spécial, et comme, dans les couloirs, autour des escaliers, etc., il y a place pour cent cinquante à deux cents gaînes, on voit que la liste des élus pourrait être longue, et que beaucoup pourraient en faire partie. J'espère que le ministre des beaux-arts, qui achète et commande chaque année un certain nombre de bustes, pourra un jour ou l'autre choisir parmi les grands hommes qu'il veut faire représenter quelques-uns de mes modestes candidats, qui ont aussi certain droit pour avoir place, sinon au soleil, au moins aux rayons du gaz.

J'avais presque envie de donner ici la liste des bustes, telle que je l'ai indiquée; mais en contentant, je l'espère, plusieurs de nos célébrités artistiques, j'aurais peur d'en mécontenter d'autres ; aussi je préfère soumettre seulement mon idée, et si elle fait son chemin, demander que la répartition ait lieu en dehors de ma participation. J'ai déjà eu quelques désagréments en m'occupant des morts ; je craindrais une attaque nocturne, si je m'occupais des vivants !

J'ai parlé des défauts des couloirs; j'aurais presque l'autorisation de parler de leur grande qualité : la largeur; mais je ne vois pas trop à quoi cela servirait. Il est manifeste, je crois, pour tout le monde, que les couloirs de l'Opéra ont une ampleur qui ne se trouvait encore dans aucun théâtre, et je ne suppose pas que les esprits, même les plus chagrins, s'ingénient à trouver qu'il est regrettable de ne pas être bousculé en sortant de la salle, et de pouvoir circuler avec facilité. Il est donc inutile que je fasse ressortir les avantages de ces larges corridors, et il n'est pas nécessaire que je monte sur un petit banc pour me faire admirer de la foule, comme ayant découvert ce grand principe, que : plus les dégagements sont vastes, plus on a de place pour s'y mouvoir. Ça ne fait rien ; il est étrange, malgré cela, que sur plus de mille salles de spectacle, bâties à toutes les époques et dans tous les pays, il n'y en ait pas une dans laquelle on ne s'étouffe pas en circulant dans les couloirs. Est-ce que les salles auraient la coquetterie des femmes qui s'imaginent n'être parfaites que lorsqu'elles sont étroitement serrées à la taille ? Quant à moi, qui n'aime guère les mannequins étriqués, j'ai élargi autant que possible le corset de la salle de l'Opéra, et je ne pense pas que celle-ci ait jamais à se plaindre des étouffements.

DU GRAND VESTIBULE D'ENTRÉE

J'ai beau chercher, en parcourant le grand vestibule du nouvel Opéra, si je verrai quelques défauts à signaler, ma recherche est vaine, et je ne trouve vraiment rien à regretter dans cette partie du monument.

Ce n'est pas à dire que cette absence de défauts fasse du vestibule le point le plus remarquable de l'Opéra; je serais plutôt tenté de penser le contraire; car, on ne saurait trop le répéter, ce sont certains défauts personnels qui donnent souvent du charme à une œuvre artistique, et, si je ne craignais d'émettre un paradoxe, je dirais presque que le plus grand défaut d'une chose est de n'en pas avoir; j'en dirais même autant des gens. Mais je n'irai pas si loin, parce qu'alors si je déclarais que tel ou tel détail de l'Opéra est mauvais, on pourrait croire que je ne fais cette déclaration que pour prouver que le reste du bâtiment est admirable...

En tout cas, pour cette fois, je serais réellement fort en peine pour trouver ce défaut enviable, signe du génie dont j'aurais fait preuve dans le vestibule, et il faut que l'on se contente du modeste talent bien sage et bien tranquille que j'ai montré dans cette occurrence.

C'est donc seulement avec ce tout petit talent que

j'ai disposé cette grande pièce avec simplicité ; que je l'ai ornée dans la juste mesure qui convenait à sa destination, et que j'en ai fait, je crois, un dégagement qui n'a pas trop mauvais air avec ses grandes percées sur l'escalier. L'esprit, comme les œuvres, a parfois besoin de quelque temps de repos, et, comme dans les opéras, ces temps de repos font valoir les idées qui leur succèdent. Mettons donc que le vestibule est un des récitatifs du monument, comme ce chapitre ne sera sans doute qu'un des récitatifs du volume que j'écris.

Je voudrais néanmoins signaler quelques petits coins qui me paraissent chanter encore assez agréablement dans cette mélopée de pierre et en rompre un peu la quiète monotonie : par exemple, les candélabres à gaines de marbre de la partie centrale et les appliques des vestibules octogones de l'extrémité. Il me semble que les premières sont d'une composition originale, et que les secondes ne sont pas non plus tout à fait banales ; en tout cas, je crois qu'il y a de par le monde plus d'un appareil d'éclairage qui ne les vaut pas. Ne serait-ce que... Si vous vous imaginez que je vais dire du mal des œuvres de mes confrères, vous vous trompez bien fort! Le public est déjà assez disposé à dauber sur nous, sans qu'il soit besoin de lui servir de guide. Penser mal de ses rivaux est une chose toute naturelle ; mais le dire est tout autre, et si les architectes ont envie de cracher quelque part, il vaut mieux que ce soit dans un puits que de façon à ce que ça leur retombe sur le nez. Mettons, si vous voulez, que les vilains bronzes dont je voulais parler sont placés à l'étranger : on ne risque pas grand'chose à attaquer l'art des Hottentots, et puis, en trouvant que l'architecture des autres peuples ne vaut pas celle de la France, on se donne un certain air de patriote qui vous procure tout de suite un agréable petit succès.

Et pourtant c'est mal encore de s'attaquer aux architectes de la Bolivie ou du Congo ; car toutes les fois qu'un pauvre homme est condamné par sa profession à faire mettre des pierres les unes au-dessus des autres et à poser en travers des morceaux de fer ou de bois à seule fin de faire quelques cahutes ou quelques palais, ce pauvre homme, s'il est rarement à blâmer, est toujours à plaindre, ce qui est fort désagréable si l'on en croit le proverbe qui dit : qu'il vaut mieux faire envie que pitié. Quant à ce qui me concerne, je ne sais pas s'il y a eu des moments où j'ai fait envie ; mais il y en a d'autres où j'étais vraiment digne de pitié, et un de ces vilains moments-là a eu lieu justement à cause du vestibule dont je parle, ou plutôt dont je ne parle pas.

Il y a en effet dans ce vestibule une grande voûte qui m'a joué un méchant tour : pendant bien longtemps le tassement des joints des voussoirs s'était fait régulièrement après le décintrement, et il semblait que cet effet rationnel, après s'être produit, cesserait assez promptement ; mais loin de là ; pendant plus de deux ans les joints se serraient encore « et la voûte baissait toujours » ! Pas beaucoup, il est vrai ; un centimètre au plus par an ; mais si cela avait dû continuer ainsi, au bout de dix ans le voûte aurait fait la culbute ! Vous pensez bien que je ne regardais pas cet abaissement d'un œil sec et d'un cœur léger, et que je faisais bourrer et rebourrer les joints d'en haut et sciotter ceux d'en bas.

Lorsque je jugeai que l'effet était complétement produit, je procédai au ravalement qui fut bien exécuté ; tous les joints furent revus et corrigés, comme s'il s'agissait d'une nouvelle édition, et je retrouvai un peu le calme que j'avais perdu. Mais, voilà qu'au bout d'un mois je voyais une imperceptible fissure aux deux extrémités de la voûte, là, à l'endroit où les voussoirs se raccordaient avec les murs, portant également des parties de claveaux. Ah! dame, je vous avoue que je faillis en tomber à la renverse, au moins moralement. J'attendis quelques semaines ; la fissure s'accentuait ; la voûte avait baissé de près de deux millimètres. Je refis le ravalement de cette partie et recouvris les joints d'une couche de plâtre extrêmement mince et qui devait céder au moindre tassement. Un mois, deux mois se passèrent : rien ne se déclarait ; mais un beau jour (quelle perfide locution!), je vis apparaître encore d'un côté cette infernale fissure qui me faisait voir que la voûte baissait encore !

Après sept ans de construction, après que la voûte avait supporté des charges considérables et quintuples de celles qu'elle devait supporter à l'avenir, je devais bien penser que les effets de tassement étaient terminés, et je voyais, hélas! que cherchant la stabilité j'avais trouvé le mouvement perpétuel! Quelles nuits j'ai passées à ces moments-là! je rêvais la voûte s'effondrant le jour de l'ouverture sous le poids des assistants ; je voyais toute la foule précipitée au milieu des décombres ; le président, les ministres aplatis ; les jeunes filles en morceaux, les hommes et les femmes réduits en marmelade ; j'entendais des cris horribles, interrompus par quelques rires stridents de deux ou trois confrères qui se frottaient les mains, et surtout par les clameurs menaçantes de tout le corps des ingénieurs, qui triomphaient en agitant à la main les formules de la poussée des voûtes! et moi, au milieu de tout cela, cherchant à retenir les claveaux, les murs et les gens, nouveau Samson à l'inverse, usant ma force pour étayer l'Opéra, et finalement succombant dans le désastre! C'est alors que je me réveillais pantelant, de ce rude cauchemar, et qu'après avoir repris mes sens et m'être convaincu que j'étais en proie à un mauvais rêve, je passais le reste de la nuit à croire que c'était un avertissement du ciel, et que réellement la voûte était écroulée, et c'est avec terreur que j'entendais la sonnette des fournisseurs du matin; il me semblait que l'on venait m'annoncer le fatal écroulement! puis, lorsqu'enfin, à peine levé j'allais à l'Opéra, en contemplant les visages de tous ceux qui passaient dans la rue, je me tenais à peine en entrant dans le bâtiment; et il fallait que je visse les premiers ouvriers que je rencontrais accomplir leur besogne journalière, sans paraître préoccupés, pour que je sentisse le calme revenir en moi et la confiance renaître. Je courais alors bien vite vers le malheureux vestibule qui était encore en bon état. C'était bien le cas de m'écrier comme dans les drames de l'Ambigu : « Merci, mon Dieu! »

Et dire que ces cauchemars, ces transes, ces inquiétudes remplissent, pour une cause ou pour une autre, une grande partie de la vie des architectes! Croyez-vous que tout soit rose dans notre profession, et que le plaisir de faire ravaller quelques moellons vaille la peine que vous cause la crainte de les voir tomber? la voûte du vestibule n'est pas tombée, elle; car la deuxième fissure que j'avais remarquée était aussi la dernière qui devait se produire, et depuis trois ans, ici, du reste comme dans tout l'Opéra, tous les tassements normaux ou anormaux sont arrivés au bout de leur évolution, et je dors tranquille.

Cela ne fait rien ; cette question de responsabilité est vraiment terrible ; elle est suspendue sur la tête des architectes avec une persistance cruelle et une injustice tenace, et, tant qu'elle ne sera pas réglée autrement qu'elle ne l'est en ce moment encore, il n'y aura nul rapport équitable entre les taux des honoraires et l'œuvre du constructeur.

Que l'on soit responsable de ce que l'on fait, c'est fort bien, c'est fort juste ; mais ce qui l'est moins, c'est d'être responsable de la responsabilité des autres. C'est pourtant ainsi que cela se présente dans les choses de la construction, et je ne connais guère que les ministres qui soient aussi mal lotis que les architectes. La sottise d'un employé peut compromettre tout un ministère ; la négligence d'un ouvrier maçon peut compromettre à jamais l'avenir, la réputation et la fortune d'un architecte.

Je sais bien que le chef de division est responsable en premier lieu de ses sous-chefs de bureau et de ses expéditionnaires ; je sais bien que les entrepreneurs sont les premiers responsables de leurs ouvriers et de leurs ouvrages ; mais tout cela n'est qu'un palliatif ; c'est toujours au chef de l'œuvre que remontent les attaques, et la responsabilité, partagée et renvoyée à quelques intermédiaires, ne diminue guère la responsabilité que l'on fait aller jusqu'à nous. Ainsi, si par suite de mal-façon due à celui-ci où à celui-là, il était arrivé qu'à l'Opéra il s'écroulât pour cent mille francs de travaux, ce n'est pas avec les quinze cents francs que j'aurais reçus que je pourrais payer le désastre, si l'entrepreneur était insolvable, et, en tous cas, me consoler de l'espèce d'affront qui m'aurait atteint parce qu'un ouvrier en goguette aurait, à mon insu, posé une pierre sur délit au lieu de la poser sur son lit de carrière...

Remarquez bien, je vous prie, que, dans la plupart des cas, les entrepreneurs ne sont pas choisis par l'architecte et que c'est au hasard des adjudications que celui-ci reçoit ses collaborateurs industriels. Ils sont souvent honnêtes et expérimentés ; mais cela n'arrive pas toujours, et il ne faut qu'un entrepreneur de pacotille, ayant fait un rabais exorbitant, pour compromettre l'exécution de tout un bâtiment.

Est-ce à dire que nous voudrions être privés de cette responsabilité qui, en somme, offre une garantie à nos clients ? Loin de là, et même elle pourrait être encore augmentée et rendue plus sévère et plus stricte ; mais alors en la resserrant à ce qui touche à la conception de l'œuvre, à toutes les combinaisons logiques de la construction, non-seulement comme stabilité, mais encore comme économie de moyens ; il faudrait être responsable si les murs et les planchers sont trop faibles pour leur office ; il faudrait également être responsable s'il y avait exagération d'épaisseur et de force ; il faudrait être responsable si les coupes de pierres et les assemblages de bois ou de fer sont défectueux ; il faudrait l'être de même si la surabondance de stabilité était obtenue au moyen de la surabondance des matériaux. Cela serait juste et logique. Si mon habit craque dans le dos parce qu'il est mal cousu, je le rends au tailleur ; mais si le tailleur pour le faire assez large emploie en fausses coupes deux fois plus d'étoffe qu'il n'en faut, j'ai le droit de ne pas lui payer des fournitures inutiles qu'il n'a faites que par ignorance ou par calcul intéressé.

Mais au moins si vous imposez une lourde charge aux architectes, limitez-la à ce qui leur incombe strictement, et laissez aux entrepreneurs la responsabilité complète, entière, de l'exécution de l'œuvre et de la qualité des matériaux qu'ils emploient. Si une voûte tombe parce qu'elle est mal combinée, moi, architecte, je devrais payer tout le dommage sans recours aucun contre ceux qui ont suivi mes plans ; mais si la voûte s'effondre par suite de joints mal faits ou de pierres écrasées, que l'entrepreneur soit seul, absolument seul responsable, comme argent et comme blâme. Je veux bien, puisque que je le dois, surveiller la construction de tout le bâtiment ; mais ma surveillance a des limites, et j'aurais beau avoir, dans un chantier employant deux mille ouvriers, deux ou trois inspecteurs ou suppléants, que jamais ces inspecteurs ne pourraient être à la fois sur les épaules de tous les ouvriers. Or cinq minutes suffisent pour mal sceller des joints, mal poser une pierre, mal caler des fers et mal serrer un boulon.

Tenez, il y a à l'Opéra une série de longues poutres en tôle, qui sont reliées avec des fers placés dans les murs, afin de former chaînage. La liaison est faite au moyen de plates-bandes en fer, recevant chacune une douzaine de forts boulons. Lorsque ce travail s'est exécuté, le serrurier avait présenté les plates-bandes et mis deux boulons provisoires pour les maintenir en place ; cela resta ainsi quelques jours ; mais il paraît que ce petit arrêt gênait un peu les maçons qui ne pouvaient continuer à élever leurs murs, et ils trouvèrent alors tout simple, au lieu d'attendre que le serrurier eût placé tous les boulons, de sceller quand même les chaînages tels qu'ils étaient et de poursuivre leur besogne. Cela serait resté longtemps ainsi jusqu'au jour où les murs, s'apercevant qu'ils n'étaient pas retenus, se seraient avisés de s'en aller dans la rue. Heureusement qu'une semaine après cette belle opération, j'eus comme un pressentiment que mes limousins avaient eu un peu trop d'ardeur. Je fis venir le compagnon serrurier, qui m'apprit que lorsqu'il était allé pour mettre ses boulons il avait cru, la maçonnerie ayant été son train, que j'avais renoncé à mes chaînages et il avait remporté tranquillement les boulons !

Je fus moins tranquille que lui et fis immédiatement démolir les malencontreux moellons, afin de terminer le travail de ferronnerie ; mais je vous assure bien que j'ai eu une grande frayeur rétrospective. Voyez-vous ces vingt ou vingt cinq chaînages supprimés, les construction poussant au vide et, sinon une catastrophe, au moins un accident au bout de tout cela ? Croyez-vous que si les murs s'étaient écartés, c'eût été à moi de fournir l'argent pour les remettre en place ? Croyez-vous que j'eusse été justement responsable de l'oubli d'un serrurier ou de la précipitation d'un maçon ?

Eh bien ! c'est comme cela partout, et dans le terrible métier que nous faisons, nous sommes exposés à tout instant à de grosses alarmes et à de méchantes surprises. Ah ! vous tous, si quand vous recevez par hasard une pièce fausse, vous étiez mis aux galères comme si vous étiez vous-même le faux-monayeur, vous trouveriez peut-être que cela n'est pas juste ; et dire que dans tous les bâtiments c'est la fausse monnaie qui est la monnaie courante ! soit dit sans accuser personne ; car il est bien difficile de savoir qui est le coupable, des fournisseurs, des entrepreneurs, des commis, des ouvriers, des manœuvres, des inspecteurs et même des architectes ! Les bévues et les oublis se font, je crois, tout seuls ; tout le monde y met du sien sans parti pris, et les entrepreneurs prétendent même qu'ils sont quelquefois les premiers à souffrir pécuniairement de ces erreurs ; mais il n'y a qu'un homme qui soit moralement responsable, c'est l'architecte !

Si nous revenions au vestibule ?

Ça n'en vaudrait guère la peine s'il ne s'agissait encore que de son architecture. Sauf la mention que je me plais à faire de Mʳ Hurpin, sculpteur de talent, qui voit fin et gras à la fois, et qui a exécuté mes dessins de façon à en faire de véritables œuvres d'art, je n'aurais plus rien à signaler ; les voûtes des extrémités peut-être, qui sont assez curieuses comme études stéréotomiques, les bouches de chaleur, si l'on veut, et ce serait tout, s'il ne me restait à dire le mérite des quatre statues assises, placées sur la paroi de face.

Ces statues, dans l'ordre de leur placement en commençant par la gauche, sont celles de Rameau, de Gluck, de Lulli et de Haëndel. Elles sont l'œuvre de MM. Alasseur, Cavelier, Schœnewerke et Salmson.

Citer ces noms c'est déjà dire la valeur de ces ouvrages et rendre pour ainsi dire inutile toute appréciation ; et cependant, telles qu'elles sont encore en ce moment, ces statues n'ont pas toute la finesse et l'étude qu'elles auraient si elles étaient exécutées en marbre ainsi que cela devait être dans le principe. Elles ne sont malheureusement pour l'instant que moulées en plâtre et attendent que l'argent arrive pour être transformées en une autre matière plus riche, plus souple, et qui permette au statuaire de montrer, à côté de son habileté de composition, son habileté d'exécution. Les praticiens font, il est vrai, une grande partie de la besogne; mais les accents, les touches du ciseau sont toujours réservées à l'artiste, qui donne ainsi lui-même à son œuvre un cachet particulier, qui la complète en la parfaisant.

Peut-être un jour pourra-t-on obtenir du ministre des beaux-arts les marbres qui nous avaient été promis jadis et qui n'ont pu nous être livrés, et si cette fourniture se fait, nul doute que le ministre des travaux publics ne donne à son tour l'argent nécessaire aux sculpteurs pour achever en marbre la besogne qu'ils ont si bien commencée en plâtre.

Quoi qu'il en soit de cette espérance, qui devrait être une réalité si les artistes insistaient sur leur droit (ce qu'ils n'osent faire, car les prix qui étaient convenus pour leur travail étaient si minimes, qu'il y aurait pour eux perte certaine à exécuter leurs statues), il faut faire abstraction de la matière et reconnaître déjà aux statues de ces vaillants sculpteurs les qualités qui les distinguent. C'est de la sculpture large, vive, mouvementée, grave et noble, ayant belle tournure et fort grand air. C'est de l'art décoratif et de l'art sculptural tout à la fois, ce qui n'est pas un petit éloge; et ceux qui ont ainsi composé ces figures ont le droit de se considérer comme étant des premiers dans la phalange de nos sculpteurs contemporains.

Il est évident cependant que quatre statues de quatre artistes différents ne peuvent avoir toutes des qualités semblables et être absolument sur un même rang. Il y a plus de grâce dans celle-ci, plus de force dans celle-là, plus d'étude dans la troisième et plus de fougue dans la dernière (je parle sans me préoccuper de l'ordre de placement); mais il est bien inutile de chercher à comparer des œuvres qui se recommandent toutes par leur allure et leur maestria, et je ne pense pas que j'aie le droit de classer le mérite de ces éminents statuaires suivant mon goût personnel. Il est bien vrai que parmi ces statues il en est deux que je préfère ; mais je me garderai bien de les indiquer ; ce serait vouloir diminuer la valeur des deux autres, ce qui serait injuste. Je signale tout simplement à l'attention du public les quatre ouvrages qui ornent le grand vestibule, et je suis convaincu que notre école de sculpture aura à se glorifier de ces productions vivantes et colorées.

Quant à moi, je serre cordialement la main aux quatre artistes qui ont bien voulu me prouver leur amitié pour moi en devenant de si utiles collaborateurs.

LE GRAND FOYER.

Baudry était à Rome en ce moment-là. Il allait y passer une année à étudier à nouveau le génie de Michel-Ange, et il exécutait ces merveilleuses copies de la chapelle Sixtine, qui, bien qu'elles soient d'une exactitude et d'une vérité rigoureuses, n'en sont pas moins nèttement signées Baudry. C'est le propre des grands artistes de mettre leur personnalité dans toutes leurs œuvres, et, tout en respectant scrupuleusement les modèles qu'il leur plaît de reproduire, de savoir réunir la fidélité de la reproduction à l'expression saisissante de leur talent particulier. Baudry a fait ainsi, et son travail sur la chapelle Sixtine résume dans ses grandes pages l'œuvre du puissant peintre de la Renaissance italienne et celle du vaillant artiste français.

C'est en se livrant à ces magistrales études que Baudry se préparait à l'exécution des toiles devant orner le foyer de l'Opéra ; mais au fur et à mesure qu'il s'identifiait avec le robuste florentin, il sentait son imagination s'élever et son ardeur se développer. Il avait hésité dans le principe à accepter la tâche que je voulais lui confier, la trouvant trop étendue ; il craignait que le temps ne lui manquât pour l'achever ; maintenant il trouvait cette tâche trop exiguë, et il la voulait plus ample et plus large. Il avait commencé par se sentir effrayé du nombre de toiles qu'il avait à remplir, il était désolé à présent que l'espace fût si mesuré. Ce n'était plus seulement une vingtaine de pages qu'il voulait écrire avec son pinceau, c'était le bâtiment tout entier qu'il eût voulu couvrir de ses compositions !

Il m'écrivit donc de Rome, en me demandant instamment de changer la décoration du foyer et de lui réserver au-dessus des colonnes et dans le plafond de la salle d'autres panneaux à peindre et d'autres sujets à traiter. Il était bien entendu que ce qu'il désirait exécuter en supplément ne lui serait pas payé ; ce n'était pas l'amour du lucre qui le guidait, mais bien la passion pour l'art. Nous étions d'accord sur cette manière de voir, et nous pensions tous deux que les artistes vivent mieux de gloire que d'argent ; mais si nous étions certains de ne pas être trop envahis par celui-ci, nous n'étions pas bien sûrs de rencontrer celle-là, et il se pouvait que le sacrifice fût inutile. N'importe ; il était déjà doux de songer à ce qu'on appelle une fumée ; car l'ambition artistique ressemble fort aux espérances de l'amour, qui n'a jamais tant de charmes que lorsqu'il est dans la période de combat et d'indécision.

Il y avait pourtant une difficulté pratique qui gênait un peu nos belles aspirations. Pour satisfaire aux désirs de Baudry il fallait que je fisse quelques concessions architecturales ; pour satisfaire aux miens il fallait que Baudry n'ouvrît pas entièrement ses ailes, et la fameuse gloire de l'un ne pouvait se développer qu'aux dépens de la fameuse gloire de l'autre.

J'avais, en effet, composé la voûte du foyer de façon à ce qu'elle fût reliée avec les parois verticales, et de gros motifs, bien pansus et bien abondants, couronnaient chaque groupe de colonnes, pour aller soutenir puissamment les cadres du plafond central. Ce plafond lui-même, par la tonalité que j'avais rêvée, devait s'harmoniser complétement avec le reste de la salle ; de sorte que, bon ou mauvais, le foyer aurait toujours eu ainsi le grand avantage de l'unité décorative, répandue sur les murs comme sur les voussures. Il fallait retirer une partie de cette unité générale pour faire place aux peintres, aux peintres qui nous craignent, qui nous maudissent et qui nous appellent leurs bourreaux, parce que quelquefois nous sommes forcés de leur couper un centimètre sur une toile de dix mètres, quand eux voudraient nous faire enlever un mètre sur une moulure qui n'a que deux pieds et demi ! Mais que voulez-vous ? nous sommes censés leurs maîtres ; du moins ils le croient, et ça suffit pour qu'en bon français ils nous prennent pour leurs ennemis.

Ah ! si un encadreur s'avisait de recouvrir à moitié un portrait de Van Dyck, sous prétexte que trop de peinture nuit à son cadre, je voudrais bien voir les cris que les peintres pousseraient ! Eh bien, c'est à peu près la même chose pour nous que si un peintre s'avisait de coller sa toile sur nos moulures, sous prétexte que ces moulures le gênent ; tous les artistes sont orfévres et tiennent à le prouver, et raisonnablement on ne peut en vouloir à un architecte qui, s'imaginant que sa profession est un art en valant bien un autre, veut que ce qu'il trouve bien ne soit pas traité avec trop de sans-façon. J'aurais donc été dans mon droit strict en repoussant avec véhémence la proposition de Baudry, et même, si je voulais employer les grands mots, j'aurais accompli mon devoir professionnel en disant au peintre : tu n'iras pas plus loin.

A vrai dire, j'aurais eu affaire à un artiste de mauvais aloi, à un simple barbouilleur, que je me serais cantonné derrière ce grand mot de devoir, et je suis encore assez têtu à l'occasion pour être certain que ma résistance eût été effective ; mais j'avais affaire à un véritable artiste, qui avait, il est vrai, le tort d'être mon meilleur ami, ce qui était une mauvaise note en cette occasion, mais qui avait aussi le grand mérite d'être passionné pour son art, ce qui force le respect et l'admiration. Avais-je le droit de m'opposer à l'éclosion d'œuvres qui devaient être à l'honneur de notre École ? Avais-je le droit de priver la France de productions élevées et glorieuses, tout cela pour avoir le plaisir de mettre dans une salle quelques cartouches et quelques moulures de plus ? Ces cartouches, ces moulures, pouvaient toujours, le cas échéant, se produire un jour, si l'on y tenait absolument ; mais ces peintures que j'aurais refusées ne se produiraient plus, si je les écrasais dans leur germe. Et puis, qui me disait qu'après tout il n'y aurait pas un effet meilleur au moyen de ces tons colorés harmonieusement qu'avec ceux plus uniformes que je voulais y mettre ? Allons, décidément, le devoir n'est pas de penser à soi tout seul et d'ajouter quelques lignes de la même écriture à un volume déjà bien rempli ; le devoir est de stimuler les grandes œuvres qui peuvent éclore, et de leur donner une large hospitalité. Qu'importe que dans un bouquet il y ait deux ou trois pâquerettes de moins, si celles-ci sont remplacées par une rose odorante ou une resplendissante azalée ! Je me suis donc décidé à céder la place à l'œuvre du peintre, et si je déplore quelquefois, au point de vue de l'architecture, un peu de maigreur dans les voussures, je ne regrette pas ce sacrifice, qui a permis à Baudry d'exécuter ces admirables muses, si typiques et si élégantes. Quant au public (et il a bien raison), il ne se rend guère compte des modifications que j'ai apportées à ma composition primordiale, et il se laisse aller tout simplement à un autre regret, celui de ne pas trouver encore assez de peintures de Baudry dans le grand foyer.

Il y en a cependant suffisamment pour que l'artiste qui a produit toutes ces compositions puisse être certain que son œuvre restera comme une des plus imposantes manifestations de la supériorité de notre École française. De nos jours où, en général, les commandes de peintures décoratives sont morcelées, il n'y a pas d'exemple qu'un peintre ait accumulé dans un même ensemble une suite de toiles aussi nombreuses, aussi importantes et ayant, par l'énergie et la continuité des efforts qu'elles ont nécessités, une valeur artistique aussi complète.

Certes, je me garderai bien de comparer le talent de Baudry avec celui que possèdent ses émules et ses rivaux. Il y a toujours danger et inutilité à faire ces comparaisons ; mais, en jugeant la chose intrinsèquement, il faut bien reconnaître que la décoration picturale du foyer de l'Opéra est hors de pair et qu'un souffle puissant et personnel a traversé toutes ces toiles admirables.

C'est ce souffle artistique, c'est cette personnalité singulière, qui ont donné à ces peintures ce charme étrange et pénétrant ; c'est cette tendance au grand, tempérée par cette grâce presque naïve, qui a fait de l'œuvre de

Baudry cette page élevée et attachante ; ce sont même les défauts, l'incorrection qui font partie intégrale de la nature nerveuse de l'auteur, qui ont produit cette saveur intime qui se dégage de cette foule de compositions. Nul artiste, mieux que Baudry, n'a su depuis longtemps être aussi original en restant simple, aussi ample en restant délicat, aussi coloriste en restant discret, et je ne sais personne, même parmi ceux qui n'approuvent pas également toutes les toiles du foyer, qui ne se laisse séduire par cette grandiose élégance qui se détache une et persistante de l'œuvre d'un peintre par excellence.

Que de vérité et de sincérité dans les attitudes des personnages! que d'abandon ou de force dans leurs mouvements! que de noblesse et de pudicité dans les nus, et surtout que de distinction et d'harmonie dans les colorations de tous les panneaux! La couleur de Baudry est absolument à lui ; si elle dérive un peu des colorations des glorieuses fresques de la Renaissance italienne, elle a, en passant par son pinceau, pris une qualité qui n'appartient à personne : c'est une réunion de nuances exquises dans leur force ou leur atténuation, et comme un écrin nacré où se mêlent harmonieusement les éclats les plus brillants et les reflets les plus adoucis.

C'est bien un coloriste par tempérament qui a jeté sur ces toiles toutes les gammes d'une palette merveilleuse, et qui a donné à ces chairs ces originales et typiques carnations qui les font resplendir et palpiter. Il y a certes bien des moyens de comprendre la couleur, et les grands peintres italiens, flamands ou espagnols, ont montré que l'art ne se confine pas en une seule et unique expression. Baudry a fait de même, et, en développant aux yeux les tonalités qui sont propres à sa nature, il a ajouté aux magistrales colorations des maîtres de la peinture sa coloration personnelle, qui marque un jalon de plus dans cette suite d'énergiques manifestations de l'art : la couleur.

Il est bien entendu que je ne cherche pas à écrire un ouvrage descriptif; je n'ai donc pas l'intention de décrire une à une les toiles de Baudry; d'ailleurs tout le monde les a vues ou les verra, et avant même que l'Opéra fût ouvert on avait pu déjà les étudier à loisir à l'École des Beaux-Arts, où elles furent exposées. Il faut dire cependant que cette exposition plaçait l'œuvre du peintre dans un milieu défavorable, et que quelques critiques se sont élevées alors qui n'auraient point vu le jour si, par suite d'une bienfaisante pensée, Baudry n'avait pas cru devoir céder aux sollicitations qui l'assiégeaient et livrer au public une page qui, pour avoir toute sa valeur, devait se présenter dans certaines conditions.

En effet, il y avait dans toutes ces figures des déformations voulues, qui paraissaient anormales alors que les toiles se développaient sur une surface plane, au lieu de se produire sur une surface courbe. Toutes les parties inférieures des tableaux étaient pour ainsi dire allongées et étirées, afin qu'une fois placés dans une position oblique aux yeux, ces allongements donnassent l'impression de la réalité. Si ce parti-pris rationnel procurait aux figures une élégance, qui était loin d'être sans charme et qui rappelait les gracieuses figures de la Renaissance, il n'en résultait pas moins un défaut réel de proportion qui surprenait les visiteurs, jugeant naturellement plutôt ce qu'ils avaient sous les yeux que ce qu'ils devaient y avoir plus tard. Mais ce qui a surtout un peu dérouté l'esprit des gens, c'est la particularité d'exécution des peintures de Baudry, exécution admirable au point de vue décoratif, mais pleine de mécomptes si on la juge intrinsèquement et dans des conditions absolument opposées à celles dans lesquelles elle doit se produire.

Il est vrai que la façon dont étaient traitées les toiles était faite pour surprendre ceux qui pensaient qu'elles devaient être exécutées comme des tableaux de chevalet; car les procédés usités à cette occasion par le peintre étaient tout autres que ceux dont il se sert ordinairement, lorsqu'il fait un de ces magnifiques portraits qui ont déjà porté si haut sa réputation. Dans ces portraits, comme dans les peintures achevées qu'il a exposées à divers Salons, Baudry se faisait remarquer par une étude serrée des formes, vues toujours naturellement suivant son sentiment personnel, par une fermeté de touche très-puissante et par certains empâtements caractéristiques qui donnaient à l'œuvre un aspect très-saisissant de force et de vérité. Dans les peintures décoratives de l'Opéra, les procédés étaient tout à fait différents. En étant très-voisin de la toile on se sentait surpris par une espèce d'insouciance de dessin, par des indications sommaires, par des tonalités mornes et poussiéreuses; on voyait des rotules qui ressemblaient à des trois, des attaches de cou qui ressemblaient à des cordes; les mains semblaient à peine indiquées, les yeux de travers, les postures gauches, les chairs grises et éteintes, et les draperies avaient l'air de vieux chiffons. En somme on était presque stupéfait par ce qui vous sautait au regard, bien que toutes ces choses incorrectes vous étonnassent plus qu'elles ne vous choquaient. Mais en se reculant de quelques pas, de façon à embrasser l'ensemble de la toile, tout se modifiait comme par enchantement, et l'espèce de malaise que l'on ressentait en touchant presque l'œuvre se changeait alors instantanément en une sorte de volupté artistique qui développait en vous une réelle admiration. Les dessins incorrects prenaient un accent net et marqué; les mains des personnages devenaient d'une élégance exquise ou d'une fermeté remarquable; les tonalités s'harmonisaient et se développaient en rayonnements colorés; en somme, la grandeur des compositions se complétait par la simplicité d'une exécution magistrale, et le regard charmé se laissait aller au plaisir de suivre ces contours si fins et si expressifs et ces colorations si aimables et si riches.

Il y avait, il y a dans ces pages, dues à un artiste d'un réel tempérament, une noblesse de sentiment qui élève l'esprit de celui qui les regarde, et une interprétation particulière de la nature, qui, conventionnellement modifiée par le génie du peintre, la grandit en la rendant plus qu'humaine. Quant aux tonalités qui se jouent sur les toiles, elles sont peut-être encore plus étonnantes en ce qu'elles sont absolument trouvées par l'artiste. Aussi si quelques-uns font des réserves, ce qui est naturel, car chacun voit à sa façon, il faut reconnaître que ces réserves s'arrêtent toujours au coloris de Baudry, et que ceux-mêmes qui, parmi les artistes, ont un talent tout à fait différent du sien, s'accordent à déclarer hautement qu'il n'y a guère que lui qui sache faire des ombres lumineuses, ce grand écueil de la peinture; c'est par cette qualité précieuse que se distingue surtout la supériorité des coloristes, et il faut même avouer que plusieurs d'entre eux, et j'entends les plus célèbres, ne la possèdent pas à un degré aussi marqué que Baudry; au surplus cette déclaration était presque inutile, car chacun l'a faite de son côté et, en la consignant, j'édicte à nouveau une vérité indiscutable. Cependant, en insistant sur ce caractère particulier du talent du peintre, il est bien entendu que Baudry n'est pas seulement un coloriste, mais encore qu'il est un peintre dans la plus large et la plus complète acception du mot.

Un peintre! avez-vous rêvé un nom plus heureux, une chose plus fortunée! la douce poésie se fait la compagne de ces grands artistes qui peuvent, en produisant, oublier que le monde, hélas, est bien humain, et que le matérialisme tend à tout envahir. Sans se préoccuper des entraves attachées aux autres arts, leur génie peut se développer avec abandon, et, si quelque sentiment divin l'anime, ils sauront bien mettre sur leurs toiles un reflet pur et brillant de leur pensée. Qu'importent les soucis de la vie prosaïque! qu'importent les épines qui, certainement, les blesseront quelque jour au passage! ils sont les maîtres absolus de leur esprit, de leur imagination, et lorsqu'ils trouvent que la terre ne suffit pas à leurs aspirations artistiques ils peuvent évoquer les dieux, et ouvrir à l'Olympe les portes d'une nouvelle immortalité.

Ainsi a fait Baudry, et en admirant son œuvre de l'Opéra, on se rappelle instinctivement les vers de Musset :

> Regrettez-vous le temps où le ciel sur la terre
> Marchait et respirait dans un peuple de dieux,
> Où Vénus Astarté, fille de l'onde amère,
> Secouait, vierge encor, les larmes de sa mère,
> Et fécondait le monde en tordant ses cheveux?

Certes, oui, je regrette ce monde qui n'est plus! et la nymphe lascive, et le faune indolent! certes, oui, je regrette le temps où chaque passion, chaque sentiment, chaque joie ou chaque douleur donnait naissance à un symbole puissant et caractéristique! certes, oui, je regrette Plutus, représenté par nos financiers; Homère, représenté par l'agence Havas; Vénus, représentée par les cocottes, et le Destin, par le suffrage universel. Aussi c'est avec un vif enchantement que je me laisse aller et vivre dans la céleste foule assemblée par Baudry, et que je remercie l'artiste qui a su évoquer ces grandes et douces images d'un passé fantastique et glorieux!

Planez dans cette voûte dorée, divinités charmeresses! resplendissez sur vos fonds miroitants, aimables Muses poétiques, et tenez haut vos puissants attributs. Lève ta lyre, Apollon; ton caducée, Mercure; ta foudre, Jupiter; et toi, Cupidon, ton, éternel flambeau de l'amour! Sortez de vos voussures et de vos cadres, Orphée, Terpsichore, Melpomène ou Thalie, et rappelez à la foule incolore qui circule au-dessous de vous qu'un conseil municipal, une chambre des députés, des gendarmes et des gazettes ne suffisent pas à faire le bonheur d'un peuple et qu'il faut encore que l'art, la tradition, le respect des belles choses, l'imagination et les élans poétiques de l'âme ne soient pas par trop délaissés.

Peut-être quelques-uns ressentiront-ils ce sentiment en levant les yeux vers l'œuvre de Baudry, et, s'il en est ainsi, le peintre aura fait non-seulement œuvre d'artiste, mais encore œuvre de rénovateur!

Cependant si Baudry ajoute à son talent de peintre un certain côté philosophique, il faut bien reconnaître que c'est à peu près inconsciemment ; car il n'a, en somme, qu'une préoccupation : celle de faire de la bonne et belle peinture, et vous voyez qu'il n'y réussit pas mal. D'ailleurs, Baudry fait de l'art comme les abeilles leur miel, pour son usage personnel et sa satisfaction particulière, et il passe souvent au milieu de la vie pratique en vivant seulement une vie rêveuse et intérieure. Son esprit, un peu inquiet, s'accorderait assez mal des concessions qu'il faudrait faire au public pour devenir son favori, et il redoute autant les compliments de ses amis que les critiques de ses rivaux. Il se tient donc sur la réserve, travaillant en songeant, mais ne parlant que bien rarement de ses travaux ; aussi, lorsque par hasard il semble être inquiet sur l'avenir de quelques-uns de ses ouvrages, on peut être certain que cette pensée ne lui est pas venue spontanément et que ce sont plutôt les inquiétudes des autres que les siennes qu'il ressent dans ces moments-là. En tout cas une inquiétude que personne n'a encore ressentie et ne ressentira jamais, c'est que l'œuvre du peintre s'oublie un jour et passe avec le temps qui fait passer tant de choses. Des pages de la valeur de ses portraits et de celle de ses voussures de l'Opéra sont assurées contre les caprices de la mode, et conserveront certainement à l'avenir le nom de cet artiste éminent, destiné sans doute à devenir illustre.

Il est bien évident qu'il n'y a pas qu'une seule belle chose en ce monde, et qu'admirer d'un côté ne veut pas dire qu'on ne peut admirer de l'autre. On aime Rubens et Raphaël, on aime le vin de Bourgogne et le vin de Champagne, et le Misanthrope ne fait aucun tort à Polyeucte.

Si donc j'ai dit de l'œuvre de Baudry une partie du bien que je pensais, cela n'implique aucunement que je ne pense encore grand bien de l'œuvre de Delaunay et de celle de Barrias, qui ont concouru eux aussi à la décoration picturale du foyer.

Certes, si l'on voulait comparer ces diverses œuvres on trouverait entre elles de notables différences, et, pendant l'entraînement de la discussion, on arriverait peut-être à exalter trop par ici et à trop abaisser par là. Ce serait absolument injuste; la comparaison est bonne lorsqu'il est utile d'établir un rang de primauté entre deux productions; mais elle doit être repoussée lorsqu'il ne s'agit que de parler de la valeur intrinsèque de l'œuvre. D'ailleurs si je donne mon avis sur quelques-uns des ouvrages de mes collaborateurs, c'est que ces ouvrages touchent à la décoration de l'édifice et que j'ai alors le droit de les apprécier; mais mon droit s'arrête là, et je ne me reconnais plus celui de faire de la critique comparative, qui ne signifie en somme rien du tout.

Que l'on préfère la couleur de Baudry à celle de Barrias, cela se peut; que l'on préfère les compositions de Barrias à celles de Delaunay, cela se peut encore; et qu'enfin l'on préfère le dessin de Delaunay à celui de Baudry, tout cela se peut toujours, mais, en résumé, ne prouvera pas grand'chose. Quant à moi, qui ai pour les peintures de Baudry la sincère admiration que l'on sait, je ne me sens pas l'esprit entièrement envahi par ce sentiment développé, et je le trouve au contraire parfaitement complet et assez puissant encore pour qu'il se porte librement sur les toiles de Barrias et celles de Delaunay.

En tout cas je tiens à déclarer que, quant à ce qui me touche principalement comme architecte, c'est-à-dire le côté décoratif, ces toiles ont, non-seulement une tonalité fort bonne, mais encore, ce qui est très-important, une intensité de valeur excellente. Que ces deux artistes aient été un peu étouffés par le grand bruit qui s'est fait autour de l'œuvre de Baudry, cela est possible, et il eût été même difficile qu'il en fût autrement ; mais moi qui sais le talent que chacun a mis à accomplir sa mission, je suis convaincu que si la foule eût été moins distraite et qu'elle eût étudié avec conscience les toiles de Delaunay et celles de Barrias, elle aurait eu, déjà marchant sur la route, bien peu de chemin à faire pour atteindre le sommet du Capitole, lorsqu'après avoir vu l'œuvre de Baudry elle y est montée pour rendre grâces aux Dieux !

Quoi qu'il en soit, il me semble que Barrias et Delaunay ont fait là leur œuvre la meilleure, et, s'il en est ainsi, avouez que ce n'est pas peu dire !

Pour terminer avec la peinture du grand foyer, je signale deux plafonds de Clairin, placés dans les petits salons des extrémités. Ces plafonds sont largement peints, d'une couleur éclatante et riche, et montrent que l'artiste qui les a exécutés a de grandes qualités de coloriste, et surtout de coloriste décoratif, ce que je prise très-fort.

Maintenant c'est à moi de me mettre sur la sellette ; mais je m'y assoirai en compagnie de quelques sculpteurs qui me rendront certainement la place meilleure et plus agréable.

Avant de commencer ma causerie sur les mérites du grand foyer, laissez-moi vous dire tout de suite que ce grand foyer me paraît une grande et belle salle, et que j'ai dans l'idée que je ne suis pas seul de mon avis. Je ne sais trop encore ce que je vais vous dire au courant de la plume ; mais je tenais à commencer par vous faire ce résumé-là, parce que, sans cela, j'aurais eu toujours envie, en écrivant sur n'importe qui ou sur n'importe quoi, de vous dire : « Vous savez que le grand foyer est fort bien. » C'est dit maintenant, et je n'aurai plus à comprimer mon sentiment personnel de satisfaction. Mais ne croyez pas, je vous prie, que ce soit par amour-propre que je vous fais connaître la bonne opinion que j'ai de ma galerie. Pas du tout. J'ai depuis longtemps renoncé à ce vilain petit défaut fort agaçant, pour me rejeter à l'occasion sur le grand péché d'orgueil, et je vous assure que ce péché-là n'est pas du tout irritant, en ce qu'il ne vous rend pas plus pédant ni plus fier.

Ce que je vous dis là serait peut-être un peu long à analyser, et en quelque point semblerait tenir un peu du paradoxe ; mais je vous certifie que c'est pourtant une vérité des plus réelles. La vanité bouffie et l'amour-propre pincé sont loin de faire bon ménage avec la modestie ; mais un bel et bon orgueil, tout naïf, s'épanouit souvent près de la modestie réelle, comme le chêne superbe près de la timide violette. Ce sont deux grandes choses qui favorisent l'éclosion de deux petites, lesquelles ne peuvent bien venir qu'à l'ombre d'une fière pensée ou d'un fier feuillage. Laissez-moi donc être modeste à ma façon ; ça vaut mieux encore que de l'être à celle de Tartufe.

Donc le grand foyer est bel et bien une chose élégante et puissante. C'est convenu, n'est-ce pas, et la cause est entendue ?

Je veux pourtant insister sur un des caractères les

plus frappants de la composition de cette salle, c'est-à-dire les salons de forme un peu octogonale, largement ouverts aux extrémités de la grande nef (vous me permettrez d'employer ce mot sacré dans un monument profane); de cette façon cette grande nef se continue plus souple, plus ample, plus mouvementée, et les piédroits saillants qui séparent les trois vaisseaux font à peu près l'office de coulisses, qui agrandissent et accentuent la perspective générale. Ajoutez à cela les petits salons des bouts, qui prolongent encore la vue; puis enfin les glaces, placées sur les parois extrêmes, et vous ne pouvez nier que cet ensemble, qui s'allonge pour ainsi dire indéfiniment, ne cause une heureuse impression. Quant aux grandes cheminées, reculées jusqu'au fond des parties octogonales, elles servent, par leur ampleur, d'harmonieux dernier plan aux lignes du grand foyer, et de puissant premier plan à la perspective qui se continue dans les glaces.

Voilà donc une composition logique, variée et vraiment somptueuse, qui, en dehors de toute question de goût artistique, ne doit trouver que des approbateurs.

Eh bien! cette grande composition dont je dis avec joie tous les mérites est dûe moins à moi tout seul qu'à un de mes maîtres, qui veut bien aussi être mon ami, et qui m'a donné l'un des deux bons conseils que j'ai seuls suivis à l'Opéra. C'est à M. Duc que je dois ce conseil excellent; c'est à M. Duban que j'ai dû l'autre, dont je parlerai à propos de l'avant-foyer.

Je crois que j'ai assez mis du mien dans l'édification du Nouvel Opéra, pour que l'on puisse me pardonner si, par deux fois, j'ai mis ce qui m'était indiqué par un autre, et je ne pense pas que l'on me traite d'homme indécis et sans idée personnelle, si je déclare qu'en dehors de mes collaborateurs de tous les jours (collaborateurs qui avaient avec dévouement fondu leurs pensées dans la mienne), j'ai eu aussi ces deux collaborateurs quasi anonymes, qui n'ont, il est vrai, collaboré que d'un mot chacun, mais d'un mot qui devait fructifier.

En effet, dans ma composition primordiale, j'avais arrêté la nef du foyer au-devant des salons octogones, que je supposais devoir être de petits foyers spéciaux, et, dans ce principe, les grandes cheminées étaient naturellement placées sur les murs de séparation de ces salons et du foyer. Que résultait-il de ce parti? c'est que l'on entrait dans le foyer à peu près par des coins, que la salle n'était pas assez étendue, que la vue se bornait aux cheminées, avancées chacune de dix mètres environ, et qu'au lieu d'avoir cette grande perspective mouvementée qui existe maintenant, on aurait eu trois salles plus ou moins bien étudiées, mais ne se reliant entre elles que par des baies de dimensions assez restreintes. En somme, j'aurais coupé une grande galerie par deux espèces de cloisons transversales, et, bien que l'espace livré au public eût été sensiblement le même, cet espace eût paru mesuré, parce qu'il était maladroitement divisé en trois morceaux.

Cependant mon projet était établi ainsi; je m'étais fait à cette idée de division, et il est bien présumable que je serais resté dans ce parti, qui ne me choquait pas lors de mes premières études. C'est alors que M. Duc, venant un jour voir mon projet, approuva tout ce qui était fait, sauf le foyer, et me conseilla de reporter la cheminée sur le mur du fond des salons octogones, en ouvrant ceux-ci sur le foyer.

C'était, comme on le voit, une chose bien simple ; mais il fallait pourtant y penser ; les nombreux amis et confrères qui suivaient alors mes travaux, n'y avaient sans doute aucunement songé, puisque personne ne m'en avait parlé. Je pourrais bien, il est vrai, supposer qu'un jour ou l'autre pareille idée me fût venue ; mais ce serait là une supposition bien éventuelle ; car lorsque l'on est longtemps occupé à une œuvre, les grands changements de composition sont bien rares, et je crois que j'aurais pu rester fort longtemps à faire et refaire mes dessins, sans penser que j'avais un œuf à faire tenir debout.

Aussi je remercie du fond du cœur M. Duc de ce conseil réellement bon, parce que ce n'était pas un conseil de goût personnel, mais bien un conseil de logique, et par ce tout petit mot : « Reculez les cheminées », il m'a fait faire, au lieu d'une salle un peu bâtarde, le grand ensemble que j'ai le courage d'admirer devant tout le monde et que tout le monde admirera aussi peut-être un jour derrière moi.

Il ne faut pas croire cependant que je n'aie pas été un peu rétif en entendant les paroles de M. Duc. D'abord parce que, si je ne suis guère les conseils que je demande parfois, je ne suis en général jamais ceux qu'on me donne sans que je les requière ; puis, parce que tout changement soudain, que l'on vous propose d'effectuer, vous surprend toujours un peu, et que le sentiment de contradiction inné chez beaucoup d'artistes (et je fais aussi partie de la confrérie) vous porte tout de suite à prendre un air revêche et à déclarer que ce que l'on veut vous faire modifier est précisément ce que vous avez fait de mieux. Il est vrai que cela dépend beaucoup de la perturbation que doit apporter le conseil, et comme celui de M. Duc paraissait bien révolutionnaire, c'était assez pour que je refusasse de le suivre. Oui; mais après le départ de mon cher maître, étant tout seul, comme je n'avais plus ce bête d'amour-propre dont je parlais tout à l'heure, je vis bien vite que j'étais un imbécile, et, au bout d'un quart d'heure, le nouveau projet était indiqué dans ses nouvelles conditions. Je le montrai alors aux inspecteurs de mon agence, qui n'eurent qu'une voix pour acclamer la modification. Je remerciai M. Duc le lendemain; depuis il a sans doute oublié la participation qu'il a prise dans la disposition générale du grand foyer; mais moi qui ai de bonnes raisons pour en garder un reconnaissant souvenir, je mets ici son nom dans ces pages, comme témoignage de mon affectueuse gratitude.

Si j'ai eu un conseil excellent et que j'ai entièrement suivi, j'en ai reçu aussi pas mal de mauvais, que j'ai eu le bon esprit de ne pas écouter. Parmi ceux-là, un, entre autres, revenait avec persistance, à tout instant, pendant près de dix ans! J'étais entouré de gens de talent, de grand talent même, mais qui voyaient autrement que moi et qui voulaient à toute force me faire diminuer la hauteur du foyer. Comme j'ai des idées particulières sur les proportions des grands vaisseaux, et que plus une salle est longue, plus en général il me plaît qu'elle soit haute, j'ai toujours refusé de baisser ma voûte et je l'aurais même plutôt élevée! En somme je ne connais rien d'aussi imposant que les grandes nefs des églises gothiques, et, me disant que l'Opéra était après tout comme un temple, ayant l'art pour divinité, je voulais que, si la salle était considérée comme le sanctuaire de ce temple, le foyer en fût considéré comme la nef. D'ailleurs, j'ai émis, je ne sais plus où, une théorie : c'est que les salles basses amènent les regards vers le sol, tandis que les salles élevées les attirent vers les voûtes. Or, comme les voûtes du foyer de l'Opéra devaient recevoir les peintures de Baudry, c'est là, d'abord, que la vue devait se porter. Ne prenez pas ceci pour un paradoxe ; mais si les peintures de Baudry avaient été exécutées sur des voussures bien plus basses que celles actuelles, on les eût peut-être mieux vues, mais certainement on les eût moins regardées !

Ce qui stimulait encore mes craintifs amis, c'est que, pendant longtemps, deux files d'écoperches se dressaient dans la longueur de la salle, et divisaient celle-ci, pour ainsi dire, en trois travées, ce qui tendait à altérer les proportions de hauteur et de largeur. Mais je savais bien qu'il ne fallait pas se laisser impressionner par cet effet provisoire, et que, l'échafaudage enlevé, les proportions reprendraient leurs dimensions voulues. De plus il fallait attendre que le parquet fût posé ; car c'est là ce qui change le plus l'aspect des salles. Cette surface unie, qui relie les deux parois et qui est divisée en mille petits compartiments formés par les pièces du parquet, agrandit étonnamment l'espace, et il faut toujours compter sur ce procédé.

De fait, lorsque la salle fut terminée, elle parut d'heureuse proportion, et, je le dis à ma grande satisfaction, j'ai remporté là une belle victoire ; car tous ceux qui craignaient un rapport mal pondéré furent les premiers alors à me féliciter de ma ténacité dans mon opinion.

J'ai insisté un peu sur ce point, bien que cela ne paraisse pas fort utile ; car en somme il ne s'agit guère de savoir si j'ai plus ou moins lutté contre les mille avis qui m'ont été donnés pendant le cours des travaux ; mais parce que j'ai tenu à montrer que toutes les fois qu'un conseil est un conseil de sentiment et qui s'adresse seulement à la question purement artistique, il faut impitoyablement le refuser, s'il contrarie vos inspirations personnelles. Un autre aurait pu certainement faire fort bien en mettant en pratique le conseil qu'il vous donne ; mais celui à qui il est donné ne fera jamais rien de bon, s'il cède aux obsessions et aux raisonnements qui sont en antagonisme avec son sentiment particulier.

Est-ce à dire maintenant que les proportions que j'ai données au grand foyer soient une preuve de ce que j'avance ? Cela naturellement dépendra du goût de celui qui jugera ; mais la preuve existe pour moi, qui trouve les proportions harmonieuses et donnant grand aspect au vaisseau, et je ne me serais jamais consolé, même si j'avais réussi en suivant les inspirations des autres, d'avoir lâchement déserté la mienne. Ce ne sont pas les autres qui signent le monument, c'est moi ; et il me semble que, si je mettais leurs idées sous mon nom, je serais coupable d'un faux. Ce que je vous dis là est peut-être ridicule ; mais le ridicule est la monnaie courante de ceux qui font la sottise d'écrire tout ce qu'ils pensent.

Maintenant que je vous ai parlé de la composition générale du foyer et de ses grandes proportions, laissez-moi vous prier de regarder les grandes portes monumentales placées entre les colonnes accouplées ; regardez aussi ces colonnes ; puis la grande corniche ; puis les mille détails qui vous sauteront aux yeux, y compris les lustres et les bouches de chaleur. Et quand vous aurez regardé tout cela, votre opinion sera sans doute faite. Je ne vous dis pas la mienne ; c'est inutile ; vous devez la soupçonner, et je préfère que le jugement rendu sur toutes ces choses d'art vienne de vous tout seul. Vous me le direz si vous voulez, et nous verrons si nous sommes d'accord.

En tout cas vous regarderez certainement les grandes portières des baies, parce que là il y a non-seulement une affaire d'architecture, mais encore une affaire de fabrication, et que bien des gens, qui n'oseraient se prononcer sur une moulure ou sur un cartouche, verront sans difficulté si une draperie fait de bons plis, si elle est souple et de bon aspect et de bonne qualité. A ceux-là, s'ils le veulent bien, je vais conter l'histoire de ces rideaux, et ils verront que rien n'est facile dans ce méchant métier d'architecte.

Quand la décoration du foyer était encore un peu à l'état d'embryon dans mon esprit, j'avais rêvé vaguement une tonalité assez colorée et employant des nuances assez nombreuses. Les portières des grandes baies devaient alors participer de cette tonalité générale, et je les comprenais ayant à peu près les éclats des tapis d'Orient. J'avais même déjà fait quelques études à ce sujet, et je conserve encore une espèce de pochade d'une de ces grandes baies, qui était faite dans la gamme des colorations que Henri Regnault a employées depuis avec tant de vigueur et de maestria. Mais, chemin faisant, Baudry exécutait ses peintures, et je craignis que les tons assez violents que je voulais employer ne nuisissent à son coloris, si frais et si délicat, malgré sa puissance discrète, et je pourpensais déjà au moyen de ne causer aucun dommage à cette œuvre de premier ordre. Le peintre lui-même, bien qu'à cette époque il n'eût guère d'autre souci que de faire son travail, sans trop se préoccuper du sort qu'il pouvait avoir, le peintre, dis-je, était d'avis qu'une harmonie plus une ne pouvait qu'être favorable à ses toiles. C'était mon opinion, et peu à peu j'arrivai à supprimer toutes les taches violentes que j'avais d'abord supposées, et je me rapprochai de cette coloration dorée qui est devenue définitive et qui, en somme, était la seule qui pût accompagner l'œuvre de Baudry sans lutter avec elle. Néanmoins je n'avais pas encore fait subir de changement aux couleurs des portières, qui restaient toujours assez intenses et vigoureuses.

Un soir, j'allai à l'Opéra; on donnait le *Prophète*, que je n'avais pas encore vu. La pièce et la musique me firent naturellement grande impression ; mais ce qui me frappa le plus, ce furent les grands manteaux, les grandes chappes dorées que portaient les évêques dans la cérémonie du sacre. Ces ors un peu passés, fauves et verdâtres, les quelques éclats qui se pailletaient sur les reflets sombres et puissants étaient d'une harmonie merveilleuse. C'était riche, c'était beau, c'était complet. Je pus alors m'écrier comme Archimède : J'ai trouvé! j'ai trouvé! C'était en effet cette tonalité soutenue, splendide, et qui se reliait avec toutes les autres couleurs qu'elle avoisinait, qui devait être choisie pour les baies du foyer ; et j'étais impatient de voir déjà ces longs rideaux d'or, moirés de veines légères, se draper dans leurs plis somptueux, et communiquer au foyer une splendeur de bon aloi et une harmonie pompeuse et puissante.

Dès le lendemain, je commençai à me mettre en quête et recherchai les moyens pratiques pour arriver au but que je me proposais. Mais c'est alors que je me heurtai contre cent difficultés, sans cesse renaissantes, et que je ne résolvais que pour en trouver de nouvelles.

J'avais rêvé, il est vrai, de faire ces rideaux comme une espèce de drap d'or, et c'est ce qui fut la cause première de tous mes déboires. Les tissus en or faux noircissaient; les tissus en or vrai étaient d'un prix inabordable ; les tissus mélangés faisaient mauvais effet ; les trames étaient trop maigres, d'autre part elles s'empâtaient; l'étoffe ressemblait le plus souvent à des oripeaux de clinquant, sans tenue et sans grandeur ; elle se drapait mal, les plis étaient cassants, les doublures s'harmonisaient difficilement avec ces cliquetis d'ors divers ; enfin rien ne faisait bien, et je ne savais plus quel parti prendre ! Je m'étais adressé à divers fabricants de Lyon, qui m'avaient fait force échantillons. J'avais été voir l'Exposition qui se faisait dans cette ville, conduisant les fournisseurs devant les quelques chappes et ornements sacerdotaux qui semblaient le mieux rentrer dans mes vues. J'en menai plusieurs au musée de Cluny, voir les vieilles étoffes; je leur mis dans les mains les manteaux usés du *Prophète*, en leur demandant de me faire un tissu ressemblant à tout ce que je leur donnais pour modèle. Ce fut en vain ! les échantillons se succédaient sans me donner un résultat satisfaisant, et j'allais renoncer à ces grands rideaux d'or, lorsque, après plus de six ans d'expériences, je pensai tout à coup à supprimer ces trames de métal, et à remplacer l'or faux ou vrai par de la soie ! MM. Belloir et Vazelle, les tapissiers de l'Opéra, m'apportèrent, sur ma demande, diverses étoffes anciennes, tissées en soie et en laine, et, d'après ce qu'ils me montrèrent, je vis que je pouvais, de cette façon, obtenir ce que je désirais.

Deux ou trois petits essais furent faits encore, et, enfin! après quelques nouveaux mois d'étude, nous trouvâmes cette splendide étoffe, qui se drape à merveille, est d'une couleur fort belle, et qui, sans avoir la moindre parcelle d'or dans son tissu, a cependant les reflets et les éclats dorés que je recherchais jusqu'alors avec tant d'insuccès! Quant aux lambrequins, aux torsades, aux glands, ce ne fut plus qu'un jeu; la matière était trouvée, et l'arrangement n'était plus qu'une affaire de goût. Or, j'étais payé pour en avoir; il fallait bien que je ne volasse pas mon argent.

Ces tentures sont réellement fort belles, et je me félicite chaque jour de l'heureux résultat de mes recherches ; mais voyez pourtant comme une chose qui paraît si simple cause de tracas et d'ennuis, et combien il faut d'indulgence lorsque, par hasard, un coin de monument n'est pas tout à fait réussi! L'argent, le temps, l'idée, la bonne chance, tout cela peut vous manquer à la fois, et la bataille est perdue sans que vraiment vous soyez coupable!

Il est bien évident que, malgré mon désir, je n'ai pas pu tout faire à l'Opéra, et que j'ai dû requérir le talent de plusieurs pour venir en aide à ma bonne volonté. Je sais bien que Molière et Shakespeare jouaient les rôles qu'ils avaient composés, et que Sanzovino sculptait les figures des monuments dont il donnait les plans. Mais je ne suis ni Molière ni Shakespeare; je ne suis pas même Sanzovino, et lorsqu'il s'est agi des modèles de tous les motifs ornementaux de l'Opéra, je me suis adressé à des praticiens, à des artistes habiles, qui donnaient à mes dessins la forme plastique et définitive. J'ai fait pourtant de mon mieux pour collaborer à mon tour avec ces collaborateurs, et, sans avoir la prétention de leur apprendre les secrets de leur art, je les guidais tous dans une voie unique, en donnant à tous les motifs modelés par diverses mains un caractère particulier et tel que je le jugeais convenable. Je n'irai pas jusqu'à dire que cette collaboration de chaque jour avec les sculpteurs qui modelaient les ornements ait été assez puissante pour former une École ; mais je crois néanmoins que la direction persistante imprimée à toute l'œuvre ornementale de l'Opéra a eu pour résultat de ne pas éparpiller les talents et de leur donner au contraire une concentration assez énergique, faite dans un but déterminé. Dans tous les cas; ce qui est positif, c'est qu'après un an ou deux de travail collectif, les sculpteurs qui me prêtaient le secours de leur habileté étaient arrivés à penser juste comme moi, à voir les formes telles que je les comprenais, et à accentuer leur modèle comme je l'eusse fait moi-même si j'avais été assez expert pour bien manier l'ébauchoir.

Cette espèce de discipline à ma pensée, cette sorte de respect accordé à mes idées, étaient indispensables pour donner à tout l'ensemble du monument une harmonie générale ; mais cela ne veut pas dire que les ornemanistes qui m'ont aidé aient été seulement des praticiens ou de simples manœuvres. En soumettant leur sentiment personnel au mien ils étaient encore bien plus artistes que s'ils avaient pu se livrer entièrement à leur fantaisie. C'était en somme un programme qu'ils suivaient ; et un programme bien défini n'a jamais été une entrave aux productions artistiques. C'était une convention de formes qui leur était donnée; mais tout art ne vit et ne s'épanouit que par des conventions.

Le caractère de chaque période artistique ne s'établit en somme que sur des conventions, dérivant soit de la nature de l'artiste, soit, le plus souvent, de la nature de l'École qui domine alors, et il faut moins de talent pour suivre ces conventions, déjà étudiées à l'avance, que pour se familiariser d'un seul coup avec celles qui doivent les remplacer immédiatement sans études préparatoires.

Peut-être les gens peu compétents sur les caractéristiques de chaque période d'art ne trouveront-ils pas, entre les ornements de l'Opéra et ceux des diverses autres époques, la différence que je semble vouloir indiquer. Il est bien évident que je n'ai pas inventé les éléments des ornementations, et que, comme pour écrire il faut toujours employer des lettres de l'alphabet, il faut toujours, pour composer des rinceaux, des cartouches, des frises, etc., s'inspirer, pour la grande part, des données fournies par le règne végétal. Mais c'est justement parce que les points de départ ne varient guère, que le caractère particulier de chaque École porte sur l'interprétation et la combinaison des éléments primordiaux. C'est, en principe, une même chose qu'une rosace, par exemple; mais combien ce motif si simple change-t-il d'aspect suivant qu'il fait partie de l'un des styles qui se sont épanouis déjà sur terre! C'est ainsi qu'une figure humaine, qui comprend toujours les mêmes éléments, varie à tout instant de physionomie, bien que ce ne soient que de petites nuances qui forment cette diversité de caractère, si remarquable. Ce sont aussi de petites nuances qui forment la diversité du caractère des ornements de l'Opéra; mais elles sont cependant assez nettes et assez précises pour qu'il ait fallu au sculpteur une étude difficile et consciencieuse afin d'arriver à bien les comprendre.

Je redis donc, après cette dissertation peut-être un peu trop développée, que s'il m'était indispensable de maintenir les sculpteurs ornemanistes dans une discipline rigoureuse, je n'ai en rien gêné l'essor de leur talent d'arrangement de détails et d'exécution de main. Je les ai contraints seulement à changer sans doute leur pensée courante; mais ils ont fait comme ces grands acteurs qui réussissent également bien dans le drame et la comédie. Ils ont joué le rôle que je leur confiais dans l'ouvrage que je faisais représenter, et ils n'en ont eu que plus de succès en jouant ce rôle dans le caractère qu'il comportait.

Aussi, comme c'est l'habitude maintenant qu'un auteur remercie les acteurs qui l'ont aidé à soutenir sa pièce, je remercie vivement tous les acteurs qui ont joué dans cette grande pièce appelée le Nouvel Opéra; mais je remercie surtout en ce moment, où il ne s'agit que de l'acte du grand foyer, M. Darvant, le sculpteur ornemaniste, qui a été à peu près de toutes les scènes qui se trouvent dans cet acte-là.

Darvant, en effet, a, pendant dix ans, travaillé sans relâche à la confection des modèles, toujours sur la brèche, modelant, construisant, recommençant lui-même, sans jamais se décourager. Il a fait toute cette immense décoration du foyer, avec une ardeur vraiment méritoire et un talent d'exécution absolument hors ligne. Il avait compris tout ce que je désirais; de sorte que, vers les dernières années, nous composions, pour ainsi dire, ensemble, étant certains que nous suivions le même chemin. Darvant voit large et grand ; il fait vite et fait bien, et, sans vouloir établir une comparaison qui pourrait être blessante pour ses confrères, je me plais à dire au moins que, par son talent exercé, son intelligence décorative et, de plus, sa loyauté en affaires, Darvant méritait la décoration que j'avais demandée pour lui avec quelques autres, et que la pénurie de croix d'alors n'a pas permis de lui donner. Quant à moi, je lui donne tout au moins ce témoignage public de l'estime que je fais de son caractère et de sa valeur, et j'espère qu'il ne m'en voudra pas si, à cette estime, je joins un bon sentiment amical.

A côté de Darvant, mais occupant une place spéciale, se trouve encore dans le foyer un nom que j'ai déjà cité bien des fois, et que je citerai encore : c'est celui de Chabaud, qui a modelé toutes les têtes de cette grande salle ; mais, ainsi que je l'ai déjà dit, je réserve un chapitre pour l'œuvre multiple et étendue de cet artiste d'un talent bien particulier, et je me contente ici de signaler seulement ses œuvres, puisque je trouverai bien quelque jour le moyen de signaler l'artiste. Je dirai seulement aux amateurs de curiosités que, dans les deux grosses têtes formant motifs au milieu des deux grands arcs doubleaux des extrémités, le portrait de ma femme représente Amphitrite, et que le mien se trouve dans la tête de Mercure.

Si je me suis fait faire sous cette effigie, ce n'est pas, croyez-le bien, parce que j'ai la prétention d'avoir inventé la lyre, ni moins encore celle de représenter les voleurs ; mais parce que je sais que la curiosité joue souvent un grand rôle dans l'attention que l'on porte aux œuvres d'art, et qu'il se peut fort bien que cette particularité prenne place dans les guides de l'avenir, et signale à l'attention une des œuvres de Chabaud qui n'est pas des moins réussies. Je pourrais bien dire aussi que je ne serais pas fâché que, grâce à cette grosse tête, la postérité conservât mes traits; mais on a déjà fait de moi tant de portraits, tant de dessins, tant de bustes, sans compter les photographies, que si plus tard quelques-uns ont le désir de connaître la figure de celui qui a élevé l'Opéra, ils n'auront que l'embarras du choix. En tout cas, si mon œuvre fait conserver un jour la mémoire de mon nom, je suis bien certain que le portrait de Baudry et le buste de Carpeaux suffiront pour me faire aller à la postérité! A moins que l'on ne voie alors dans les catalogues du Musée qui contiendra ces deux belles œuvres : « Portrait et buste d'un inconnu! » Ah! si je savais cela? comme je ne continuerais pas ces fascicules!

Passons maintenant aux sculpteurs statuaires qui, de leur côté, n'ont pas peu contribué à orner le grand foyer.

Je signale d'abord deux œuvres très-remarquables : Les cariatides des grandes cheminées : les unes de Carrier-Belleuse, celles du côté est; les autres de Cordier. Pour employer un cliché qui n'est pas nouveau, mais qui n'en est pas moins de circonstance, je dirai que citer les noms des auteurs, c'est indiquer tout de suite la valeur des œuvres; et, de fait, ces robustes figures, bien amples, bien d'aplomb, sont composées dans un style large, cossu et tout à fait décoratif. Ce sont de belles statues; quelques-uns paraissent préférer celles de Carrier-Belleuse, cet artiste éminent dont j'aurai l'occasion de parler à propos de ses groupes de l'escalier, et on ne peut les en blâmer; mais d'autres sans doute se sentiront attirés par celles de Cordier, qui n'est pas non plus le premier venu, et qui sait si on ne les approuvera pas? Après tout, comme on ne peut voir en même temps les cariatides de Cordier et les cariatides de Carrier-Belleuse, le mieux est d'admirer à droite et à gauche; c'est ce que quelques sculpteurs eux-mêmes semblent faire, et je fais comme eux.

Chacun a certainement jeté les yeux sur les beaux génies que mon brave ami Jules Thomas a librement assis sur les angles de la corniche du couronnement. En parlant de la porte de l'escalier, je dirai combien j'estime le talent et l'homme. Je me borne donc en ce moment à citer ces motifs décoratifs, qui sont réellement de la belle et sérieuse sculpture; elle est même si belle et si savante, que je regrette parfois que tant de mérite se trouve dans des œuvres qui n'ont guère à remplir qu'un rôle de décoration, et qui seraient certainement étudiées avec profit si l'on pouvait mieux voir avec quelle connaissance parfaite de l'art les morceaux ont été exécutés. Mais, que voulez-vous? ces diables d'artistes, quand ils se mettent à ne pas être commerçants, ce qui se voit encore quelquefois, peindraient la Transfiguration quand bien même ils ne seraient payés que pour faire des images d'Épinal.

Au-dessus des colonnes du foyer est placée une série de vingt statues, en plâtre doré, qui représentent les différentes qualités nécessaires à l'artiste. Parmi ces statues deux sont fort médiocres, cinq ou six sont des œuvres réellement hors ligne, et les autres, avec plus ou moins de réussite, sont toutes bien comprises, bien exécutées, et font honneur à leurs auteurs. Je ne veux pas indiquer ici les figures médiocres et les figures hors ligne; j'espère que personne ne reconnaîtra les unes, et que tout le monde reconnaîtra les autres. Je fais seulement la nomenclature de toutes ces statues, par ordre alphabétique des noms des sculpteurs. Ce sont :

L'*Imagination*, Bourgeois ; l'*Espérance*, Bruyer ; la *Tradition*, Cambos ; la *Fantaisie*, Chambard ; la *Passion*, Début ; la *Force*, Eude ; la *Pensée*, Franceschi ; la *Prudence*, Frison ; la *Modération*, Gauthier ; l'*Élégance*, Iselin ; la *Volonté*, Janson ; la *Grâce*, Loison ; la *Science*, Marcellin ; la *Foi*, Oliva ; la *Dignité*, Sanzel ; la *Beauté*, Soitoux ; la *Sagesse*, Taluet ; la *Philosophie*, Tournois ; l'*Indépendance*, Varnier ; et la *Modestie*, Vilain.

Il n'est certes pas facile de mettre tout cela en statues ; mais les statuaires sont ingénieux, et ils arrangent leurs attributs et donnent à leurs figures des types et des draperies de caractère spécial, qui font que l'idée est toujours suffisamment claire. Du reste ce n'est pas ce qui est le plus important dans les statues de ce genre : il faut bien un programme pour stimuler un peu l'imagination de l'artiste ; mais ce qu'il faut surtout, c'est que les figures fassent bien, et elles font bien.

Au surplus, je crois que l'on ferait un livre, rien que de la nomenclature des allégories placées à l'Opéra, et j'avoue qu'à la fin j'étais fort embarrassé pour trouver un sujet. Tout ce que j'avais retenu de la mythologie et des métamorphoses d'Ovide y a passé ; je ne jurerais même pas qu'il n'y ait eu parfois répétition. Pour les statues du foyer il est bien évident que j'ai supposé qu'il fallait aux artistes vingt qualités, parce qu'il n'y avait que vingt colonnes ; mais je crois que j'aurais eu à couronner tous les fûts de l'immense colonnade de Saint-Pierre de Rome, qu'il me serait encore resté un tas de qualités que je n'aurais pu placer ; car vraiment pour faire le dur et charmant métier d'artiste, de façon à mériter entièrement ce grand titre, il faudrait toutes les qualités connues, et même celles qui ne le sont pas encore !

N'importe ; celui qui possède déjà les vingt que je viens de citer peut espérer qu'il ne fera pas tache dans la confrérie. Je me disais déjà cela, jadis, quand j'ai donné tous ces noms ; je viens de me le redire encore en les écrivant de nouveau, et, malgré moi, je me sentais l'envie imprudente de voir si je possédais quelques-unes de ces bienheureuses qualités ; mais je vois que la prudence se trouve parmi tous ces noms-là, et j'aurais trop peur de manquer tout au moins de cette qualité en examinant si je possède les autres. J'aime mieux supposer que pas une ne me fait défaut ; ça encouragera peut-être quelques gens à être de mon avis, et puis, tout bien compté, un artiste qui serait aussi parfait que cela risquerait fort d'être ennuyeux, et il aurait bien raison d'avoir une grosse dose de la dernière qualité ; la modestie, qui semble avoir été placée là par le hasard, comme la moralité de la chose.

Que pourrai-je encore dire sur le grand foyer ? Dans tout cela, je parle si peu d'architecture, que j'ai l'air de croire que ce mot-là fait peur à tout le monde. Pourtant je pourrais dire encore aux bronziers : regardez les lustres, qui ne sont pas mal venus, malgré la difficulté qu'il y a à composer de tels motifs, et les huit torchères, dont les têtes, modelées par Chabaud, représentent avec ingéniosité les divers modes d'éclairage : l'huile, la bougie, le gaz, la lumière électrique ; je pourrais dire aux fumistes : regardez les grandes cheminées, avec leurs chenêts à salamandre ; elles ne fument pas celles-là ! peut-être parce que l'on n'y fait jamais de feu. Aux gens frileux : voyez comme j'ai bien condamné les baies du milieu, afin que l'on sorte par les deux tambours des extrémités. Si par hasard ces baies sont ouvertes, c'est qu'un monsieur pléthorique a soudoyé un huissier pour tourner la crémone, et, malheureusement, ce hasard se produit chaque soir, ce qui fait que bien des promeneurs attrapent des angines. Je pourrais dire aux tapissiers : admirez les beaux sofas des petits salons; on n'y est pas fort bien assis, mais au moins on est placé dans un cadre étoffé; puis voyez les tentures de ces mêmes petits salons, les unes complémentaires des autres : là je n'ai choisi que les nuances et la qualité; mais le dessin était un dessin du commerce, et il n'en est pas plus mal pour cela. Je dirais encore aux menuisiers : tâchez donc de trouver des bois qui ne se fendillent pas lorsqu'on les échauffe par trop, comme ceux qui sont sous les colonnes et entourent les bouches de chaleur; je vous assure que ce n'est pas tout à fait impossible. Puis aux ingénieurs civils : quand vous ferez des orifices de ventilation, comme ceux que j'ai établis au pourtour du plafond, afin que le gaz n'y séjourne pas, attendez-vous à les voir bientôt boucher, parce qu'il y aura toujours quelqu'un qui trouvera que ça complique son service ; puis aux miroitiers : arrêtez-vous devant ces belles glaces de Saint-Gobain, et tâchez d'en faire d'aussi parfaites. Enfin je pourrais dire aux horlogers : voyez les deux pendules de Lepaute, que l'on oublie souvent de remonter ; et pour finir, à tous les artistes : regardez tout ce qui vous plaira, et dites-vous bien, si vous trouvez quelque chose qui boite à votre idée, « qu'il ne faut pas se moquer des misérables, car qui peut se vanter d'être toujours heureux » !

DE L'AVANT-FOYER ET DES MOSAIQUES.

Vous figurez-vous la nature sans couleur? Vous figurez-vous une grisaille générale répandue sur tout l'univers? Plus de mer bleue, plus d'arbres verts, plus de fleurs écarlates! Un peuple de statues, à ton d'argile, se promenant dans des villes couleur de cendre et des jardins couleur de poussière! Un soleil gris, des nuages gris, des habits gris! Il n'en faudrait pas tant pour que la pensée devînt aussi bientôt grise et effacée, dans ce jour incolore, triste comme la nuit, et impuissant à modifier ce royaume du terne persistant, cet empire de la monotonie perpétuelle!...

Le bon Dieu, heureusement, a arrangé autrement les choses, et il a créé le monde de façon que ceux qui aiment l'éclat harmonieux de la nature colorée puissent trouver amplement de quoi satisfaire leur sentiment. Puis, pendant de longs siècles, les hommes eux-mêmes, qui avaient encore l'âme grande et les yeux vaillants, suivaient l'exemple de la nature en répandant dans leurs œuvres les tonalités les plus variées et les plus agréables. Il semblait alors que le noir n'existât pas, et que la souple écharpe d'Iris s'étendît à demeure sur toute la surface de la terre. Gens du Nord ou du Midi, hordes barbares ou peuples civilisés, avaient instinctivement le goût des colorations puissantes, et les costumes, comme les monuments, chantaient sans interruption l'hymne éternel de la couleur.

Mais, depuis une soixantaine d'années, un peu plus peut-être, il semble que la maladie du gris sévisse dans les grandes villes et peu à peu se propage dans les petites, en atteignant même les simples bourgades. Cette maladie, il est vrai, ne s'attaque guère encore qu'aux extérieurs des maisons ou des édifices et aux costumes attristants des hommes; mais elle peut faire des progrès et pénétrer jusque dans nos demeures, si, par malheur, ce que l'on appelle faussement l'art distingué venait à prendre le dessus avec son cortége anémique de nuances doucereuses et de tons rompus.

Je ne saurais rechercher les causes de cette transformation du goût, qui se fait même sentir dans bien des productions littéraires ou musicales. Je ne puis que la déplorer et penser que, si elle continue encore une centaine d'années sa fâcheuse évolution, nos infortunés petits-neveux ne s'amuseront guère dans ce monde, mélangé de farine et de charbon. Que faire à cela? Si les novateurs des modes nouvelles prenaient l'initiative d'une transformation, peut-être pourraient-ils créer un nouveau milieu. En tous cas, les artistes ne peuvent guère espérer qu'on les croira et qu'on les suivra, et, quels que soient les principes qu'ils veuillent faire valoir, ils auront toujours sur la foule moins d'autorité que le petit journaliste de vingt ans, qui commence sa carrière littéraire par brocher un compte rendu du Salon!

Nous ne devons donc pas trop espérer que nos pensées personnelles à nous autres architectes puissent avoir assez d'influence pour modifier sensiblement cette crise lente, mais continue. Cependant nous ne devons pas déserter la lutte, et peut-être pouvons-nous retarder encore l'avénement définitif de ce triste règne de la pâleur et de l'ennui. Quand un feu est près de s'éteindre, il suffit souvent de quelques brindilles jetées à propos pour le raviver. Eh bien! mettons nous-mêmes quelques tisons sous les cendres qui ont presque éteint la passion de la couleur; qui sait si nous ne pourrons pas rallumer ce feu sacré?

Pour cela, allons franchement et résolûment; avec prudence, s'il le faut, mais avec ténacité. Introduisons autant que cela nous sera permis, parmi les pierres blanches et nues, les taches colorées des marbres et des mosaïques, et, à défaut de cela, des briques ou de la simple peinture à la chaux; non pas inconsidérément, non pas de façon absolue sur les parois des maisons entourées de verdure (la verdure forme encore la plus harmonieuse coloration des édifices qui en sont accompagnés) ; mais bien dans les grandes voies sans arbres, sur les grandes places sans gaieté, dans les grandes villes sans lumière et sans collines pittoresques. C'est là surtout où il faut que les tonalités deviennent plus nombreuses et plus éclatantes; car la forme pittoresque est aussi une couleur, et lorsqu'elle manque, lorsque le dieu moderne, la nouvelle trinité, composée de l'équerre, du niveau et de la ligne droite, a des autels trop nombreux, il faut cacher ces monotones sanctuaires par ceux de l'ancienne divinité artistique : la chaleur, la passion, le mauvais goût peut-être, mais la couleur, enfin!

Ah! si sous le soleil ou dans les crépuscules s'épanouissaient, librement et quasi à l'aventure, ces vives couleurs décoratives, ces sonorités de la vue, le regard se familiariserait avec une tache d'or ou un rayon de pourpre ; et lorsque, après s'être vivifié par ces tonalités éclatantes, il se reporterait sur la foule sombre et noire qui envahit nos salons aussi bien que nos places, peut-être reviendrait-il à réclamer pour nos tristes costumes, au lieu de cette laine grise, au lieu de cet implacable drap noir, au lieu de ces horribles chapeaux, quelque chose des vêtements du temps passé, qui s'en vont chaque jour en lambeaux, en emportant dans leurs plis une des plus belles manifestations de l'art vivant et mouvementé.

Ces pauvres costumes si typiques, si beaux ou si charmants, ils se délaissent, ils s'abandonnent, remplacés qu'ils sont par ces lugubres habits venant de la cité des brouillards. La France a perdu tous les siens ; l'Espagne, la Suisse, l'Allemagne voient disparaître les leurs, et l'on ne trouve plus ceux de l'Italie que dans la rue Saint-Victor à Paris, là où gisent encore quelques modèles posant pour des jeunes filles s'essayant à la peinture. Il ne reste plus guère en Europe que le coin de la Grèce et de la Turquie qui conserve encore les bonnes traditions, et encore les Grecs d'Athènes portent souvent le frac du Parisien, et les Turcs endossent leur mesquine redingote et remplacent le splendide turban oriental par le fez tissé à Lyon !

Pourtant tous ces peuples-là étaient et sont encore dans le pays de la couleur ; ils savaient et savent toujours fabriquer et broder ces étoffes merveilleuses ou ces tapis éclatants qui sont la joie des yeux ; et, malgré leur climat, malgré leurs monuments colorés et même bariolés, malgré leur race, leur sentiment de coloristes farouches et leur amour du soleil, ils subissent, eux aussi, l'invasion épouvantable venue de l'Ouest, et peu à peu vont oublier leurs loques splendides et harmonieuses, pour s'affubler d'un gibus, d'un ulster et d'un pantalon à carreaux!

Vous voyez bien qu'il faut que ceux qui aiment la couleur et le caractère se liguent pour arrêter les progrès de l'ennemi qui nous frappe et ramener en ce monde, si désenchanté et si matérialiste, un peu de ce goût merveilleux qui régnait jadis partout avec tant de charme et d'entrain!

Eh! que me font à moi toutes vos discussions stériles, toutes vos utopies avortées? Que me font à moi le changement de noms et le changement d'hommes? Les abus que vous réprouvez ne font-ils pas place à d'autres? Car le monde, ainsi que les gens, n'a qu'une dose de bonheur et de bien-être, qui reste toujours la même, bien que vous en changiez les combinaisons. Aussi n'ayant plus aucune foi dans les actes politiques, aucune espérance dans la sagesse des hommes, laissez-moi garder ma folie et évoquer encore à mes yeux les grandes bigarrures des foules du passé : laissez-moi voir une République, despotique si vous voulez, mais artistique et superbe, celle de Venise, avec son cortége de Doge et de seigneurs ; laissez-moi voir ces admirables processions d'évêques revêtus d'or et de soie et escortant pompeusement le dais du Saint-Père, et les Italiennes aux corsages verts, et les Espagnoles aux jupons orangés, et les Norwégiennes aux bonnets chamarrés. Laissez reparaître à mon esprit ces draperies antiques, ces sarraus du moyen âge, ces pourpoints de Henri II, et les burnous arabes, et les ceintures grecques, et les caftans orientaux, et toutes ces beautés, enfin, qui ont succombé sous le pas immense fait par l'humanité dans les sciences et l'industrie !

Ah ! vous serez bien avancés quand vous pourrez faire le tour de la terre en un jour ; quand vous pourrez devancer encore la télégraphie et la lumière électrique ; quand vous pourrez considérer Pékin comme la banlieue de Paris. Vous n'aurez plus rien à voir de nouveau : ni les hommes, qui se ressembleront ; ni les monuments, qui seront partout les mêmes ; ni la nature, que vous aurez massacrée pour ne plus faire du monde qu'une grande plaine, couverte de routes ferrées ! Vous n'aurez plus rien qu'un ennui profond, un spleen formidable, et votre seul désir sera qu'un nouveau déluge vienne anéantir toute l'humanité et toutes ses œuvres, afin qu'une nouvelle race recommence à vivre sur terre et retrouve ce qui s'oublie maintenant : le respect de Dieu, le respect du Chef, le respect de la gloire, l'amour des grandes œuvres, et sonne enfin la fanfare sonore de la vibrante couleur !

Ce n'est pas, croyez-le bien, que j'en veuille particulièrement aux chemins de fer, au télégraphe. J'use assez de tous deux pour reconnaître leurs services, et je sais parfaitement que la science a fait encore plus de merveilles que les arts n'en ont pu faire depuis le commencement du siècle. Mais je suis artiste par métier, et même un peu par goût, et il faut bien que je trouve que mon métier vaut mieux que celui des autres, sous peine de passer pour un renégat. Or, comme je vois que la science moderne est peut-être une des causes du malheur dont je me plains, je ne puis m'empêcher de maudire cette puissante ennemie et de la charger de mes imprécations. C'est ainsi qu'un petit roquet aboie contre un gros chien passant placidement auprès de lui ; mais ce n'est pas la faute du roquet s'il est moins fort que le molosse, et, après tout, le gros chien pourrait mordre le maître du petit. Mon maître, à moi, c'est l'art coloré et vivace. Je trouve qu'il a été mordu bien fort, et je jappe avec conviction contre celui qui lui a fait cette blessure ; si ce n'est ni la science ni l'industrie qui ont fait ce méchant coup, il y a toujours quelqu'un ou quelque chose qui en est coupable, et c'est contre cet inconnu que j'ai cru devoir donner de la voix.

Cependant, en attendant que le nouveau déluge arrive, il serait peut-être sage de vivre comme si nous devions être longtemps à sec, et de tâcher de remettre en honneur quelques-uns des procédés employés par nos prédécesseurs pour faire de la belle et bonne couleur, ce qui est indispensable ; car lorsque je parle de couleur, il est bien entendu que je ne veux pas signaler les devantures des marchands qui en font le commerce, et que je ne considère pas comme des exemples à suivre les enseignes de la maison qui est ou qui n'est pas au coin du quai, ou les vitraux criards de certaines églises. Je dis donc belle et bonne couleur, celle qui est chaude, puissante, éclatante au besoin ; mais toujours harmonieuse et sonnant juste.

Eh bien ! pour ce qui touche à la décoration du monument, il y a deux choses réellement hors ligne, et qui rendent la polychromie bien digne de toutes les admirations : les marbres et la mosaïque ; les uns plus doux, plus fins, plus élégants, peut-être ; l'autre plus forte, plus étincelante, plus vigoureuse et plus sauvage, si l'on veut. En tout cas, les deux se complètent l'un l'autre et forment, par leur réunion plus ou moins directe, une association merveilleuse, comprenant toutes les gammes de la palette, tous les reflets brillants et toutes les splendeurs du coloris.

Cela veut-il dire qu'il faille délaisser la pierre et n'employer plus que les riches calcaires et les émaux chatoyants ? Loin de là ! La pierre a sa tonalité particulière, nette et franche, et est, en somme, la première génératrice des monuments ; comme le pain est le premier des aliments, la pierre est le premier des matériaux ; mais il n'est pas sans charme de mettre sur ce pain un peu de confiture ; il n'est pas sans grâce de mettre sur ces pierres une matière plus aimable et plus attrayante. Si, au dehors, le temps se charge plus ou moins vite de colorer un peu l'édifice (à moins qu'on ne lui enlève brutalement l'épiderme tous les dix ans, ainsi que le veut un fatal décret), dans l'intérieur, où le temps a moins de prise, il ne faut pas attendre, et il faut au contraire répandre dès le principe, sur les pierres blanchâtres, les couleurs qui pourront être employées suivant la convenance du lieu.

En résumé, cette association de matériaux forme une trinité admirable, qui remplit toutes les conditions de l'art imposant et décoratif. C'est par leurs diverses qualités que l'on peut imprimer aux édifices des types divers, ainsi que les qualités diverses des hommes leur donnent à chacun un génie particulier. Au surplus, il semble qu'il y ait, entre ces éléments de construction et de décoration, une analogie frappante avec les personnalités humaines, et que l'on retrouve, nettement indiquée dans les génies de tous les temps, cette espèce de division caractéristique. Ainsi Démosthènes, Boileau, le baron Gros, Puget, Halévy, c'est la pierre, un peu vulgaire peut-être, mais franche, ferme, honnête et portant droit. Virgile, Chénier, Lamartine, le Corrège, Germain Pilon, Mozart, c'est le marbre, fin, distingué, élégant, plein de charme et de couleur; et la mosaïque, plus brutale, plus sauvage, mais fière, ardente, sombre et resplendissante de fauves reflets, c'est Dante, Shakespeare, Victor Hugo, Rembrandt, Rude, Meyerbeer. Si tous ces noms vous frappent, vous voyez bien qu'il ne faut délaisser aucun moyen, mais qu'aux âmes enthousiastes, aux cœurs ardents, il faut la mosaïque, avec ses magistrales imperfections et son étrange originalité!

Je parlerai des marbres dans un chapitre spécial. Comme il s'agit ici de l'avant-foyer, je ne m'arrêterai guère qu'à la mosaïque, qui en forme la décoration principale.

Dès le commencement des travaux de l'Opéra, j'avais le désir d'employer la mosaïque en émail, séduit depuis longtemps par elle et espérant la faire pénétrer en France. J'avais surtout porté mes désirs et mes espérances sur la grande coupole de la salle. Ça n'aurait peut-être pas été bien logique ni bien généreux; car une telle voûte, ainsi exécutée, aurait certainement nui par sa tonalité franche et intense aux décorations de la scène. Mais je rêvais une si belle salle avec ce splendide couronnement, que je me laissais aller malgré moi à un peu d'égoïsme, et que, tout en me faisant quelques remontrances, je n'en cherchais pas moins le moyen pratique d'exécuter cette puissante ornementation. Je m'adressai donc aux seules fabriques existant alors et pouvant se charger d'un semblable travail, et je m'enquis à Rome et à Venise des prix demandés et du temps exigé.

Il fallut bientôt en rabattre de mes projets! on me demandait en moyenne dix ans de travail et trois mille francs pour le mètre superficiel! Il est vrai que l'on pensait me faire cette mosaïque avec le soin que mettent encore les mosaïstes du Vatican à exécuter les médaillons de Saint-Paul hors les murs. Cela était donc absolument impraticable dans ces conditions. Laisser dix ans une salle avec des échafaudages et payer environ huit cent mille francs! Je courbai la tête et renonçai, pour un jour, à mon rêve enchanté! Je recommençai le lendemain à écrire de nouveau à Rome, à Venise et à Florence, modifiant le parti général de la composition, proposant divers moyens devant gagner du temps, enfin faisant de mon mieux pour arriver au but que je voulais atteindre et qui était bien incertain; car il était alors peu probable que l'administration du ministère d'État me laissât accomplir ma fantaisie. Après une correspondance fort longue, de part et d'autre, j'arrivai peu à peu à des chiffres plus raisonnables; il ne s'agissait plus que de trois ou quatre ans de travail, et de deux mille et même quinze cents francs le mètre; mais ce fut tout ce que je pus obtenir, et encore toutes ces propositions n'étaient pas définitives.

Il fallut donc rejeter absolument ma première pensée, ce que je fis du reste sans trop de chagrin, sachant qu'après tout, cela valait peut-être mieux pour la scène; que l'artiste qui peindrait la coupole (il n'était pas désigné encore) aurait plus de liberté, et qu'enfin, les choses eussent-elles été possibles, j'aurais eu à compter avec une administration qui, s'étant engagée à la Chambre avec un chiffre de devis trop faible, aurait jeté les hauts cris si elle avait eu à approuver un pareil moyen décoratif. Je l'ai bien vu pendant tout le cours des travaux, où le mot de marbre faisait frissonner tous les chefs de bureau. On verra plus tard que la crainte était chimérique, et que dans bien des cas les marbres sont économiques; mais l'emploi de cette matière était bien oublié en France, et il n'y avait plus guère que les poëtes qui chantassent les marbres. C'est peut-être même à leur introduction dans la poésie que ces marbres durent leur réputation de splendeur, et l'on s'imagina que, pour avoir la gloire d'être mis en vers, il fallait qu'ils fussent aussi rares et aussi coûteux que les diamants et les rubis!

Cependant, comme la raison finit toujours par triompher, j'arrivai graduellement à convaincre tous les ministres, et peu à peu on me laissa le champ plus libre; mais je n'en étais pas encore arrivé là; je n'avais pas alors grande influence personnelle, et quelques jaloux puissants ne se faisaient pas faute de m'encombrer un peu la route. Il m'avait fallu engager une lutte difficile avec quelques conseils et quelques commissions, qui ne voulaient pas que je commandasse les colonnes de l'escalier. Qu'aurait-ce été si j'avais parlé de mosaïques d'un prix aussi élevé, alors que personne ne s'imaginait que l'on pût faire revivre un art qui semblait perdu, et que l'on considérait même comme un reste de barbarie?

Mais j'avais mon idée bien arrêtée de ce côté, et ayant du temps devant moi, je la poursuivis avec une ferme volonté, et je ne crois pas avoir mal fait, puisque chacun la trouve bonne à présent.

Donc à ce moment arrivèrent à Paris quelques ouvriers italiens, Facchina, Mazzioli, etc., qui exécutaient dans la Lombardie et la Vénétie des dallages courants en mosaïques de marbre, dallages qui sont restés en usage dans cette partie de l'Italie. Ils avaient eu connaissance de mes demandes passées, et ils vinrent à leur arrivée me faire leurs offres de service. Vous jugez si je les reçus bien! Ils me donnaient le moyen pratique d'arriver à mes fins!

Comme dans mes devis j'avais supposé les dallages des couloirs en mosaïque vénitienne, je fis faire dès que je le pus une soumission à ces entrepreneurs, qui s'engagèrent à exécuter ces sols pour des prix variant de 7 à 25 francs le mètre, suivant le dessin. Une série de prix fut dressée, et j'eus ainsi à ma disposition, pour le jour où cela me serait utile, des hommes habitués au genre de travail que je voulais entreprendre. Pour familiariser déjà le public et l'administration avec ce procédé, je recommandai instamment ces italiens à plusieurs de mes confrères, qui avaient à leur donner immédiatement de petits travaux de dallage. Ceux-ci les recommandèrent à d'autres, et peu à peu le dallage en mosaïque s'établit assez facilement à Paris, vu la modicité de ses prix de revient.

Pendant ce temps je faisais exécuter à l'un de ces entrepreneurs les grandes lyres à feuilles de lauriers qui se trouvent dans les œils-de-bœuf des hauts murs de la scène ; ils étaient bien en marbre comme le dallage; mais j'y avais déjà fait introduire quelques petits détails en émaux, donnant plus de vivacité à l'ensemble. C'était déjà un pas fait vers la mosaïque décorative. Ces panneaux, placés dans des cercles en fer de deux mètres de rayon, ne coûtèrent que 75 francs chaque. L'administration s'habituait à l'idée de la mosaïque et je pouvais alors en prononcer le nom sans provoquer trop de terreur.

Puis arriva le temps de procéder à la décoration du plafond de la loggia : panneaux circulaires à cuvette, et bandes de contournement. Je demandai aux mosaïstes de faire ce travail ; je leur donnai tous les dessins coloriés et grandeur d'exécution ; il n'y avait donc pas pour eux une très-grande difficulté. Il fallait seulement qu'ils se procurassent des émaux. Ils trouvèrent bien une certaine quantité de nuances à Paris ; mais les dés qu'on leur fabriqua étaient bien loin d'avoir la tonalité si harmonieuse de ceux que l'on fabrique à Venise. Enfin moitié de ci, moitié de là, exécutant eux-mêmes les parties plus faciles ou faisant exécuter à Venise d'autres détails plus délicats, ils arrivèrent à un excellent résultat décoratif, et, qui plus est, à un résultat économique très-important. Ainsi, pour citer un exemple, toutes les bandes contournant le plafond, toutes de couleurs et de dessins différents, ayant 25 centimètres de large, ne revinrent qu'à 45 francs le mètre linéaire. Il faut dire que le procédé qu'ils employèrent était bien plus expéditif que celui que l'on emploie au Vatican, où chaque cube d'émail s'incruste dans une gangue de plâtre, que l'on creuse au fur et à mesure pour la remplacer par ces émaux. Au lieu de cette incrustation fort longue, le procédé mis en œuvre consistait simplement à coller les émaux, la face qui devait être vue plus tard, sur une feuille de fort papier, sur lequel étaient tracés les contours des dessins. Cette opération se faisait fort prestement, et lorsqu'une certaine longueur de mosaïque était ainsi préparée, on l'introduisait dans une couche de ciment frais, qui pénétrait dans les interstices des petits cubes, lesquels se trouvaient bientôt enchâssés dans une alvéole très-résistante. Il n'y avait plus qu'à laver le papier qui couvrait les émaux, et la mosaïque se présentait avec le charme de ces petites irrégularités d'exécution, qui en font un des principaux mérites.

On commençait à être convaincu que la mosaïque ne constituait pas une décoration fort coûteuse. Le temps marchait; on avait un peu plus de confiance en moi; je pus alors songer à la voûte de l'avant-foyer et espérer que je n'aurais pas d'entraves dans l'exécution de mon projet décoratif.

Il en fut réellement ainsi, parce que je n'eus pas de peine à montrer que la mosaïque projetée ne coûterait guère plus qu'une autre décoration, et que, même, elle coûterait beaucoup moins qu'une décoration exécutée par un artiste peintre, voire par un peintre d'ornement. En effet, ayant fait tous les dessins de cette voûte, je fis venir les deux chefs italiens, et leur demandai leur prix, en les prévenant que celui qui ferait le plus faible aurait l'exécution de toute la partie centrale, tandis que l'autre n'aurait que les deux voûtes extrêmes, s'il consentait à exécuter ces deux voûtes pour le prix indiqué par son concurrent.

Ils me remirent chacun leur soumission dans mon bureau; l'une contenait un prix de 200 francs le mètre superficiel; l'autre de 270 francs. Sans leur dire qui avait fait le plus grand rabais, je leur déclarai que le prix le plus bas était encore trop élevé, et que je ne pouvais, dans ces conditions, espérer faire faire le travail. Je les pressai de mon mieux de rechercher les moyens d'abaisser leur demande; je leur parlai de l'intérêt qu'ils auraient à être les premiers introducteurs de la mosaïque en France, des travaux ultérieurs que cela pourrait leur amener, et enfin de l'espèce de gloire qui résulterait pour le soumissionnaire d'avoir son nom inscrit en mosaïque parmi les décorations de la voûte.

Ces braves gens refirent à nouveau leurs calculs, et, cette fois, les prix demandés étaient de 162 francs par M. Facchina et 210 francs par M. Mazzioli. Facchina eut donc la voûte centrale, et Mazzioli accepta ensuite les deux coupoles au même prix, après avoir eu la certitude qu'en résumé on pouvait exécuter cette grande entreprise sans y perdre, et, de fait, je crois qu'ils ont gagné chacun quelques billets de mille francs.

Voyez le chemin qui avait été fait : de 3,000 francs, j'étais arrivé à 162 francs! le tout exécuté avec des émaux de Venise; cela était la condition formelle. Il me semble que maintenant, au point de vue de la dépense, la mosaïque ne doit plus être un épouvantail.

Cependant les quatre panneaux, dessinés par de Curzon et enclavés dans la voûte, avaient été distraits des prix faits pour des ornements variés et compliqués. La reproduction des figures nues effrayant un peu les mosaïstes, qui n'avaient jamais accompli semblable besogne, je fus forcé de m'adresser à la maison Salviati, de Venise, et celle-ci, jalouse de concourir aussi à l'exécution de cette page, demanda seulement 1,000 francs par panneau, lesquels avaient environ $2^m,50$ de surface.

Voilà donc où l'on en est arrivé maintenant; et certes

ce ne sera pas la dernière limite. Si, comme on doit le croire, les émailleurs de Paris et la manufacture de Sèvres parviennent à produire des galettes d'émail de qualité égale à celles de Venise, il y aura encore diminution dans le prix de revient. D'ailleurs, l'exécution des mosaïques pourrait fort bien être faite par des femmes, qui feraient cela tout aussi bien que de la tapisserie, et la main-d'œuvre baisserait encore.

Quoi qu'il en soit, je suis arrivé au but que je me proposais depuis quinze ans, et si j'ai donné tant de détails sur une chose qui, en somme, paraît peu importante, c'est que je considère comme un de mes titres d'honneur l'introduction en France de ce genre merveilleux de décoration; et je crois avoir, par ce fait, rendu un service signalé à l'art décoratif. Ce que j'ai fait est pourtant bien simple; il a fallu un concours heureux de circonstances pour m'y amener; mais réellement je suis bien plus heureux et bien plus fier d'avoir pu vaincre un peu la routine, que d'avoir édifié telle ou telle partie du monument, qui, cependant, est plus appréciée du public. C'est ainsi que chacun se croit le conducteur intelligent, quand il n'est peut-être que la mouche du coche!

J'ai voulu conserver le souvenir de cette bataille, qu'il me semblait avoir gagnée; et n'étant pas assez certain d'avoir plus tard un petit monument rappelant mes hauts faits, je me suis érigé à moi-même ce monument, en inscrivant en caractères grecs du VIIIe siècle une inscription dont voici le texte en caractères ordinaires et le sens :

Η ΔΙΑ ΜΟΥΣΕΙΩΝ ΤΟΙΧΟΓΡΑΦΙΑ ΕΠΕΣΚΕΥΑΣΘΗ ΤΟ ΠΡΩΤΟΝ ΕΝ ΓΑΛΛΙΑ ΕΙΣ ΚΟΣΜΗΣΙΝ ΤΗΣΔΕ ΤΗΣ ΑΨΙΔΟΣ ΚΑΙ ΕΙΣ ΠΡΟΧΩΡΗΣΙΝ ΤΗΣΔΕ ΤΗΣ ΤΕΧΝΗΣ.

ΤΑΣ ΕΙΚΟΝΑΣ ΕΓΡΑΨΕ ΚΟΥΡΖΩΝ ΣΑΛΒΙΑΤΙ ΕΠΟΙΗΣΕ
ΤΑ ΛΟΙΠΑ ΦΑΚΧΙΝΑΣ ΗΡΧΙΤΕΚΤΟΝΕΙ ΚΑΡΟΛΟΣ ΓΑΡ-
ΝΙΕΡ.

La mosaïque décorative a été appliquée pour la première fois en France pour l'ornementation de cette voûte et la vulgarisation de cet art.

Les figures peintes par de Curzon ont été exécutées par Salviati, les ornements par Facchina. L'architecture est de Charles Garnier.

Après tout, c'est un document historique que j'ai placé là, et si, comme il faut l'espérer, la nouvelle école de mosaïque récemment fondée à la manufacture de Sèvres a bonne et longue vie, peut-être verra-t-on, dans ce document, l'indication d'une influence qui, je le crois, n'a pas été inutile dans la fondation de cet atelier français.

Mais qui sait ce qu'il adviendra de tout cela? Pour qu'un exemple porte ses fruits, il faut qu'il se produise dans un milieu favorable, et l'on risque fort de rester tout seul en route, si vos compagnons ne trouvent pas que l'on soit parti au bon moment. J'en sais pourtant plusieurs qui ont la volonté de m'accompagner. Puissent-ils aussi faire bon voyage!

J'ai cité seulement le nom de de Curzon en parlant de l'inscription. Ce n'est pas assez, car ses compositions ont été réellement fort bien comprises comme cartons de mosaïques, et je ne sais trop si un autre peintre, même parmi les plus célèbres, aurait mieux fait que cet éminent paysagiste, qui dessine les figures avec autant de talent que les arbres et les montagnes. Aussi, chose étrange, dans quelques siècles d'ici, lorsque les toiles exécutées de nos jours seront effacées et détruites par le temps, il ne restera peut-être que les panneaux de de Curzon pour servir de spécimens de la peinture d'histoire actuelle. Ce serait donc alors un simple paysagiste qui aurait la bonne fortune de conserver à la fois et son nom et son œuvre, et avouez que l'on pourrait tomber beaucoup moins bien. En attendant, pour le présent, tous les artistes reconnaissent que de Curzon a rempli avec une grande perfection un programme difficile, en se tenant, ainsi qu'il le fallait, entre des compositions ayant tous les charmes que l'on peut demander à des peintures achevées, et celles qui donnent un si vif accent aux mosaïques du moyen âge, mais qui sentent néanmoins un peu la barbarie. Il n'y avait guère qu'un style adaptable, et de Curzon l'a mis dans ses panneaux avec une incontestable science et une fermeté remarquable. Aussi a-t-il donné là un exemple qu'il sera fructueux d'étudier, si la mosaïque redevient en faveur, celle-ci ne pouvant et ne devant surtout offrir que des images tant soit peu conventionnelles.

Sur les piédroits séparant la voûte centrale des coupoles des extrémités, on remarquera sans doute quatre médaillons en lave émaillée, ornés de palmes en bronze. Ces médaillons représentent les attributs de musique typiques de l'antiquité ; la Grèce, l'Égypte, l'Espagne et l'Italie, ont été exécutées par un artiste habile, M. Émile Solier, qui a su donner à sa coloration des accents très-vigoureux et cependant très-fins de tonalité. Aussi s'harmonisent-ils à merveille avec les mosaïques, qu'ils accompagnent de façon à relier graduellement la voûte avec les parties inférieures de la galerie.

Dans le principe ces médaillons n'existaient pas sur les piédroits; ils devaient, dans mon esprit, être placés dans les tympans des arcades du grand escalier, et étaient alors au nombre de douze. J'avais déjà fait toute la composition des motifs; mais comme, pendant le cours des travaux, j'avais été contraint, par défaut de crédit suffisant, de rendre l'escalier moins riche de matière et, par suite, moins coloré, je craignis que la tache de ces médaillons ne fût alors trop intense, et, avant de les faire exécuter tous, je n'en fis faire qu'un seul, que je plaçai à l'endroit projeté. Ma crainte était justement fondée; au milieu des pierres blanches des tympans, les éclats de la peinture émaillée étaient trop violents et, n'étant pas assez accompagnés d'autres couleurs, se détachaient avec trop de dureté. Je ne continuai donc pas l'exécution de ces douze médaillons, que je remplaçai par de simples panneaux bombés, de marbre clair; d'ailleurs il fallait un certain temps pour achever les douze pièces, et celui-ci était mesuré. Je cherchai donc un autre emplacement, et trouvai celui qu'ils ont maintenant et qui paraît avoir été choisi dans un projet d'ensemble; car je crois que si ces médaillons n'existaient pas là, il faudrait les y mettre. Ce qu'il y a de certain, c'est qu'ils offrent un spécimen très-remarqué de la peinture sur émail appliquée à la grande décoration, et qu'il est juste de féliciter E. Solier du caractère artistique qu'il a su donner à son œuvre.

Pour terminer ce qui se rapporte à l'avant-foyer, après avoir noté les belles glaces de Saint-Gobain, qui agrandissent la perspective, et les lustres, dont la forme me paraît heureuse, mais qui sont dorés avec un peu trop d'éclat (défaut qu'il est, au reste, facile d'atténuer, s'il ne s'atténue lui-même par le temps), et après avoir dit que l'exécution des ornements est de Darvant, il ne me restera plus qu'à signaler le grand mérite des sculptures statuaires et décoratives qui sont placées dans les tympans des arcades, au-dessus des baies. Les premières, représentant des enfants déjà presque adultes, tenant divers attributs de métiers, sont dues à MM. Chevallier, Guitton et Mathieu Meusnier. Ces figures sont bien arrangées et étudiées avec un très-grand soin. Quant aux autres tympans, composés également de figures portant d'autres attributs de même nature, et qui ont été modelées par MM. Delaplanche, Barrias, Cugnot et Vital Dubray, on ne peut trop louer la composition élégante, la magistrale exécution et le talent libre et élevé que l'on retrouve dans toutes les parties de ces œuvres, peu importantes peut-être comme développement, mais à coup sûr ayant grande importance au point de vue artistique. Ainsi que MM. Hiolle, Barthélemy, Sanson, Mercier, que j'ai déjà cités en parlant de la salle, les statuaires qui ont décoré l'avant-foyer appartiennent à cette forte école actuelle, qui a élevé la sculpture française à un niveau si remarquable et tellement développé, que l'architecte peut diriger son choix presque au hasard, certain qu'il est que le talent se rencontrera toujours, à quelque nom qu'il s'arrête.

Tout ce que je viens de dire sur la mosaïque, les émaux et les sculptures, n'a pu sortir de ma plume que parce que l'avant-foyer a offert à ceux-ci comme à celle-là le moyen de se produire. L'avant-foyer est donc la cause absolue de cette décoration artistique : pas de Parthénon, pas de sculptures de Phidias ; mais la cause première de tout est naturellement la pensée qui a créé cette galerie. C'est donc à cette pensée primitive qu'il faut rapporter les opérations ultérieures. Eh bien ! j'ai grand bonheur à dire que cette pensée m'a été suggérée par notre regretté et illustre maître Duban. C'est là le second conseil dont j'ai parlé dans le précédent chapitre.

En effet, dans mon premier projet, comme dans mon second, mon idée était que chaque couloir de la salle se continuerait en galerie tout autour du grand escalier, qui aurait eu ainsi, sur les quatre faces, l'aspect qu'il a sur la paroi du fond et les parois latérales. Je m'imaginais qu'ainsi ce parti serait plus complet et plus logique. C'était une erreur ; il serait devenu un peu monotone, et s'il y avait des raisons pratiques pour que les galeries existassent au droit des escaliers latéraux qu'elles desservaient, il n'en était pas de même du côté du foyer, qui n'avait pas ces mêmes raisons.

Comme ce parti de circulation autour du grand escalier à tous les étages était venu de jet, ainsi que je viens de le dire, je l'avais conservé intact dans les deux projets du concours et dans les premières études complètes que je fis ensuite ; il est à peu près évident que si l'on ne m'eût pas ouvert l'esprit sur ce point, l'exécution eût été conforme aux premières idées. Quand je pense à cela, j'en frémis vraiment ! car une des choses les mieux trouvées et les mieux réussies de l'Opéra est, sans conteste, non-seulement pour moi, mais encore pour tout le monde, cette galerie de l'avant-foyer, qui complète le grand escalier, lui donne de l'air, de la perspective et est, en résumé, de grande et belle tournure.

Duban, qui avait pour moi une vraie affection paternelle, était précisément l'inspecteur général chargé de surveiller mes travaux; mais jamais il n'a consenti à exercer sa charge vis-à-vis de moi, déclarant hautement qu'il faut laisser toute liberté à l'artiste responsable, et ce n'est que pour me venir en aide qu'il consentait parfois à reprendre un instant ses fonctions administratives. Cependant, s'il ne voulait exercer sur moi aucune pression officielle, il était tout disposé à causer avec moi, en confrère, comme il le disait, en ami, comme il le montrait, et le rôle qu'il prenait était de m'encourager, de me soutenir dans les ennuis que j'éprouvais, et, faut-il le dire? d'approuver sans réserves tout ce que je lui montrais. Et ce n'était pas une approbation banale qu'il m'apportait! Loin de là! il me parlait comme s'il était mon admirateur et mon disciple. Je savais bien quelle part il fallait faire à la grande bienveillance de cet éminent artiste ; mais malgré cela je me sentais toujours plus ardent toutes les fois que je l'avais vu, et il me semblait même souvent alors que j'étais de force à porter sans fléchir le grand fardeau dont je ressentais parfois le poids. Bien plus que toute critique, les louanges de Duban stimulaient mon ardeur au bien, et je faisais de mon mieux, après ces affectueux entretiens, pour rester digne d'une aussi haute amitié et d'une aussi douce approbation. Il me disait souvent, lui qui est resté toujours jeune d'esprit, il me disait: « Ce qui me rend heureux, ce qui semble conserver ma jeunesse, c'est la faculté puissante d'admiration que je possède toujours! dans chaque chose je ne vois que le bon côté, jamais le mauvais ; et c'est ainsi que j'ai des jouissances artistiques nombreuses, élevées et consolatrices »! Il admirait donc aussi chez moi, par suite de cette disposition si enviable ; mais si ce qu'il approuvait pouvait être bon, il est fort possible que ce dont il ne parlait pas fût assez médiocre.

Une fois, pourtant, il sortit de sa réserve, et ce fut au sujet de l'avant-foyer. Il me dit avec bien des réticences, comme s'il avait craint de me froisser, qu'il lui semblait que la suppression des galeries du second et du troisième étages, du côté du foyer, permettant de faire là une salle plus haute, plus noble, préparerait mieux à l'entrée de ce grand foyer, que ces petits couloirs écrasés. Cette fois je vis bien clairement que l'inspecteur général croyait remplir son devoir en me donnant un avis important, et que, pour hasarder une critique, il fallait que la chose le choquât bien fort, ou plutôt qu'il entrevît dans une nouvelle disposition un motif, sinon original, au moins large et splendide.

J'avoue que ce conseil me porta aussitôt au cerveau, et que, sur-le-champ, devant lui-même, je fis le croquis de la modification. Ce croquis fut approuvé avec cette charmante simplicité qu'il possédait à un si haut degré ; et, en me demandant encore pardon de son audace, mais me remerciant de ma condescendance à son égard, il me quitta, non pas sans que je l'eusse embrassé de bon cœur; car il m'avait ouvert les yeux en un instant, et je me demandais comment j'avais pu être aveuglé aussi longtemps !

Mon bien-aimé maître n'est plus ; il a quitté la vie, en emportant les regrets de tous, l'amour de ses élèves et l'admiration sincère des artistes de toutes les écoles. C'est que c'était une nature droite, élevée, aimante, passionnée ! Il plaçait l'art au-dessus de toutes les puissances humaines ; il avait la foi, la conviction, et jamais, lui si doux et si bienveillant pour les confrères jeunes ou vieux, il n'aurait cédé d'un pas devant les plus puissants, pour écouter une fantaisie qui eût, à ses yeux, constitué un crime artistique.

Cet homme de bien avait pour moi une réelle et tendre affection; il avait senti que nous avions tous deux une pensée commune: l'amour du beau et de la liberté dans l'art, et j'avais pour lui une respectueuse tendresse et une admiration sincère. Aussi c'est du fond du cœur que j'associe le nom de Duban à celui de Duc, comme ayant, ainsi que son meilleur ami, mérité, non pas seulement ma reconnaissance personnelle, mais encore celle de tous ceux qui s'intéressent aux productions artistiques de la France.

Et puisque je parle de reconnaissance due, je voudrais ajouter aux noms de ces deux grands artistes celui d'un homme, ami de tous deux, et qui, par sa connaissance des affaires, son esprit libéral, son ordre parfait, sa loyauté et sa bienveillance, quelquefois déguisée, mais toujours efficace pour les artistes, a contribué puissamment, non-seulement à l'édification de l'Opéra, mais encore à celle de la plupart des édifices de l'État : M. de Cardaillac, ancien directeur des Bâtiments civils.

Si M. de Cardaillac était encore mon chef, j'aurais certainement hésité à lui exprimer ici ma gratitude avec celle de la plupart des architectes; mais il est maintenant relevé de ses fonctions, et je crois que je puis, sans être accusé de courtisanerie, lui dire tout haut ce que chacun pense tout bas.

DES CANDÉLABRES DU PERRON
ET DES ILLUMINATIONS.

Des candélabres placés sur le grand perron de la façade je ne dirai pas grand'chose, sinon qu'ils me paraissent d'une bonne forme et ayant une petite pointe d'originalité ; mais j'ai fait tant et tant de dessins de candélabres et de lanternes dont je me trouvais toujours très-satisfait, qu'il se peut fort bien que ce contentement continu ne soit que le résultat d'une manie ou d'un trop bon caractère ; aussi je ne chercherai pas chicane à qui s'aviserait de ne pas les trouver mieux que les candélabres du Pont-Neuf.

Au surplus, ces candélabres ont été placés après coup, c'est-à-dire quand l'argent devenait rare. J'ai été contraint de supprimer les espèces de pots à feu que je pensais établir sur les piédestaux des balcons de la loggia, et qui eussent certainement donné plus de lumière que les deux appareils qui ne les remplacent qu'imparfaitement ; et non-seulement ces pots à feu, ces sortes de lampadaires trapus, eussent éclairé grandement la façade, mais encore ils lui eussent donné cet air de pompe et de fête qui ne messied point à un théâtre. On l'a bien vu un instant, lorsqu'à la seconde représentation d'ouverture, j'avais installé provisoirement de simples tuyaux de fer, portant une couronne de becs en haut de leur tige. Par suite de leur emplacement, les feux produiraient des ombres et des lumières d'un aspect vraiment théâtral et saisissant, et je suis certain que ceux qui n'aiment pas la façade vue de jour l'auraient, sans conteste, fort aimée en la voyant la nuit.

Il est rarement trop tard pour compléter un monument incomplet, et si quelque jour on ne savait que faire d'une cinquantaine de mille francs, je serais tout prêt à leur donner un utile emploi, en transformant cet argent, qui ne tient jamais en place, en bon bronze bien solide et bien assis sur les balcons de la façade ; mais je n'espère pas que mes demandes toutes seules puissent arriver à convaincre un ministre. Les administrations sont un peu comme les clients ordinaires, ayant en leurs architectes une confiance fort limitée en ce qui touche surtout les questions artistiques. Sur dix clients, et j'entends des plus intelligents et des mieux appris, il y en a bien neuf qui préféreront l'avis de leur notaire, de leur médecin, de leur avocat, voire même de leur valet de chambre, à celui de l'architecte qu'ils ont chargé de construire. Vous avez mis ici un couloir avec des fenêtres, là une petite porte de service de plain-pied ; c'est fort bien. Mais le docteur aimerait mieux un portique avec des arcades, et le notaire un grand porche avec un perron ; et vous aurez beau dire que ceci vaut mieux que cela, que c'est plus logique, plus convenable, plus commode, moins coûteux même, vous aurez bien de la peine à combattre l'avis du notaire et celui du docteur ! Il semble, en architecture, que tout homme du métier est, de ce fait, celui qui le connaît le moins, et que, pour être bon juge, il faille ne jamais avoir mis le nez dans un plan et ne rien connaître aux projections des coupes. L'architecte est toujours l'ennemi : s'il demande quelque chose, on lui suppose toujours une arrière-pensée : s'il veut économiser en un point, il froisse le propriétaire, qui a justement, en ce point, l'intention de faire grand. Si, au contraire, il trouve un autre point trop pauvre et qu'il veuille lui donner plus d'ampleur et de richesse, il ne fait cela que par vanité d'artiste, si ce n'est même, et surtout, pour augmenter le chiffre de ses honoraires! Puis enfin, lorsque la construction est terminée, lorsque l'architecte n'y a épargné ni ses soins, ni son labeur, soyez certain que, lorsque l'on fera quelques critiques, le propriétaire s'empressera de les rejeter sur le compte de son architecte, qui aura fait ainsi malgré le client; tandis que, si quelques éloges s'adressent à l'œuvre, le client se rengorgera et dira, d'un petit air modeste, que c'est lui qui a voulu qu'il en fût ainsi!

Les administrations sont moins personnelles qu'un simple particulier, et d'ailleurs les chefs ne sont pas immuables ; j'ai déjà eu, je crois, dix-sept ministres depuis le commencement de l'Opéra, et avant que celui-ci ne soit terminé il y en aura peut-être le quarteron! Mais enfin, malgré les changements successifs de ministres, ceux-ci, pendant leur passage aux affaires, prennent un peu les habitudes des clients ordinaires, et ce n'est qu'avec une grande réserve qu'ils accueillent les propositions qui leur sont soumises par les architectes. Peut-être n'ont-ils pas tout à fait tort, puisque, en somme, ce ne sont que des mandataires responsables, jusqu'à un certain point, de l'entraînement de leur personnel;

mais, qu'ils aient tort ou raison, il est positif qu'une parole d'un député ou une phrase d'un journaliste font plus, pour le bien de la cause, que dix rapports d'architectes, et pourtant je vous assure que ces rapports-là en valent bien d'autres !

Enfin si, par hasard, le ministre de l'Instruction publique trouvait, un jour, que la devanture de boutique de l'Opéra n'est pas assez claire ; si le ministre des Travaux publics se disait qu'il a fourni à son collègue un immeuble incomplet, et si, enfin, le préfet de la Seine faisait remarquer que l'on fait une grande et belle avenue ayant, le soir, pour perspective un bâtiment tout noir, il se pourrait que l'on se décidât à commander ces torchères ajournées ; et, si cela arrive, ni les ministres, ni le préfet de la Seine, ni le directeur de l'Opéra, ni le public, ni moi-même, si vous le permettez, nous ne nous plaindrons du résultat !

J'ai dit ; et si quelque brave fonctionnaire, quelque aimable journaliste ou quelque gracieux financier veulent bien se faire mon avocat, qui sait si on ne les écoutera pas ? Quant à moi, je me tiens coi ; on s'imaginerait que si je demande à éclairer la façade de l'Opéra, c'est que j'ai un intérêt particulier à ce que les gens qui vont au théâtre puissent faire leur entrée autrement qu'à tâtons !

Pourtant je voudrais soumettre encore une idée aux avocats qui plaideront la cause. Pendant qu'ils seront en train de réclamer les torchères des balcons, ils devraient bien aussi dire quelques mots sur les appareils d'illumination générale ; car il n'est pas impossible qu'un jour ou l'autre on redonne à Paris quelques-unes de ces fêtes d'autrefois, qui ne font de mal à personne et qui font plaisir à tout le monde, et je ne pense pas que le Shah de Perse ait emporté avec lui le dernier des lampions parisiens. Eh bien! s'il arrive un moment où l'on éprouve le désir de voir briller quelques feux sur les crêtes de nos monuments, il est bien évident que, par sa situation à l'extrémité d'une longue et large avenue, l'Opéra devra être un des premiers édifices que l'on pensera à éclairer de la sorte. Or toutes les illuminations improvisées consistent presque toujours en un simple cordon de gaz, qui règne le long de la corniche de couronnement. C'est déjà quelque chose; mais vraiment ce n'est pas beaucoup, et lorsque je me rappelle les belles lignes de feu qui dessinent le dôme de Saint-Pierre, à Rome, aux fêtes de Pâques, je ne puis que trouver bien mesquins les maigres petits bandeaux qui courent horizontalement, en s'éteignant et se rallumant suivant les caprices du vent!

Je voudrais que, si l'Opéra doit être un jour illuminé, cette illumination fût un peu différente de ce qui s'est fait depuis que le gaz a détrôné les lampions et les verres de couleur, qui, en étant moins brillants, avaient plus de tenue et plus de charme aux yeux. Je voudrais que des lustres colorés se suspendissent aux plafonds de la loggia; qu'un lacet brillant s'étendît au-dessus de l'entablement de l'ordre, en contournant les frontons; qu'une grande bande de feux orangés fût placée au-dessous de l'attique, et que de grands trépieds à flammes bleues fussent installés aux pieds des groupes de Gumery. Puis d'autres feux, de diverses intensités et de diverses colorations, s'étendant tout au pourtour de la coupole de la salle, et s'élevant ensuite jusqu'à la lanterne centrale, en dessinant la forme du dôme et des principales lignes du couronnement ; ensuite quelques points de rappel sur les dômes des pavillons latéraux ; enfin le grand pignon de la scène, largement dessiné par plusieurs bandes de feu, et, au-dessus, dominant tout l'ensemble, le groupe de Millet, éclairé seul par une puissante lumière électrique, faisant jaillir mille éclats de la haute lyre, garnie de cristaux à facettes. Cette combinaison de feux, de flammes et de lumières présenterait certainement un aspect étrange et féerique, et nul autre monument civil, mieux que l'Opéra, avec ses plans, ses hauteurs et ses formes différentes, ne se prêterait à une illumination aussi particulière et aussi complète. Mais, pour arriver à un effet tout à fait satisfaisant, il faut plus qu'un ouvrier qui installe un tuyau de plomb muni de brûleurs ; il faut une étude sérieuse, étendue ; il faut des appareils spéciaux, des verres teintés, des conduits de gros diamètre, des chemins d'allumage, etc... Ce qui revient à dire que ce ne serait pas en quinze jours que l'on pourrait effectuer convenablement cette grande opération. Que ceux donc qui pensent que la République *aimable* pourra égayer les yeux des Parisiens autant que les empereurs, les ducs, les rois, les papes ou les tyrans, ne craignent pas de parler à l'occasion de l'illumination de l'Opéra. Peut-être leurs paroles iront-elles jusqu'à l'oreille d'un membre de la commission du budget, et ce sera déjà un grand pas de fait.

En tout cas, si une fête populaire ou nationale se donne en ces temps-ci, et que l'Opéra soit encore abandonné aux ombres de la nuit, je me promets bien de faire éclairer à mes frais la statue de l'Apollon par la lumière électrique. Alors, plus le monument sera sombre, plus le groupe sera resplendissant ; et, de loin, au milieu du ciel tout noir, on verra, semblable à une brillante apparition, le dieu des arts, levant haut sa lyre, comme s'il allait la jeter à la tête de ceux qui auraient refusé de lui allumer son gigantesque piédestal.

Et voilà comment, en partant d'un simple candélabre placé tout au bas d'un monument, on arrive à parler d'une lyre placée tout en haut! J'espère que je ne quitterai plus la place en vous parlant maintenant des autres candélabres plantés au-devant du grand perron.

Ces deux candélabres porte-affiches ont une grande dimension, ce qui n'est peut-être pas un défaut; ils ne sont pas de forme banale, ce qui est certainement une qualité; ils ont été modelés avec talent par Corboz, ce qui n'est pas à dédaigner; et, enfin, ils ont été parfaitement exécutés par MM. Lacarrière, Delatour et Cie, ce qui a aussi son mérite. On voit donc qu'en somme ces candélabres ne sont pas une chose médiocre ; et, de fait, ils ont été généralement fort appréciés.

Malgré cela ils ont un défaut assez grand, défaut qui n'a peut-être pas frappé tous les yeux, mais qui, néanmoins, saute toujours aux miens. C'est un défaut de proportion justement harmonieuse entre le socle de ces candélabres et leur partie supérieure. Celui-ci est un peu fort pour celle-là, ou plutôt c'est celle-là qui est trop faible pour celui-ci. J'ai pourtant fait de mon mieux pour bien relier ces deux parties distinctes; j'ai même peut-être fait aussi bien que cela se pouvait dans les conditions qui se présentaient ; mais la chose devait presque fatalement être imparfaite.

En effet, le bas des candélabres devait avoir une autre

destination que celle qui lui a été donnée, ou du moins il devait servir de support, non pas à de simples lanternes isolées, mais bien à des lanternes accompagnant un grand mât vénitien destiné à porter une oriflamme.

Pendant cinq ou six ans, j'avais l'idée bien arrêtée de placer au-devant de l'Opéra deux grands mâts rappelant, par leur silhouette, ceux qui se trouvent au-devant de l'église Saint-Marc, et j'avais donc fait toutes les études nécessaires à ces élégants motifs : socle, lanternes, mâts, couronnement, flèches, étendards, tout était étudié dans les plus petits détails ; le modèle en plâtre de ce socle et les bras des lanternes étaient même déjà exécutés par les sculpteurs. C'est alors que, la façade de l'Opéra étant découverte, je jugeai prudent, puisque cela me devenait possible, de me rendre compte de l'effet que ces mâts pouvaient produire, et je fis dresser deux hautes sapines aux endroits désignés. L'effet était fort peu satisfaisant ; la façade était coupée de façon désagréable, soit que l'on se plaçât un peu en avant ou un peu en arrière du boulevard. Il aurait fallu que les mâts pussent être plus écartés, ce qui était impossible, puisque les rues bornaient le périmètre du monument. J'eus un grand chagrin ; j'eus un grand regret, et je l'ai encore ; mais lorsque l'on fait quelque chose dont l'opportunité peut être discutée, il faut au moins être sûr que ce quelque chose sera réussi. Je n'avais plus cette confiance, et j'abandonnai immédiatement le projet que je caressais avec tant de plaisir.

Mais, ainsi que je viens de le dire, les modèles d'une partie du bas des mâts étaient terminés ; c'était une dépense de quelques mille francs ; je ne voulus pas que cet argent fût perdu, et je combinai le socle, les bras, les lanternes faites et les lanternes à faire, de façon à composer avec tous ces éléments un candélabre porte-affiches. Je vous assure que la besogne n'était pas des plus faciles, et que j'aurais pu la réussir encore moins; et même il se peut fort bien que, si j'avais composé un tel candélabre sans aucune gêne, je n'eusse pas mieux fait que ce qui est et dont je me contente après tout; mais ce qui me contente moins, c'est qu'en arrangeant le candélabre avec les débris du mât projeté, je n'aie pas eu l'idée de faire cet arrangement, difficile peut-être, mais non impossible, de façon à ce que, en retirant la lanterne centrale, on pût la remplacer à l'occasion par un mât construit *ad hoc*, et s'emboîtant dans une gaîne établie à cet effet! Au moins, à certains jours, les motifs que j'avais projetés auraient pu se réaliser temporairement.

Est-il trop tard pour revenir à cette idée? Je le crains bien, car maintenant les candélabres sont construits de telle sorte qu'une partie des pièces ne pourra plus servir; néanmoins j'ai tenu à inscrire ici la pensée que j'avais eue, afin que si, dans une solennité quelconque, il entrait dans le programme de planter des oriflammes devant la façade de l'Opéra, on pût essayer de les combiner avec les socles existants, et il est possible que les grands étendards flottants, en secouant leurs glands dorés, coupent la façade avec plus de charme que les sapines que j'avais fait élever, et que, ce qui aurait été essayé comme décoration provisoire, fasse assez bonne figure pour qu'un jour on l'établisse d'une façon définitive.

Si c'est de mon vivant que telle chose se fait, et que l'on veuille me consulter un peu plus que pour certaines fêtes données dans certain théâtre, je sais bien comment je découperai et colorerai les oriflammes ; mais si je ne suis plus de ce monde, ou bien si, comme cela s'est vu, on charge un tapissier fleuriste de mettre quelques plantes au bas des socles et un oripeau au bout d'une baguette, je prie mon successeur, ou bien le tapissier, de rechercher dans les archives de l'Opéra le projet de ces mâts ; et, en tout cas, je les supplie de mettre là deux belles et grandes bannières de ton jaune ou rouge-orangé, ou combiné avec des couleurs harmonieuses ; mais de ne pas prendre ces mâts pour la hampe du drapeau français. Notre drapeau est un type, un symbole, qui représente la patrie et que nul n'a le droit d'attaquer dans sa signification politique ; mais si on le considère seulement au point de vue artistique, il faut bien avouer que, de tous les drapeaux du monde entier, le nôtre est le moins harmonieux et le plus mal composé comme entente des couleurs. Cela ne touche en rien à sa gloire ; car il n'est pas utile pour être franc, brave et loyal, d'être aussi parfait qu'un Adonis ; mais lorsqu'il s'agit seulement de plaire aux yeux, Phrynée est plus agréable à voir que Socrate, et un étendard chaud, coloré, à tonalités complémentaires, atteint mieux le but que le blanc, le bleu et le rouge, qu'il faut respecter comme patriote, mais que l'on ne peut guère aimer comme artiste.

Si donc quelque jour flottent au-devant de la façade de l'Opéra deux grandes et belles bannières, qu'elles soient longues, élégantes, échancrées, ornées de larges torsades et de glands majestueux ; que quelques points d'or brillent sur les fonds rouges, jaunes ou blancs ; que quelques emblèmes ornementaux, très-nets de contours et très-peu compliqués, donnent quelque variété à ces pompeux étendards, et qu'enfin un beau rayon de soleil vienne se jouer dans leurs plis « doucement agités par un léger zéphir »!

Voilà ce que je voudrais bien voir; mais vraiment je n'y compte guère. Je l'aurai toujours rêvé un instant, et le rêve était doux.

DES PETITS SALONS CIRCULAIRES.

Aux extrémités de l'avant-foyer se trouvent deux petites pièces circulaires, servant de vestibules, l'une à la galerie du glacier, l'autre à celle du fumoir; du moins du fumoir projeté, puisque celui-ci n'est pas encore exécuté et ne le sera peut-être jamais.

Ces deux petites pièces n'ont pas grand intérêt, bien que leur décoration ait un côté que les gens bienveillants peuvent trouver original, mais que je ne place pas si haut; je les appelle seulement le salon du soleil et celui de la lune, et cela suffit à leur notoriété, qui ne sera jamais bien grande. Dans celui-ci c'est censé la chaleur, le feu plutôt, qui est le point de départ de la décoration; dans celui-là c'est le froid. Ainsi, dans le premier petit salon une espèce de soleil étend sur toute la coupole de nombreux rayons, entremêlés de foudres, de salamandres et d'étoiles; puis la tonalité générale des parois, se reliant avec les ors et les feux de la voûte, est encore avivée par quatre glaces étamées à l'or, qui rendent les reflets orangés et donnent aux lumières du lustre central, répétées indéfiniment, une teinte rougeâtre, d'un aspect assez fantastique. Dans le second salon c'est la lune, ou du moins ses rayons argentés qui forment la décoration de la voûte, en s'accompagnant de constellations. Quant à la tonalité générale de la pièce, elle participe de celle de la voûte; c'est-à-dire qu'elle est, comme elle, argentée par l'adjonction de feuilles de platine. Mais, entre nous, cette coloration assez étrange ressemble un peu trop à un fond de boîte à chocolat doublée d'étain, et, en prenant le même parti, on aurait pu faire certainement mieux, au moyen de tons gris de lin ou lilas clair, se combinant avec les argentures en feuilles. Dans cette salle se trouvent aussi quatre panneaux, qui devaient recevoir des peintures ayant trait à sa destination, mais que le manque d'argent n'a pas permis de faire exécuter.

Si ces deux salles sont, en somme, bien imparfaites comme étude et comme décoration, c'est qu'elles ont été, pour ainsi dire, improvisées. Elles devaient d'abord être ajournées pour l'ouverture de l'Opéra et ne recevoir, comme la galerie du glacier actuelle, qu'une simple couche de badigeon quelconque; mais vraiment l'effet eût été par trop choquant à côté du foyer et de l'avant-foyer, et je pris sur moi d'outre-passer un peu les ordres reçus et de terminer à peu près ces dégagements si visibles. Mais pour cela il fallait être fort réservé; aussi je renonçai au projet qui était déjà étudié pour ces deux petites salles, et en indiquai prestement un autre qui, malgré sa simplicité relative, suffisait pour les relier d'une façon convenable avec les deux grandes salles qui leur donnaient accès.

On fit donc les plâtres aussi vite que possible. MM. Rubé et Chaperon se chargèrent de peindre les ornements des coupoles; je terminai un marché depuis longtemps ajourné pour les glaces dorées; je composai un lustre avec quelques débris de modèles, et, en peu de temps, tout fut ordonné.

Naturellement, j'avais pensé, en donnant à ces deux petits salons les aspects conventionnels du feu et de la glace, indiquer, par leur modeste décoration, la fonction qu'ils devaient avoir : le salon du froid devait servir d'entrée à la galerie du glacier; celui du feu devait servir à celle du fumoir. Ce n'était pas bien étonnant comme pensée; mais enfin cela avait au moins la prétention de signifier quelque chose. Or, dans la précipitation des travaux, et par suite d'une erreur venant de l'un ou de l'autre, il arriva que les maçons traînèrent les cadres des panneaux, qui devaient plus tard recevoir de la peinture, à la place de ceux qui devaient recevoir les glaces dorées, *et vice versâ*. Comme le premier de ces cadres était sur plan circulaire et le second sur plan rectiligne, on ne pouvait indifféremment employer celui-ci pour celui-là. Peu de jours après je reconnus l'erreur. La réparer n'eût pas été bien coûteux, une centaine de francs peut-être; mais le temps pressait, et une semaine de retard n'eût pu alors être rattrapée; il fallait donc, ou renoncer à ouvrir ces deux petits salons, ou bien les terminer quand même, en suivant les plâtres déjà exécutés. C'est ce que je fis, ne trouvant pas, au surplus, que la chose fût bien importante, puis me disant que, lorsque l'on achèverait l'Opéra, je pourrais reprendre un peu ces parties presque provisoires; et voilà pourquoi, si le fumoir était terminé, on passerait par la glace pour indiquer que c'est par là qu'on va allumer un cigare, et qu'on passe maintenant par le feu pour montrer que c'est de ce côté que l'on va prendre un sorbet!

DE LA COUPOLE EXTÉRIEURE DE LA SALLE ET DE CELLES DES PAVILLONS.

La coupole extérieure de la salle et celles des pavillons latéraux sont couvertes en cuivre. Ce genre de couverture n'est pas très-fréquemment employé; cependant il y en a plusieurs exemples à Paris, notamment la coupole de la Halle aux blés, et cela suffit pour montrer qu'il a grande durée et grande solidité. De plus, comme la couverture en cuivre ne coûte pas plus que celle en plomb, à cause de la différence d'épaisseur des feuilles et des travaux accessoires, et qu'elle a un aspect chaud et décoratif, je me suis décidé à faire usage de cette matière dont, jusqu'à présent, je n'ai qu'à me louer. En effet, depuis bientôt dix ans que la couverture en cuivre est effectuée à l'Opéra, je n'y ai pas remarqué la moindre altération; les couvre-joints n'ont pas bougé; les feuilles ne se sont pas gondolées, et aucune fuite d'eau, même insignifiante, ne s'est manifestée. Je ne regrette donc pas le parti que j'ai pris et qui m'a permis, au surplus, pour la décoration ornementale, d'employer le cuivre repoussé et martelé à froid.

Cette façon d'employer le cuivre n'est pas absolument nouvelle, et, il y a une dizaine d'années, elle avait été mise en usage pour exécuter la grande statue de Vercingétorix, modelée par A. Millet. Mais, malgré cela, il était rare que les architectes s'en servissent dans l'ornementation de leurs édifices. En tout cas, l'application qui en a été faite au nouvel Opéra est, je crois, plus importante que celles qui l'ont précédée, et elle a prouvé amplement que le procédé se prêtait à toutes les combinaisons que l'on voudrait mettre en œuvre.

Ainsi, à l'Opéra, toute la grande lanterne de couronnement de la coupole de la salle, les nervures de cette coupole, ainsi que les nervures et les couronnements des pavillons latéraux, ont été exécutés en cuivre repoussé. Certes cela ne veut pas dire qu'on doive employer ce procédé en tout et pour tout, pour remplacer le bronze fondu ou la galvanoplastie, car chaque système a des avantages particuliers : à la fonte, peut-être plus de durée, mais aussi plus de poids et un prix plus élevé; à la galvanoplastie, plus de précision dans le modelé et de fidélité dans la reproduction de l'œuvre; au cuivre repoussé, plus de liberté dans l'exécution, ce qui peut être fort bien admis lorsqu'il ne s'agit pas d'une composition artistique de premier ordre; puis, plus de légèreté que la galvanoplastie doublée; enfin, prix moins élevé que dans les deux autres systèmes, à condition toutefois que les motifs se répètent un assez grand nombre de fois.

Ces conditions indiquaient presque impérativement l'emploi du cuivre repoussé pour les coupoles de l'Opéra; d'abord la légèreté, qui n'était pas à dédaigner, afin de moins charger les fermes du comble; puis la répétition très-fréquente des mêmes motifs pour chaque dôme; et, de là, économie sur la fonte et la galvanoplastie.

C'est la maison Monduit et Béchet qui a exécuté ce travail considérable, et, je dois le reconnaître, avec une grande perfection et une grande rapidité. Tous les modèles des sculpteurs, après avoir été séparés en plusieurs pièces, étaient moulés par une gangue de fonte, qui formait alors matrice, et dans laquelle on introduisait le cuivre, en l'enfonçant. On l'emboutissait au moyen d'outils en bois dur frappés par un maillet. C'était vraiment un spectacle fort intéressant que cette exécution, devenant alors quasi-machinale, mais qui ne laissait pas que d'exercer la sagacité de l'ouvrier, qui devait emboutir ou retreindre le cuivre de façon à lui faire prendre la forme exacte du moule, sans changer d'épaisseur. Il arrivait à merveille à ce résultat, en taillant, dans les feuilles de cuivre, des espèces de patrons, bien plus grands naturellement que le diamètre du moule, et découpés de façon assez étrange, pour que le cuivre fût partout régulièrement réparti. Quant aux pièces qui étaient trop peu nombreuses pour exiger la fonte d'un moule, on les confiait à des ouvriers expérimentés, qui, alors, repoussaient directement le métal au jugé, et en faisaient une sorte de mise au point.

C'est dans ces pièces surtout que la main du praticien se montrait avec plus de liberté, et il faut dire que jamais la reproduction n'a fait tort aux modèles, et cependant ces modèles étaient dus à des hommes de talent. Chabaud, d'abord, qui avait modelé les masques, puis Bloche, qui avait exécuté tous les ornements avec beaucoup de volonté, de bonne grâce et de mérite, et, enfin, Cain, qui avait fait les beaux aigles du pavillon du chef de l'État d'alors. Tous ces modèles, composés pour être reproduits par le procédé que j'avais choisi, étaient naturellement largement indiqués, et modelés de façon à ce qu'il n'y eût pas de trop grandes difficultés dans le repoussage.

Peut-être quelques-uns se souviennent-ils d'avoir vu le couronnement d'un des pavillons à l'Exposition universelle, où il fut grandement apprécié ; mais je voudrais que les personnes que la chose peut intéresser particulièrement pussent, avec l'autorisation du directeur de l'Opéra, monter au-dessus de la coupole centrale et examiner de près le travail de MM. Monduit et Béchet. Je suis convaincu que cet examen pourrait leur donner l'idée de patronner le cuivre repoussé, qui, il me semble du moins, après le dôme de l'Opéra, paraît avoir été un peu abandonné ; cela serait fâcheux. Il ne faut pas que les bons moyens s'oublient, car peu à peu les ouvriers se déshabituent d'un travail interrompu, et, lorsqu'on veut le reprendre un jour, on retombe dans certaines difficultés d'exécution.

En résumé, je crois que toutes les fois que les architectes auront l'occasion de décorer les faîtes de leurs édifices par quelques ornements métalliques, ils pourraient ne pas délaisser le cuivre repoussé, qui, je le répète, donne des résultats excellents comme durée, comme économie et comme charme artistique.

Il est bien inutile de décrire les motifs décoratifs que j'ai employés dans ces parties de l'édifice : au centre, la grande lanterne, servant à la ventilation de la salle comme orifice de la cheminée d'appel ; au pavillon Ouest, une couronne impériale, entourée à distance par les huit aigles de Cain ; cela était indiqué par la destination des locaux. Au pavillon Est le même parti qu'à l'autre pavillon ; seulement la couronne impériale remplacée par la couronne de la ville de Paris, et les huit aigles par huit proues de vaisseau, portant en l'air leurs rames rassemblées en forme d'ailes, afin de rappeler les silhouettes des aigles. Puis partout des orifices ornés, pour rejeter les eaux de la pluie. C'est à peu près tout ce que l'on peut dire à ce sujet, sauf peut-être mon appréciation personnelle sur les mérites de la composition ; mais comme je suis convaincu que vous pressentez mon opinion à cet égard, il est inutile de vous la faire connaître à nouveau. Mettez, si vous voulez, un ou deux points admiratifs comme ceci!! et quelques points d'interrogation comme cela???, et la question sera résolue.

Mais si vous le permettez, je vous dirai comment j'entends, ou plutôt j'entendais la décoration générale de tous ces motifs ; non pas en tant que dessin, mais en tant que coloration ; car là la question est encore pendante.

Cette décoration consistait à relier, par diverses parties dorées, l'ensemble de la coupole aux colossales figures du couronnement de la façade, aux lyres placées dans les œils-de-bœuf du mur circulaire et au point brillant de la lyre d'Apollon. Ainsi, non-seulement la grande lanterne centrale devait être dorée, telle qu'elle l'est actuellement, mais encore les grosses côtes des dômes et les couvre-joints devaient également recevoir quelques dorures, afin d'en accuser plus nettement la forme.

Je crois que les ors des chéneaux de la façade et ceux des figures de Gumery, qui ont un peu surpris les yeux lors de la découverte de la façade, auraient produit tout autre effet si, au lieu de rester un peu isolés comme ils le sont encore, ils n'avaient, pour ainsi dire, formé que le premier plan d'une suite d'étagements compris dans la même gamme colorée. C'est surtout lorsque l'avenue de l'Opéra sera terminée que l'on pourra se rendre compte de l'aspect général, et peut-être pourra-t-on alors trouver que mon idée était bonne. Quant à moi, je n'en sais rien encore d'une façon absolue. Je pense que j'avais raison; mais lorsque l'on reste dix ans sans mettre sa pensée à exécution, il y a forcément une certaine hésitation qui vous saisit; de sorte que, plein de foi lorsque je marchais régulièrement vers un but, je suis maintenant bien plus timide et ne saurai au juste ce qu'il faut résoudre que lorsque je verrai l'Opéra de loin, et lorsque, dans cinq ou six ans, peut-être, la décoration que j'avais rêvée toute seule s'indiquera du côté gauche de la coupole. Voici ce qui amènera à cette indication, qui a déjà commencé et se continuera graduellement.

Lorsque après la guerre de 1870 les travaux de l'Opéra reprirent un peu leur marche interrompue, je commençai naturellement par achever les travaux qui étaient commencés. De ce nombre étaient précisément ceux qui se rapportaient à la dorure de la coupole. Les échafaudages volants étaient encore sur le dôme, et toutes les études étaient faites relativement à cette décoration. Comme je me souvenais de l'impression causée à quelques-uns par les ors de la façade, je ne me souciais guère de travailler à la vue de tout le monde, et j'entourai la lanterne par une grande bâche la cachant aux passants. C'est donc à l'abri des regards que je pus faire exécuter le travail; mais comme je savais fort bien que si je découvrais tout d'un coup cette grande masse dorée, je susciterais encore quelques réclamations, et que, d'ailleurs, je n'aime les ors que quand ils sont déjà vieux et effacés, je fis passer sur toute la surface de ceux-ci deux couches de teinte bistrée, qui les laissaient apercevoir comme voilés, et leur donnaient plutôt la tonalité d'un bronze chaud et cuivré que celle de l'or.

Je pus donc enlever les bâches et laisser apparaître alors la lanterne, sans que personne s'en émût. On ne prit aucunement garde à cette dorure déguisée, que l'on supposait être seulement les reflets du métal, et tout était pour le mieux de ce côté. Peu à peu la couche de peinture se détruirait, laissant passer quelques parcelles d'or, que l'air et la pluie se chargeraient de ternir; les yeux s'habitueraient graduellement à cette transformation insensible du bistre clair à l'or maté, et j'arriverais à l'effet désiré, sans avoir choqué personne et sans avoir souffert moi-même des intensités trop violentes des dorures nouvelles.

Mais il fallait faire la même opération pour les nervures de la coupole, et, ne pouvant actuellement établir sur tout le dôme un immense échafaudage qui eût coûté cher et aurait intrigué les passants, je me contentai de faire faire une espèce d'échelle courbe, s'accrochant aux nervures et fermée par une toile mobile. C'est sur cette échelle que l'on donna la couche de teinte dure sur la moitié des nervures du dôme, et, à l'abri de cette toile, que l'on commença à dorer celle qui se trouvait la plus rapprochée du mur de la scène. Cela se passa bien; mais arrivé à la seconde nervure, visible de la rue Scribe, on aperçut, lorsque les ouvriers entraient ou sortaient de leur refuge, l'or neuf qui brillait sans atténuation.

Immédiatement une sorte de clameur s'éleva, et, le

lendemain matin, plusieurs journaux s'indignèrent que, lorsqu'il fallait payer tant de milliards à la Prusse, on gâchât l'or de la France pour le répandre sur un monument! Je vous laisse à penser de quelle façon tragique la thèse fut développée. Elle manquait de justesse et de vérité, quant à la dépense, puisque tout l'ensemble de la coupole ne devait pas coûter plus de trois mille francs; mais elle avait un côté respectable, et je comprenais fort bien que, dans l'état où nous nous trouvions, quelques personnes fussent choquées de cette espèce d'insolence artistique, étalée aux yeux d'une nation éprouvée, et rendue nerveuse et excitable par une suite de désastres douloureux. Si la pensée du gaspillage de l'or qui devait être payé à l'étranger ne fût pas venue, j'aurais eu la conscience bien tranquille, sachant que je ne faisais pas plus mal en dépensant là trois mille francs qu'en dépensant la même somme en d'autres travaux; mais, une fois l'idée parisienne éveillée sur ce point, il était de mon devoir de me soumettre à la susceptibilité ombrageuse qui se manifestait en ce moment; aussi, avant que le ministre des Travaux publics, ému lui-même de cette explosion d'un sentiment fort excusable, me fît donner l'ordre de cesser les travaux de dorure, j'avais déjà cessé moi-même, car le jour où la presse déclarait que je faisais impudemment sauter aux yeux l'or du pays, je congédiai les ouvriers et fis couvrir les nervures de trois couches de peinture ayant le ton exact du bronze de la coupole. Aussi, lorsque l'on vint pour supputer les millions que j'étalais sur le dôme, on ne trouva plus, le surlendemain, qu'une coupole tout unie et sans aucune trace de dorure.

C'est ainsi que la coupole est restée depuis ce temps;

mais, cependant, peu à peu les cuivres de la couverture noircissent, et la peinture des nervures change et s'efface, en laissant déjà apparaître au-dessous d'elle la première couche de teinte ocrée qui avait été placée pour recevoir les ors. Cet effet va certainement aller en se marquant chaque jour. C'est ce qui fait, comme je l'ai dit ci-dessus, qu'il va bientôt arriver un moment où les nervures vont se marquer avec un ton doré, et indiquer par suite le parti primitif auquel je m'étais arrêté.

Il serait facile, il est vrai, de remédier à cela en repeignant les nervures dans le ton de la coupole; mais je crois qu'il est préférable de laisser l'effet se marquer encore davantage. On saura bien mieux alors si l'on doit toujours penser à exécuter le premier projet, ou bien s'il faut définitivement y renoncer. Dans ce cas, le mieux serait de gratter toutes les couches de peinture, et d'oxyder seulement les cuivres remis à neuf, pour les harmoniser avec les cuivres déjà devenus vieux.

Mais, je le répète, c'est surtout quand l'avenue de l'Opéra sera achevée et que le monument pourra se voir de loin, que l'on pourra avec certitude apprécier l'utilité artistique de ma première pensée, et, à ce moment, on pourra prendre un parti plus net et plus raisonné; je tenais seulement à faire connaître ce qui était advenu, puisque j'ai avoué que je me sentais maintenant hésitant, et que, n'ayant plus sur ce point la force d'imposer ma conviction aux autres, j'aimerais autant que les autres m'imposassent la leur.

J'avais aussi, en commençant l'Opéra, l'idée de dorer en partie les couronnements des dômes des pavillons latéraux; mais j'avais renoncé provisoirement à cette idée, malgré les injonctions d'un poëte regretté de tous, mon ami Théophile Gautier. Lorsque je lui parlai de l'intention que j'avais de réchauffer un peu les toitures du monument par quelques parcelles d'or répandu de ci de là, il s'indigna presque contre moi, non pas de ma hardiesse, mais bien de ma timidité. Il revenait alors de Moscou et avait encore les yeux pleins des dômes dorés du Kremlin et des églises byzantines, et il aurait voulu voir resplendir, comme des soleils, tous les faîtes de nos monuments. Ce n'étaient pas des bribes d'or qu'il demandait à l'Opéra, c'était la coupole qu'il voulait brillante de la base au sommet, et lui qui, d'ordinaire, était fort calme dans ses discussions, s'emportait avec les mots étranges et typiques qu'il savait si bien trouver; et, avec des paroles de poëte et un esprit d'artiste, il célébrait la gloire, les éclats, les reflets des ors aux tons fauves et somptueux. Et je le quittai en me disant que les jeunes de mon temps, encore qu'ils eussent le cœur chaud, étaient loin des jeunes du temps d'avant, qui avaient non-seulement la passion du beau, du grand, de la couleur, de la vie artistique, enfin; mais qui savaient encore dire et chanter leurs sentiments avec tant de feu, de vigueur et d'entraînement.

Ils passent peu à peu, ces poëtes inspirés, et laissent à leur place des discoureurs mesquins, qui, voulant faire de notre monde une ruche égalitaire, cherchent à supprimer l'imprévu et le mouvement, et, en somme, arrivent à glacer toutes les passions, sauf celle de l'intérêt particulier, qui guide seul ces philanthropes improvisés. Ce n'est pas cela qu'il faut aux artistes, aux cœurs ardents, aux amoureux, aux têtes folles, si vous voulez; ce n'est pas le monde tel qu'il est, qu'il faut qu'on leur démontre et qu'on leur célèbre ; c'est le monde tel qu'il devrait être, qu'il faut que les poëtes nous chantent, et s'ils nous font vivre ainsi dans une idée impossible à atteindre, nous aurons toujours au moins un instant l'illusion, le plus grand charme de la vie, et la foi, la plus grande espérance de la mort.

DU VESTIBULE CIRCULAIRE

Le vestibule circulaire du nouvel Opéra a un faux air de ressemblance avec le vestibule circulaire du Théâtre-Français : ils sont tous deux placés au-dessous de la salle de spectacle, et tous deux sont contournés par une espèce de colonnade formant galerie. Le premier est néanmoins plus grand que le second et est plus élevé de plafond; c'est à peu près toute la différence que feront entre eux la plupart des visiteurs. Cependant si le parti est le même dans les deux pièces, celles-ci ne se ressemblent guère, ni comme étude, ni comme proportions, ni comme détails, et sont parents aussi éloignés que la Bourse et le Parthénon.

Au surplus, toutes les fois que les combinaisons d'un projet amèneront l'architecte qui construit un théâtre à placer un local quelconque sous la salle, ce local devra forcément être de même forme générale que le vaisseau qu'il supporte, et, par suite, tout vestibule placé au-dessous de l'orchestre et du parterre aura naturellement une forme circulaire. Puis comme ce vestibule, ayant par la force des choses une dimension en hauteur beaucoup moins grande que celle de la salle, paraîtrait trop écrasé si on lui laissait les dimensions du diamètre de cette salle, on est conduit à réduire ce diamètre en installant au pourtour du vestibule un portique ou une galerie, qui, en le rétrécissant, le fait paraître un peu plus élevé. On arrive donc, dans ce cas spécial, au parti de composition adopté au Théâtre-Français et à l'Opéra, sans pour cela commettre un plagiat plus grand que celui que Servandoni a commis en mettant deux tours à l'église Saint-Sulpice, quoiqu'il y ait deux tours à Notre-Dame. En architecture il n'y a guère en plan que trois ou quatre formes que l'on puisse employer : le carré, le rectangle, le polygone et le cercle, et le bon Dieu lui-même serait impuissant à trouver une autre forme simple, qui ne participât pas de ces éléments si restreints de composition générale.

Ceci constaté, non pas pour les gens qui réfléchissent un peu et qui voient bien vite que les points de départ de tous les arts sont presque des unités, mais pour ceux qui, trouvant tout naturel que les peintres et les statuaires fassent toujours des bonshommes ayant des jambes et des bras, trouvent aussi que les architectes devraient faire marcher leurs monuments sur la tête afin de créer du nouveau ; ceci constaté, dis-je, je ne me chagrine assurément pas de l'espèce de similitude des vestibules circulaires des deux théâtres, et je ne rougirais point, je vous assure, si je m'étais inspiré de la composition de Louis. Ce nom revient encore sous ma plume, et après avoir déclaré déjà que la salle de l'ancien Opéra, sinon tout à fait inventée par le grand architecte, au moins adoptée par lui, était un modèle qu'il était bon de se rappeler, je reconnais aussi que le vestibule du Théâtre-Français a bien sa valeur et que l'escalier du théâtre de Bordeaux a une disposition qui, tout en n'étant pas absolument originale (elle est trop logique pour n'avoir pas déjà depuis longtemps été employée en principe) est certainement simple et grandiose. De sorte que voilà un architecte qui a eu le rare bonheur de créer, ou tout au moins de s'assimiler trois types de composition : une salle, un vestibule et un escalier, et d'employer un de ces trois types dans chacun des trois théâtres qu'il a édifiés! Vous pensez peut-être qu'il eût mieux fait de les réunir tous trois dans un même monument. Il est possible qu'au point de vue de ce monument tout seul vous ayez raison ; mais au point de vue de l'art c'est beaucoup moins indispensable. Les trois choses réunies auraient pu faire un grand ensemble ; mais, séparées, elles ne perdent rien de leur mérite, et sont par elles-mêmes des œuvres complètes. Il est permis de rêver une peinture de Raphaël réunissant toutes les beautés de l'École d'Athènes, de la Transfiguration et de la Dispute du Saint-Sacrement; mais si on ne possède pas cette page stupéfiante, ça n'empêche pas que la Dispute du Saint-Sacrement, la Transfiguration et l'École d'Athènes ne constituent chacune un chef-d'œuvre.

Et dire que ce Louis, ce grand architecte, ou, ce qui est plus juste, ce grand maçon-décorateur, qui, ainsi que Michel-Ange, voyait l'art par un côté plus puissant que délicat (ceci n'est pas un reproche), eh bien! ce grand architecte, rival des Gabriel, des Servandoni, des Antoine, est presque aussi inconnu du public que Mnésicles ou qu'Erwin de Steinbach! Et pourtant, par ce temps de débaptisation des rues, au lieu de changer un nom d'opposant par un nom de partisan, qui sera rem-

placé un jour par celui d'un autre sectaire, ne vaudrait-il
pas mieux prendre pour enseignes les noms des hommes
qui, sans appréciations politiques, sont reconnus pour
avoir contribué tout simplement à la gloire du pays, et
Louis est de ceux-là. Je ne demande pas que l'on appelle
avenue Louis, la nouvelle avenue de l'Opéra, bien
qu'après tout l'artiste ait bâti le monument qui est à un
bout de cette avenue, et n'ait pas été sans influence sur le
monument qui est à l'autre bout; mais il ne manque pas
de places ou de boulevards qui pourraient être ainsi désignés. Faute de mieux, donnez au souvenir de ce robuste
architecte une petite rue, une ruelle, voire même un
cul-de-sac, si vous n'avez rien de mieux à lui offrir ;
mais, pour l'amour de Dieu, mettez sur une petite plaque
bleue le nom de celui qui a lutté toute sa vie, qui a
souffert toutes les misères de notre métier, y compris les
attaques de ses confrères, et qui a accompli son œuvre
avec courage, volonté et désintéressement! Il vaut bien
en somme plus d'un de ces demi-génies étrangers à la
France et qui, on ne sait trop pourquoi, ont servi de
patrons à nos voies publiques. Certes l'art est universel
et profite à tous, et il ne faut pas cantonner les maîtres
et les préceptes; mais nous ne sommes pas tellement
pauvres en gloire et en souvenirs qu'il faille aller chercher chez les autres; et, en résumé, je voudrais bien
savoir s'il y a à Londres, à Rome, à Madrid ou à Berlin,
les rues Corneille, Racine, Jean-Goujon, Mansard ou
Géricault!

Comment, vous croyez qu'en pensant à Louis pour
un nom de rue, je pense à...? allons! allons! je ne suis
pas encore si naïf que cela. On ne donne, ou du moins

on ne devrait donner ces noms qu'après la mort de l'illustre, et vous savez le vers proverbial :

« Mieux vaut *maçon* debout qu'*architecte* enterré. »

Nous laisserons donc cela de côté pendant deux ou trois cents ans ; après nous verrons ; mais je voudrais bien que l'on vît tout de suite pour Louis, dont le nom est peut-être un peu court, mais dont le mérite est bien long. Et puis qui empêcherait d'ajouter son prénom ?

Les colonnes du vestibule circulaire sont en pierre rouge de Sampan, ayant l'apparence du granit ; c'est par ces colonnes que j'ai commencé l'étude des détails ornementaux du monument ; aussi elles indiquent pour moi une date, hélas ! déjà bien éloignée, et, sans trouver qu'elles valent mieux que les autres éléments de l'édifice, je ne puis m'empêcher d'avoir pour ces premiers venus un sentiment tout particulier de tendresse paternelle. Tout le reste du vestibule a été aussi étudié presqu'en même temps que ces colonnes ; mais ces études ont été modifiées en exécution par suite de certaines circonstances dont la question d'argent était la principale. Ainsi les arcs en pierre de Saint-Ylie, portant sur les colonnes, avaient dans le principe une clef ornée d'un cartouche à feuillage. Les prix qui me furent demandés pour la sculpture de ces cartouches étant trop élevés, je les remplaçai par la simple clef actuelle, et qui fait au surplus peut-être mieux que l'ancienne ; la voûte d'arête annulaire, qui contourne le vestibule, devait être aussi en pierre de Saint-Ylie polie ; c'était trop cher ; je l'ai remplacée par un enduit en stuc. Les tympans, faisant le fond de chaque arcature, étaient au commencement garnis par un grand motif de sculpture, que j'avais dessiné avec une sorte de passion ; mais on me demandait 32,000 francs pour l'exécution des seize tympans ; c'était encore bien trop cher, et j'ai supprimé tous les ornements, me contentant d'une simple table rentrante. Dans les trois travées qui font face à l'entrée du côté de l'escalier, j'avais installé, en projet, trois grandes niches à ornements émaillés, lesquelles contenaient trois fontaines mouvementées, statues d'enfants, bassins, rocailles, fleurs, etc. Cela eût été peut-être agréable aux yeux ; mais c'était toujours trop cher, et comme cette décoration n'était pas absolument indispensable, je la supprimai complétement, en mettant à la place trois glaces de Saint-Gobain. J'avais supposé quatre petites statues de bronze dans les niches de la galerie ; par mesure d'économie, je les remplaçai par quatre grands vases de Sèvres, exécutés sur mes dessins, mais fournis gratuitement par la manufacture. Enfin je comptais placer sur un socle de métal le danseur napolitain de Duret ; mais cette statue avait été détruite dans l'incendie de l'Opéra ; il aurait fallu faire une nouvelle épreuve en bronze ; ne pouvant l'obtenir, j'installai sur le pouf central le Mercure en plâtre bronzé du même artiste, statue donnée gracieusement par sa veuve ; de sorte que vous voyez que, comme dit le proverbe italien « tutti i miei progetti sono andati a monte ». Du reste cela ne me surprend guère, puisque c'était le commencement des études de détail, et qu'en art ce qu'il y a d'abord de plus facile c'est de rêver tout ce qui vous passe par la cervelle ; ce n'est que peu à peu que les idées s'équilibrent, et que l'on peut être certain que, si l'on donne cours à son imagination, c'est que celle-ci est raisonnable et raisonnée.

De ce qui reste maintenant du vestibule circulaire, je n'ai guère plus à dire que ce que j'ai dit au commencement; que les mosaïques du sol sont bien arrangées, je le crois; que l'éclairage est insuffisant, j'en suis sûr; que les motifs sculptés sur les piliers sont élégants, je le parierais; et qu'en somme, l'ensemble en paraît harmonieux. Tout cela ne donne lieu à aucune discussion intéressante, et je crois que le mieux est maintenant de prendre ce vestibule tel qu'il est, c'est-à-dire bien disposé, mais sombre; bien étudié, mais un peu pauvre d'invention; bien coloré, mais un peu monotone. Je voudrais néanmoins signaler la rosace qui forme le milieu de la voûte et qui est ornée de seize têtes très-ingénieuses, modelées par Chabaud, toujours Chabaud!... et d'une inscription entrelacée à la turque, et que l'on ne lit guère que lorsque l'on sait ce qu'elle veut dire.

Les seize têtes représentent les douze Signes du Zodiaque, et les quatre Saisons ou plutôt les quatre points cardinaux. Si vous me demandez quel rapport ces allégories peuvent avoir avec l'Opéra, je vous répondrai que c'est sans doute que pendant toute l'année l'Opéra est ouvert, et qu'on y chante par toutes les températures. Ce sera une explication, si vous voulez; mais je reconnais bien qu'en somme ça ne signifie pas grand'chose; à moins que les quatre points cardinaux n'indiquant les diverses directions du vent, cela ne veuille dire que lorsque pendant le va-et-vient des spectateurs et des domestiques à la quête de leurs voitures, toutes les portes restant alors ouvertes, il se produit dans ce vestibule, malgré tous les tambours installés, quelques courants d'air désagréables. Je veux bien que ce soit là l'explication des têtes de la voûte; mais je vous avouerai franchement que j'ai choisi ces signes zodiacaux pour choisir quelque chose, et donner surtout à Chabaud l'occasion de faire encore quelques-uns de ces motifs qu'il arrange si bien et si prestement.

Quant à l'inscription elle contient mes nom, prénoms, profession, ainsi que la date du commencement des travaux de l'Opéra et celle de la fin de ces mêmes travaux. Ainsi, voici pour ceux qui ne savent pas lire ces lettres amalgamées la traduction de la légende :

Jean-Louis-Charles Garnier, architecte, 1861-1875.

C'est la première fois peut-être qu'un architecte a l'outrecuidance de signer de son nom le monument qu'il a édifié; je parle des monuments publics; et je ne sais vraiment quelle est la cause de cette espèce de discrétion. Si c'est par vanité, et que l'artiste suppose que son nom sera assez connu sans qu'il l'inscrive, cette vanité est bien mal placée, et l'oubli se fait vite sur certaines œuvres; si c'est par modestie, pourquoi alors ne pas être aussi modeste lorsqu'il s'agit d'une lettre de change? Je ne vois guère pourquoi l'architecte responsable de son œuvre a l'air de se désintéresser d'elle lorsqu'il s'agit de lui donner une paternité. Je sais bien que dans notre profession il y a comme une convention tacite qui nous porte à ne point inscrire notre nom sur nos ouvrages, parce que, prétend-on, cela ressemble à un commerçant qui met le sien sur son enseigne; et lorsque nous voyons quelques maisons, quelques hôtels où l'architecte s'est désigné, nous avons tout de suite l'envie de prendre ce confrère pour un *faiseur*. C'est absurde; le nom c'est la garantie de la besogne livrée, et, sauf les architectes, tous les artistes ne reculent pas devant cette marque de garantie; les auteurs signent leurs pièces, les peintres leurs tableaux, les sculpteurs leurs statues; les noms des musiciens sont mis sur les affiches; les ministres signent leurs arrêtés et les médecins leurs ordonnances. Pourquoi donc cette exception introduite à l'égard des architectes, qui sont aussi responsables de leurs monuments que les journalistes de leurs articles? C'est en somme une question de bonne foi, et cet anonymat auquel nous nous condamnons par respect humain est non-seulement ridicule, mais encore presque malhonnête. J'ai fait l'Opéra, bon ou mauvais, je le signe; je fais ce volume, mauvais ou bon, je le signe, comme je suis prêt à signer toutes les actions que j'ai faites dans ma vie; ce n'est pas de l'amour-propre, c'est de la loyauté.

DE LA LOGGIA

Avez-vous remarqué dans les soffites de la loggia deux choses qui n'ont guère échappé aux gens spéciaux? Une coloration différente des pierres de ces soffites et des plaques couleur bronze au-dessous des plates-bandes transversales? Si vous n'avez pas fait cette remarque, vous la ferez peut-être maintenant que vous êtes avertis, et, si vous avez le moindre sentiment de curiosité, il se peut que vous vous demandiez comment est faite cette différence de nuances et à quoi servent ces plaques bronzées attachées avec des clous en forme de patères. Si vous le voulez bien, je vais vous expliquer tout cela.

L'impatience est un défaut bien commun chez les hommes. Je n'ose guère le blâmer, et pour cause; mais je puis le constater et dire que souverain ou ministre, bourgeois ou prolétaire, voudraient que certaines choses fussent achevées à peine sont-elles commencées. Je ne saurais dire au juste qui était impatient de voir la façade de l'Opéra le plus tôt que cela était alors possible; mais je sais bien que mon excellent et savant ministre, M. le maréchal Vaillant, étant sans doute en cela l'écho de quelques-uns, me pressait assez vivement pour porter toutes les ressources du crédit sur la façade de l'Opéra.

Je crois qu'il agissait ainsi par bienveillance pour moi ; car il s'imaginait que cette façade rallierait plus d'un opposant et que le mauvais vouloir, que l'on me montrait parfois, serait conjuré par la vue de cette façade. Est-il bien sûr que le maréchal ait réussi? Je n'oserais l'affirmer ; mais j'affirme au moins qu'il avait confiance en moi, ce dont je lui avais une profonde gratitude. Enfin, à tort ou à raison, le fait est que l'on me stimulait à terminer l'extérieur de l'Opéra, quitte à laisser l'intérieur en souffrance ; et comme, après tout, il y a une quantité de monuments dont les intérieurs ont été exécutés cent ans après l'extérieur, je ne voyais dans cette injonction, dans cette invitation plutôt, rien qui pût me la faire repousser.

Je pressai donc le ravalement extérieur afin que tout fût terminé pour l'Exposition de 1867, et naturellement, comme la loggia faisait fond à la façade, je commençai le ravalement de celle-ci en même temps que le ravalement de celle-là.

Mais à ce moment la couverture n'était pas encore tout à fait terminée au-dessus de cette loggia, ce qui me préoccupait médiocrement, le plafond de la loggia étant en pierre et ne devant pas, suivant moi, souffrir de la pluie plus que la façade également en pierre. Je m'étais trompé ; mais je ne le regrette pas. Vous allez voir pourquoi. Il arriva, en effet, que deux ou trois gros orages déversèrent une grande quantité d'eau sur les extrados du plafond de la loggia. Cette eau sécha vite et sans laisser alors de traces ; mais, peu de temps après, je m'aperçus que la pierre en banc royal des soffites avait pris un ton jaunâtre assez chaud, assez harmonieux, mais enfin indiquant qu'une sorte de croûte colorée s'était formée sur la surface inférieure du plafond, par suite de la combinaison des sels de la pierre avec l'eau qui l'avait, paraît-il, traversée de part en part.

Je laissai cela et pensai à autre chose, me disant que cette croûte disparaîtrait peut-être après complète dessiccation; mais la couverture se termina et la teinte jaune persista. Ce fut alors qu'il me vint à l'idée de faire reprendre le ravalement des parties unies, du moins de les faire passer au grès, et de mettre ensuite quelques sculpteurs pour regratter un peu les ornements des soffites. Je n'aime guère ces grattages après coup, oh! non; mais là je pouvais considérer cette opération comme le ponçage définitif de la sculpture.

En deux ou trois jours on passa donc au grès les parties unies : champ, plates-bandes, etc.; lorsque cela fut fait, je m'aperçus que cette opération partielle donnait un résultat excellent comme aspect fin et harmonieux; la différence de tonalité entre les nus et les parties ornées allégeait merveilleusement tout le plafond, et lui procurait un charme que je ne soupçonnais guère. Je me gardai bien alors de faire reprendre les sculptures, et conservai ces nuances délicates qui, avec la pluie, m'étaient tombées du ciel!

Aussi, lorsque ceux qui regardent les soffites de la loggia et, trouvant agréable cette coloration naturelle, me demandent quel procédé j'ai pu employer pour arriver à ce résultat, je leur divulgue ce que je viens de vous divulguer, à savoir, qu'un peu d'imprévoyance de ma part, un grand orage et une petite réparation sont les seuls moyens dont je me sois servi. Je ne sais pas si ce procédé doit être mis souvent en usage; car il est fort possible qu'une autre fois il procure quelques mécomptes ; mais ici je dois me féliciter de cet heureux hasard et me dire ce que je me disais au sujet de l'acoustique, que s'il y a un Dieu pour les enfants et les buveurs, il y en a peut-être aussi un pour les architectes. Après tout, ce serait bien juste ; car, s'ils ont parfois un bon Dieu, ils ont souvent affaire à de bien méchants diables!

Passons aux plaques bronzées.

La construction, pour être parfaite, doit être logique; c'est là une vérité que l'on ne se fait pas faute de glorifier en théorie; cependant, en pratique, chacun lui fait bien quelques infidélités ; ce n'est peut-être pas ce qu'il y a de mieux; mais lorsque l'on suppose qu'une forme quelconque aura plus de charme aux yeux qu'une autre forme, on est, je crois, bien excusable de ne pas être un puritain renforcé, et de chercher quelques expédients qui, sans compromettre la solidité d'un monument, vous permettent d'en combiner les éléments de construction d'une façon un peu illogique : les porte-à-faux, les ceintures métalliques, les chaînages, les grands encorbellements, les clefs pendantes armées, les murs sans fruit, tout cela est plus ou moins irrationnel ; ce qui n'empêche pas que des constructeurs fort expérimentés ne s'en servent à l'occasion, lorsqu'ils y trouvent un intérêt économique ou artistique.

Parmi les diverses infractions faites à la logique rigide, il en est une qui a été bien souvent commise, et qui consiste à remplacer les plates-bandes, les architraves, qui rationnellement devraient être formées d'un seul bloc, par un système de claveaux appareillés. Il n'y a guère, depuis deux ou trois cents ans, de linteaux qui ne soient ainsi compris dans les fenêtres ou dans les portes rectangulaires, et tous les édifices qui comportent de grandes architraves, comme la Bourse, le Panthéon, la Madeleine, la colonnade du Louvre et une multitude d'autres dans tous les pays du monde, ont ces grandes architraves formées par une suite de claveaux plus ou moins développés.

Il est bien évident pourtant que l'architrave monolithe, qui fut employée dans le principe par les Égyptiens, les Grecs, puis les Romains, constituait le moyen réellement raisonnable et raisonné. Mais maintenant où l'emploi de grands matériaux de pierre dure ou de marbre est moins fréquent et plus coûteux sans doute que jadis, il eût fallu renoncer à ces grands portiques, de bel air et de noble tournure, si l'on n'avait eu recours au procédé ingénieux du clavelage des plates-bandes. Puis, après tout, on pourrait dire que ces plates-bandes, ainsi appareillées, ne sont réellement que des arcs surbaissés, dont les claveaux du centre sont plus prolongés à l'intrados que les claveaux des extrémités, et que, vue de cette façon, la plate-bande clavelée est aussi logique que l'arc en portion de cercle. On pourrait dire aussi que les linteaux et les plates-bandes d'un seul morceau, qui sont soumis à une flexion, sont plus exposés à se briser que les plates-bandes en claveaux, lesquels sont soumis à une compression. Il n'en est pas moins vrai qu'à moins de faire des claveaux d'une très-grande hauteur, les architraves appareillées ont toujours une tendance à s'abaisser à la clef.

C'est pour s'opposer à cet effet, qui peut devenir assez sensible, pour peu que les plates-bandes aient une lourde charge à porter, que l'on soulage cet appareil au moyen d'armatures métalliques, qui relient les claveaux les uns aux autres et les retiennent dans leurs mouvements. Ainsi, suivant les cas, on se contente d'un simple linteau en fer, passant au-dessous des claveaux, ou bien on embroche tous ces claveaux par de fortes tiges métalliques; ou bien encore on combine des espèces de fermes en fer, qui supportent ou suspendent tous les blocs mis en œuvre. Ces divers systèmes sont parfois assez compliqués, mais ils réussissent presque toujours à donner une grande rigidité à l'ensemble de l'appareil, et puisque, en somme, la chose est solide, je ne vois pas grand mal à ce qu'elle se construise ainsi.

Oui, je le répète, il faut de la logique pour combiner les choses artistiques et scientifiques; mais, en somme, la logique n'est qu'un bon moyen pour amener à une bonne chose, et si parfois ce moyen vient à vous manquer, il n'est pas défendu d'en employer un autre, si cet autre vous amène au même résultat que le premier. Si vous voulez voir clair dans votre chambre, il est logique que vous allumiez votre lampe, mais si la lampe vous manque, personne ne vous en voudra si vous la remplacez par quelques bougies ou même par quelques chandelles. Le principal est que vous y voyiez clair.

Eh bien, à l'Opéra, où j'ai bien mis quelques plates-bandes d'un seul morceau quand cela m'était possible, j'ai dû aussi employer à plusieurs endroits des plates-bandes clavelées. Il va sans dire que j'aurais pu changer la forme du monument, et faire, par exemple, des ogives au lieu de linteaux; mais cela, c'est affaire de goût, et, sans vouloir dire du mal de l'ogive, que j'aime et admire à l'occasion, je lui préférais autre chose pour le plafond de la loggia... Que cette préférence ne soit pas du goût de tout le monde, je n'ai rien à dire ; mais comme c'était le mien, c'était bien le moins que je m'y conformasse. J'ai donc établi des plates-bandes et des soffites en pierres pour former le plafond de la loggia. Or, comme ces plates-bandes avaient à supporter lourde charge et que, pour ne pas faire une dépense trop forte, je ne voulais pas donner trop de hauteur aux claveaux, je me suis vu tout naturellement amené à employer un procédé de garantie, analogue à ceux précédemment mis en usage. Cependant, et c'est là ce qui a motivé les plaques bronzées dont je parlais tout à l'heure, comme je tenais fort à ce qu'aucun effet ne se produisît dans ces importantes plates-bandes, ou qu'au moins, si cet effet se manifestait, on pût facilement remettre les claveaux à leur place primitive, j'ai pris ce moyen : au-dessus de chaque plate-bande, j'ai installé un filet composé de deux fers à T espacés l'un de l'autre, aux ailes, d'environ cinq centimètres ; puis, j'ai percé au moyen de trous de mèche la plate-bande en son milieu et à ses deux extrémités. Cela fait, j'ai placé sous la plate-bande une forte tôle d'un centimètre (c'est celle que j'ai peinte à ton de bronze), percée également de trous au droit des trous percés dans la pierre ; et enfin, j'ai introduit dans ces orifices trois tiges de fer galvanisé, arrêtées par un écrou revêtu d'un petit ornement faisant le clou de patère, lesquelles passant au milieu du filet ont été fortement arrêtées par une patte à cheval sur les deux fers ; au moyen d'un écrou de serrage supérieur on a donné à ces tiges la tension nécessaire pour que les claveaux fussent absolument rigides et fissent ainsi comme partie du filet qui les arme. Avec ce procédé, il n'y a aucune crainte à avoir sur le tassement des claveaux, et, en tout cas, ceux-ci vinssent-ils à s'abaisser un peu, en faisant insensiblement fléchir le filet, qu'il serait toujours très-facile de resserrer les écrous supérieurs ; le filet, ayant une courbure convexe et étant buté des deux bouts, arriverait, à un instant donné, à son maximum de fléchissement.

En voilà bien long pour une bien petite chose ! Mais de temps en temps il me semble assez bon de mettre en évidence ces petites choses-là, afin que l'on sache bien que dans notre métier il ne faut rien abandonner au hasard, et que, si l'on se trompe parfois, au moins on se trompe avec conscience. Cependant je ne veux pas dire que nous seuls architectes ayons la lourde charge d'étudier toutes nos productions avec un soin irréprochable. Je crois que tous ceux qui travaillent et exercent une profession quelconque n'accomplissent leur besogne qu'au prix de mille efforts que l'on ne soupçonne pas, et qu'en somme, ce qui nous frappe surtout dans une œuvre, de quelque nature qu'elle soit, c'est la partie extérieure, palpable, visible, c'est-à-dire, celle qui n'est parfois qu'un des petits côtés de la production. Nous ne sommes donc pas, nous autres architectes, plus vaillants, plus intelligents, plus laborieux que les autres ; mais je réclame au moins pour nous le droit d'égalité ! On s'émerveille sur les constructions des fourmis et des castors, et l'on a raison ; mais, vraiment, nos bâtiments sont encore plus compliqués que ceux de ces bêtes industrieuses !

Tenez, voulez-vous encore un exemple de toutes ces mille choses auxquelles les architectes doivent penser?

Je ne leur en fais pas honneur, puisqu'on les prend pour cela et que s'ils n'y pensaient pas ils ne sauraient pas leur métier; laissez-moi aussi vous dire que si je cite encore l'Opéra, c'est que je suis forcé d'en parler ; mais que ce que j'ai fait là, tous mes confrères l'ont fait, le font ou le feront de leur côté. C'est pourtant une chose bien simple! mais encore faut-il l'arranger. Ainsi, vous avez peut-être vu sur le dallage de la loggia une petite fente large de deux centimètres et qui s'étend dans toute la longueur de cette loggia, y compris même les deux retours. Cette fente est l'orifice supérieur d'un caniveau recevant les eaux de la pluie qui tombe sous ce portique. En effet, lorsque de grands orages s'abattent sur Paris et lorsque souffle le vent du sud, la pluie pénètre naturellement sous la loggia, et s'il n'y avait pas de précautions prises à cet égard, non-seulement le sol deviendrait bientôt un lac, mais encore l'eau, pénétrant sous les baies de fermeture, inonderait en partie le foyer. Pour éviter ce grave inconvénient, j'ai donné au sol une pente et une contre-pente, qui, partant du mur du foyer et de la balustrade des balcons, a son point le plus bas à cette petite rainure dont je viens de vous parler. Les eaux s'écoulent donc naturellement dans le caniveau doublé de plomb qui est placé au-dessous de cet orifice, et de là s'en vont aux gros tuyaux de descente installés dans les grosses piles.

Cette ouverture a non-seulement pour but principal de recevoir les eaux pluviales, mais encore elle sert au nettoyage complet du caniveau qui, bien qu'assez large (il a 20 centimètres), peut s'engorger par suite de l'accumulation de la poussière ; de sorte que rien ne peut faire prévoir qu'à l'avenir le moindre accident se produira de ce côté. De plus, aux jonctions de ce caniveau avec les gros tuyaux de descente, il y a une espèce de regard en marbre, dissimulé dans le dallage et qui peut se retirer facilement pour visiter les branchements; puis, comme cette grande fente, qui semble noire, eût fait mauvais effet si elle eût paru comme une coupure effectuée sur tout le sol de la loggia, je l'ai dissimulée en combinant un dallage ayant parmi ses bandes de petites lignes noires de même largeur que l'orifice des eaux; ce qui fait que tout l'ensemble se tient sans que, à moins d'attention portée spécialement sur ce point, on s'aperçoive de cette coupure indispensable, mais qui serait désagréable à voir trop distinctement.

De plus encore, comme les conduits de gaz passent sous le sol de la loggia pour alimenter les candélabres et qu'il faut que ces conduits soient aérés, afin que le gaz qui pourrait provenir des fuites n'y séjourne pas, j'ai pratiqué de distance en distance, dans les bandes noires, de petits trous carrés qui se confondent avec la tonalité de ces bandes et n'attirent pas désagréablement les yeux.

Vous voyez que ces choses si simples ne sont pas sans causer quelques préoccupations; d'autre part, et lorsque je parlerai de la canalisation du gaz, je vous promets quelques détails qui ne laisseront pas, je crois, de vous surprendre. Pour l'instant, je m'en tiens au caniveau et vais compléter ce que j'en ai dit par quelques mots relatifs aux tuyaux de descente.

Ces malheureux tuyaux de descente! si l'on savait que de tintouin ils nous donnent! Il faut quelquefois, dans l'intérêt de l'art, qu'ils soient dissimulés; car jugez quel effet feraient deux gros tuyaux de 0^m.25 de diamètre au beau milieu de la façade de l'Opéra! Mais il faut aussi et surtout s'arranger de façon à ce qu'ils puissent toujours être visités facilement, la moindre fuite d'eau pouvant causer de graves dégâts. Sans insister sur ce point si important pourtant, je dirai que les tuyaux de descente du devant de l'édifice, ceux qui reçoivent non-seulement les eaux accidentelles de la loggia, mais encore toutes celles qui proviennent d'une grande partie des combles antérieurs, sont placés dans une espèce de conduit réservé dans le mur de face; ces conduits ayant environ 1 mètre sur 60 centimètres. Ils sont donc ainsi à l'abri de la vue; mais ils n'en sont pas moins faciles à visiter, car une grande échelle en fer, qui part du sol de la cave pour aller aboutir au-dessous du comble, suit dans tout son parcours chaque tuyau de descente, en permettant de le visiter tout entier. De plus, quelques pattes en fer sont scellées dans la muraille de façon à pouvoir permettre à l'ouvrier une station commode pour la réparation éventuelle des joints. Je ne dis pas que ce soit un grand agrément de parcourir ainsi ce long conduit de 30 mètres de haut; mais c'est encore plus agréable que de se pendre à une corde, comme il faut le faire, pour visiter les tuyaux de descente placés à l'extérieur. J'ai fait une fois cette ascension avec une lanterne sur la tête, et si je me faisais un peu l'effet d'un ramoneur dans une cheminée, si je trouvais cette ascension un peu longue et assez monotone, au moins j'ai pu l'accomplir avec facilité et sans le moindre danger. Aussi les ouvriers spéciaux qui ont l'habitude de grimper sur les toits ou de se balancer au bout d'une ficelle, font-ils cette petite promenade avec la même tranquillité qu'un avocat qui passe dans la salle des pas-perdus, et je crois même que les plombiers se plaisent plus encore dans ce conduit tout noir que les avocats dans la splendide salle du Palais de Justice.

J'ai déjà parlé des mosaïques du plafond, de l'ordonnance extérieure de la loggia, et quand j'aurai signalé les sculptures de Vatrinelle, qui a exécuté avec grand talent les enfants placés au-dessus des portes monumentales donnant accès au foyer, je crois que j'aurai fini ce chapitre, en exprimant toutefois un regret : c'est que la perspective de la loggia se termine par la vue biaise des grandes maisons qui contournent l'Opéra ! Comme le moindre petit bout d'arbre eût bien mieux fait mon affaire ! Je commence vraiment à être de l'avis de ce brave paysan qui trouvait Paris fort beau, mais qui trouvait aussi que les maisons empêchaient de le voir. Mais ne dites pas cela aux habitants de la rue Scribe et de la rue Auber, car ils trouvent peut-être de leur côté que l'Opéra empêche de voir leurs maisons !

DU GRAND ESCALIER

Je ne voudrais pas avoir l'air de faire une réclame à un de mes livres ; je voudrais cependant que ceux qui vont lire ce chapitre lussent auparavant les trente ou quarante pages que j'ai écrites au sujet de la disposition des escaliers des salles de spectacle, dans ma publication *le Théâtre*. Je viens de les relire moi-même avant de commencer ces feuillets, et il me semble que j'ai indiqué là toutes les raisons logiques et pratiques qui conduisent à l'adoption de telle ou telle forme. Cette discussion, que je n'ose reproduire ici parce qu'elle ferait double emploi, est pourtant, je crois, utile à connaître pour ceux qui s'intéressent réellement à ce genre de problème architectural. Si donc je me permets de recommander une lecture un peu technique peut-être, c'est que je pense que l'examen critique des formes à donner aux emmarchements peut expliquer facilement pourquoi l'escalier de l'Opéra a été accepté favorablement par le public. Cela dit à l'adresse de ceux qui veulent analyser leurs sensations et se rendre compte des motifs de l'impression qu'ils ressentent, je vais parler de l'escalier comme j'ai parlé des autres parties de l'Opéra, c'est-à-dire au courant de la plume ; et, sans vouloir faire un cours d'architecture utilitaire, j'aurai déjà assez de renseignements à donner et d'appréciations à faire sur les œuvres de mes collaborateurs, pour que ce chapitre soit bien rempli.

Laissez-moi vous dire, cependant, que je ne le commence pas avec la tranquillité et la désinvolture avec lesquelles j'ai pu écrire quelques-uns des chapitres précédents ; car je prévois bien des pages à couvrir et je crains un peu de confusion et d'entassement dans mon discours.

Et pourtant je l'ai écrit bien souvent dans ma pensée ; mais chaque fois en en changeant les termes et l'ordonnance générale ; c'est même cette abondance de discours successifs qui me trouble et me rend hésitant ; car je sens bien que je vais aller à droite et à gauche, sans autre guide que les impressions du moment et l'état maladif ou surexcité de ma cervelle, dans laquelle se heurtent les dix mille détails qui ont pris place dans le grand escalier.

Et d'abord permettez-moi de constater que ce grand escalier a été presque unanimement approuvé, et cela même un peu au détriment de l'ensemble du monument, qui paraît s'être condensé en ce seul point : l'Opéra, c'est l'escalier, comme les Invalides, c'est le dôme, et Saint-Étienne-du-Mont, le jubé ! Certes je ne me plains pas de cette condensation, qui peut fort bien suffire à la gloire d'un architecte, tout comme une bataille gagnée peut suffire à la gloire d'un général ; mais un artiste peut difficilement se désintéresser de la moindre de ses œuvres, et s'il accepte avec joie les marques de sympathie que l'on donne à l'un de ses ouvrages, il voudrait bien que cette sympathie s'étendît sur tous les autres. C'est qu'il juge un peu différemment que le public ; il sait le travail que telle ou telle production lui a coûté ; il sait où se sont portés ses efforts, et, malgré lui, il a des penchants instinctifs pour ce qui lui a causé le plus de peine. C'est ainsi qu'on s'attache plus intimement à un enfant chétif et malingre, qui vous a souvent inquiété et tourmenté, qu'à un enfant vivace et bien portant, qui n'a que le mérite de se laisser vivre en excellente santé.

L'escalier de l'Opéra est un peu dans ce cas ; il est venu au monde bien constitué et je n'ai eu qu'à l'élever, avec soin, il est vrai, mais sans inquiétude pour son avenir. C'était un robuste gars, bien découplé, et qui se laissait tranquillement habiller à ma façon, certain qu'il était que le costume dont je le revêtais ne nuirait jamais à sa bonne mine. Je puis donc le montrer avec un certain orgueil, en disant : « Hein? ce gaillard-là est bien bâti! » mais j'ai moins de plaisir à entendre vanter sa bonne constitution que je n'en éprouve à recevoir parfois quelques compliments sur d'autres points du monument, qui n'ont pu faire bonne figure qu'après de laborieux efforts et de persévérantes études. Je reconnais pourtant que ce n'est pas de cette façon qu'une œuvre d'art doit être jugée, et qu'il importe peu au public de savoir si l'ouvrage qu'il regarde est venu spontanément ou a eu une éclosion difficile : sans cela il faudrait préférer la citrouille qui met deux mois à se former, à la rose qui s'épanouit dans une journée !

D'ailleurs, si l'escalier de l'Opéra ne m'a pas causé trop d'insomnies, il ne m'a pas exempté de tous les tracas ; et, si la rivière a coulé en général doucement et régulièrement de sa source à son embouchure, elle s'est plus d'une fois heurtée à divers obstacles et transformée en rapides et en cataractes, où l'on pouvait fort bien sombrer.

Parcourons donc, si vous voulez, cet escalier de la base au sommet. La promenade sera longue; je tâcherai de ne pas la rendre fastidieuse.

Lorsque l'on débouche du vestibule circulaire sous les voûtes des emmarchements de l'escalier, il se produit un effet de contraste très-marqué; au delà des deux rampes du rez-de-chaussée, apparaît une partie du vaisseau qui contient les degrés, et la vue s'élève en se portant sous les arcatures de l'avant-foyer, qui se découpent au premier étage. Cette espèce d'apparition, qui, dit-on, n'est pas sans charme, est due surtout à l'opposition qui se produit lorsque l'on passe d'une pièce basse à une salle vaste et très-élevée. C'est par le système des oppositions que vivent et s'imposent tous les arts, et c'est certes un puissant moyen d'action que ces espèces d'antithèses artistiques qui vous font brusquement et sans transition passer d'une impression à une autre. La loi des oppositions, comme la loi des répétitions, est l'essence même des créations puissantes, et dans les grandes masses, comme dans les plus petits détails, les œuvres artistiques, plastiques, littéraires ou théâtrales doivent à ces lois merveilleuses leur mouvement, leur énergie et leur caractère particulier. La plupart des poëtes ou des auteurs dramatiques ont peut-être plus de mérite que les artistes à employer ce moyen; car il me semble que c'est la pensée d'abord qui crée en eux ces effets saisissants et ces situations énergiques, qui découlent des antithèses et des oppositions; chez les artistes, si quelques parties de leurs œuvres ainsi composées sont parfois dues à une tension d'esprit vers les lois fondamentales, le plus souvent c'est l'intuition seule qui les guide, et c'est presque inconsciemment qu'ils appliquent ces grands préceptes. C'est la vue qui chez eux est le criterium du jugement, et quand les yeux sont satisfaits, c'est que l'œuvre créée contient, même à leur insu, les principes indispensables de la répétition et des oppositions.

Quant à l'escalier de l'Opéra, dont l'effet d'opposition est, sans conteste, très-accusé, je dois bien avouer que cet effet s'est produit chez moi comme chez les autres artistes, c'est-à-dire, sans y songer au moment de la conception. La disposition du plan, les conditions de circulation, les exigences de la construction, mille choses enfin m'ont amené à composer l'escalier tel qu'il est, sans que je pensasse, en commençant, que ce passage d'une salle, qui devait être fatalement basse, au vaisseau de l'escalier que j'avais compris très-élevé, dût donner un aspect théâtral à ce vaisseau, surgissant ainsi de couloirs écrasés. J'ai bientôt reconnu, il est vrai, que l'opposition devait être puissante; mais, je le répète, cette opposition est venue sans raisonnement, sans idée préconçue, et seulement parce que mon crayon était guidé par mon sentiment. Il est bien évident, pourtant, que dès que j'ai reconnu l'effet qui devait se produire un jour, j'ai tendu mes efforts sur ce point, et que j'ai cherché à rendre plus complète et plus harmonieuse la bienheureuse opposition que je n'ai découverte que quelques mois après l'avoir inventée. Il faut dire, au surplus, qu'au fur et à mesure que l'Opéra s'avançait, j'apprenais à mieux voir dans ma pensée; de sorte que les études commencées avec la main comme ouvrière et les yeux comme directeurs, se sont terminées en ayant de plus la pensée comme instigatrice. Cela valait-il mieux ainsi? Je ne saurais le dire; mais c'est, je crois, ce qui arrive dans tout travail de longue haleine; commençant avec insouciance et confiance en sa bonne étoile, on arrive peu à peu à être plus défiant de soi-même, à voir que souvent votre imagination vous trahit et, malgré soi, on devient plus réservé, plus discuteur; on analyse ses sentiments; on raisonne ses idées et finalement on devient ce qu'on appelle un homme d'expérience! Heureux quand on ne devient pas trop sage et qu'un grain de folie et de fantaisie vous reste encore en la cervelle... hélas! moi aussi je suis devenu un homme d'expérience... Si vous croyez que je ne le regrette pas!

Comme les impressions vives sont souvent de courte durée, je suppose que vous en avez eu bien vite assez de l'effet de diorama qui vous a surpris un instant, et qu'ayant de gravir le perron inférieur de l'escalier, vous regardez un peu l'espèce de vestibule où vous êtes. Votre regard s'arrêtera de ci ou de là, suivant votre nature et votre caractère. Les femmes, instinctivement, donneront un coup d'œil plus ou moins oblique dans les grandes glaces latérales; les personnes qui ne craignent pas le torticolis porteront la vue sur les voûtes ornées des rampes; les pêcheurs verront le bassin central, en regrettant peut-être qu'il n'y ait pas de poissons rouges; les artistes examineront la statue de bronze de Marcello; les constructeurs lèveront leurs yeux vers les arcatures cintrées des limons; les visiteurs chagrins, eux, lèveront seulement les épaules, et les braves gens lèveront les bras en signe d'admiration. Je serais désolé de troubler ces derniers dans l'agréable sentiment qu'ils éprouvent; aussi ce n'est pas à eux que je m'adresse, en donnant quelques détails sur les points cités; il ne faut jamais expliquer à ces aimables personnes pourquoi elles s'amusent; on risquerait fort qu'elles s'ennuyassent après l'explication. Donc, bonnes gens, qui avez le cœur sur la main et qui ne croyez pas que pour avoir l'air de se connaître en art il faille critiquer ce que l'on voit, regardez à votre aise ce qui vous plaît et ne lisez pas ces lignes qui vous distrairaient de votre bienveillante attention.

Oui, mesdames; oui, j'ai pensé à vous en installant à droite et à gauche ces grandes glaces sans cadre, qui remplissent toute la surface des fausses baies. Il est bon qu'avant de monter cette suite de marches sur lesquelles vous serez vues de tous vos admirateurs, vous puissiez donner un peu plus d'élégance à votre costume, abaisser votre capuchon, et bien relever les plis de vos jupes. Tout le monde gagnera à ce que l'on appelle sottement de la coquetterie, et qui n'est en somme que de l'art, et de l'art le plus sérieux comme le plus charmant, celui de se draper avec grâce, de marcher avec distinction, et de sourire avec finesse. Les peintres et les statuaires étudient bien tous les mouvements et les plis des draperies de leurs modèles avant de les interpréter sur la toile ou l'argile, et en cela ils font œuvre d'artistes consciencieux. C'est bien le moins que vous, qui êtes à la fois le modèle et le tableau mouvant, vous étudiiez aussi votre costume et votre maintien. Ne craignez donc pas de vous arrêter devant ces grandes glaces, et si vous voulez en profiter, tout le monde devra me remercier de vous avoir donné le moyen de plaire encore davantage.

Mais si l'on me remercie d'avoir pensé aux autres

en pensant à vous, je vous remercie aussi, mesdames, de m'avoir invité à placer ces deux glaces parallèles; car il s'est trouvé qu'en favorisant l'art de la toilette et de la beauté, j'ai du même coup favorisé l'art de l'architecture. En effet, ces deux glaces qui se reflètent l'une l'autre, reflètent aussi à l'infini le vestibule souterrain de l'escalier, qui prend ainsi un aspect étrange et fort curieux; cette suite non interrompue de pylônes, de degrés, d'arcatures, qui se jouent et se dégradent dans l'immensité; cette foule qui s'agrandit à chaque réflexion des glaces, tout cela fait de cet ensemble, mouvementé malgré la répétition successive des mêmes éléments, comme un mirage chatoyant qui conduit la vue bien loin, bien loin, et encore plus loin, dans les espaces imaginaires des palais d'Aladin!

Eh bien, cet effet sinon grandiose, sinon magique, mais au moins fort plaisant, vient de la seule installation des glaces, et si je n'avais pensé aux spectatrices de l'Opéra, toute cette perspective, demi-rigide et demi-animée, eût disparu pour ne plus laisser voir qu'une entrée un peu rétrécie, et montrer que les architectes ont beau rêver de grandes choses, ils ont toujours une limite matérielle qui ramène le rêve de l'art à la réalité de la construction.

Vous voyez, mesdames, qu'un bienfait n'est jamais perdu. Après cela ce n'est peut-être pas l'avis des gens grincheux, qui trouvent qu'un dessous d'escalier, c'est déjà beaucoup trop, et que c'est faire acte d'oppresseur que d'en fourrer des centaines à la suite les uns des autres. Ah! les vilains, qui doutent de la puissante loi des répétitions! Ce qui fait parfois mal, isolé, fait presque toujours très-bien en grande masse. Trois ou quatre poils ramenés sur un crâne chauve ne sont pas bien appétissants ; mais couvrez ce crâne d'une masse de cheveux, et si ce sont ceux d'un enfant blond, vous demanderez tout de suite à aller les embrasser!

Puisque j'en suis sur le chapitre des femmes, je veux en profiter pour dire tout de suite quelques mots sur une œuvre intéressante due à l'une d'elles, madame la duchesse Colonna (en sculpture Marcello). C'est elle qui a modelé la statue de la Pythie qui se trouve sous la voûte centrale, et c'est une justice à lui rendre que de reconnaître que c'est une œuvre virile, robuste et loin d'être indifférente. Cette statue a été critiquée par les uns, louée par les autres ; c'est le sort des choses humaines ; c'est même celui des choses divines ; mais ces discussions n'enlèvent rien à son allure énergique et à sa silhouette caractérisée.

Cette figure n'était pas faite pour l'Opéra. La niche qui la reçoit devait abriter une statue assise d'Orphée, dont, pour diverses raisons, la commande avait été ajournée. C'est à Rome que la duchesse Colonna modelait sa Pythie, et c'est à Rome que je la vis, alors que la statue était encore en terre. Elle me plut fort ; mais je ne pensais guère alors qu'elle dût se loger dans le théâtre. Ce n'est que deux ans plus tard, alors que la Pythie avait été exposée à Paris, après son moulage en bronze, que ne voyant pas Orphée venir, je voulus me rendre compte de l'effet qu'elle pourrait produire sous l'escalier. Cet effet me parut satisfaisant et je demandai au ministre de faire l'acquisition de la statue. C'est ce qui eut lieu, et à la place d'une figure en marbre blanc, représentant calmement un dieu fort calme, j'eus un bronze tourmenté, représentant une prêtresse d'Apollon se tourmentant sur son trépied ! Je ne regrette pas cette substitution, et, ce me semble, le public est du même avis.

Dans tous les cas, et indépendamment du réel mérite artistique de l'œuvre, avouez que les proportions s'harmonisent avec l'emplacement choisi; qu'auriez-vous dit si, comme il en a été fortement question pendant cinq à six jours, on avait mis à la place de la Pythie de Marcello, le groupe des danseurs de Carpeaux, installé sur la façade? C'est pourtant ainsi que cela a failli être; je vous conterai cela un de ces jours.

Pour accompagner la statue et éclairer le dessous de la voûte centrale, j'ai établi deux espèces de candélabres, à forme assez particulière, et qui, au lieu de monter droit comme tous les candélabres, s'infléchissent de façon à ramener la lumière en avant de la Pythie. Pour soutenir la bascule de ces candélabres, une tige ornée de feuillages formant thyrse, scellée dans les armatures en fer de la voûte, vient se relier avec leurs extrémités et contribue à donner à ce motif un aspect peut-être étrange, mais, je crois, peu banal. C'est Corboz qui a modelé ces bronzes et rendu avec sa finesse habituelle le dessin que je lui avais donné. Je crois même que c'est à lui que revient la plus grande part des éloges, si toutefois il y a des éloges à adresser pour une chose en somme fort peu importante. Quant aux candélabres, placés à droite et à gauche dans les angles et contre les piles médianes, si le bas est bien, s'ils sont étudiés avec soin dans toutes leurs parties, ils ont trop de lourdeur dans le haut, et, en voulant les faire très-simples, je les ai faits un peu patauds.

Le petit bassin à poissons rouges qui s'étend au pied de la prêtresse, devait, dans ma pensée, être toujours garni de feuillages aquatiques et de quelques plantes du genre palmiers; mais comme la verdure de cette cuvette ne se montre que les jours de grande soirée, il en résulte un peu de sécheresse dans l'aspect journalier. Cependant, comme il faudrait là un arrangement fort étudié de ces plantes, afin que le dessous de l'escalier ne ressemblât pas à un marécage ou à une jardinière de salon, je ne regrette qu'à moitié cette absence de chamærops et de nénuphars; mais je regrette tout à fait, par exemple, d'avoir fait alors le fond du bassin en mosaïque blanche. L'eau laissant toujours déposer quelques résidus, le fond se colore d'un ton légèrement terreux, et l'eau semble un peu trouble et jaunâtre : j'aurais mieux fait, je crois, d'exécuter ce fond de bassin en mosaïques noires; de cette façon le reflet de la voûte se serait bien indiqué dans l'eau, et il se peut que cette réflexion, très-nette et très-brillante, eût produit un effet agréable. Je verrai sans doute cela à l'occasion, en faisant d'abord passer une couche de noir sur la mosaïque blanche. Si l'effet du miroir se produit, ce sera une dépense d'une centaine de francs pour changer le fond; si, au contraire, la réflexion est moins intense que je ne le suppose, et que le fond noir ne serve qu'à attrister les yeux, j'en serai quitte pour enlever la couche d'essai. Vous pourriez me demander pourquoi je vous dis cela, au lieu de le faire. Vous avez raison, et ça sera peut-être fait quand ce fascicule paraîtra!

C'est en voyant un jour, au musée de Cluny, une petite voûte toute couverte de feuillages, que l'idée me vint d'agrémenter les dessous des rampants de l'escalier par une profusion de légers ornements, se répandant sur toute la surface des voûtes. Je pensais, et je pense encore, que l'emplacement était bien choisi pour y installer une décoration abondante. C'était comme une espèce de nymphée, qui eût été couverte de plantes grimpantes, de stalactites, de mousses et de lianes, si c'étaient le temps et la nature qui se fussent chargés de l'orner; l'architecture, prenant la place du temps, pouvait conserver le parti décoratif naturel, et couvrir les parois et les arcatures par des ornements entremêlés, empruntant leur caractère et leur disposition aux types du règne végétal, et entrelacés avec divers attributs, se rapportant à la destination générale du monument et à la destination particulière du vestibule. Des feuillages ont donc couru sous la voûte; des lyres, des têtes emblématiques, des instruments divers, des coquillages, des roseaux, des pampres, des fleurs, tout cela s'est combiné et s'est étendu en serpentant, des fûts des colonnes aux intrados des voûtes, en garnissant presque sans interruption toutes les parois du dessous de l'escalier.

Ce n'a pas été une petite affaire que de modeler tous ces motifs, et ce n'était pas trop du talent de Corboz pour mener à bonne fin cette grande exécution ornementale, d'autant plus que, voulant économiser sur le nombre des modèles, j'ai dû, en me contentant de ceux exécutés sur une voûte, les reporter sur la voûte symétrique. Or, comme toutes les surfaces étaient des surfaces gauches, il a fallu, à la pose, faire de nombreuses tricheries, et effectuer sur place beaucoup de petits raccords, qui déguisaient le procédé économique employé.

Toutes ces voûtes sont exécutées en plâtre et les morceaux, moulés par partie, ont été accrochés solidement après l'armature en fer, qui formait l'ossature de la voûte. Il y a peut-être ainsi une centaine de morceaux différents, ajustés côte à côte et de façon à ce que tout l'ensemble se tînt bien sans jarrets ni cassures de courbes. Je répète que ce travail a été fort difficile, et je ne saurais trop féliciter Corboz de l'avoir exécuté avec tant de soin et de précision.

Quant au caractère des ornements, à la composition, cela rentre naturellement dans le style général qui se trouve dans tous les détails de l'Opéra, et qui, étant absolument affaire de goût personnel, sera apprécié et jugé suivant le goût personnel des juges et des appréciateurs. Dans tous les cas, je réclame au moins pour ces ornements, qu'on leur reconnaisse, si je puis m'exprimer ainsi, une grande loyauté, une grande honnêteté; ce qui veut dire que tout cela a été fait avec une conscience parfaite, et une étude continue et minutieuse. Si vous ne voulez pas pour tous les ornements de cette voûte faire agréer l'assurance de votre sincère admiration et de votre franche sympathie, offrez-leur au moins celle de votre haute considération, ou celle de vos sentiments les plus distingués, enfin quelque chose de mieux que : J'ai l'honneur de vous saluer; et s'il en est ainsi, je serai votre très-humble et très-obéissant serviteur.

Serviteur!... avec cela que je ne l'ai pas toujours été pendant que j'ai été le maître à l'Opéra! serviteur de mes inspecteurs, qui avaient des idées à eux, et que je devais sembler écouter pour ne pas les décourager; serviteur des entrepreneurs, qu'il me fallait cajoler parfois pour leur donner du cœur au ventre; serviteur des abonnés qui demandaient chacun quelque chose de différent; serviteur des choristes, des comparses et des pompiers, puisque j'obéissais à leurs désirs en tâchant de les satisfaire; serviteur du public, qui pénétrait chez moi du matin au soir, sans souci de me déranger; serviteur de l'argent, qui me manquait toujours; des chemins de fer, qui n'arrivaient pas à temps; de la pluie, qui baignait les planchers; du soleil, qui faisait gercer les ciments; du vent, qui voulait renverser les échafaudages; serviteur des ouvriers, qui se mettaient en grève; des artistes, qui n'écoutaient qu'eux-mêmes; de ma pensée, qui était parfois dévergondée; de mon pauvre corps, qui se sentait souvent invalide; serviteur de tout le monde et de toutes les choses enfin! sauf de mes ministres, qui m'écoutaient et dont j'étais le tyran! C'est sur les grands que je me vengeais et que je faisais sentir ma petite puissance, avec cette volupté qu'ont les faibles d'imposer leurs idées aux forts.

Ne suis-je même pas en ce moment le serviteur du titre que j'ai écrit à la tête de ce chapitre et qui me force à vous parler de l'escalier de l'Opéra, alors que, comme tous les Français, j'ai bien d'autres préoccupations en tête! N'importe, c'est le métier; j'ai commencé ma plaidoirie, je dois la finir, car je ne suis pas le seul client qui y soit intéressé.

Eh bien, allons donc; mais quittons le vestibule du bas, afin de ne plus y revenir; ce sera toujours cela de gagné, et montons tout de suite les marches arrivant au niveau du vestibule du contrôle. Je ne vous défends pas, chemin faisant, de lever un peu les yeux en l'air, et de regarder ce qui sera sur votre route; regardez les balcons et les balustres de spath-fluor; les piédestaux de marbre; les bronzes, les sculptures, les peintures; regardez les salamandres, qui cachent les joints des rampants; les mains-courantes en onyx, les limons en vert de Suède, et les balustres en griotte ; regardez les chapiteaux ioniques de ma façon; les bases en Saint-Béat; les corniches pansues; les tympans ornés; les pots-à-feu du haut; les peintures de Pils, et les figures de Thomas. Tenez, regardez tout; ça vaudra bien mieux! mais regardez sans moi; car je suis fatigué de ce métier de cicerone! C'est vrai; il me semble que je suis sur des tréteaux de foire, avec une baguette, vous indiquant les mérites de la femme sauvage et du mouton à deux têtes : Ceci, messieurs, vous représente le grrrand escalier de l'Opéra, qui n'a pas son pareil dans le monde; il a été apporté à Paris par un homme de génie, qui le tenait dans son chapeau, comme le cèdre du Liban; oui, messieurs, dans son chapeau; car c'est d'une cervelle que cette œuvre est sortie! Entrez, messieurs; entrez, mesdames, ça ne vous coûte que dix-huit francs! et l'on paye en entrant! et en avant la musique, ce ne sont pas les trompettes qui manquent! Entrez! entrez! ça va commencer..... et ça commence même à m'ennuyer beaucoup! Grand escalier par-ci, grand escalier par-là; et dire qu'il n'y a pas un brave journaliste qui ait été assez gentil pour l'éreinter un peu! et dire que je n'ai rien à défendre et qu'on me laisse là, confit dans ma béatitude, sans faire seulement une bienheureuse interruption qui puisse faire rappeler son auteur à l'ordre!

Allons, je vais m'occuper des peintres et des sculpteurs; au moins, là, il y a plaisir à tenir la baguette, et quand j'aurai dit ma pensée sur l'œuvre de mes collaborateurs, peut-être trouverai-je plus facile de dire quelques mots sur la mienne.

Excelsior, excelsior! allons tout en haut : voici les quatre grandes peintures de Pils, qui couvrent les quatre grands panneaux de la voûte, et qui les couvrent, ma foi, fort bien. C'est large, c'est vivant, c'est coloré; mais ça n'a pas été tout seul pour en arriver là! D'abord en commençant, la voûte était projetée avec des espèces de sculptures méplates, représentant des espèces de Victoires et de Renommées, tenant des espèces de boucliers; mais en causant un jour avec Barrias (vous voyez qu'il est bon de causer avec ses amis), il me rappela plusieurs grands escaliers d'Italie, dont les voussures étaient peintes par les Dominiquin, les Lanfranc, les Guide ou autres peintres décorateurs de cette époque, frisant le mauvais goût, mais avoisinant le grand art. Cette conversation ne fut pas perdue : j'allai en Italie peu après, et de fait, en voyant ces grandes cages d'escalier et ces grands vaisseaux de nefs ou de galeries pompeusement terminés par des peintures mouvementées, je me résolus à renvoyer les Renommées et à appeler tout simplement un peintre.

Cabanel fut celui qui se présenta d'abord à mon esprit : la place était digne de son talent, et je crois que personne n'eût été étonné de la confiance que j'avais en mon vieil ami de Rome. Mais Cabanel hésita beaucoup, accepta conditionnellement, refusa ensuite, revint à des sentiments plus traitables, mais finalement se résolut à repousser la commande. Les raisons qu'il alléguait ne me semblaient pas toutes bonnes; mais enfin c'étaient les siennes, et si l'on ne peut forcer un tailleur à vous faire un pantalon, on ne peut pas non plus forcer un peintre à vous faire un tableau. Je dus donc m'incliner devant la décision de Cabanel; ce ne fut pas sans regrets; mais je crois bien que ces regrets que j'eus alors, Cabanel les ressentit un peu par la suite.

Je cherchai alors autre part; mais comme Baudry, Lenepveu, etc., étaient déjà casés, je n'avais plus un choix considérable, non pas que le talent manquât chez les peintres; mais parce que ce talent n'était pas tout à fait dans la gamme que je désirais. J'avais pourtant, espérant contenter plus de monde, fait la proposition de donner un seul panneau à un seul peintre. Ce n'était pas parfaitement pensé; car l'ensemble eût certainement souffert de cette disposition; mais enfin j'aurais fait plaisir (du moins je l'espérais!) à Bouguereau, à Gendron, à Chifflart, et à... (je ne dis pas le dernier; prendra la place qui voudra), que je proposais alors. Mais cela ne plut pas au ministère, et comme on ne savait auquel donner la préférence, l'administration, à son tour, me proposa Pils. Or, comme la signature des commandes générales était liée à cette dernière commande particulière et que le temps se passait, pour en finir, j'acceptai volontiers mon brave ami Pils, qui, bien que n'ayant guère fait que des batailles, avait dans son passé assez d'études sérieuses pour que l'on pût être certain qu'il se tirerait bien de ces grandes compositions, un peu en désaccord avec sa manière habituelle. Le résultat a donné raison à cette confiance, et si l'œuvre de Pils n'est pas tout à fait de la peinture élevée, c'est au moins de la décoration puissante et bien comprise, ce qui vaut mieux peut-être au point de vue de l'aspect général.

Mais que de tracas ce grand travail a donné à ce pauvre Pils, qui ne se sentait pas toujours à l'aise devant ces dieux et ces déesses, et qui aurait bien mieux préféré peindre un régiment tout entier que le torse d'une Vénus! Malgré cela, malgré la maladie qui le minait, il poursuivait son œuvre, interrompue pourtant par instant par suite de sa santé chancelante, et il étudiait avec une grande conscience et toutes ses compositions et tous ses mouvements.

Peu à peu les toiles se couvraient; mais le temps passait et il y avait encore bien du travail à faire! Enfin, aidé par quelques élèves et se mettant lui-même à la besogne avec l'ardeur d'un néophyte, il arriva deux mois avant l'ouverture de l'Opéra à remplir les quatre panneaux de la voûte; mais ces panneaux, faits séparément, exécutés en partie par diverses mains, changés en exécution et inégalement travaillés, ne présentaient pas un ensemble se tenant bien. Il y avait dans ces quatre toiles des oppositions d'effets et d'exécution qui blessaient un peu la vue, et il y avait surtout en certains points un abus de couleurs violentes et de tons foncés, qui me faisaient bien craindre un aspect déplaisant. Pils, qui était un peu fatigué de ses toiles, ne se rendait pas tout à fait aussi bien compte que moi de ces noirs répandus partout et de ces tons garances ou orangés, qui flamboyaient au milieu de ses panneaux. « Mais, malheureux, lui disais-je, tu vas transformer l'escalier en une fournaise, où l'on ne verra que des flammes brillantes ou des charbons éteints! pitié pour mes pierres blanches! Adoucis un peu la férocité de ta palette! » Pils était pensif à ces lamentations, mais ne voyait pas nettement ce qu'il fallait faire. Ce qu'il fallait faire, c'est ce qui a été fait; c'était de maroufler immédiatement les toiles sous la voûte de l'escalier, et de se rendre compte de l'effet général. Ce marouflage se fit et se fit vite; on enleva les échafaudages et l'on put embrasser d'un seul coup tout l'ensemble de l'œuvre. C'était trop violent, trop heurté, trop intense, et je me sentis découragé, car, tout en voyant bien ce qu'il fallait modifier, je doutais que Pils fût entièrement de mon avis. Aussi c'est en tremblant que je le vis venir le lendemain à l'Opéra, et que je l'accompagnai à l'escalier. « Mon cher Pils, lui disais-je en chemin, je t'en prie, regarde bien, je t'assure que c'est trop noir! » Il arriva, et ce brave garçon s'écria tout de suite : « Ah! comme tu as raison! il faut changer tout cela! » Quel soulagement je ressentis! la partie était gagnée; non-seulement pour l'escalier, qui n'aurait pas à se plaindre de cette atténuation de valeur, mais aussi pour la peinture, qui devait se transformer en deux mois, et qui, d'une sorte d'ébauche imparfaite, allait devenir une œuvre décorative de premier ordre.

L'échafaudage fut rétabli au-dessous de la voûte; des échelles, des escabeaux, des rampes furent installés en deux pièces, et Pils, accompagné de Clairin et de Renouard, tous deux ses élèves, promena avec eux pendant huit jours le pinceau sur une grande partie des toiles. Tout se modifia comme par enchantement : les noirs devinrent des gris ou des roses; les bleus devinrent verts. Une nymphe devint un jeune homme, une urne devint une peau de tigre, enfin tout se transforma avec tant de bonheur et de rapidité, que Pils, heureux de ce qu'il voyait alors, et se trouvant dans son élément d'exécution merveilleuse, sentait la force lui revenir pour donner à toute son œuvre la magistrale allure qu'elle a atteinte à la fin. Malheureusement ce pauvre artiste, terrassé par la maladie et épuisé par ce travail exagéré, ne put continuer sa besogne, et il fut contraint de s'aliter en remettant avec tristesse, mais avec confiance pourtant, le soin de terminer ses toiles à ses deux élèves, dont Clairin était le chef, et en me donnant aussi le droit de faire faire les quelques modifications qui me paraîtraient utiles dans l'intérêt de tous.

Ce fut alors une besogne vraiment belle que celle faite par ces jeunes artistes! Clairin y mettait toute l'ardeur de sa jeunesse et toute la fougue de son pinceau. En une journée les figures de trois mètres furent entièrement refaites; les fonds furent brossés avec énergie, en recouvrant dans de clairs empâtements des détails d'abord trop voyants ou trop minutieux. Tout l'ensemble prenait un ton de tapisserie harmonieuse; toutes les chairs s'éclaircissaient, tous les attributs, enlevés au bout de la brosse, se mêlaient dans l'ensemble des compositions, en donnant par-ci par-là des taches brillantes ou adoucies; enfin on peut dire que dans l'espace d'un mois les quatre tableaux ont été repeints presque entièrement une ou deux fois.

Comme c'était *amusant!* puisque *amusant* était le mot à la mode et la locution chérie de Clairin, qui, lorsqu'il parle de cette espèce de grande bataille livrée et gagnée en si peu de temps, dit encore : « Ah! que c'était amusant!» On grimpait sur les échafaudages et on en redescendait cent fois par jour; on faisait retirer quelques madriers pour voir l'effet d'en bas; on les replaçait vite pour retoucher ce qui ne satisfaisait pas. Pas de déjeuners;

mais force cigarettes ou pipes fumées en travaillant! Pas de moments de flânerie, si ce n'est aux instants de ma visite bi-journalière, où l'on causait un peu de ce qu'il fallait faire : ah! que c'était amusant! Et les modèles, qui posaient parfois là-haut ; et les vieux haillons que Clairin apportait, et les bousculades sur l'échafaudage suspendu pour se hisser au haut de la toile, ou se précipiter au bas! et les chansons des peintres, et les coups de marteaux des menuisiers qui travaillaient à côté, et le mouvement, et la vie intense qui était dans tout le chantier! Ah! que c'était amusant! et quel beau temps nous avons passé là!

Enfin une semaine avant l'ouverture, il fallut bien se décider à abandonner l'œuvre. La dernière journée fut une journée folle; on voulait tout revoir et tout refaire à la fois; on aurait je crois refait toute la voussure, rien que pour le plaisir de remuer la brosse. Mais il faut s'arrêter; les peintres descendent; en une demi-heure on enlève tous les madriers; nous allons tous en bas voir l'effet général. Pils, un peu remis et appuyé sur le bras de son médecin, est venu se joindre à nous au seuil de l'escalier; le moment est solennel! nous sommes réellement émus; nous levons enfin les yeux lorsque tous les bois sont retirés, et un sentiment de joie nous envahit tous! Nous n'avons rien à regretter : l'effet est admirable! la peinture douce et chatoyante ; Pils a réussi son œuvre! Ah! que c'était amusant!

C'est amusant encore à regarder maintenant ces quatre grands panneaux, avec leur coloration de tapisseries! Ça a un aspect souple, épais, cossu; c'est de la peinture chaude, qui vous enveloppe comme un tissu d'Orient et qui s'harmonise à merveille avec le marbre et les pierres de l'escalier. Est-ce bien ce que l'on appelle de la peinture de haut style? Je ne le crois pas ; elle n'a pas la distinction de coloris de Baudry, la largeur de composition de Lenepveu, le dessin caractéristique de Boulanger; mais elle a pour elle le mérite incontestable d'être absolument décorative. Je n'ose dire que c'est la première qualité en art; mais ce n'est certainement pas la dernière en architecture, et, en la jugeant à ce point de vue, il faut bien reconnaître que Pils a fait là un travail qui remplit d'une façon complète le programme décoratif. Dans ce grand ensemble, où l'importance de la tache domine le tout, où la composition et le dessin, malgré leur mérite ou plutôt à cause de leur mérite particulier, tendent à se dérober en laissant la place suprême à la coloration conventionnelle, on retrouve le souffle des décorateurs de la Renaissance et l'ampleur d'exécution des Vélasquez et des Rubens. Pils a donc terminé sa carrière en laissant une page digne de lui, digne de son talent, et qui, après avoir passé par des phases diverses, est arrivée à une réussite d'ensemble des plus remarquables Grâce à Pils, la voussure de l'escalier a pris un aspect magistral, et le peintre de la *Bataille de l'Alma* est aussi maintenant le peintre du grand escalier de l'Opéra.

Quand je pense à toutes les œuvres de haute valeur que mes amis et collaborateurs ont répandues dans tout l'édifice, j'avoue que je ressens une espèce de colère lorsque l'on parle des dépenses faites pour le monument. Il me semble que ces récriminations sont injustes, non pour moi, qui combattrai bientôt l'erreur qui existe à ce sujet depuis quinze ans; mais pour la France elle-même, qui a donné l'occasion à ses artistes de montrer à tous leur talent et même leur génie! Ce grand musée de l'Opéra restera comme une des gloires de notre École française de peinture et de sculpture, et je me sens parfois vraiment bien dépité en voyant avec quelle indifférence ces œuvres de haute valeur sont appréciées par la foule. Ah! ne regrettez jamais les quelques millions que la France jette aux artistes, et pour ainsi dire malgré elle; et songez à ceux qui sont gaspillés annuellement pour tant de choses passagères! Ce n'est pas pour étudier notre politique, je pense, que les étrangers viendront en notre beau pays; ce n'est pas pour étudier nos administrations; l'Europe nous les envie, on le prétend; mais là se bornent ses désirs; mais c'est pour admirer encore nos productions artistiques, et je ne sache pas que, malgré les tristesses et les douleurs qui nous ont assaillis, les œuvres de nos artistes aient encore à craindre la suprématie de ceux des autres nations. Laissons donc se manifester avec ampleur, avec largeur, ces œuvres qui sont notre vie, et, si quelques fâcheux prêchent l'économie sur cette matière, dites-vous bien que ces économies-là sont aussi funestes à une nation que les économies de quinine le sont au malade atteint de fièvre pernicieuse.

Je n'ai pas dans l'idée que ce que je viens de dire fasse voter dix centimes de plus par an sur le budget des Beaux-Arts; mais il y a des vérités qu'il est bon de reproduire par-ci par-là; le public finit par les connaître, et puis, à force de les lire, s'imagine qu'il en est l'inventeur. Quand tout le monde croit cela, les choses marchent vite, et si un jour tous les Français pouvaient réellement croire qu'ils sont le peuple le plus spirituel de la terre!... Eh bien, non; ils feraient toujours autant de sottises! C'est là leur grand charme. Mais, dites-moi, est-ce qu'ils pourraient en faire plus?

Tous ceux qui ont monté le grand escalier de l'Opéra ont eu, malgré eux, les yeux attirés par la grande porte de marbre donnant entrée à l'orchestre et aux stalles d'amphithéâtre. Mettons que l'architecture ne soit pour rien dans cet effet; mais ce qui y est certainement pour beaucoup, ce sont les deux belles cariatides de Thomas, qui s'arrangent si bien à gauche et à droite de la baie. Si vous voulez, nous allons en parler un peu.

Bien que je vienne de vous dire que l'architecture n'est pas en ce moment en question, je ne voudrais pas vous laisser ignorer que, dès le commencement, j'avais compris la porte centrale de l'escalier comme une espèce de joyau qui, par ses matières colorées, devait former un point brillant au milieu du brillant ensemble dans lequel il se trouvait. Cette porte était donc composée pour être établie en marbres riches, et être non-seulement belle de lignes (c'est ce que je cherchais ; supposons que j'y sois arrivé), mais encore belle de matières.

Mais, naturellement, si les éléments de l'architecture étaient éclatants, il fallait aussi que ceux de la sculpture, qui fait partie du motif central, fussent de même nature, et j'avais compris dès lors les deux figures de Thomas, en marbre et bronze colorés. D'ailleurs, je sentais comme une douce fierté en pensant que j'allais faire revivre sur une grande échelle cette sculpture polychrome que les Romains avaient parfois employée dans leurs bustes ; et il me semblait que cette espèce de renouveau donnerait aux statuaires l'idée de ne pas s'en tenir strictement à la monochromie habituelle. Quelques sculpteurs avaient déjà indiqué un peu cette voie ; Cordier entre autres ; mais ce n'était pas encore de grandes figures ayant, malgré leurs diverses colorations, un aspect monumental. Je tenais donc bien fort à cet emploi combiné de bronzes et de marbres, et c'est ainsi que j'en parlai tout d'abord à Thomas.

Mais ce brave Thomas, cet artiste de haute conscience et de talent si pur, fut un peu effrayé de cette violation faite à la tradition du grand art, et il chercha à me convaincre de faire les cariatides en marbre blanc. Je fus à mon tour aussi effrayé que lui en pensant que, si belles que fussent les figures qu'il modèlerait, elles auraient toujours l'air de deux fantômes glacés, et que ma fameuse invention polychrome allait mourir avant que de naître.

Je tins bon, et Thomas, qui est encore de la race qui s'éteint, de la race de ceux qui ont une certaine condescendance pour les architectes, se dit que son devoir et sa conscience lui commandaient alors de suivre les instructions de son chef passager. Il m'écouta donc, et, non sans un gros soupir, fit les premières esquisses de ses cariatides.

C'étaient deux figures toutes charmantes, bien posées et bien composées, mais d'un style qui aurait peut-être fait rougir le mien. C'était la Grèce antique à sa proie attachée, et les canéphores du Pandrosium auraient jeté, sans nul doute, un cri de douleur en voyant leur sœur dans une aussi mauvaise société que celle de mon fronton à volutes et de mon architrave interrompue.

Il fallait frapper un grand coup, et, enfonçant le poignard dans la plaie que je faisais à mon ami, je le suppliai d'être moins cruel pour moi et de condescendre à ternir un peu la pureté de son ciseau. « Mon cher Thomas, lui disais-je, tu te souviens des statues du Bernin à Rome, de ces draperies échevelées, de ces bras en télégraphe et de ces jambes en tire-bouchon? Eh bien, il faut faire encore pire que cela; il faut que tu me fasses du Bernin de mauvais goût! Ma corniche du bas te gêne; eh bien, déhanche tes figures; pose les coudes sur les bases des colonnes; enfin, fais-moi quelque polichinelle en mouvement, et tu seras dans la voie parfaite. »

Il fallait voir l'air effaré de Thomas! C'est comme si l'on avait proposé à un honnête homme d'entrer dans une bande de brigands! Les bras ballants, la bouche entr'ouverte, ce pauvre grand artiste se demandait si j'étais fou ou s'il rêvait! Il reprit pourtant ses sens, et chercha à me faire voir l'odieux de ma conduite à son égard; mais je tins ferme, et je le quittai en lui disant: « Fais du Bernin! fais du Bernin! »

Je savais bien à qui je m'adressais et je n'en aurais pas dit autant à Carpeaux, soyez-en sûrs; mais j'étais certain que la loyauté de Thomas lui ferait chercher ce que je désirais et qu'en même temps son talent si fin et si élevé viendrait malgré lui combattre les exagérations de mes paroles. La paix se fit enfin dans son âme; il vit bien en somme que le Bernin n'était pas tout à fait mon idéal, et qu'une statue pouvait fort bien être polychrome et mouvementée sans être pour cela une insulte aux principes éternels du Beau, du Grand et du Vrai; et il modela alors les esquisses de ces deux nobles figures qui, sans conteste, sont une des perles du joyau fourni par tous les artistes de l'Opéra. Le modèle grandit encore la force et la distinction de ces cariatides, de sorte que, peu à peu, Thomas s'enflamma de ma pensée qui était devenue la sienne, et si on lui avait dit alors que ses figures devraient être en marbre blanc, il aurait crié, Raca, au malavisé qui n'aurait pas admiré la beauté de la polychromie !

L'exécution de ces figures fut faite avec un soin extrême. L'artiste se complaisait dans son œuvre qu'il trouvait, je crois, digne de lui, et il arriva enfin un moment où l'on put assembler tous les morceaux de marbre et tous les bronzes patinés ou dorés.

Ce fut, je vous l'assure, un beau moment pour nous ! ces admirables figures, rehaussées par les harmonies naturelles du marbre vert de Suède et jaune de Sienne, étaient de tout point merveilleuses, et c'était presque avec une joie d'enfant que Thomas les montrait aux visiteurs qui venaient les contempler dans son atelier.

Le public a ratifié l'impression des premiers admirateurs, et les cariatides de l'éminent statuaire sont désormais comptées comme œuvre parfaite parmi les œuvres parfaites que l'auteur a créées. Il y a dans ces deux nobles figures une ampleur de mouvement, une étude serrée des formes, une exécution large et puissante, qui imposent le respect aux ignorants et l'admiration aux gens de goût, et je crois que le Bernin, vu à la façon de Jules Thomas, n'a rien à perdre à la comparaison avec le Bernin vu par lui-même.

Ce n'est pas que je dédaigne absolument les statues du fougueux Italien ; loin de là ; en les voyant je me sens entraîné à leur suite ; elles ont la vie et l'entrain ; mais elles ont la vie et l'entrain des mélodrames de Bouchardy ou de Pixérécourt. C'est l'exagération des exagérations des d'Artagnan et des Lagardère de fantaisie; c'est, en somme, l'art de l'ancien boulevard du Temple et des fanfares de Franconi. Il y a le feu; il y a la désinvolture; il y a la volonté et l'étrangeté attachante; mais il y manque l'étude, la conscience, et par-dessus tout le savoir et l'éducation première. Malgré cela le Bernin est encore le Bernin, aventureux et incomplet; mais inventif et audacieux; donc qu'il lui soit beaucoup pardonné! Quant à Thomas, on n'a pas à lui pardonner; on n'a qu'à regarder et se laisser aller au sentiment de charme et de plaisir que l'on ressent devant ses œuvres. Les exagérations du sculpteur napolitain ne sont pas le fait de Thomas; mais s'il repousse les excroissances bizarres, il garde au moins les accents caractéristiques; si les contours chiffonnés et dentelés ne l'attirent guère, il sait pourtant faire remuer le marbre par des oppositions savantes; enfin s'il repousse avec horreur tout ce qui lui semble caracoler vers le mauvais goût, il n'est pas encore assez puritain pour refuser à l'art une grande liberté d'allure, pourvu que cette liberté soit de bonne compagnie et ne dégénère pas en licence : il veut bien danser, si l'on danse comme dans les ballets de l'Opéra; mais il ne sautera pas et ne se trémoussera pas comme un paillasse à la Courtille.

Cette honnêteté, cette loyauté artistique que Thomas met dans toutes ses œuvres, est au surplus la résultante de son caractère particulier; car Thomas est la loyauté et l'honnêteté personnifiées; s'il respecte l'art avec foi et droiture, c'est que, pour toutes les actions de sa vie, il pourrait prendre comme devise : droiture, foi et respect;

pas un soupçon ne l'a jamais effleuré, pas un reproche n'a pu lui être adressé. Aussi à l'amitié que chacun a pour cet artiste d'un talent si élevé, se joint toujours une estime profonde et sincère. J'ai passé ma vie côte à côte avec Thomas : sur les bancs du collége, à l'école des Beaux-Arts, à la villa Médicis, à l'Opéra, et maintenant à l'Institut, et pendant cette existence commune, qui date déjà de près de quarante ans, j'ai senti non-seulement mon affection pour lui se développer, mais encore s'accroître ma considération pour son caractère.

Je m'aperçois que je n'ai pas dit que les deux enfants de marbre qui tiennent deux écussons au-dessus de la porte sont aussi de Thomas. Je répare l'oubli, pour le nom de l'auteur seulement; car personne n'a négligé de regarder ces deux gracieux enfants, et chacun a bien deviné qu'ils étaient dus au ciseau expérimenté d'un statuaire de grande valeur.

Passons, si vous le voulez, à Carrier-Belleuse qui a modelé les deux grands groupes de bronze formant torchères au départ de la rampe centrale de l'escalier. Là le talent est aussi visible que dans les œuvres de Thomas; mais il est d'un autre caractère. Il y a plus de laisser-aller, plus de fougue, si l'on veut; mais un peu moins de pureté peut-être. Au reste il est inutile de rechercher les différences et les points de contact qui se trouvent entre ces deux éminents sculpteurs; ils sont tous deux hors pair; mais ils ne servent pas dans le même régiment. C'est au surplus fort heureux; car si tout le monde faisait la même chose et avait les mêmes qualités, l'art ne deviendrait bientôt qu'une formule, et Dieu merci! nous n'en sommes pas encore là, ou plutôt nous n'en sommes plus là!

Carrier-Belleuse est un des statuaires qui ont le plus produit; cela prouve déjà sa rapidité d'exécution et sa facilité d'imagination; mais ce n'est pas tant encore pour cela que je prise si fort le talent de Carrier-Belleuse. Ce qui domine dans le mérite de ce statuaire, c'est sa grande faculté de décoration. Oui, Carrier-Belleuse est, je ne veux pas dire le premier, mais un des premiers statuaires décorateurs de notre époque; et qu'il fasse un simple buste, un candélabre, ou un grand groupe, ses qualités, je dirai même son génie de décoration, se montrent et jaillissent à tous les regards. Quand un artiste est doué à ce point de cette qualité qui ne s'acquiert pas, il ne faut plus rechercher les autres; on les reconnaît; on les constate; on en voit la valeur; mais elles ne servent pour ainsi dire que de moyen pour arriver au résultat définitif. Quelle grande et belle chose que d'avoir en soi ce sentiment décoratif qui vous amène instinctivement à tracer des contours, des silhouettes qui s'imposent avec puissance! Être décorateur! ce n'est pas sans doute le but sublime de l'art; mais c'est le but de l'art vivant, de l'art qui charme, de l'art qui entraîne, et Carrier-Belleuse a cela pour lui! Il est de l'école des savants, parce qu'il sait au besoin étudier avec conscience; mais il est avant tout de la race de ces artistes de la Renaissance italienne, pour qui la tache était la préoccupation en peinture et la silhouette la préoccupation en sculpture. Carrier-Belleuse, je crois bien, ne se préoccupe de rien; mais par intuition il compose et exécute de façon à laisser toujours la silhouette dominer et dominer heureusement par ses accents, ses contours et ses modulations.

Les deux groupes de l'escalier de l'Opéra montrent

à quel point s'élève la souplesse de son talent; si le caractère des figures et des ajustements est un peu plus de style Louis XVI que je ne l'aurais voulu, au moins la composition de ces figures est une merveille d'arrangement.

Cela pourtant n'est pas venu du premier jet; non pas parce que Carrier-Belleuse hésitait dans son travail, mais parce que le programme que je lui avais donné n'amenait pas à un bon résultat. Je lui avais demandé deux ou trois figures debout et s'enroulant autour d'un fût de candélabre portant de nombreuses lumières. Les esquisses faites d'après cette donnée, toujours charmantes comme arrangement, n'étaient pas cependant de bonne proportion avec les piédestaux et les torchères; et nous avions beau chercher, malgré les modifications que nous faisions chaque jour, l'effet était toujours mauvais et le groupe s'étendait par trop en hauteur. C'est alors qu'il me vint à l'idée de modifier toute la composition. Au lieu de ces figures toutes debout et tenant au-dessus de leurs têtes un énorme bouquet de lumières, je m'avisai d'en asseoir une sur le piédestal, et de mettre les lumières, non plus exclusivement en haut des groupes, mais bien à mi-hauteur. De cette façon, non-seulement le groupe se reliait parfaitement avec le piédestal, mais encore les feux qui l'environnaient faisaient en réalité partie de ce groupe et lui donnaient un aspect original.

Je fis un petit croquis de cette composition; je le remis à Carrier-Belleuse qui l'approuva sur-le-champ, et, deux jours après, il me présenta une nouvelle esquisse toute pimpante, toute gracieuse, tout aimable, qui donnait un corps à ma pensée en la parfaisant en tout point.

Les groupes étaient trouvés ; il n'y avait plus qu'à les exécuter : c'était un jeu d'enfant pour l'artiste, qui émerveille tous ses confrères par son extrême habileté ; de sorte qu'en six mois les deux candélabres furent modelés et apparurent comme deux œuvres remarquables. La galvanoplastie, faite par MM. Christofle et Bouillet, avec la sûreté qu'ils mettent dans ces opérations, fut la dernière phase de ce travail, qui non-seulement fait le plus grand honneur à Carrier-Belleuse, mais encore le plus bel effet dans l'escalier de l'Opéra. Si ces groupes avaient été simplement de bonnes choses, cela n'eût pas suffi pour satisfaire les yeux, car la place choisie était de premier ordre ; il fallait qu'ils fussent des œuvres supérieures, et c'est ce qui est advenu.

Et maintenant lorsque du même coup d'œil on embrasse à la fois les groupes de Carrier-Belleuse et les cariatides de Thomas ; lorsque l'on regarde ces deux grandes œuvres montrant chacune le tempérament différent de leurs auteurs, on éprouve une grande joie de voir que l'art de la statuaire française ne se confine pas dans des procédés identiques, que l'ornière n'est pas prête à se faire dans la voie suivie, que chaque individualité se manifeste et que nos artistes savent honorer leur pays, soit par leur talent décoratif, soit par leur style élevé et grandiose. La vie, l'indépendance d'allure d'un côté ; de l'autre, la noblesse des compositions et la pureté de l'exécution ; de toute part la valeur, le mérite et la glorification de l'art.

Pour terminer avec les œuvres de mes collaborateurs à l'escalier de l'Opéra, je dois citer de nouveau le nom de Chabaud, qui a modelé et exécuté toutes les têtes de la voussure, des tympans, arcades et portes du rez-de-chaussée, et qui, là comme partout, a été souple et original ; puis redire encore celui de Corboz, le sculpteur d'ornement, à qui j'ai confié l'étude et l'exécution des ornements de l'escalier, depuis le point de départ des marches jusqu'au niveau des premières loges. A partir de ce niveau, jusqu'au haut de la voûte, c'est Choiselat qui a interprété avec force et ampleur les dessins que je lui donnais. Choiselat et Corboz sont peut-être parmi les sculpteurs ornemanistes, ceux qui ont des aptitudes les plus opposées, ou du moins les sentiments décoratifs les plus divers : l'un, Corboz, a la recherche de l'élégance et de la finesse ; l'autre, Choiselat, a le modelé large et ne se complaît pas dans les délicatesses excessives des détails. Mis côte à côte, sans direction générale, ces deux artistes ne pourraient produire un travail d'ensemble ; mais avec une marche indiquée à l'avance, ils rapprochent peu à peu leurs divergences et équilibrent leurs productions, qui, néanmoins, gardent toujours le caractère particulier de la main qui les exécute. Cette petite différence de main, cette manière spéciale de voir à chacun des deux ornemanistes, est précisément dans l'escalier le l'Opéra une des causes de l'harmonie décorative. En effet, Corboz a exécuté tout ce qui se trouve près des yeux, et demandait ainsi élégance, charme, étude serrée et finie. Choiselat, lui, a exécuté tout ce qui se trouve assez loin de la vue, et qui exigeait alors des masses plus fortes, des modelés plus simples et des détails moins nombreux ; de sorte que les qualités personnelles des deux artistes n'ont eu que peu d'entraves à subir pour que les œuvres produites se raccordassent au mieux et parussent émaner d'une seule direction rationnelle. Mais pour arriver à ce résultat, il fallait des exécutants de valeur. Choiselat n'est plus à faire les preuves de la sienne, et Corboz est placé au premier rang parmi nos plus habiles sculpteurs d'ornements. Je m'en suis si bien aperçu que je lui ai confié l'une des plus grandes parts des travaux de l'Opéra, et si j'avais à recommencer j'augmenterais encore cette part de collaboration si utile, si dévouée et si efficace.

Il faut bien revenir à l'architecture puisque j'ai épuisé les autres arts ; mais grâce à la diversion que je viens de faire, comme j'ai à peu près indiqué tout ce qui peut charmer la vue dans le grand escalier de l'Opéra, je n'aurai plus rien à décrire, plus d'éloges à décerner à moi, ni à personne, et la place devient nette pour parler de diverses particularités qui, peut-être, ont quelque intérêt. Voici d'abord quelques détails sur les grandes colonnes de l'escalier.

Lorsque j'eus le désir de faire revivre l'emploi des marbres en grandes masses, emploi un peu abandonné depuis la fin du siècle précédent, je me trouvai face à face avec une assez grande difficulté : celle de découvrir des carrières exploitées et exploitables, pouvant fournir en un assez court espace de temps des blocs monolithes de grande dimension. Sauf les carrières de marbre rouge de l'Hérault, dont la coloration me déplaisait souverainement, je ne voyais guère celles où je devais m'adresser; car il fallait non-seulement que les colonnes que je projetais eussent un ton harmonieux, mais encore qu'elles fussent exemptes, autant que possible, des fils dangereux. La brèche violette d'Italie ne paraissait pas alors pouvoir fournir les blocs, et de plus les fils sont souvent nombreux dans ce marbre splendide. Le marbre Campan vert m'aurait convenu comme tonalité et résistance ; mais les propriétaires n'osèrent pas se livrer à une exploitation qui pouvait leur être fort onéreuse, car ils n'étaient pas assez certains de trouver les blocs demandés. J'avais bien les granits, mais c'était trop cher. Je ne connaissais pas encore le marbre vert de Suède, qui eût pu convenir, ni naturellement le nouveau Cipollin qu'on vient de découvrir dans le Valais. En somme, je frappais à toutes les portes, demandant à tous les marbriers de me faire les trente colonnes dont j'avais besoin, et je ne réussissais guère. Il y avait bien le marbre Beyrede ; mais c'est un marbre d'un prix très-élevé et je ne pouvais payer huit ou dix mille francs une seule colonne. Enfin, après mille débats, mille encouragements de ma part, je parvins à décider MM. Dervillé et Cie, exploiteurs des carrières de Sarancolin, à accepter la commande pour le prix total de 148,000 francs compris pose, soit 4,933 fr. 33 par colonne. Le marbre choisi était fort beau ; on peut le voir maintenant, et d'une harmonie douce et chaude, rappelant la belle tonalité de l'ancien marbre *Porta-Santa*.

Ce fut une difficile opération que l'extraction de ces trente blocs, qu'il fallait rechercher dans divers découverts espacés les uns des autres, placés à mi-côte d'une haute montagne, et n'ayant pour débouché que des chemins parfois à peine indiqués et dégradés par les pluies d'orage. Ainsi on atteignait une masse qui paraissait saine, et au moyen de tranchées dans le marbre, puis ensuite de nombreux coins enfoncés avec force dans les rainures, on arrivait à détacher de la masse générale le bloc, qui, naturellement pour obvier aux éclats qui pouvaient se faire pendant l'opération, devait avoir un cube bien plus grand que celui strictement nécessaire. Malgré ces précautions il arrivait parfois que quelque fil, s'élargissant sous l'effet des coins, se montrait tout à coup, et le bloc, extrait avec tant de peine, devenait inutile, du moins pour l'usage auquel il était destiné.

Lorsque le bloc était isolé de la masse, il fallait le descendre de la carrière placée à plusieurs centaines de mètres au-dessus de la vallée. Tantôt précipité seul sur une pente rapide, tantôt traîné par des bœufs, tantôt manœuvré à main d'homme, il arrivait, après de nombreuses heures de travail, au niveau de la route communale; mais là on apercevait quelquefois aussi de nouveaux fils qui s'étaient ouverts pendant le parcours, et le monolithe devait alors se diviser en plusieurs morceaux, sans plus prétendre à devenir colonne. Pour fournir les trente-colonnes de l'escalier, il a fallu extraire quarante quatre blocs des dimensions exigées; car quatorze ont dû être mis à l'écart comme ne remplissant pas les conditions imposées; et encore si j'avais voulu être strictement rigoureux, j'aurais pu en refuser treize autres, que j'ai acceptés dans les conditions que je dirai tout à l'heure.

Eh bien, ce travail, pour ainsi dire perdu, ces déchets importants et nombreux paraissent encore bien faibles quand on examine les carrières; car lorsqu'on voit les difficultés de l'extraction, on se demande comment un seul morceau peut arriver à bon port. En janvier 1863, j'allai avec mon ami Louvet visiter les carrières des Pyrénées et principalement celles de Sarancolin, afin de surveiller les découverts des blocs, et voir si l'on pouvait ou non accepter ceux qui avaient quelques défauts. Cette excursion se fit au milieu de la neige, qui recouvrait les chemins d'une épaisseur d'au moins 60 centimètres, et qui, salie par le passage des hommes, des bœufs et des chars, était devenue, en certains endroits, comme une boue liquide. Çà et là gisaient ces masses de marbre à peine équarries, toutes grises, toutes ternes; les chantiers de bois, sur lesquels elles reposaient, sortaient leurs extrémités sales et noirâtres du milieu de la neige fondante, comme des grands bras de squelette plombés; le temps était gris, sombre; il faisait un froid humide et pénétrant; les caves des marbres étaient remplies de détritus sans forme et sans couleur; c'était horrible, et bien fait pour décourager au premier aspect! mais nous étions gens du métier, et un seau d'eau jeté sur un bloc nous disait immédiatement ce qu'il serait plus tard, s'il arrivait sans encombre au bas de la montagne. Et dire qu'il ne fallait qu'une fausse manœuvre pour que le bloc dégringolât sur le rapide; qu'un choc maladroit pour ouvrir un fil, qui n'aurait pas bougé sans cela, et qu'une gelée un peu intense, arrivant après une averse, pour effriter les parties superficielles du marbre et lui retirer ainsi les dimensions exigées!

Je comprenais fort bien alors les hésitations des maîtres carriers qui prévoyaient tous les accidents et ne se souciaient guère de s'exposer à une perte assez considérable, et je savais alors bon gré à MM. Dervillé et Cie d'avoir osé tenter l'aventure. Il faut dire que si les carrières de marbre étaient exploitées avec l'abondance qui devrait se produire, le plus grand nombre de ces craintes d'accidents n'existeraient pas. Les découverts seraient

alors conduits sur une vaste échelle, et l'on extrairait à
coup sûr; les chemins seraient largement établis; des engins
et machines faciliteraient tous les transports, et finalement
l'opération n'offrirait aucun aléa. Mais comment
voulez-vous que les marbriers, qui louent les carrières aux
communes pour un laps de temps souvent bien court et
avec des maximum d'extraction, puissent, pendant les
quelques années où ils sont adjudicataires de l'exploitation,
faire ces grands travaux qui ne peuvent s'exécuter
que par des propriétaires ayant un débouché considérable
et l'avenir devant eux? Force est donc aux marbriers
locataires d'être prudents dans leurs opérations, et de
préférer la vente de petits échantillons qui ne leur causent
aucun dommage, à l'entreprise de gros blocs qui peut les
amener à la ruine. Aussi, tant que les marbreries ne seront
pas propriétés particulières, ou tant qu'elles ne seront
pas exploitées directement par l'État, il ne faut pas
prétendre à un immense accroissement de production de
ces admirables matières, dont la France est si riche pourtant,
et qui restent ensevelies faute de débouchés, faute
d'argent, et faute de patronage efficace de l'État.

Enfin, un jour viendra ou quelque ministre bien avisé
se dira qu'il est bon ou d'aliéner des richesses improductives,
ou d'en faire profiter le pays; peut-être alors l'industrie
marbrière prendra-t-elle un nouvel et puissant
essor, au grand avantage de l'art décoratif, et au grand
avantage de la France qui, ayant chez elle des ressources
merveilleuses, va s'approvisionner en Italie, en Suède,
en Écosse ou en Belgique, parce que les prix des marbres
étrangers sont en général moins élevés que les prix des
marbres français. Mais ceci est de l'économie politique;

ce n'est pas mon affaire et je me tais, craignant que l'on ne me prouve que plus on a de ressources chez soi, moins il faut les employer!

Passons, et revenons à ces fils découverts avant, pendant ou après le travail de taille et de polissage des fûts. Sur les trente colonnes à fournir il y en avait dix-sept parfaitement saines; six qui étaient trop courtes et qu'il fallait rallonger par un morceau de la hauteur de l'astragale ou des moulures de la base du fût; quatre qui avaient des fils presque dans le sens horizontal et se prolongeant du tiers ou du quart dans la colonne; et trois enfin qui, bien qu'étant saines en général, avaient de petits défauts, de petits fils presque extérieurs et ne se prolongeant pas au delà de 4 ou 5 centimètres.

Lorsque ces constatations furent faites, les jours avaient passé; il fallait bientôt placer les fûts qui devaient supporter les murs de la cage de l'escalier; le temps manquait absolument pour rechercher d'autres blocs, à moins de se résigner à attendre encore huit ou dix mois; il fallait aviser : je fis agrafer et goujonner solidement par des crampons et des goujons en cuivre les colonnes qui présentaient quelques fils; je consentis à l'adjonction de morceaux aux extrémités des fûts qui manquaient de longueur, en indiquant certaines précautions à prendre. Enfin j'acceptai tous les blocs proposés et dont quelques-uns étaient d'une rare beauté; mais à la condition expresse que les colonnes, ainsi mises en état, seraient soumises à une suite d'expériences sévères et garantissant bien au delà de la nécessité le maximum de sécurité que l'on devait exiger d'elles. Il va sans dire que le moindre effet produit sur les fûts concluait immédiatement à leur remplacement. Je préférais encore attendre un an s'il le fallait, que de planter un mur sur des points d'appui qui eussent cédé un jour ou l'autre.

Les expériences furent faites sous la surveillance de M. Noël, conducteur de travaux, homme d'une conscience parfaite et d'une exactitude minutieuse, dont, malheureusement, j'ai à regretter la perte, et rien ne fut négligé pour les rendre aussi rigoureuses que possible. Chaque colonne fut installée dans une presse hydraulique de grande puissance, et dont les plateaux furent soigneusement vérifiés. Un manomètre, système Bourdin, pouvant indiquer une pression de quatre cents atmosphères, fut adapté à la presse ; mais comme à cette énorme pression les manomètres peuvent ne pas donner toujours une indication absolument exacte, et que la moindre petite pierre imperceptible ou le moindre défaut dans l'élasticité du tube indicateur peut amener une différence entre la pression effectuée et celle marquée sur le manomètre, je complétai cette indication, qui pourtant aurait pu suffire au besoin, par une autre marque de la puissance de pression de la machine. Voici comment :

Parmi les nombreuses expériences faites par M. Michelot, ingénieur en chef des ponts et chaussées, sur les forces de résistance des pierres employées au nouvel Opéra, on était arrivé à constater que de toutes les pierres calcaires essayées, la roche d'Euville était celle dont la force portante variait le moins, soit que la pierre fût posée sur son lit de carrière, soit qu'elle fût placée en délit. On avait expérimenté sur une grande quantité de cubes, variant de dimensions, et de parallélipipèdes variant de hauteur, et l'on avait trouvé que le poids nécessaire à l'écrasement de tous ces morceaux était en moyenne de 250 kilogrammes par centimètre carré. La faible variation des forces amenant à cet écrasement pouvait être mise sur le compte de petites circonstances fortuites, telles que le parallélisme imparfait des faces, la position plus ou moins oblique du levier d'écrasement, etc.; mais, en résumé, le coefficient de 250 kilogrammes par centimètre carré de surface donnait une exactitude très-suffisante pour les opérations que je voulais effectuer.

Les colonnes devaient porter chacune au maximum un poids de 80,000 kilogrammes; il me paraissait inutile de leur faire supporter dans l'expérience un poids triple de celui-ci; en constatant que les fûts avaient une force portante dépassant de plus de 150,000 kilogrammes celle qui était exigée pour leur office, je n'avais aucun aléa à craindre pour l'avenir.

Partant de ce principe, je fis faire pour chaque expérience des cubes de pierre d'Euville de 0,30 centimètres de côté, bien dressés, bien équarris et pris dans divers bancs de cette roche. La surface de ces cubes était donc de 900 centimètres carrés, qui, multipliés par le coefficient d'écrasement, 250 kilogrammes, donnaient pour l'écrasement total du bloc un chiffre de 225,000 kilogrammes.

Ces blocs ainsi traités furent placés au-dessus du fût soumis à la presse hydraulique et le fonctionnement commença. Il était évident qu'à toutes les indications fournies par le manomètre, nous avions de cette façon un contrôle presque mathématique, c'est-à-dire qu'au moment où le bloc d'Euville s'écraserait, il supporterait, et par conséquent le fût de la colonne supporterait également, une pression de 225,000 kilogrammes.

Tous les fûts furent successivement soumis à cette expérience doublement contrôlée, et il arriva ceci : c'est que le manomètre ne descendit guère au-dessous de 250 atmosphères, et s'éleva quelquefois jusqu'à 260. D'après le rapport du diamètre de la pompe foulante avec celui du piston une atmosphère équivalait à environ 1,100 kilogrammes, ce qui donnait pour la pression totale un poids de 270,000 à 280,000 kilogrammes; l'expérience était donc concluante; la résistance de l'Euville avait été bien constatée par M. Michelot, et les fûts, ainsi essayés, devaient supporter, en prenant la moyenne, une pression d'environ 250,000 kilogrammes. De plus, pour être absolument certain du résultat, je ne me contentai pas de l'écrasement d'un seul bloc par colonne, mais j'en fis écraser trois sur chaque fût, les trois blocs pris dans des morceaux de roches différentes. Cependant, lorsque j'eus déjà la certitude d'une résistance suffisante, résistance contrôlée par le manomètre et l'écrasement des cubes d'Euville, je voulus prolonger l'expérience et la rendre encore plus complète. A cet effet, je remplaçai les blocs d'Euville écrasés par des blocs de marbre Sarancolin, provenant de la même carrière que les colonnes, et je fis continuer la manœuvre de la pompe. J'arrivai ainsi, en suivant les indications du manomètre, à des pressions variant de 360 à 380 atmosphères (le manomètre n'a jamais pu atteindre 400), ce qui, eu égard au rapport du tube et du piston, donnait pour pression sur le haut du fût des colonnes une moyenne de 400,000 kilogrammes.

J'arrêtai là ces expériences, qui furent d'autant plus concluantes que, non-seulement aucun effet ne se produisit dans les parties saines des colonnes, mais encore dans les parties qui pouvaient donner lieu à quelques appréhensions ; ainsi j'avais rempli les orifices des goujons et des agrafes par de petites coulées de plâtre fin, arasant mathématiquement l'extérieur des fûts ; si un effet quelconque se fût produit dans ces blocs ainsi goujonnés et agrafés, le plâtre se serait immédiatement détaché, ne fût-ce qu'imperceptiblement, de la cavité qu'il remplissait, et il aurait débordé, ne fût-ce que d'un dixième de millimètre, la surface extérieure des colonnes ; mais même sous la pression de 380 atmosphères rien ne se produisit, et le plâtre restait absolument adhérent aux surfaces qu'il avoisinait.

De cela il résultait que les colonnes les plus défectueuses avaient encore une résistance certainement triple, presque sûrement quintuple, et probablement décuple de celle qui était exigée. Ce fut donc avec tranquillité que je plaçai les colonnes de l'escalier, et je crois que le public peut s'en approcher sans crainte ; elles ne risquent pas de l'écraser.

Puisque je viens de parler si longuement des colonnes, laissez-moi encore allonger cette causerie en vous disant que je vous prie de regarder les moulures qui forment l'astragale du fût et celles qui en terminent la base ; elles sont de la même famille que celles dont j'ai déjà dit un mot au sujet des colonnes de la façade et pour lesquelles j'ai eu un si beau mouvement d'admiration. Je sais bien que c'est peu de chose pour tout le monde que cette petite invention de moulures ; mais ça n'empêche pas que je tiens fort à cette petite invention-là. Je me figure qu'un jour ou l'autre les architectes délaisseront le maigre astragale et le pauvre listel qui règnent sur tous les fûts depuis près de deux mille ans, et, s'il en est ainsi, je veux prendre date. Callimaque a conquis sa gloire en inventant le chapiteau corinthien; il suffirait à la mienne que l'on dit un jour que j'ai inventé un nouvel astragale. En attendant que les architectes de l'avenir mettent sept ou huit moulures au lieu de deux, je supplie les architectes d'à présent de s'emparer sans crainte de mes couronnements et de mes empâtements de fûts, et je n'aurai jamais assez d'actions de grâces à leur rendre. Voyons, mes chers confrères, je vous le demande avec instances! jugez mes fûts dignes de contrefaçon, et vous me rendez le plus fat des architectes! Je ne suis point fort exigeant, n'est-ce pas? et l'on peut me passer cette innocente manie aussi bien que vous passeriez celle d'un jardinier qui, cultivant à peu près toutes les fleurs, ne mettrait son amour-propre qu'à avoir ajouté deux pétales à la jaune corolle du vulgaire pissenlit!

Faut-il regarder aussi comme une invention les deux petits retroussis en volutes que j'ai introduits dans les chapiteaux ioniques de l'escalier? Je me garderai bien de résoudre cette question, et il faudrait s'y prendre à deux fois avant de répondre. Si, en effet, on considère ces deux accroche-cœurs comme une création personnelle, tout, à l'Opéra, tout sans exception, devra être mis dans la même catégorie, et il n'y aura pas dans l'édifice une surface grande comme la main pour laquelle je ne puisse prendre un brevet! Je ne suis pas si exigeant et je ne pense pas que j'aie inventé une architecture nouvelle parce que j'ai composé à ma façon une myriade de détails ornementaux. On n'invente pas plus une architecture en étant ingénieux et même parfois original, qu'un écrivain n'invente une langue en donnant à ses idées des tournures particulières; ici on arrange des éléments décoratifs d'une certaine manière; là on arrange des mots dans un certain ordre, et ce n'est que peu à peu que les formules trouvées de part et d'autre deviennent assez nombreuses et caractérisées pour créer un style, non pas personnel, mais représentant une époque. Les compositions de l'Opéra auront-elles la bonne fortune de faire partie de cette transformation graduelle? nous verrons cela dans une centaine d'années !

Mais ce que nous pouvons voir tout de suite, c'est la différence de niveau qui existe entre le sol des balcons de l'escalier et celui des galeries environnantes. Je signale cette particularité parce que plusieurs personnes ont paru s'étonner de cette différence de niveau; mais lorsque je leur ai expliqué que, grâce à cette diversité de hauteur, on pouvait, en se promenant dans les couloirs et dans l'avant-foyer, voir l'intérieur de la cage de l'escalier et les rampants des marches, ce qui eût été impossible si les balcons eussent été plus élevés, ces personnes ont trouvé que j'avais bien fait. J'espère que celles qui lisent ce petit paragraphe seront de cet avis, et qu'elles trouveront aussi que j'ai été bien inspiré le jour où j'ai pris le parti d'abaisser le sol des balcons au-dessous de celui des galeries. Au surplus, non-seulement cet abaissement permet une libre vue aux promeneurs de l'avant-foyer, mais encore à ceux placés au niveau du rez-de-chaussée et sur le parcours des marches; il ne forme pas obstacle et les regards peuvent s'étendre plus facilement dans les galeries que si les balcons étaient au même niveau que celles-ci. Je crois que dans ce chapitre je ne me suis pas placé, comme cela m'est quelquefois arrivé, dans un nuage d'encens; aussi peut-être me pardonnera-t-on si je dis que, dans toute la composition de l'escalier, ce qui me semble le plus satisfaire aux questions d'art et de logique, c'est le décrochement du niveau des galeries et des balcons. Et si maintenant vous avez une couronne de fleurs en réserve, vous pouvez la placer sur ma tête en y adjoignant une bandelette portant ces mots : « A l'architecte qui a pensé à décrocher les balcons, témoignage de gratitude! » Suivent les signatures.

J'aurais encore à vous parler des marbres de l'escalier, de leur provenance et de leur prix, ainsi que de la façon remarquable dont ils ont été travaillés par MM. Drouet, Langlois et Cie; mais cela fera bien un article tout entier, et je ne veux pas le placer à la queue d'un autre. Je me contenterai donc, pour finir tout ce qui touche au grand escalier, de vous dire que j'avais projeté les grands paliers de départ, de centre et d'arrivée, en espèce de mosaïque florentine, qui eût étalé là de jolis ramages; les dessins étaient faits, les matières choisies; mais à la fin il a fallu marcher vite et renoncer à exécuter ce travail, qui aurait exigé une année à lui tout seul.

J'ai regretté un moment l'abandon de cette mosaïque; mais aujourd'hui je suis enchanté qu'elle n'ait pas été faite; car elle aurait papilloté, et les simples paliers en marbre blanc font, sans conteste, bien mieux que n'eussent pu faire ces riches méandres, qui sentent un peu la décadence. Tout est donc pour le mieux dans cette occurrence; les choses ont été plus vite; elles ont coûté moins cher, et ont donné un meilleur résultat. Si l'on pouvait en dire autant de tout ce que j'ai fait! Moi, je pourrais bien le dire; mais il y a bien sûr des gens qui ne me croiraient pas!

Je signale encore les candélabres placés sur les consoles et sur les piédestaux, non pas tant à cause de leur composition et de leur originalité, mais à cause plutôt de leur exécution. Ce grand travail a été fait par la maison Lacarrière, Delatour et Cie ; et c'est vraiment un charme de regarder ces belles pièces si bien venues de fonte, si bien ciselées et si bien ajustées. Avec cette exécution-là il est bien difficile de ne pas faire une œuvre d'art. Au surplus, l'exécution des bronzes de l'Opéra est, pour la plus grande partie, des plus remarquables; et je trouverai, à un instant donné, à rendre justice aux fabricants qui m'ont prêté leur concours. En attendant, je cite M. Matifat, qui a fondu les balcons de l'escalier. Si le travail n'est pas d'une exquise délicatesse, il a au moins été fait pour un prix fort minime, eu égard à son importance; et il y a diverses manières d'être utile dans une œuvre collective : par son talent, par sa conscience, et par son bon marché. Je crois que tout cela s'est trouvé réuni pour les bronzes de l'Opéra. Puisque je cite les balcons, voulez-vous les regarder un peu? est-ce que le dessin ne vous plaît pas? Moi, j'aime bien celui des secondes loges; et vous?

J'ai fini, parce que si je m'arrêtais encore à une foule de petits détails j'en remplirais tout ce volume. J'en ai dit assez, je pense, sur le grand escalier de l'Opéra; mais je vous avoue pourtant que je n'en ai pas parlé comme je l'espérais. Ainsi que je le disais en commençant, j'abordais ce chapitre avec une certaine difficulté et sans savoir comment j'irais jusqu'au bout; j'y suis arrivé à ce bout;

mais sans suite, sans idée, et n'ayant guère de plaisir à causer; et pourtant quel beau sujet j'ai perdu là et comme un poëte, un simple poëte, un de ceux qui savent trouver dans les œuvres des artistes tout ce que ceux-ci n'ont pas cru y mettre, aurait pu écrire une belle page sur les splendeurs de l'architecture et les bizarreries harmonieuses de la foule que j'évoquais. Je la vois, moi, cette foule colorée, qui devait animer le grand escalier; et vous, ne la voyez-vous pas? Elle gravit les marches de marbre; elle s'accoude sur les balcons d'onyx; elle circule sous les mosaïques de l'avant-foyer. C'est l'or, le brocart, le damas, le velours qui jaillissent de la palette de Véronèse, et qui, maintenant, éclatent et scintillent sous les voûtes de l'escalier! Quelle joie pour le coloriste! quelle fête pour les yeux!

Tenez, regardez au travers de mon rêve, et jugez vous-même! Regardez ces grands seigneurs, avec leurs robes cramoisies; ces jeunes femmes avec leurs longues jupes en satin broché d'or; ces gentilshommes avec leurs élégants manteaux vénitiens et leurs pourpoints orangés. Regardez ces quelques patriciens, dont les vêtements en velours noir jettent des taches puissantes au milieu des cliquetis de la soie; ces toquets à plumes blanches; ces perles dans les cheveux blonds des femmes; ces éventails mouchetés qui paillettent; ces pelisses d'hermine; ces écharpes de gaze; ces brodequins d'azur; ces aigrettes en rubis; ces étoffes qui bruissent et ces diamants qui étincellent! C'est le rendez-vous des brillantes tonalités; c'est la confusion des splendides couleurs de toutes les époques, et de tous les pays de la couleur; c'est un kaléidoscope harmonieux et enivrant qui, dans une éblouissante vision, réunit don Juan, Lovelace, Chérubin, d'Épernon, Boccace et Gentil-Bernard, entourés de leurs séduisantes amoureuses. Et vous tous, merveilleuse pléiade des temps du pittoresque et de l'imprévu, clercs de la basoche, mignons, pages, trouvères, nobles dames, paladins, hauts barons et riches châtelaines, éparpillez-vous sous les mille lumières qui rayonnent; reposez-vous près de ces colonnes qui se groupent. Que vos vêtements de pourpre et d'aventurine se détachent sur les fonds fauves des grandes mosaïques; que vos bras effleurent les tentures flottantes, jetées çà et là sur les balcons de bronze; que vos regards réfléchissent l'éclat des granits et des jaspes; que vos sourires s'entre-croisent; que vos mains se serrent; que la beauté, la jeunesse, la vie, le mouvement, la couleur, la grâce, l'élégance et la force débordent de toutes parts au milieu des girandoles, des balustrades, des chaudes peintures, des groupes d'airain et des tentures soyeuses des grandes baies. Enfin, que l'escalier de l'Opéra soit une vaste cage, une large corbeille, un immense écrin dans lesquels voltigent, s'épanouissent et resplendissent des mondes féeriques de papillons, de fleurs et de pierres précieuses!

Si j'étais poëte, voilà ce que je dirais, bien mieux, cela va sans dire; si j'étais peintre, voilà ce que je peindrais; mais je ne suis qu'un simple architecte et je dois me contenter de le rêver! J'ai pourtant un instant espéré que mes songes deviendraient réalité lorsque l'on s'est décidé à donner des bals masqués à l'Opéra; je croyais trouver là quelques-unes des impressions que je désirais tant ressentir; mais si plusieurs points brillants venaient de ci et de là accompagner les architectures du vaisseau de l'escalier, l'affreuse foule en frac noir devenait souvent cohue, étouffant sous ses sombres vêtements les petites étincelles de couleur qui cherchaient à se montrer; et puis, vraiment, malgré les efforts apportés aux travestissements, je ne pouvais m'empêcher de trouver qu'une pierrette ne remplace pas la reine Margot, et qu'un seigneur du temps de Henri III vaut mieux qu'un polichinelle.

Ah! si j'étais directeur de l'Opéra seulement pour un jour, je voudrais utiliser les merveilleux costumes du répertoire pour les répandre dans le grand foyer et l'escalier. Vous figurez-vous le cortége de *la Juive* (moins les chevaux, bien entendu), circulant sur les degrés et dans les galeries? Vous figurez-vous le cortége de la marche du sacre du *Prophète* se répandant dans ces grands vaisseaux, et tout le corps de ballet, dans les vêtements du menuet de *Don Juan,* s'éparpillant à tous les étages? Un orchestre invisible remplirait les airs de ses ondes sonores; des bouquets seraient lancés du haut des tribunes; des flots d'encens s'élèveraient aux voûtes, et à un instant donné, mille voix, entonnant un chant magistral, feraient résonner les parois de pierre et élever dans les plus hautes régions les cœurs émus par ces grands accords, par cette pompe merveilleuse et par cette charmeresse et puissante couleur se reflétant des portes aux costumes, et des draperies aux marbres chatoyants et vigoureux!

Allons, voilà que je recommence encore à rêver! Réveillons-nous tout à fait! il est temps!

DU RIDEAU D'AVANT-SCÈNE.

J'ai demandé à MM. Rubé et Chaperon d'exécuter pour l'Opéra un rideau d'avant-scène, simulant une somptueuse draperie de velours, et je leur ai indiqué la tonalité que je désirais voir à cette draperie. Là se borne toute la participation que j'ai prise dans la composition de ce splendide rideau. Pour le rideau de manœuvre, j'ai indiqué aussi la coloration et fait un petit croquis de la disposition que je proposais, et j'ai laissé ensuite les décorateurs brosser leur toile en me confiant à leur talent éprouvé.

Vous voyez que je ne me suis pas mis en grands frais d'imagination et que, dans cette occasion, je me suis quelque peu défait de mes procédés habituels; c'est qu'en résumé ces deux grands rideaux étaient moins de l'architecture que de la décoration, et que chacun en jugerait ainsi en les voyant. Me reconnaissant dès lors moins expert que les deux peintres, dans l'art intéressant qu'ils pratiquent avec tant d'autorité, je n'avais rien de mieux à faire qu'à donner quelques indications générales, qu'à faire quelques remarques sur les maquettes présentées, et à débarrasser ensuite ces artistes de valeur d'un contrôle trop minutieux. Il fallait bien laisser une liberté suffisante pour que l'œuvre produite pût être considérée comme étant complétement leur œuvre personnelle, au même titre que les œuvres des peintres et des statuaires qui collaboraient aux travaux de l'Opéra.

C'est donc à MM. Rubé et Chaperon qu'il faut reporter tous les éloges faits à l'occasion de ces rideaux, et c'est de grand cœur que je m'associe aux succès qu'ont obtenu et qu'obtiennent encore chaque jour ces deux éminents artistes.

Le rideau d'avant-scène est traité avec une largeur magistrale; la draperie est noblement composée; les franges et les torsades, bien comprises dans le caractère ornemental de la salle, sont dessinées avec une véritable science et une grande maestria. Le rideau de manœuvre, plus gracieux, plus élégant, a, dans son arrangement et son exécution, les mêmes qualités de science et d'art qui se remarquent dans la première toile, et, lorsque l'un ou l'autre de ces rideaux est baissé, on éprouve une réelle satisfaction à les voir si bien en harmonie avec le vaisseau dont ils forment une grande paroi, et dont, sans contredit, ils sont un des plus heureux ornements.

Quant au lambrequin qui couronne le rideau d'avant-scène, comme il y avait là une silhouette à trouver, un cartouche à essayer et quelques détails à combiner, l'architecture reprenait un peu ses droits; j'ai dû dès lors en donner la composition et les contours, et prier les deux artistes de s'inspirer du croquis que je leur présentais. MM. Rubé et Chaperon ont fait ainsi; mais naturellement, en passant par leurs mains, ma composition n'a eu qu'à y gagner; car la savante exécution de ces sortes de draperies a au moins autant d'importance que le parti général.

Du reste, si je réclame pour moi la conception du lambrequin, c'est moins pour me faire un mérite de l'avoir réussi, que pour reconnaître que les deux pendentifs qui le terminent sont un peu trop développés, et qu'ils eussent gagné à être moins longs de trente ou quarante centimètres. Cela pourra se refaire facilement plus tard; mais, en attendant, comme quelques personnes ont fait cette remarque, je tiens à ce qu'on sache que la faute n'en incombe pas aux décorateurs; ils n'ont rien à se reprocher, et le public n'a qu'à les applaudir.

Vous avez peut-être remarqué que le milieu de ce lambrequin est orné par un cartouche circulaire, contenant les armes du Roi-Soleil, et par une petite plaque indiquant l'année de la fondation de l'Opéra. Ce motif s'arrange bien; c'est du moins ce qu'il me semble; il fait bon effet; mais évidemment tout autre cartouche et même tout autre motif aurait pu donner lieu à un arrangement tout aussi satisfaisant; car il faut que des cartouches, des palmes et des guirlandes soient bien mal agencés pour n'être pas à peu près acceptables. Cependant, si j'ai choisi ces armes et ces millésimes, c'est que je voulais éviter de mettre de la politique à la place de l'architecture. J'ai dit déjà que je ne considère pas comme emblèmes politiques ceux qui, appartenant au souverain régnant lors de l'édification d'un monument, ont pour but, lorsqu'ils prennent place dans un édifice, de fournir des motifs nouveaux et d'indiquer des dates historiques. Aussi j'ai introduit des aigles à l'Opéra, avec la même tranquillité d'esprit que j'y eusse introduit des lis ou des faisceaux si le monument avait été construit sous Louis XV ou sous la République. Mais il y a dans beaucoup d'édifices un emplacement spécial, qui est presque toujours destiné à recevoir officiellement les emblèmes du régime alors en vigueur, et si ce n'était pas irrespectueux, je dirais presque le régime courant ; c'est à cet endroit que se trouve, sous forme allégorique, ce que l'on pourrait appeler l'enseigne du Chef de l'État. Quand un titulaire disparaît, son successeur (qui n'est pas toujours son gendre) s'empresse de modifier l'écriteau. Jadis ça durait pourtant assez longtemps, et on se faisait gloire de conserver l'enseigne précédente et d'inscrire à côté : Maison fondée en 1589; un tel, successeur, continue son commerce. Mais depuis quelque temps les changements de propriétaires sont fréquents, et le Coq Hardi, le Cheval Blanc, la Maison Rouge et l'Aigle Noir, viennent tour à tour prendre place sur la devanture de l'établissement.

Je disais donc que dans les édifices il y a un endroit qui reçoit spécialement l'étiquette et qui, dès lors, peut être considéré comme emplacement politique. Dans les mairies, c'est le dessus de la grande cheminée; dans les marchés, c'est le couronnement d'une petite fontaine placée dans la cour centrale; dans les écoles, c'est le plateau d'une console en plâtre, scellée au-dessus du poêle; dans les ministères, c'est un des trumeaux de la salle du conseil; dans les théâtres, c'est au milieu du manteau d'Arlequin. Lorsque les gouvernants ou les architectes sont confiants, ils installent ces emblèmes à demeure fixe; mais dans les théâtres, il paraît que les directeurs sont plus hésitants; car les attributs sont le plus souvent accrochés de façon à pouvoir s'enlever facilement et se remplacer à volonté. J'aurais pu, en suivant cet exemple, mettre sur un cartouche volant, ou bien les gigantesques R F, comme au Théâtre-Français, ou bien un faisceau ressemblant à l'instrument cher à M. Purgon, comme à l'Opéra-Comique ; mais comme je trouve que ce jeu de cligne-musette, auquel on fait, à ces places, jouer les enseignes, contribue fort peu à inspirer le respect que l'on doit avoir pour le signe adopté par le pays et par le Chef de l'État, j'ai tâché que ces accrochements et décrochements alternatifs fussent évités dans la salle de l'Opéra, où, sous tous les régimes, on peut fort bien chanter Mozart, Halévy et Meyerbeer. Donc, au lieu et place du cartouche officiel d'un jour, j'ai mis un cartouche simplement historique, et comme la France de Louis XIV n'a pas fait trop mauvaise figure dans le monde, j'espère que personne ne s'avisera de me reprocher le beau soleil ardent qui resplendit pour éclairer l'acte de naissance de l'Opéra.

Au surplus, pour bien indiquer la pensée qui me conduisait, j'ai complété la signification historique et artistique du cartouche central par une inscription tirée d'un vers de Martial :

MUSÆ STAT HONOS ET GRATIA VIVAX.

Ce qui montre que, si je ne suis pas un grand politique, je me présente comme un grand philosophe.

DES PORTIQUES DE LA QUEUE.

Les portiques, ou galeries latérales, et le portique d'entrée de l'Opéra ont la même composition générale et le même parti décoratif ; c'est une suite d'arcatures formant pendentifs et séparées les unes des autres par des arcs-doubleaux fort simples.

Les galeries latérales sont destinées à abriter les personnes qui font la queue pour prendre leurs billets. Celle de droite n'a que cette seule destination ; celle de gauche est agencée de façon à ce que, pendant la journée, elle serve aussi à la location des places prises à l'avance. Le portique de face sert seulement d'abri et de première entrée. Ces trois dépendances du monument sont dallées en marbre de Serravezza, éclairées par des candélabres en bronze, égayées dans les voûtes par des clefs ornementales, qui en valent bien d'autres ; mais qui ne valent pas davantage. Des bouches de chaleur servent à chauffer les galeries de la queue ; de grandes portes en bois et des tambours montrent, de distance en distance, des spécimens de menuiserie fort bien exécutés par la maison Pascal. Quelques plaques, portant le prix des places, forment par-ci par-là quelques motifs bien étudiés, mais n'offrant pas une grande nouveauté ; enfin de larges fenêtres en bois, assemblées sur des montants et des compartiments en fonte peinte ou cuivrée, ferment avec assez de grandeur ces galeries latérales.

Et puis..., c'est tout, je ne vois rien de particulier à signaler dans ces portiques et ce chapitre peut se borner à son en-tête.

———

Je viens d'avoir une idée ! Comme j'étais un peu honteux de livrer à mon éditeur une description si écourtée, je me suis dit : « Si j'allais voir l'Opéra, peut-être trouverais-je quelque chose de plus à écrire »; et j'ai été voir l'Opéra ! Or, bien que cela puisse un peu surprendre, depuis que le théâtre est ouvert, c'est la première fois que je me décide à faire cette visite ! Naturellement, depuis deux ans et demi, je n'ai pas été sans mettre les pieds dans le monument; mais, dans le jour, c'était seulement pour affaire de service, et le soir, c'était presque en catimini, comme les auteurs qui assistent à leurs pièces au fond d'une baignoire. En réalité je n'avais jamais vu l'Opéra ni par dehors ni par dedans, du jour où je l'avais livré, et tout ce que j'ai déjà écrit sur le théâtre, à part quelques points qui m'étaient apparus au passage, était le résultat de mes souvenirs.

C'était jour de fête, les bureaux étaient déserts; l'édifice était solitaire, et pendant une heure je me suis planté dans tous les coins en regardant toute chose, comme si j'étais un simple touriste en voyage.

J'ai retrouvé là des motifs que j'avais un peu oubliés; j'ai vu des effets que je ne me rappelais plus, et, en somme, j'ai constaté avec satisfaction que l'architecte du monument avait partout étudié avec conscience, et avait quelquefois fait œuvre d'artiste. Ainsi, pour rester dans le sujet que censément je devais traiter dans ce chapitre, j'ai trouvé que les menuiseries des portiques étaient réellement bien comprises, et que les petites plaques des prix des places, dont je parlais avec assez de sans-façon, valaient bien mieux que cela, et qu'elles étaient, ma foi, tout à fait charmantes!

Et je souriais en dodelinant de la tête, et je me faisais *in petto* de jolis compliments! En résumé, je me disais que si j'avais vu ces motifs et ces moulures en Italie ou en Grèce, je me serais immédiatement mis à les copier et à en faire des relevés. C'était là le bon côté de ma visite et ce qui fait que je ne la regrette pas. Mais, hélas! il y avait aussi le revers de la médaille! En voyant tout ce qui avait été produit, tout ce qui avait été imaginé, je me demandais si je pourrais en faire autant maintenant et si j'avais encore dans la cervelle, dans les yeux et dans les mains, la vivacité, la décision et l'habileté du temps passé! et il me semblait que je ne pourrais jamais retrouver mon inspiration, qui me paraissait émoussée, ma logique, que je trouvais un peu entamée, et mon ardeur au travail, que je croyais bien éteinte!

Ces pensées, qui m'obsédaient au milieu du petit triomphe que je me décernais à moi tout seul, n'étaient pas sans m'attrister, et en regardant le grand édifice que j'avais élevé, je pensais à l'archevêque de Grenade et me disais que mon dernier sermon était prononcé! Lorsque l'on est jeune, ardent, robuste, insouciant, on gravit les plus hautes montagnes sans difficulté et avec entrain, et si l'on fait quelques chutes en route, on arrive néanmoins au sommet! Plus tard, sans doute, on ne ferait plus de faux pas; on serait plus prudent; mais on hésite à faire ces dures ascensions et on se résigne à les regarder faire aux autres, en se contentant de leur donner des conseils, qu'ils s'empressent, au reste, de ne pas suivre! Serais-je déjà arrivé à ce moment où j'ai assez marché moi-même, et où il faut que je serve seulement de guide à plus ingambe que moi? J'espère bien encore que non! Et vienne une autre montagne à escalader que je tenterais encore la montée! mais enfin, je suis sûr de ce que j'ai pu faire et suis incertain sur ce que je ferai plus tard!

Je ressens, du reste, déjà cet effet dans ce qui n'est pas tout à fait de mon métier, en écrivant ces fascicules. Lorsque je parcours les pages déjà écrites, je viens quelquefois à m'étonner d'avoir trouvé des idées pour les écrire, et à chaque chapitre nouveau je me dis en commençant que je ne pourrai jamais arriver à la fin; j'y arrive pourtant, mais comment? Ce n'est pas à moi à faire la réponse.

Quoi qu'il en soit, en m'interrogeant ainsi devant ce que j'avais produit pendant les années de force et de décision, j'en arrivais à me dire qu'il faudrait que certaines catégories humaines fussent pour ainsi dire confinées dans une période de temps, dont elles ne pourraient franchir les limites, et que, si cela retirait aux hommes, ainsi parqués, une grande partie de leur liberté, au moins les peuples tout entiers profiteraient de cette limitation, en ce que les œuvres produites pendant ces années indiquées, seraient, ou du moins devraient être, les plus grandes et les plus énergiques. Ça n'a pas le sens commun ; je le sais bien ! mais ça ne fait rien ; les paradoxes du présent sont souvent les vérités de l'avenir ; ainsi, pour bien affirmer ma pensée, voici ce que je me posais en axiome en sortant de ma visite, et le décret que je promulguais dans l'intérêt des œuvres de l'humanité :

Considérant :

Que les poëtes, et surtout ceux qui font de la poésie amoureuse, doivent être jeunes, sans avoir encore perdu toutes les illusions de la vie ;

Que les musiciens, parmi lesquels se trouvent souvent de petits prodiges, ce qui montre que leur art est plutôt de l'intuition que de la science, peuvent commencer dans un âge assez tendre ;

Que les peintres, bien que la partie du métier demande quelques études sérieuses, peuvent néanmoins exécuter leurs tableaux dans leur jeunesse, mais que leurs yeux se fatiguent assez vite et que leurs mains tremblent d'assez bonne heure ;

Que les sculpteurs se conservent plus longtemps, parce que leur art, mêlé de gymnastique, est fort hygiénique ;

Que les architectes ont besoin d'au moins quinze ans d'étude artistique, scientifique et pratique, et que leur profession, qui les oblige à grimper sur des échelles, est aussi hygiénique ;

Que les conseillers, députés, sénateurs, préfets, ambassadeurs et ministres, doivent être déjà un peu dégoûtés de l'humanité lorsqu'ils pratiquent leurs missions, et que, d'ailleurs, les hommes étant enclins à changer d'opinion dans le cours de leur vie, il importe que ceux-ci n'en adoptent pas trop tôt une qui pourrait les gêner par la suite ;

Qu'un président de la République doit être tout à fait revenu des illusions de ce monde, afin qu'il sache bien que le mot pouvoir ne doit pas dire servitude ;

Que les journalistes, qui remplissent des fonctions sacrées et sacerdotales, doivent avoir toutes les vertus que l'on n'acquiert que par une longue expérience de la vie ;

Décrète :

Les poëtes feront de la poésie de dix-huit à trente ans.

Les musiciens feront de la musique de vingt à trente-cinq ans.

Les peintres feront de la peinture de vingt-cinq à quarante ans.

Les sculpteurs feront de la sculpture de vingt-cinq à cinquante ans.

Les architectes feront de l'architecture de trente-cinq à cinquante-cinq ans.

Les conseillers, députés, sénateurs, préfets, ambassadeurs et ministres, ne pourront être nommés avant soixante-dix ans.

Les présidents de république ne pourront être élus avant quatre-vingts ans.

Enfin les journalistes devront être centenaires.

Il me semble que, de cette façon, les ambitions ne se mettraient pas trop tôt en route; car il y aurait peu d'exemples qu'un jeune homme de vingt ans fît de la politique pour attraper un titre ou une place qu'il ne pourrait avoir que cinquante ans plus tard !

Et voilà où j'en étais arrivé après ma visite à l'Opéra. Est-ce que vous ne pensez pas que j'aurais eu raison de rester chez moi ?

DU VESTIBULE DE CONTROLE.

Un dessin d'un journal illustré représentait jadis le vestibule de contrôle comme une espèce de jeu de toupie hollandaise, dans lequel les gens étaient enchevêtrés dans un labyrinthe de cordons s'entre-croisant dans tous les sens. Cela donnait assez exactement l'idée de cette salle qui, à l'entrée du public, est effectivement garnie de cordes en laine, formant guides, et remplaçant les barrières fixes ou mobiles, communément employées dans les théâtres et les édifices où la foule ne doit pénétrer que peu à peu et après avoir été soumise à un contrôle réglementaire.

Si j'avais employé ces barrières, le vestibule eût été bien plus embarrassé qu'il ne l'est actuellement, et l'effet de toutes ces clôtures eût certainement été moins agréable que celui produit par ces câbles rouges, fixés sur des supports en cuivre assez élégants. Mais comme on aurait été habitué à ces palissades de sapin, personne n'y eût pris garde, et chacun eût passé entre ces haies encombrantes sans penser à mal!

Cependant ces barrières en bois, qui vous enserrent, vous indiquent non-seulement que vous devez passer par leur filière, mais encore elles vous empêchent brutalement d'aller autre part. Vous êtes entré dans le laminoir par un bout, bon gré, mal gré il vous faudra sortir par l'autre : c'est la force qui domine. Au milieu de ces ganses et de ces câbles en torsades, vous suivez également le chemin ; vous êtes de même engagé entre deux guides ; mais ce sont des guides de bonne compagnie, qui n'usent pas de violence vis-à-vis de vous, et vous laisseraient échapper si vous en aviez le désir. Aussi vous ne suivez la route que parce que votre bonne volonté vous conduit. Les barrières en bois, c'est le gendarme qui vous prend au collet et vous fait marcher durement avec lui ; les guides en cordons, c'est le gentleman qui vous retire son chapeau et vous dit poliment : « Monsieur, donnez-vous, je vous prie, la peine d'entrer. » Eh bien ! l'habitude est si forte, que bien des gens préféreraient être bousculés par le gendarme, que galamment invités par le gentleman.

Mais, barrières ou cordons, tels que j'avais compris les bureaux de contrôle, eussent été toujours moins nombreux que maintenant ; car au lieu de placer ces bureaux à droite et à gauche du grand palier de départ de l'escalier, dans les baies latérales, j'avais proposé, ou bien un seul bureau établi au centre du vestibule de contrôle, ou bien, si on le préférait, deux bureaux (ceux qui servent actuellement) devant les deux grands pieds-droits extrêmes du même vestibule de contrôle. Ces bureaux ainsi placés, étant naturellement plus près du grand vestibule d'entrée, le chemin eût été moins long pour y arriver, et naturellement la longueur des guides eût diminué. Mais par suite de diverses observations faites par le directeur de l'Opéra et par l'inspecteur du con-

DU VESTIBULE DE CONTROLE.

trôle, mon idée n'a pas prévalu et nous nous sommes arrêtés à l'emplacement qui est occupé aujourd'hui.

Je ne sais si ce que je proposais eût été préférable pour le service des contrôleurs ; en tout cas, ce qui a été décidé paraît devoir donner satisfaction à tout le monde, et il est à croire que cet emplacement sera conservé.

Au surplus, je désire moi-même la conservation de cette disposition. S'il y a un inconvénient, en ce que les baies latérales, qui donnent accès aux galeries du rez-de-chaussée dans le vaisseau de l'escalier, sont, en ce moment, bouchées par les bureaux de contrôle, il y a certainement un grand avantage, en ce que la disposition adoptée laisse complétement libres les trois grandes baies d'entrée de l'escalier, et qu'à la sortie, lorsque les guides sont enlevés, la circulation se fait très-librement et sans aucune entrave.

Je trouve aussi un grand avantage à ce que le vestibule de contrôle soit débarrassé de tout bureau encombrant, car cette salle prend ainsi plus de grandeur; or, comme un des beaux effets de l'escalier est celui qui se produit lorsqu'on le regarde du vestibule de contrôle, de façon à ce que les grandes baies médianes entre le vestibule et l'escalier fassent cadres à l'architecture de celui-ci, il est heureux que le vestibule de contrôle ne contienne rien qui offusque ou qui, du moins, distraie les yeux, ce qui fût arrivé si les bureaux avaient été installés aux places projetées.

Dans la visite que j'ai faite hier et que je vous racontais dans le chapitre précédent, j'ai constaté l'impression agréable qui se produit quand ces grandes baies, formant cadre, coupent de façons diverses les emmarchements et les colonnes de l'escalier. C'est certainement moins vaste d'aspect que lorsqu'on est dans le vaisseau même ; mais les architectures ainsi circonscrites ont plus de netteté, plus d'accent, et le regard, porté sur un point déterminé, se rend mieux compte de ce qu'il voit. C'est par les baies de droite et de gauche que le tableau s'arrange le mieux, et c'est là un de ces coins que j'aurais copié, comme je le disais, si je n'avais pas le malheur d'y être un peu intéressé.

J'ai peu de choses à signaler dans le vestibule de contrôle : les candélabres, cela va sans dire ; les tympans, bien exécutés par Knett, ornemaniste fort habile; les panneaux, couronnés par des têtes que Chabaud a modelées, et, si l'on veut, le dallage, taillé et posé avec une rare perfection, sous la direction effective de Verne, digne compagnon marbrier de la maison Drouet et Langlois ; puis enfin les balcons de fonte bronzée, avec leurs consoles à anneaux, qui, de l'extrémité des galeries de l'orchestre, donnent sur le vestibule. Je regrette un peu que ces balcons, dont le dessin est heureux, ne soient pas en bronze, car, malgré la perfection de la fonte de fer, il y a bien des finesses qui n'ont pu venir comme elles seraient venues en cuivre ; mais ce sont des détails un peu subtils, et ils passent inaperçus du plus grand nombre.

Dans ce vestibule, il n'y a guère qu'un point qui ne me satisfasse pas tout à fait : c'est le plafond en plâtre, peint seulement avec trois couches à l'huile. Il aurait fallu un autre parti ; une décoration moins misérable, et qui pourtant fût assez discrète pour ne pas trop attirer les regards. C'était assez difficile ; j'y ai pensé bien souvent, et n'ai jamais rien trouvé qui fût comme je le désirais. Il en est, du reste, aussi de même pour les plafonds des couloirs de la salle ; ce n'est pas cela que j'aurais voulu. J'ai cherché pendant tout le cours des travaux quel motif simple et peu banal je pourrais employer pour déguiser la pauvreté de ces plafonds ; mais, dans les arts, lorsque du premier coup on n'est pas instinctivement guidé vers un parti décoratif, il arrive bien souvent que les recherches sont vaines et que l'on s'égare dans tous les chemins que l'on prend. Faute de mieux, je me suis décidé à suivre ce précepte : « Où rien ne fait bien, ne mettez rien. » C'est là une fiche de consolation pour moi ; mais, qui me dit pourtant qu'il n'y avait pas quelque chose qui eût mieux fait que ce rien, auquel j'ai abouti ?

Quoi qu'il en soit, à la fin des travaux, j'ai renoncé franchement à mes recherches infructueuses ; car si l'idée était venue, le temps aurait manqué pour l'exécution, et si j'avais eu le temps et l'idée, c'est l'argent qui eût fait alors défaut. Mais je ne renonce pas pour cela à cette idée qui me fuit ; j'espère bien l'attraper un jour, et lorsqu'il faudra plus tard rafraîchir les peintures courantes de l'Opéra, peut-être aurai-je trouvé le moyen de garnir les plafonds par une décoration simple, harmonieuse, faisant bien, et ne coûtant pas cher. C'est un problème que je me pose ; pourtant si quelqu'un trouve la solution avant moi, je ne serai pas fâché qu'il me la donne ; mais, vous savez, pas de nuages, pas de caissons simulés, pas de couleurs voyantes, et surtout rien de ce qui tendrait à faire surplomber les plafonds ! Il faut que les plafonds s'harmonisent avec les parois ; qu'ils paraissent plus élevés qu'ils ne le sont ; qu'ils soient d'une teinte douce, d'un dessin peu compliqué, et surtout qu'ils soient originaux ! Si vous ne trouvez pas cela, vous ne serez pas plus avancés que moi, et ce n'est pas alors la peine de me prévenir.

Puisque je suis en train de demander ce conseil, je vais en requérir un autre. Connaîtriez-vous un moyen qui me permît, avant l'ouverture de l'exposition, de terminer la galerie du glacier et d'établir l'ascenseur? Le ministère le désire bien; mais il est fort empêché en ce moment. N'y aurait-il pas un brave financier qui voudrait « encourager les arts? » .... Il paraît que, dans d'autres temps, ça se trouvait.

DES MURS DE LA SCÈNE ET DE LA SALLE

Je ne puis pourtant pas de sang-froid, comme cela, dire tous les mérites qui se trouvent dans les grands murs de la scène! Comme je n'y vois rien à reprendre et que j'y vois tout à approuver, ce serait vraiment par trop difficile à exprimer! Et puis, si je dis du bien de ces murs, de ces attiques, de ces couronnements et de ces pignons, on croira peut-être que je veux dire du bien de moi, et ce n'est pas ça du tout! Je n'entre pas dans la question; je suis mort, si vous voulez; et je ne m'intéresse pas plus personnellement aux louanges que je voudrais décerner, qu'un cheval qui a gagné le grand prix de Paris ne s'intéresse aux félicitations que l'on adresse à son propriétaire. J'ai couru; je suis arrivé; mais je sais bien que ce n'est pas ma faute, et que les bonnes idées qui me sont survenues ne sont autres qu'un petit cadeau que j'ai reçu de la Providence. Je porte simplement les reliques que l'on m'a confiées; seulement, comme je tiens à ce que l'on ne m'accuse pas de les avoir perdues en route, je voudrais en faire l'inventaire exact.

Tenez, pour cela, si vous le permettez, je vais prendre un moyen tout nouveau, moyen auquel personne n'avait jamais pensé : je vais supposer que deux interlocuteurs causent ensemble de l'Opéra : le premier en sera le détracteur, il aura un caractère grincheux ; le second en sera le défenseur, et tout ce qu'il dira sera marqué au sceau du bon sens et de la vérité, et, naturellement, il confondra l'autre, qui se retirera tout honteux de sa défaite !... Voilà, n'est-ce pas, un système bien ingénieux, bien original, et qui me mettra tout à fait hors de cause? car, qui s'imaginerait que le monsieur qui parle bien est soufflé par moi, et que le monsieur qui pense mal n'est là que pour les répliques ?...

C'est donc une conversation véridique que je vais vous rapporter ; il n'y a plus aucun doute à avoir à cet égard. Les noms même des causeurs sont un sûr garant d'authenticité, puisqu'ils sont connus de tout le monde : c'est *Tant pis* et *Tant mieux*.

Tant pis. — Laissez-moi donc avec vos grands mots : c'est magnifique ! c'est superbe ! on croirait, à vous entendre, qu'il s'agit du temple de Salomon, et c'est d'un grand mur de grange, avec des petits trous dedans, dont vous parlez avec tant d'enthousiasme, comme s'il y avait là quelque chose d'extraordinaire !

Tant mieux. — Pardon, cher monsieur Tant pis, je ne dis pas que ce soit extraordinaire, bien qu'en architecture une chose logique ne soit pas déjà si commune.

Tant pis. — C'est cela, vous allez attaquer tout ce qui a été fait pour défendre votre protégé, et vous vous piquez de justice !

Tant mieux. — Je n'attaque personne ; je dis seulement que dans un théâtre la scène devant être forcément plus élevée que le reste de l'édifice, il est bien d'indiquer cette scène par une masse spéciale, et c'est ce qui a été fait à l'Opéra.

TANT PIS. — Alors, à vous en croire, quand vous construirez une caserne, vous mettrez un appentis au-dessus du quartier des chasseurs, un dôme au-dessus de celui des carabiniers, et un clocher au dessus de la chambre du tambour-major.

TANT MIEUX. — Il y a plaisir à causer avec vous, parce que vous n'exagérez rien ; car vous auriez bien dû demander deux clochers au lieu d'un : l'un pour le tambour-major, l'autre pour sa canne ; mais il ne s'agit pas de cela en ce moment ; j'approuve la division des masses de la salle et de la scène, et tout simple que cela soit, je constate que ça n'avait été fait dans aucun théâtre avant l'Opéra.

TANT PIS. — Eh bien, qu'est-ce que cela prouve ? Que les autres architectes étaient d'un avis différent de celui de l'architecte de l'Opéra, et comme des milliers d'artistes avaient toujours mis le monument sous un même toit, sans se préoccuper de faire voir la scène au dehors, il me semble que cette continuité de parti pris vaut bien mieux que la tentative d'un architecte isolé ! Nous avons le suffrage universel, que diable ! et ce n'est pas à un monsieur tout seul à vouloir faire la loi à tous !

TANT MIEUX. — N'ayez peur ! Garnier ne veut faire la loi à personne ; mais il n'en est pas moins vrai que, depuis dix ans, tous les théâtres non enclavés, construits en France et à l'étranger, ont adopté le parti de l'Opéra. J'en sais même plusieurs qui n'en sont qu'une fidèle copie. Tenez, voyez-vous, cher monsieur Tant pis, les architectes ne sont pas infaillibles, parce qu'ils ont beaucoup à faire et beaucoup à savoir ; mais, si, par bonne fortune, ils trouvent un motif qui satisfait les yeux et la raison, il faut savoir le reconnaître, ne fût-ce que par patriotisme ; car les étrangers qui, par intérêt bien entendu, prennent leur bien où ils le trouvent, ne tarderaient guère à s'emparer de l'idée méconnue ici pour l'implanter dans leur pays. Voyez à Londres, à Genève, en Amérique, en Espagne ; voyez les nouveaux théâtres qui s'élèvent, et dites-moi si leurs architectes ont été aussi difficiles que vous l'êtes vous-même en ce moment.

Tant pis. — Vous voulez me prendre par mon côté aible en me parlant de patriotisme ; et puisque vous m'assurez que les étrangers copient la disposition de l'Opéra, ou du moins s'en inspirent, je veux bien admettre que votre architecte a eu raison ; mais il est bien convenu que je ne fais cette concession que par amour-propre national ; sans cela je ne faiblirais point, soyez-en certain ; car c'est évidemment une défaillance que de louer les choses qui se font dans notre pays... Vous dites ?

Tant mieux. — Je ne dis rien ; je vous écoute et trouve que vous avez une philosophie tout à fait consolante ! Enfin, ne revenons plus sur ce point que vous m'avez abandonné avec tant de bonne grâce, et laissez-moi vous faire remarquer la composition simple et grande des murs latéraux de la scène. J'espère que pour cela vous serez tout de suite de mon avis.

Tant pis. — Mais, pas du tout, pas du tout ! Comme vous y allez ! Je fais des réserves et de fortes réserves.

Tant mieux. — Ah ! et lesquelles ?

Tant pis. — Je n'ai pas besoin de vous le dire, ça saute aux yeux ; est-ce que vous croyez, par hasard, que pour juger qu'une œuvre est mauvaise il faille indiquer ce qui est mauvais? mais alors il n'y aurait plus de critique possible. Lorsqu'on dit qu'il fait vilain temps, tout le monde le voit bien, et il n'y a pas besoin de montrer qu'il pleut ou qu'il vente.

TANT MIEUX. — Parfaitement, cher monsieur ; mais l'inverse a lieu aussi; et quand je vous dis qu'il fait beau temps, vous le voyez fort bien, sans que je vous fasse remarquer que le soleil brille. Je vous dis donc en ce moment que ces murs latéraux de la scène et que le grand pignon sont fort beaux et de très-noble allure, et vous devez alors le voir aussi bien que moi. Je serai cependant moins discret que vous et vous dirai que cette grande frise, qui couronne le mur, est ample et puissante ; qu'elle est largement composée, que les aigles de Rouillard, qui surmontent les cartouches des angles, ont une belle tournure ; que ces panneaux circulaires, pleins ou ajourés, qui contournent la salle et la scène, sont d'une étude simple, harmonieuse; que ces longues barbacanes effilées, qui fendent le nu du grand mur, donnent à cet ensemble un caractère particulier de force et d'unité ; je vous dirai enfin que cette grande baie postérieure, si largement ouverte et si fermement comprise, n'est pas un motif banal, et, qu'en résumé, je défie toute personne non prévenue de regarder, sans se sentir impressionnée, ces grandes lignes vigoureuses qui contournent la coupole de la salle, qui courent horizontalement sur ses parois latérales, et s'élèvent, en s'inclinant, jusqu'au haut du comble de la scène, pour servir de support à la grande lyre de pierre et au grand groupe de bronze de Millet!

TANT PIS. — Arrêtez-vous, de grâce ! quel entrain,

quel feu! on dirait que c'est l'architecte lui-même qui a écrit votre discours! Peste, comme vous y allez, un peu plus je me sentais entraîné après vous!

Tant mieux. — Ce n'est pas ce que vous feriez de plus mal; mais laissez-moi d'abord vous dire que ce que j'exprime est bien ma pensée et non celle de l'architecte. Celui-ci n'aurait jamais eu le courage d'assembler tant d'épithètes louangeuses sur son œuvre; il sait combien il est difficile d'être bon juge de ce que l'on a produit.

Tant pis. — Eh bien, vous, vous avez plus de courage que lui. Je vous en félicite. Est-ce fini? N'avez-vous plus de fanfares à sonner sur ces tas de pierres qui montent si haut et sur ces grosses pyramides qui ressemblent à des métronomes et qui sont juchées dans les angles? Vrai! j'ai plaisir à vous entendre. On dirait saint Bernard prêchant la croisade sainte!

Tant mieux. — Ah! vous voulez m'entendre. Eh bien, entendez-moi donc:

Lorsque vous passez le soir autour de l'Opéra, que la lune brille ou que le ciel soit noir, vous voyez se dresser devant vous ces hautes murailles, cette coupole de pierre et de cuivre, ces grands pignons menaçants, et, malgré vous, en votre âme se produit une sensation étrange, qui tient de la crainte, du respect, de la superstition. Jamais, à ce sentiment puissant, ne viendront se mêler de mesquines pensées; le désir de la critique est absent; le Parisien sceptique disparaît; il ne reste plus que l'homme grave, le poëte mélancolique ou l'artiste enthousiaste! C'est qu'alors le monument, qui se silhouette dans la nuit, laisse, pour ainsi dire, à la terre le côté humain de l'œuvre et ne garde plus que celui qui touche aux choses divines : la grandeur, la simplicité des lignes, le contour énergique ! Peu importent alors les défauts qu'il contient ou les détails élégants qui s'y trouvent ! Tout cela disparaît d'abord aux regards ; la masse seule impressionne et seule attire, à l'exclusion de toute autre chose. Le ciel assombri, les vagues ténèbres, les lueurs vacillantes sont pour beaucoup dans cet effet irrésistible, et l'architecte qui a édifié le monument ne doit concevoir aucun orgueil de l'impression que ce monument produit dans ces circonstances. Il a placé les pierres les unes au-dessus des autres ; mais ces pierres qui, pendant les heures de clarté, sont contraintes de montrer leurs surfaces fouillées et attaquées par le ciseau de l'artisan, semblent la nuit se complaire à cacher les meurtrissures qui leur sont faites, et, jadis rochers avant d'être arrachées aux carrières, redeviennent encore rocher pour se combiner avec les sombres ciels ou les douces lueurs de la lune ! C'est là, c'est à ce moment que l'architecture domine puissamment tous les autres arts ; c'est là qu'elle triomphe, parce que Dieu vient à son aide, et, masquant son origine humaine, la fait participer aux sublimes harmonies de la nature !

Mais il faut cependant, pour que l'effet se produise avec ampleur, pour que l'architecture se combine avec les espaces sombres qui l'entourent, pour qu'enfin le ciel la comprenne dans son éther immense, que la silhouette et la masse des édifices soient assez grandes, assez fortes et assez caractéristiques pour ne pas jeter une note détonante au milieu de ces harmonies naturelles. Si les contours sont mesquins et mal découpés, si les grandes lignes qui arrêtent le monument sont mal composées, on sentira, non plus cette impression de respect et de mélancolie, mais plutôt une sorte d'agacement contre ces pierres mal combinées et qui, alors, au lieu de compléter le magique spectacle de la nuit, viendront empêcher les sombres splendeurs du ciel de se montrer librement.

Voilà une des premières qualités de l'architecture, et tout édifice qui, dans les demi-obscurités, se présentera de façon à impressionner la vue et le cœur, est déjà une œuvre qu'il ne faut pas dédaigner. Qu'importent alors les fautes de détail, qu'importent les défauts de goût ou de logique? Ils ne sont pas pour l'instant en question; ils se discuteront au grand jour! La silhouette domine tout; la masse domine tout; l'impression domine tout. Et dût-on le lendemain, à l'heure du soleil, retomber de son rêve à la réalité, il faut saluer du nom d'artiste et de poëte celui qui, pendant la nuit au moins, a pu toucher votre âme en construisant large et grand!

Avant donc de décrier un monument, quel qu'il soit, allez le voir à la nuit: s'il a fière tournure et simples contours, dites-vous qu'il n'est pas indigne; si, au contraire, il ne se tient pas dans l'ombre, s'il se silhouette mal, s'il est mesquin, alors quels que soient ses mérites d'étude et de conduite, dites-vous que le monument est incomplet, et qu'abandonné déjà par Dieu il peut être sévèrement jugé par les hommes.

Dites-moi maintenant si les hauts murs de l'Opéra ne se grandissent pas avec la nuit et si le gigantesque pignon à large baie ne s'élève pas fièrement au milieu du ciel étoilé? S'il en est ainsi, si la scène de l'Opéra, dominant les maisons voisines, semble s'harmoniser avec le firmament, vous voyez bien qu'alors j'avais raison de la défendre et de chercher à vous convaincre !

Tant pis. — C'est cela ; vous voulez me convaincre que l'architecture est faite pour les chats, les chauves-souris et les hiboux ; eh bien, moi je prétends que l'on doit bâtir pour le jour, où je suis levé, et non pour la nuit, où je dors. Avec tous vos grands mots de crépuscule, de ténèbres, d'harmonie et de bon Dieu, vous ne faites que des phrases comme un rhéteur et vous ne me prouvez rien du tout. D'ailleurs, votre architecte a fait un mensonge en faisant une coupole sur la salle, puisque le mur de cette salle qui est bien circulaire en plan, du côté opposé à la scène, est quadrangulaire de l'autre côté ; et puis cette lyre, qui forme antéfixe, et qui couronne le pignon, si elle est bien, vue de face, est affreuse et lourde, vue de profil ; vous ne nierez pas cela ! Allez seulement la voir de la rue La Fayette ! Et puis enfin cette scène sort du bâtiment sans support et sans base, et vous n'allez pas, je suppose, me dire que c'est parfait ? Tenez, votre amitié pour l'architecte vous égare, et vous l'écrasez avec votre pavé de louanges...

Je crois qu'il est temps de finir la conversation de mes deux interlocuteurs ; car, contrairement à ce que je pensais, il me semble que M. Tant pis a pris le dessus et que mon avocat me fait perdre ma cause ! Une autre fois je renoncerai à faire parler les autres et prendrai moi-même ma défense. Ça ne fait rien, si vous me demandez mon opinion, je vous dirai que je trouve que Tant pis a raison dans ses critiques et que Tant mieux n'a pas tort dans ses louanges ; mais je lui en veux un peu de ce qu'il semble n'apprécier les murs de la scène que lorsqu'il ne fait pas clair. Je trouve que ça se conduit assez bien aussi pendant qu'il fait jour.

Pour finir, un petit renseignement : les ornements de la frise ont été modelés par Lechesne ; ceux de la grande baie et du couronnement du chéneau de la salle par Bloche. Les têtes sont naturellement de Chabaud : tout cela est gras, large et bien exécuté ; et, sur ce point, je suis sûr que Tant mieux et Tant pis s'entendraient à merveille.

DE LA PORTE ET DES BATIMENTS
DE L'ADMINISTRATION.

Lorsque j'ai exécuté le premier dessin de la porte de l'administration, j'en ai été d'abord complétement satisfait. Je regardais avec plaisir la grande, grande feuille contenant ma composition, largement tracée à l'encre bleue, et je me disais que j'avais été inspiré on ne peut mieux. Le parti était simple ; la silhouette était fière ; les proportions étaient harmonieuses. Bref, j'étais tellement enchanté de mon œuvre primitive que je la modifiai bien peu dans les études successives, et que le projet, tel qu'il était venu à ma pensée, fut conservé dans toute son essence et sa presque intégrité.

La porte et les murs qui l'accompagnent se construisirent bientôt; les pierres se posèrent et se taillèrent suivant mes idées, et je n'eus plus qu'à regarder si l'exécution de l'œuvre me donnait l'impression rêvée. Je ne sais si la confiance que j'avais alors dans ma pensée influa sur le jugement que je portai ; mais il est positif que, pendant bien longtemps, je vis cette porte, je vis ces murs, je vis les guichets qui les complétaient de la même manière que j'avais vu les dessins ; je trouvais le tout très-original, de belle tournure, et je ne faisais pas le moindre doute sur l'excellence du caractère que j'avais su donner à cette partie du monument. Si, à ce moment, j'avais eu à la décrire, je ne serais sorti de la discussion que par un dithyrambe en mon honneur, et ma plume n'aurait tracé que des éloges.

Malheureusement le temps s'est passé, et il est arrivé que mon impression s'est modifiée peu à peu; je ne trouve plus cette porte aussi remarquable que je le supposais, et j'y trouve, en revanche, quelques défauts qui me causent un certain déplaisir, tels, par exemple, les pyramidions du couronnement qui, d'une bonne proportion vus de face, sont trop lourds et trop patauds vus de trois quarts.

Cependant, cette impression désagréable qui s'est fait jour en mon esprit n'est peut-être qu'un effet de réaction ; car, en raisonnant froidement et avec attention, je constate que tous les éléments mis en œuvre sont de bonne race, que les lignes sont bien coupées et que le parti employé est tout à fait convenable. Et pourtant ce n'est pas cela! Il y a là un vice que je ne puis découvrir ! Je trouve bien des explications spécieuses, des déductions probables; mais rien de net, rien de franc, sauf peut-être une seule chose, la dimension. Il me semble, en effet, que le motif employé comportait une échelle plus grande, et que si la porte avait le double de hauteur et de largeur, elle retrouverait cette apparence d'ampleur bien proportionnée qui est manifeste dans le dessin. Est-ce cela ? est-ce autre chose? Dans tous les cas, comme j'éprouve un certain malaise en regardant cette porte, il est bien positif que mon enthousiasme du commencement était hors de saison ; car ce qui est réellement bien ne perd jamais à être revu.

Comment voulez-vous maintenant que je vous parle de tout cela, avec l'indécision qui est venue me surprendre? Si je ferme un peu les yeux, si je vois en dedans le projet rêvé, même si je regarde mes études, je vous dirai que la porte de l'administration est réellement une œuvre architecturale. Si, au contraire, j'ouvre les yeux tout grands, si je vois en dehors, et si je regarde ce qui est exécuté, je vous dirai que le motif est compliqué, mal à l'échelle et commun de détails. Où est la vérité? Je voudrais bien naturellement qu'elle fût où je la croyais jadis; mais j'ai bien peur qu'elle ne soit où je la vois maintenant.

Si vous saviez comme ces indécisions sont cruelles aux artistes! Je leur préfère encore le découragement, qui n'est, en somme, que passager, et qui est réellement une façon de juger, puisqu'on se constate momentanément incapable; mais ces productions conçues, souvent avec joie, avec entrain, et qui se dérobent dès qu'elles arrivent au jour, pour faire place à des Sosies imparfaits, elles vous irritent, vous énervent, vous ôtent la lucidité, et, finalement, vous amènent au doute, c'est-à-dire au fléau épouvantable de l'art. Douter en amour est souvent un stimulant du cœur; douter en religion n'élève pas moins l'esprit au ciel; douter en politique est haute philosophie et grande sagesse; mais douter en art est une réelle calamité! Toute voie s'encombre; toute lumière s'éteint; toute vigueur s'affaisse; tout génie disparaît!

Heureusement pour moi que je ne doute sur ma porte que depuis que celle-ci est construite, de sorte que je ne ressens pour ainsi dire que théoriquement les effets signalés.

Et pourtant je me sens attristé par cette malencontreuse indécision, par cette occlusion spéciale de l'intelligence ; si l'on n'a plus la lucidité nécessaire pour se constituer juge, cela n'indique-t-il pas que bientôt l'on n'aura plus celle qu'il faut pour composer soi-même ? Indiquer les défauts et les qualités d'une œuvre, c'est déjà se montrer apte à la créer ; et si l'on ne sait plus définir ce qui est bien ou mal, on ne saura plus si ce que l'on fait est mal ou bien ; on n'aura plus d'entraînement, on n'aura que des hésitations, et ce n'est pas ainsi que l'on fait de bonnes choses !

Ce regrettable phénomène n'est-il pas produit par l'espèce de lassitude qui me prend en m'occupant encore et toujours d'un travail terminé ? L'intérêt qu'il excitait diminue chaque jour, et il me semble souvent que c'est bien du temps perdu que d'en parler encore. Ce qu'il faut pour stimuler une discussion, c'est l'attaque, la controverse, l'actualité ; sans cela l'indifférence prend la place de la passion. Dans une bataille, lorsqu'on lutte corps à corps avec l'ennemi, il faut bien combattre si l'on veut chercher à vaincre, et l'occasion fait parfois là de grands héros ; mais quand la guerre est terminée, au lieu de s'intéresser à ces grands faits de vaillance et de courage, on se fatigue peu à peu de ces épopées surannées, et c'est avec terreur que l'on s'éloigne de ces vieilles culottes de peau qui veulent vous raconter leurs campagnes. Eh bien, en disant sur tous les tons les incidents relatifs à l'Opéra, je me fais en ce moment l'effet de ces grognards invalides, qui ressassaient jadis leur retraite de Russie. Dans deux ou trois cents ans, mes causeries avec vous, s'il en reste encore trace, deviendront peut-être quelques notes artistiques, et elles auront ainsi un intérêt archéologique. Il y a deux ou trois ans elles auraient eu un intérêt d'actualité ; aujourd'hui elles se perdent dans les préoccupations du moment, et il faut bien avouer qu'il ne peut en être autrement.

Et pourtant la force d'une nation se compose de toutes les petites forces particulières, et, si peu qu'il apporte à la masse générale, tout individu a le devoir de lui fournir son contingent. Un soldat ne fait pas une armée ; mais comment l'armée se formerait-elle si chaque soldat désertait parce qu'il se croit peu de chose ? Il faut donc par devoir, par raison, par nécessité, que personne n'abandonne la tâche qui lui est échue, et puisque la mienne est de m'occuper d'art, eh bien, je m'en occupe ! J'aimerais mieux, certes, au lieu de faire des descriptions et des théories, bâtir à nouveau un monument quelconque ! mais, puisque les circonstances ne s'y prêtent pas et que je reste un peu isolé dans mon coin, je fais le mieux que je puis, et n'ayant plus même un simple mur à édifier, je cause de mes travaux passés, en espérant que quelques artistes profiteront des bonnes choses que j'ai pu faire ou des erreurs que j'ai pu commettre. Et voilà pourquoi, bien que le métier me lasse, je vous ai parlé de l'Opéra et je vous parle aujourd'hui de la porte sur le boulevard Haussman ; voilà pourquoi je vous ai dit que je me trouve fort empêché à la juger ; voilà pourquoi je vous dis que les bâtiments de l'administration sont de bonne composition, ce qui n'était pas facile ; que leur architecture est d'un bon caractère ; que j'avais inventé sur les cheminées un nouveau motif en fonte découpée, destiné à cacher les affreux mitrons des cheminées, mais que mon invention n'a guère eu de succès ; car les cheminées ayant pour principe de fumer toujours quand leurs tuyaux ne s'élèvent pas au-dessus de ceux des cheminées voisines, il a fallu rajouter, sur les mitrons cachés, des prolongements en tôle qui dépassent les galeries de fonte, et qui menacent de s'allonger encore, les fumistes ayant toujours cet objectif de dominer leur entourage. C'est une lutte de croissance qui dépasse celle des asperges et qui fait que tous les monuments du monde entier ont pour couronnement des dentelures de peigne ébréché et de longs chicots noirs. Regardez plutôt le garde-meuble, et voyez l'envahissement du ramonage sur l'architecture !...

Mes gentilles petites cheminées ! Je les avais étudiées avec tant de soin pour les rendre parfaites ! Chabaud y avait sculpté des têtes représentant le grillon, l'hiver et le pot-au-feu. J'avais arrangé ma gracieuse galerie à jours avec de jolies lyres, bien découpées ! C'était charmant, en un mot, et les mitrons, cachés à la vue, se tenaient modestement à leur place. Cela dura ainsi tant que l'on ne fit pas de feu ; mais voilà qu'un jour on s'imagina d'en faire, et naturellement la cheminée de fumer ! Alors commença l'œuvre du fumiste, et l'installation de la ribambelle de tuyaux, d'aspirateurs, de ventilateurs, de gueules-de-loup, de capuchons, etc. Il n'y a pas encore les fils de fer ni les tringles qui s'attachent à ces excroissances ; mais, patience ; cela viendra, et les souches proverbiales des cheminées de Genève auront des rivales puissantes dans les souches des cheminées de l'administration de l'Opéra !

Pour terminer ce chapitre, j'ai bien envie de vous

parler d'autre chose, d'une chose qui, elle, est toute d'actualité : c'est presque un fait divers que je vais vous raconter, avec une petite queue que je lui ajouterai :

Donc, aujourd'hui 1ᵉʳ septembre, je viens d'avoir à l'Opéra la visite de mon ministre (mon dix-huitième ministre) qui, chemin faisant, m'a appris qu'il lisait ces fascicules. Trouvez-moi donc beaucoup de ministres qui fassent comme celui-là ! Or, M. Paris m'a engagé, lorsque je terminerai la publication de mon ouvrage, à consacrer un chapitre à mon testament ; — mon testament artistique, bien entendu, — et de dire tout ce que je désire qu'on fasse par la suite dans l'intérêt du monument. Cette idée, qui m'était déjà venue et que j'égrène même par-ci par-là dans ce volume, me montre bien que, dans plusieurs centaines d'années, si on découvre quelques traces de mes désirs, il serait possible qu'on les prît en considération ; mais ça m'indique aussi que, de mon vivant, il ne faut pas que je fonde grande espérance sur mes propositions. Je me résignerai donc à attendre trois ou quatre cents ans pour qu'on arrange à ma façon les abords de l'Opéra. Cependant, comme il y a un point qui me taquine très-fort en ce moment au sujet de l'avenue de l'Opéra, je me risque à dire tout de suite mon regret et mon désir. Donc, j'étais monté avec mon ministre sur la loggia pour lui montrer de là la nouvelle percée, que je n'avais pas encore vue moi-même. Cette percée est fort belle, bien qu'un peu courte ; mais, hélas ! vue du balcon de l'Opéra, elle se termine aussi mal que possible. Une grande maison, gauchement posée, fait le fond du point de vue, et sans médire de l'architecture de cette maison, je puis bien reconnaître que celle-ci est posée de travers par rapport à la voie, et qu'elle n'a pas une silhouette des plus avantageuses. Avoir une si belle avenue pour que l'œil se porte sur une simple maison de commerce, n'est pas précisément l'idéal, et je suis convaincu que tout le monde fera bientôt la remarque que je fais aujourd'hui.

Eh bien, voici le désir que j'exprime, sans me préoccuper, bien entendu, des ressources pécuniaires de la Ville. Ce n'est pas un financier qui parle, mais un simple architecte, qui voudrait bien, ayant travaillé à un bout, voir travailler aussi à l'autre. Je voudrais donc que cette maison de la rue de Rohan fût achetée en partie par la Ville, et que sur le pan coupé qui fait face à l'avenue de l'Opéra, mais pan coupé très-élargi, fût établi un grand monument décoratif, un Château d'eau, par exemple, avec une silhouette ferme, des saillies prononcées, des chutes et des cascades vigoureuses; enfin quelque chose de pompeux et de théâtral. Du reste, si l'on ne comprend pas très-bien mon idée, je suis tout prêt à faire le dessin de l'édifice et je ne serais pas fâché d'occuper les deux extrémités de la grande voie.

Que pensez-vous de mon projet? Moi, je le trouve parfait, et je vais, pour mon plaisir, en faire le dessin, que je joindrai au testament artistique recommandé par mon ministre.

DES GROUPES ET DES STATUES

DE LA FAÇADE

Pour bien des gens, pour tout le monde peut-être, les groupes et les statues de la façade de l'Opéra se réduisent à une seule œuvre : *les Danseuses* de Carpeaux. Je ne veux pas chicaner sur ce sentiment qui me paraît passablement injuste, et je l'admets comme il faut bien admettre la réalité. Mais est-ce à dire que, s'il n'y a pas eu de taches d'encre sur les autres groupes, ceux-ci doivent être oubliés, et que le robuste talent de Carpeaux doive entièrement voiler le talent plus délicat de ses confrères? je ne le pense pas. Le génie a bien des façons de se montrer, et ce n'est pas toujours le plus turbulent qui est le plus fort.

Je ne dis pas cela tout à fait pour Carpeaux, qui, bien réellement, a fait une œuvre hors ligne, ou tout au moins a marqué dans son groupe une personnalité bien saisissante ; mais je n'empêche personne de penser que le bruit fait par sa bacchanale ait pu empêcher d'entendre les accords discrets que murmurent les autres personnages accolés à la façade.

Malgré cela, je sens que je vais encore ajouter à la clameur publique et que, si je parle des éminents sculpteurs qui ont modelé les belles figures que l'on délaisse, je m'étendrai bien plus longuement sur l'œuvre de Carpeaux et sur Carpeaux lui-même, parce que je ne dois pas négliger le sentiment général du public et me soustraire à une étude qui semble l'intéresser. Après tout, peut-être, les œuvres d'art sont-elles comme les peuples, plus heureuses quand elles n'ont pas d'histoire; mais je n'en suis pas bien sûr; en tout cas, je veux qu'elles aient une petite historiette. C'est bien le moins que dans un orchestre on mette quelques violons à côté de la grosse caisse.

Tous les groupes de la façade ont leurs mérites particuliers, et sans vouloir les comparer, je puis au moins indiquer leurs principales dominantes. Ainsi le groupe de *l'Harmonie,* par Jouffroy, est sans conteste celui qui *tient* le mieux au monument. La composition en est un peu banale, si vous voulez; l'exécution sans grand cachet; mais dans son espèce de modestie artistique, ce groupe est agencé de façon à combler tous les désirs des architectes. Est-ce là une qualité bien précieuse pour le sculpteur? Non, sans doute, si on la considère absolument en elle seule; oui, certainement, si on la considère dans sa mission particulière. La sculpture statuaire, faisant partie de la décoration d'un édifice, doit emprunter quelques données à la simple sculpture ornementale, et il faut savoir grand gré à l'artiste qui, négligeant volontiers quelques-uns des principaux attraits de son art, consent à s'effacer, pour ainsi dire, et à mettre sa personnalité un peu dans la pénombre, pour concourir à la réussite de tout l'ensemble.

Jouffroy a fait ainsi; il a copié presque fidèlement la

silhouette que je lui avais donnée, et s'est tenu absolument dans le caractère du croquis que je lui présentais, jugeant que, collaborateur de la grande pièce que je représentais, il devait écrire sa scène suivant le scénario général adopté. Ce n'est pas là, je vous assure, un petit mérite, et quant à moi, je le reconnais si volontiers que je répète encore que, de tous les groupes de l'Opéra (talent de sculpteur mis à part), c'est celui de Jouffroy qui est le mieux composé comme entente de ligne et convenance de caractère.

C'est, du reste, sans doute pour cela qu'il a passé en grande partie inaperçu, sans soulever ni louange ni critique; il paraît tellement incorporé au monument qu'on ne le regarde guère plus qu'un grand ornement, qui remplit honnêtement son emploi. C'est quelquefois ainsi que l'on considère les œuvres un peu effacées; mais c'est aussi de cette façon que l'on considère celles qui sont harmonieusement combinées afin de faire valoir un ensemble dont elles ne doivent former qu'une partie. Il est bon qu'un général placé en tête de son armée ait un panache à son chapeau; mais un soldat placé dans les rangs serait mis à la salle de police s'il s'imaginait de remplacer son simple uniforme par un costume de matamore. Jouffroy n'ira pas en prison, et si j'avais eu une armée formée de fantassins semblables à lui, j'aurais marché plus droit à la bataille, et j'aurais été moins craintif à en attendre le résultat.

Pour parler néanmoins un peu sculpture, j'ajoute que la figure centrale du groupe est d'un mouvement noble et simple, et que les deux figures latérales sont charmantes de pose et d'abandon, ce qui prouve qu'un programme donné n'empêche pas un artiste de mettre du charme au poncif qui a dû lui servir de guide.

Le second groupe, *la Musique instrumentale* de Guillaume, est aussi composé avec le respect de l'emplacement, car Guillaume, ainsi que Jouffroy, ayant exécuté de nombreuses figures décoratives, s'est familiarisé avec l'architecture, qu'il comprend dignement, et même avec les architectes, dont il sait la lourde responsabilité. Il a cependant usé d'un peu plus de liberté dans la composition de son groupe; mais sa liberté est aimable, discrète, et jamais n'empiète sur celle des autres.

Guillaume est donc un sculpteur architectural en restant un sculpteur sculptural, et ils ne sont pas si nombreux ces statuaires d'élite qu'il faille ne pas les saluer au passage. Guillaume, au surplus, est salué depuis longtemps par tout le monde comme artiste de haute valeur, et dans son œuvre, déjà bien considérable, on ne trouve ni une négligence, ni une défaillance, ni l'oubli, même passager, des grands principes, des grandes traditions, des grands sentiments. Sa sculpture est le reflet exact de sa personne : même loyauté, même distinction, même volonté. Calme et modéré dans ses relations officielles, enjoué et affectueux dans ses relations amicales, il compose avec calme et modération, en donnant à ses figures ces vifs accents qui les font palpiter, ces traits puissants et mouvementés que l'on retrouve dans sa conversation intime, ces espèces de rires d'enfant qui éclatent joyeusement dans ses propos familiers, en ne détonnant jamais pourtant dans sa tenue digne et correcte. Ces qualités personnelles, qui le font respecter des uns et chérir des autres, se sont imprégnées dans ses œuvres qui attirent, sans conteste, et l'admiration élevée et la douce sympathie. C'est ainsi que les artistes parcourent leur carrière, en marchant droit devant eux et produisant des ouvrages, honneur de leur pays, et en donnant à ceux qui les suivent ou les accompagnent les exemples les plus salutaires et les meilleurs enseignements.

C'est donc non-seulement avec un respect profond qu'il faut admirer l'œuvre de Guillaume, mais c'est encore avec une vive gratitude qu'il faut que la France s'enorgueillisse d'un pareil artiste, qui joint à son immense talent de statuaire l'érudition d'un savant, les grandes pensées de l'écrivain, la hauteur des vues philosophiques, les facultés de l'administrateur, et qui fait de toutes ces qualités réunies comme un faisceau fécond, d'où s'échappent les productions les plus élevées et les plus brillantes de l'esprit humain.

Ces qualités se retrouvent naturellement dans son groupe du nouvel Opéra, et si les hommes spéciaux les ont hautement reconnues, la foule ne semble pas les avoir appréciées à leur valeur. Cela dépend en grande partie de l'attention portée au groupe de Carpeaux, mais cela vient aussi de ce que beaucoup d'œuvres d'art, lorsqu'elles atteignent un certain degré de beauté et de pureté, ne peuvent être saisies du premier coup et qu'il faut une étude attentive et plus ou moins persévérante pour se rendre compte des éléments de grandeur qu'elles renferment. Or le public est peu enclin à faire cette étude si attrayante aux artistes et aux délicats, et il délaisse facilement tout ouvrage qui, du premier abord, ne le saisit pas par une exagération quelconque de force ou de grâce, de couleur ou de simplicité. Ce n'est que peu à peu, quand les artistes en renom où les critiques autorisés ont graduellement fait pénétrer ces beautés méconnues dans l'esprit du public, que celui-ci, familiarisé alors avec les qualités qui lui ont été montrées ou plutôt démontrées, commence à se rapprocher de ce qu'il dédaignait et à admirer ce qui lui était d'abord indifférent. Je laisse à d'autres le soin de mettre en lumière les puissants mérites du groupe de Guillaume, ne pouvant faire ici un cours d'esthétique sculpturale; mais je prie seulement ceux qui liront ces lignes de voir avec soin et conscience l'œuvre de l'éminent statuaire. S'ils arrivent sans préjugés d'école, après quelques instants d'étude et de contemplation, ils se sentiront attirés par cette composition si savante, si pondérée en tous points, par cette exécution si simple et si belle, par ce sentiment si délicat et si vrai, et ils reviendront encore attirés avec force revoir et contempler ce groupe, digne du nom de son auteur.

Le groupe de Perraud, *le Drame*, montre des qualités d'un ordre tout autre; car ce n'est plus la composition qui est le point dominant de l'œuvre, mais bien l'exécution, la facture de tel ou tel morceau. Perraud, en effet, avec sa nature un peu âpre et sauvage, avec ses instincts d'indépendance, se pliait mal aux exigences de la décoration architecturale; il se sentait mal à l'aise dans ce cadre donné à l'avance, et le puissant statuaire, plein de force et d'énergie lorsqu'il travaillait en se laissant seulement aller à son sentiment personnel, devenait parfois hésitant lorsque sa pensée devait accompagner plus ou moins celle des autres. Pourtant son esprit droit et logique lui faisait bien comprendre les nécessités absolues des compositions d'ensemble, et ses efforts se portaient vers l'observance des conditions qui lui étaient imposées.

DES GROUPES DE LA FAÇADE.

Ce n'était donc pas par insouciance, par parti pris qu'il s'éloignait souvent des principes de la composition décorative ; c'était par la nature même de ses penchants, de son génie, qu'il entrevoyait surtout le but à atteindre sans pouvoir y arriver complétement. Je pourrais dire que l'artiste avait trop de savoir, de puissance, de personnalité, et que c'est l'exagération de ces grands dons qui lui faisaient entrave.

A Perraud, il fallait l'atelier solitaire, la direction personnelle, l'exécution grandiose, la robuste étude des formes, et, lorsqu'il réunissait ces conditions de travail, il devenait alors le maître sculpteur du *Faune* ou du *Désespoir* : ce n'était plus seulement un statuaire de talent, mais bien un statuaire de la race des Rude, ou même des Buonarotti, touché au cerveau du rayon éclatant. C'était un grand artiste, et la postérité commençait déjà pour lui alors qu'il tenait encore le ciseau.

J'ai eu plusieurs fois quelques regrets de lui avoir confié le groupe de l'Opéra en pensant que ce grand travail, qui lui avait coûté presque deux ans d'étude, l'avait empêché sans doute de se laisser aller plus glorieusement pour lui à ses productions les plus chères, et je me rappelais qu'il avait refusé longtemps d'accepter l'exécution de ce groupe, ne sentant pas en lui les qualités nécessaires pour en faire une œuvre hors ligne.

Et cependant, s'il faut faire quelques réserves sur la composition générale de ce groupe, où quelques sécheresses se montrent, où quelques lignes sont mal coupées, il faut reconnaître que dans les figures qui y prennent place, le cadavre et l'homme qui retire le linceul sont de la plus grande tournure. Dans ces figures, Perraud a repris sa supériorité d'exécution ; il a trouvé un mouvement presque terrible ; il a combiné les contours d'une façon des plus remarquables ; de sorte que si l'on veut porter son attention sur ces deux personnages, on se sent saisi par l'énergie du statuaire, et on reconnaît que, de tous les groupes de l'Opéra, c'est peut-être dans ces morceaux que l'on retrouve le plus de puissance et d'étude musculaire.

Peut-être alors trouvera-t-on que j'ai bien fait d'insister auprès du grand sculpteur en lui confiant le groupe du *Drame*, puisque après tout il n'a pas nui comme son voisin à l'ordonnance générale, et qu'il a montré là encore que son ardent ciseau était conduit par un maître de l'art.

Avant de parler du dernier groupe, je citerai les quatre statues placées au-devant des piédouches des arcades centrales : *l'Idylle*, d'Aizelin, figure tout aimable et toute gracieuse ; *la Cantate* de Chapu, statue de belle et noble tournure, dont l'auteur peut revendiquer hautement la paternité ; *le Chant*, de Dubois et Vatrinelle, le premier ayant produit l'esquisse, le second le modèle et l'exécution, et qui fait honneur à cette collaboration des deux artistes ; et enfin *l'Harmonie*, de Falguière, digne également du nom qui l'a signée. Ces quatre statues, très-décoratives et très-étudiées, ne sont pas généralement appréciées à leur haute valeur ; elles méritent pourtant beaucoup mieux que l'indifférence du public à leur égard, indifférence qui disparaîtra certainement le jour où il prendra fantaisie à quelques chefs d'école de les regarder.

Je sais fort bien qu'en général on accorde peu d'attention aux œuvres statuaires qui décorent les monuments, à moins qu'on n'y soit stimulé par un motif spécial, et que l'on ne voit guère dans ces œuvres, souvent remarquables, que des remplissages agréables, mais sans importance. Les quelques exceptions qui se présentent à cette règle, comme *le Départ* de Rude à l'Arc de l'Étoile, le fronton de David d'Angers au Panthéon, la *Flore* de Carpeaux au pavillon des Tuileries, viennent surtout de l'attention que l'on porte à divers artistes ayant le privilége d'occuper la foule, bien plus que du mérite de l'œuvre en elle-même, œuvre qui, je le redis, neuf fois sur dix, est considérée comme une des dépendances de l'architecture du monument. Cela est au surplus logique et constitue même une sorte de louange adressée au statuaire qui, en n'attirant pas les regards outre mesure, est resté en partie dans sa mission ; mais cette qualité décorative ne devrait pas faire oublier les autres qualités artistiques, et il y aurait justice à s'intéresser ensuite à l'œuvre du sculpteur, prise intrinsèquement. Puisse cette justice se faire un jour sur les groupes et les statues de la façade de l'Opéra, et ceux qui la rendront y trouveront grande gloire et grand profit!

Et maintenant passons au groupe de Carpeaux. Si j'insiste un peu longuement sur les diverses phases par lesquelles ce groupe a passé, c'est qu'il a été rapporté bien des faits plus ou moins inexacts à ce sujet, et qu'il me semble qu'il ne sera pas sans quelque intérêt de connaître la vérité, même anecdotique, sur une œuvre qui, avec ses défauts et ses qualités, restera certainement comme un type particulier de la statuaire actuelle.

Lorsqu'il s'est agi de demander au ministre d'alors la commande des sculptures du nouvel Opéra, j'avais proposé Carpeaux pour l'exécution d'une des statues assises du grand vestibule, et Cavelier pour celle d'un des groupes de la façade; mais Cavelier, qui à ce moment était fort occupé par le modèle de la grande et belle composition qui orne le centre du palais de Longchamps à Marseille, au-dessus de la cascade, ne crut pas pouvoir entreprendre simultanément le groupe qu'il exécutait et celui que je voulais lui confier. Il déclina donc la commande, se réservant à l'avenir, si le temps lui revenait, de faire un autre travail, et de fait il modela par la suite la belle statue de Gluck, placée dans le vestibule.

Je regrettai naturellement la décision que ce consciencieux et loyal artiste croyait devoir prendre; mais il fallut pourtant chercher à le remplacer. Bien que je n'ignorasse pas que Carpeaux était la terreur des architectes, comme j'avais non-seulement bonne amitié pour lui, mais encore grande confiance en son talent, je me décidai à lui offrir le groupe resté libre; il l'accepta avec empressement et le ministère ratifia mon choix.

Les quatre artistes s'arrangèrent ensemble pour se partager les groupes et choisir les sujets, et, par suite de ces combinaisons, Carpeaux eut le groupe de *la danse*. Je fis faire alors de petits modèles en plâtre des piédestaux qui devaient porter les groupes, et des murs sur lesquels ils s'appuyaient. Je donnai à chacun des artistes un croquis de la silhouette, des dimensions de hauteur et de largeur, et une espèce de programme général de la composition. Les statuaires se mirent à l'œuvre et apportèrent bientôt leurs esquisses. Celles de Guillaume, de Jouffroy et de Perraud étaient conçues dans l'esprit des modèles qu'ils exécutèrent ensuite et ne donnèrent lieu qu'à de

petites observations de détails. Il n'en fut pas de même de
Carpeaux; il avait composé son groupe d'une façon remarquable sans doute, mais en désaccord avec le programme
donné, et surtout avec le sujet choisi : un homme tout nu
et tout droit, qui avait l'air de s'appuyer sur une massue,
une femme toute nue et toute droite, qui était aussi tranquille de mouvement que l'homme; une espèce de grosse
colonne, qui ressemblait à un cippe funéraire, puis au-dessus, les pieds engagés dans la muraille, le corps en avant,
les ailes flottant en panache, une sorte de démon, la main
contre la bouche, la tête contre celles des autres personnages et qui semblait leur dire un secret à l'oreille. Cette
esquisse était étonnante de modelé; mais elle était inacceptable : les deux figures du devant, droites et immobiles, ne représentaient aucunement la danse, et le démon
qui gesticulait sur leurs têtes ne semblait aucunement le
génie de la Chorégraphie. Pour tous ceux qui voyaient
cette esquisse il n'y avait qu'une même impression : celle
d'un groupe représentant Adam et Ève mal conseillés par
le diable. J'ai encore cette esquisse sous mes yeux, dans
mon bureau; j'admire toujours sa vivante facture; mais
c'est toujours aussi pour moi une scène du paradis
perdu, scène avant la faute, et qui serait bien faite pour
effaroucher les gracieuses prêtresses de la danse.

Carpeaux ne fut pas trop étonné du refus que je fis
de son esquisse, et je crois bien que si je lui eusse
fait remarquer qu'il avait illustré le premier chapitre de
la Bible, il se serait refusé lui-même à exécuter sa première pensée. Ce fut donc de très-bonne grâce qu'il
consentit à chercher un autre motif.

De mon côté, je cherchais aussi ce à quoi l'on pourrait s'arrêter, et l'idée d'une espèce de ronde légère, autour du génie inspirateur, me plaisait assez; je fis un mauvais croquis de cette idée, et mon ami Boulanger, qui arriva sur ces entrefaites, en fit un charmant et qui me satisfit pleinement. Je communiquai ces deux croquis à Carpeaux qui vint le lendemain à l'Opéra, en lui disant que si cela lui convenait, je serais fort aise qu'il acceptât le parti que je lui soumettais. Immédiatement il prit une plume, un bout de papier, et, en un instant, traça quelques lignes se coupant à merveille, quelques mouvements se composant le mieux du monde, et bref, cinq minutes après, son groupe était trouvé! c'était à peu de chose près l'indication de celui qu'il a exécuté plus tard et qui a fait tant de bruit dans le monde!

Carpeaux fit donc une esquisse d'après ce premier croquis; mais en y ajoutant plusieurs figures et en en ajoutant même, je crois, une chaque jour; de sorte qu'à un instant donné, il y en avait *dix-sept!* Il fallut bien en rabattre et revenir à la première idée plus simple, bien qu'encore assez mouvementée. Carpeaux commença alors le modèle à moitié d'exécution, toujours avec la tendance à augmenter le nombre des figures, toujours avec la même résistance de ma part pour qu'il se bornât à cinq ou six; toujours avec la même propension à donner à son groupe des dimensions absolument exagérées; toujours avec la même opposition de mon côté à ce qu'il ne dépassât pas par trop les mesures fixées! Le combat fut long et acharné; le sculpteur ne voyait plus guère alors que son œuvre sans se préoccuper du monument; l'architecte voyait encore l'édifice, mais se laissait entraîner par la fougue du statuaire!... Celui-ci mettant à droite et

DES GROUPES DE LA FAÇADE.

à gauche, par dessus et par devant, des guirlandes flottantes, des draperies échevelées, des fleurs en tourbillons ; celui-là insistant pour que les lignes extérieures fussent plus sobres, plus calmes, et démontrant en somme que toutes ces accroches évaporées, ces jets d'accessoires se briseraient infailliblement un jour ou l'autre. Carpeaux n'était pas foncièrement entêté, et lorsqu'il avait saisi les raisons pratiques qui s'opposaient à telle ou telle composition, il revenait volontiers à plus de retenue... pour quelques jours au moins; car son ardeur l'emportait encore dès qu'il se retrouvait seul avec son modèle. Que de lettres nous nous sommes écrites à ce sujet, que de conférences nous avons eues sur ce point! Enfin il arriva que, malgré ses désirs, je pus faire diminuer la largeur du premier groupe de plus d'un mètre, et que, malgré les miens il put l'augmenter de plus de cinquante centimètres au delà des dimensions données.

Je ne sais lequel de nous deux fit un plus grand sacrifice en cédant ainsi à l'autre; ce que je sais, c'est que, pour ma part, j'étais absolument décidé, si Carpeaux ne voulait pas m'écouter, à le laisser aller à sa guise. Je trouvais son modèle superbe; j'étais émerveillé de sa composition si vivante, du modelé palpitant de ses figures d'argile, et, somme toute, je me disais : « Eh bien, si le monument pâtit un peu de l'exubérance de mon sculpteur, ça ne sera qu'un petit malheur; tandis que ça en ferait un grand si, m'entêtant dans mes idées, je privais la France d'un morceau qui sera certes un chef-d'œuvre. » Je pensais ainsi lorsque je voyais le modèle en argile, ce modèle, selon moi, bien supérieur à l'exécution; mais je pense encore de même maintenant, et je ne crois pas que j'eusse le droit, devant cette espèce de jaillissement sculptural, de m'opposer à une création puissante, personnelle, et qui, malgré les critiques qui peuvent lui être adressées, est, et sera toujours, pour tous une œuvre hors ligne, et pour quelques-uns un chef-d'œuvre !

Vous n'attendez pas, je suppose, — en tout cas, votre attente serait vaine, — que je vous décrive les beautés ou les imperfections du fameux groupe. Toutes les qualités et tous les défauts de cette œuvre ont été longuement discutés par la presse et le public, et mon modeste galoubet ferait bien peu de bruit en comparaison des trombones qui ont soufflé les dissonances et les consonnances. Je suis, au surplus, à peu près de l'avis de tout le monde : un peu irrité de quelques vulgarités de détails, et très-enthousiasmé du mouvement des figures et de leur vivante allure. Je comprends les sentiments de répulsion que quelques délicats ont ressentis ; mais je comprends bien mieux les accès d'enthousiasme qui se sont produits à la vue d'une œuvre si moderne, si entraînante et si caractéristique. S'il fallait donc me ranger d'un côté ou de l'autre, je n'hésiterais pas, et ce serait parmi les passionnés de l'œuvre que je prendrais une place.

Cela n'empêche pas que je n'éprouve quelques regrets quand je songe que ce groupe a été livré avant d'être réellement terminé ! C'est cette hâte de le présenter au public qui a été cause de certaines négligences capables à elles seules de déconsidérer l'œuvre de Carpeaux. Si les chairs avaient été aussi bien exécutées que dans le modèle, si quelques finesses étaient venues adoucir de brutales indications, le groupe aurait moins mérité le reproche de vulgarité qui lui a été adressé, et je crois même que les raffinés eussent été moins choqués qu'ils ne l'ont été par la vue de ces chairs palpitantes mais un peu flétries, et de ces hardiesses de ciseau puissantes, mais un peu barbares.

Quelques mois de plus, quelques mille francs ajoutés eussent largement suffi pour parfaire l'œuvre trop hâtivement livrée; mais Carpeaux ne voulait ou ne pouvait accorder les uns ou les autres. C'était à l'époque où le prix de l'Empereur, ce prix de 100,000 francs qui n'a été décerné qu'une fois (à M. Duc), était prêt à être donné, et Carpeaux, confiant dans son travail, exigeait absolument que celui-ci fût terminé à l'époque désignée. C'était bien inutile; car ce groupe, par son caractère même, devait être violemment discuté. Il était évident que le jury chargé de décerner le prix ne prendrait pas sur lui de mettre au premier rang une œuvre encore mal classée, mal appréciée, et qui, en résumé, malgré ses brillantes qualités, donnait prise à trop de critiques pour être placée d'emblée au-dessus de toutes les productions artistiques effectuées depuis dix ans.

Mais enfin Carpeaux voulait tenter la lutte; c'était son droit strict, et j'aurais eu mauvaise grâce à l'en empêcher. Je poussais donc de mon côté les ravaleurs pour terminer le piédestal et le parement du mur du fond, pendant que Carpeaux poussait ses praticiens, et, au jour convenu, la baraque en planche qui couvrait le groupe fut enlevée en dégageant le grand travail du sculpteur! C'est alors que je m'aperçus, que les gens du métier surtout s'aperçurent de l'inachèvement de plusieurs parties importantes, et que l'on regretta que l'exécution d'un groupe si remarquable fût un peu trop négligée en quelques points.

Mais à part cette question d'une date fixée pour

prendre part à un concours, la question d'argent fut aussi une des causes déterminantes de la cessation prématurée du travail. Le groupe, en effet, coûtait fort cher à Carpeaux, qui avait de très-nombreux frais de praticiens. Là où ses voisins avaient payé douze ou quinze mille francs de pratique à prix de forfait, Carpeaux payait au moins le double à la journée, aucun praticien n'ayant voulu consentir à s'engager pour la reproduction d'un groupe si mouvementé, si plein de trous, et offrant tant de difficultés de mise au point. Les jours passaient donc, les praticiens avançaient lentement, bien que Carpeaux fût toujours au milieu d'eux, travaillant lui-même du compas et du ciseau. Ses ressources pécuniaires s'épuisaient, et l'artiste avait déjà reçu le payement total de son groupe que celui-ci n'était pas encore près d'être achevé! Je pus obtenir du ministère une assez grosse somme supplémentaire, qui resta entre mes mains et avec laquelle je payais, par huitaine, les praticiens attachés au travail et qui avaient refusé de continuer s'ils n'étaient pas certains de leur salaire. Je mis moi-même ma petite bourse à la disposition du statuaire ou plutôt de ses praticiens. Je fis faire par le ministère de nouvelles avances pour des travaux ultérieurs prévus dans la décoration de l'Opéra. Enfin je m'arrangeai de mon mieux pour venir en aide à l'artiste, qui méritait amplement cette sollicitude par le dénûment dans lequel il se trouvait, et que lui avaient causé les dépenses imprévues attachées à l'exécution de sa grande œuvre. Mais le temps passait, augmentant chaque jour la dette de Carpeaux, réduisant chaque jour ses ressources, et il y aurait eu réellement cruauté et injustice à exiger de ce vaillant statuaire des sacrifices plus grands que ceux qu'il s'était déjà imposés. J'ai reçu de lui à cette époque des lettres vraiment douloureuses sur sa situation ; et après que chacun eut fait de son mieux par suite du mauvais pas où l'on se trouvait, ministère, sculpteur et architecte, il fallut bien s'arrêter ! L'argent manquait de tous les côtés à la fois, de sorte que le concours n'eût-il pas eu lieu, qu'il est probable que Carpeaux n'eût guère avancé son œuvre plus qu'il ne l'a fait ; de même que si l'argent n'avait pas fait défaut, le concours l'eût empêché également d'aller plus loin. Il ne faut donc blâmer personne ; il ne faut pas surtout blâmer l'artiste si d'impérieuses nécessités ou des désirs parfaitement licites ne lui ont pas permis de donner à son travail toute la perfection qu'il aurait pu avoir.

Cette perfection n'aurait certainement pas changé l'aspect général de l'œuvre, mais elle eût contribué efficacement à en atténuer les parties un peu vulgaires et à désarmer des critiques qui se sont produites inconsciemment par suite de ces négligences d'exécution.

Après tout, faut-il regretter ce qui est arrivé ? Le groupe plus parfait eût, sans nul doute, moins éveillé la discussion ; il n'eût pas donné à son auteur cette extension de popularité déjà acquise et méritée, et Carpeaux, moins attaqué peut-être, n'eût pas eu cette suprême joie des artistes de valeur : le dénigrement et l'enthousiasme ! Si le premier fait parfois des blessures cruelles à l'amour-propre, il fait aussi rebondir violemment l'artiste, et, après un instant de dépit ou de colère, le prépare mieux que toutes les louanges à la lutte de chaque jour. C'est cette lutte, en somme, qui fait vivre, qui stimule, qui agrandit l'esprit et fortifie la pensée, et je ne sais si le créateur d'une œuvre doit espérer laisser trace de son passage ici-bas, lorsque la popularité venue des critiques n'a pas commencé par être aussi grande que la popularité venue des éloges. Carpeaux a reçu les deux baptêmes de lait et de fiel, et son nom sera conservé dans l'avenir.

Quoi qu'il en soit, lorsque le groupe fut découvert, et qu'à côté d'éloges passionnés, des attaques les plus violentes se produisirent, ce ne fut pas tant la question artistique qui excita les camps opposés, ce fut plutôt celle des convenances violées, celle de la morale outragée avec cynisme. Il semblait que depuis les odes de Piron et les illustrations de l'Arétin, nulle production humaine n'eût poussé si loin l'idée pornographique ! Les vieillards érotiques s'arrêtaient avec complaisance devant ces figures de femmes sans pudeur, les jeunes gens souriaient ou jetaient un quolibet en passant devant cette ronde de danseuses échevelées ; les mamans écartaient leurs fils de la façade de l'Opéra, et les tartufes baissaient obliquement les yeux en présence de cette orgie de formes matérielles. On se disait enfin qu'auprès de cette débauche vivante, les statues de toutes les Vénus et même celle de l'Hermaphrodite étaient sujets de sainteté, et que leur place dans une église paraîtrait plus naturelle que la place de ce groupe maudit sur la façade d'un théâtre !

La discussion portée sur ce point dégénérait presque en discussion religieuse, et il n'y avait plus qu'un petit nombre de gens qui s'avisassent de penser à l'art en regardant l'œuvre de Carpeaux.

Ce fut alors que les lettres venues de toutes parts, lettres anonymes surtout, cela va de soi, furent envoyées au ministre, à la cour, au sénat et à l'architecte ! Je possède une collection complète de cette correspondance occulte, qui continua assez longtemps à me parvenir chaque jour.

Toutes ces lettres, œuvre de gens convaincus, de farceurs ou d'envieux, d'artistes ou de prud'hommes, étaient écrites avec la même pensée : celle de faire retirer le groupe de Carpeaux et d'en blâmer la composition ou l'exécution. Il pourrait donc paraître inutile et fastidieux de faire connaître ces lettres qui, n'étant pas signées ou l'étant d'un pseudonyme, ne méritent pas l'honneur d'être publiées. Néanmoins je crois devoir donner l'extrait de quelques-unes de ces lettres, parce que, écrites de toute part et à tous les personnages qui pouvaient intervenir dans la décision à prendre, elles montreront les principaux motifs allégués avec une tenace persistance. En fin de compte, ces motifs ont prévalu auprès de l'Empereur et du maréchal Vaillant, alors ministre des beaux-arts, lesquels ont décidé à plusieurs reprises l'enlèvement du groupe ; mais les architectes sont parfois têtus, et en gagnant du temps ils peuvent attendre des événements qui changent les délibérations et les ordonnances.

Voici une de ces lettres ; c'est bien sûrement d'un libéral souffrant sous le joug de l'Empire :

« Monsieur,

« Sans doute il y a du beau dans le groupe de M. Carpeaux.

« Mais il y a plusieurs genres dans l'ordre du beau ; — et l'Académie de musique est-elle — un lupanar?

« Si M. Carpeaux a cru pouvoir se dispenser de représenter sur la façade du premier théâtre du monde l'idéal de la grâce, de la distinction et du haut style, dont les Taglioni, les Essler et les Livry furent les types charmants, du moins eût-il pu donner quelque chose de mieux que cette espèce de danse macabre où des pouffiasses de barrières des plus communes opèrent leur descente de la Courtille en poursuivant leur ronde pesante autour d'un balochard effronté et narquois!

« Encore si la grâce des mouvements et des poses y était! — mais rien! rien! rien!

« Après cela, M. Carpeaux sait-il ce que c'est que le style et la haute école et le goût?

« Disons tout de suite que c'est le style de notre époque, — du *Bas-Empire,* — le style de la décadence de l'art et celle des mœurs, qui se suivent toujours.

« Le style des... grecs.

« 27 août 69. »

Je ne sais trop ce que veulent dire ces points avant : grecs; mais ça doit être bien perfide! En tout cas, Carpeaux peut se vanter d'avoir eu son fait! J'ai peut-être reçu aussi quelques éclaboussures!

A une autre.

Ah! celle-là est tout à fait de haut goût! j'en ai une dizaine de ce genre.

« La vérité sur le groupe de l'Opéra : (souvenir du jeune âge).

« Carpeaux étant sans doute de la Bièvre, a reproduit le quadrille final d'un bal de blanchisseuses sur les bords de cette charmante rivière, le matin d'un vendredi de la mi-carême.

« Certifié véritable.

« Boncorps ARCUEIL. »

Je vous demande pardon d'avoir cité ce joli billet; mais c'est un type qui a été souvent reproduit.

Voici une autre lettre plus modérée dans sa forme; c'est le type de la correspondance raisonnable et peut-être même raisonnée.

« Monsieur,

« Le groupe de M. Carpeaux inspire une répulsion unanime aux honnêtes gens et même aux personnes les moins initiées aux qualités de l'art du statuaire. Il semble, en apercevant cette œuvre malheureuse, que l'on voit un chancre rongeur sur la figure d'une belle femme; outre ses défectuosités, le débordement de ses proportions écrase les parties avoisinantes. »

(Ici une longue discussion sur les proportions et le caractère à employer.)

Puis ceci :

« .... Mais ici où l'on devrait être charmé par l'aspect de personnages exprimant par des mouvements gracieux les savantes élégances du théâtre, tout au contraire, des femmes nues, rendues hideuses par des têtes de satyres, sont guidées pas un génie rachitique, haletant et paraissant épuisé!

« Toutefois, si l'exécution montrait quelque facilité, on pourrait être moins sévère; mais il n'en est rien, cela paraît être le travail d'un être souffrant, et avec toutes ses défaillances...

« De même qu'il n'est point de belles femmes sans pudeur, la sculpture est un art qui ne se nourrit que de beauté et de pureté; le goût sera toujours le bon sens du génie! »

(Ça, c'est une belle phrase.)

« Lorsque ce groupe aura disparu, qu'il sera sagement remplacé, la façade du nouvel Opéra reprendra le bel aspect qui lui appartient et qui fera, avec le reste du monument, la gloire de son auteur, malgré les langues de l'envie, cortége inséparable du talent. »

(Eh mais! voilà un petit paragraphe qui me semble bien joliment dicté; ce correspondant a du bon.)

« Personne mieux que M. Garnier, qui a si noblement écrit et qui parle si bien (je ne le lui fais pas dire!) doit savoir combien, à la vue de ce malheureux groupe, auraient frémi d'horreur les contemporains de Phidias, d'Ictinus et d'Alcamène. »

(Oh! oui, je le sens bien! et je frémis moi-même en pensant à ce frémissement-là!)

Il y a encore une queue à la lettre concluant à la suppression immédiate du groupe; mais cette queue est vraiment très-douce pour moi; aussi me faut-il un grand courage pour la couper, puisque je coupe en même temps un hommage qui me ferait croire que je suis à peu près le seul, disons même tout à fait le seul homme ayant encore quelque talent!... Je voudrais bien croire à cela; mais le diable, c'est que mon admirateur ne me dit pas son nom, et cela me donne un peu de défiance! Il doit être de la police!

Et puis j'ai reçu aussi cet autre billet qui me semble un peu moins gracieux et me donne à réfléchir :

« Monsieur Charles Garnier,

« Lorsque comme vous on a l'honneur de construire le plus grand monument du siècle, il faut au moins en être digne et vous ne l'êtes pas. »

(Patatras! comme je regrette mon premier correspondant!)

« Vous ne l'êtes pas, parce que vous avez par camaraderie ou par faiblesse laissé placer sur la façade de l'Opéra le plus scandaleux des groupes, et peut-être même est-ce vous qui l'avez voulu ainsi!

« Je vous considère donc comme aussi coupable que le sieur Carpeaux (le sieur est dur!), car vous étiez le maître de refuser cette ordure qui mériterait d'être mise en moellons... J'ai une femme, monsieur, j'ai des filles, passionnées pour la musique, et qui vont souvent à l'Opéra! Cela leur sera impossible maintenant, car je ne consentirai jamais à les mener dans un monument dont l'enseigne est celle d'un mauvais lieu. (Cela a déjà été dit!)

« Si votre faiblesse vous engage à laisser ce groupe en place, monsieur Garnier, sachez bien que, quel que soit votre talent, talent que je ne veux pas nier (ah! cette parole me fait du bien!), vous ne mériterez que les mépris des honnêtes gens, en vous rendant ainsi complice d'une œuvre détestable...

« Il ne suffit pas, monsieur, d'être architecte de

mérite, il faut avoir encore le sens moral, et ce sens moral, vous me paraissez l'avoir perdu! (Mais non, mais non, je vous assure!)

« Je vous engage donc, monsieur, au nom du respect que vous vous devez à vous-même, au nom de la morale outragée, au nom des principes de famille, à faire enlever immédiatement cette œuvre obscène, et vous pourrez ainsi vous concilier l'estime des honnêtes gens; sinon, monsieur, complice d'une infamie, vous verrez un jour le remords vous surprendre et votre nom, jusqu'ici sans tache, prendre place parmi la tourbe impudique des contempteurs de la vertu et de la moralité.

« Veuillez agréer, etc.

« Vte de A. R. de C. »

Et voilà comme quoi, ayant laissé le groupe à sa place, je suis maintenant dans la « tourbe impudique »; mais c'est bizarre! je ne suis pas encore surpris par les remords!

Voilà assez de citations. Je suppose que les lettres officielles qui ont été adressées au maréchal Vaillant étaient un peu plus réservées dans les termes; mais je suis certain que le fond en était le même et que la question de morale outragée et de défaut de proportion avec le monument était traitée dans toutes les missives envoyées.

Néanmoins le ministre se tenait coi, et moi-même, pour échapper un peu à ce flot menaçant de correspondances et de conversations ayant toutes le même motif, je quittai Paris pour une quinzaine de jours, cherchant à oublier un peu cette explosion de pudicité, qui produisait aussi quelques petites explosions en sens contraire. Le bruit paraissait se calmer, ou du moins à Saint-Jean-de-Luz, où j'étais retiré, je ne l'entendais guère, lorsqu'un jour je reçus cette dépêche que je reproduis intégralement :

« Paris, pour Saint-Jean-de-Luz, 28 août 1869.
« 1 h. 45 m. du soir.
« Garnier, architecte de l'Opéra,
 « Saint-Jean-de-Luz (Basses-Pyrénées).

« Groupe de Carpeaux dégradé par malveillance, indignation générale. — Lettre demain.

« CARPEAUX. »

J'avoue que cette dépêche me troubla fort, et que j'en renvoyai immédiatement une autre pour avoir quelques détails. Je sus ainsi le soir même que l'on avait jeté une bouteille d'encre sur le groupe et que plusieurs figures étaient gravement atteintes. Je reçus le surlendemain des détails circonstanciés sur l'attentat commis, et écrivis à Louvet, mon inspecteur, pour lui dire avant tout de cacher provisoirement le groupe avec des toiles, afin qu'on pût réfléchir à ce qui devrait être fait sans amasser la foule, qui, paraissait-il, se pressait devant la façade de l'Opéra. Mais mon désir, mes instructions plutôt, ne purent être suivies. Carpeaux s'opposa absolument à ce que l'on masquât son œuvre, et voulut montrer à tous les yeux l'acte de vandalisme dont elle venait d'être l'objet. Je ne comprenais pas très-bien cette résolution, ou plutôt elle pouvait se comprendre par l'espèce d'absolution que chacun donnait alors au groupe. En présence de l'événement, on oubliait un peu les nudités choquantes, et l'on ne voyait plus qu'une grande production sculpturale menacée d'être dégradée.

L'artiste alors savourait sans doute ce retour à la vérité, et, trouvant dans le mouvement qui se faisait en faveur de son œuvre une compensation aux critiques acerbes dont elle avait été l'objet, ne voulait pas arrêter trop tôt ce mouvement qui lui était si favorable.

Je revins alors à Paris, et voulus m'occuper immédiatement de l'enlèvement de la tache ; mais je parus encore trop pressé pour Carpeaux qui, du reste, avec raison, voulait que l'on étudiât bien les moyens proposés pour remédier à l'accident. Je fis donc cette étude aussi complète que possible, et certes ce n'était pas une petite affaire! car depuis le moment où fut jetée la bouteille d'encre, jusqu'à celui où la tache fut enlevée, ce ne fut qu'un déluge de lettres émanant de mille inventeurs, et proposant tous un moyen sûr et certain d'arriver à un bon résultat. Je n'aurais jamais cru qu'une tache d'encre pût tant en faire répandre, et que cent encriers se videraient pour chercher à effacer le dommage causé par un seul!

Je dus naturellement repousser tous les procédés que je ne pouvais éprouver avant l'exécution, et je me bornai, à l'aide d'un de mes inspecteurs, M. Sabathier, ingénieur civil et bon chimiste, à chercher entre nous ce qui semblait devoir réussir.

Comme nos expériences peuvent à l'avenir servir à quelques personnes, il me semble bon de les indiquer succinctement.

Nous avons fait un grand nombre d'essais sur des pierres d'Échaillon blanc de la même provenance que celle du groupe ; or, comme tous les calcaires sont attaqués par les acides libres, il était impossible d'en employer aucun pour faire disparaître la tache d'encre. Nos essais ont porté sur l'emploi du chlore libre en dissolution, des hypochlorites de chaux, de soude, de potasse, de zinc, du protochlorure d'étain, etc., etc. Voyant que les résultats produits par ces différents agents ne donnaient qu'un effacement partiel, laissant souvent des taches indestructibles, il a fallu trouver un autre moyen.

M. Esquiron, qui avait déjà exécuté pour l'Opéra divers ciments particuliers, et qui était des nôtres pour nos expériences, se rappela les recherches qu'il avait faites jadis pour le blanchiment des fibres textiles et des tissus, et les beaux résultats qu'il avait obtenus au moyen d'un sel d'hypochlorite d'alumine très-instable, se décomposant facilement en ses éléments, sans présenter de réaction acide, et dont la solution conservait toujours la neutralité.

Des essais furent faits avec ce sel, en y ajoutant toutefois de l'hypochlorite de soude et de chaux, plus un grand excès d'alumine hydratée, cet excès motivé par cette propriété curieuse de ce dernier corps d'absorber certains sels et d'en décomposer quelques autres, en s'emparant de leur base. Ces essais ont parfaitement réussi, et nous les avons considérés comme offrant toute garantie; et de fait l'opération a réussi et nulle trace n'est restée de la maculature. C'est donc à l'aide d'une solution très-concentrée d'un mélange d'hypochlorite d'alumine de soude et de chaux, avec addition d'alumine hydratée, formant une bouillie épaisse, que les surfaces tachées ont été débarrassées de l'encre. La substance a été appliquée deux fois, en faisant un lavage énergique à l'eau pure après chaque application.

Après l'émotion causée par l'apparition et l'enlèvement de la tache, les ennemis et les opposants du groupe, qui s'étaient un peu calmés, recommencèrent leur campagne de plus belle ; les lettres, les rapports, les récriminations furent de nouveau mis en œuvre, et l'on fit tant et si bien que le maréchal Vaillant, poussé par en haut, tiré par en bas, entraîné de tous les côtés, décida enfin, malgré mes instances, que le groupe de Carpeaux serait retiré, et qu'un autre plus convenable et de proportions plus satisfaisantes le remplacerait.

Il n'y avait plus à reculer : le Sénat, la Chambre des députés, le ministre et le souverain même, tout le monde était d'accord pour l'enlèvement de ce groupe ! On me laissa pourtant le choix de l'artiste qui devait exécuter celui qui le remplacerait et je pus obtenir que ce fût Carpeaux qui composerait un nouvel ouvrage pour se remplacer lui-même. Il était convenu que je chercherais à l'Opéra une place un peu secondaire pour y installer le groupe refusé, qui aurait trouvé grâce devant ses détracteurs s'il avait été exposé à un endroit moins en vue.

Ces conditions me semblèrent bonnes, en ce que j'y voyais le moyen d'éluder l'ordre reçu. Je commandai donc à Carpeaux le travail, lui faisant voir que si son nouveau groupe était réussi, il aurait l'avantage de montrer que son talent n'avait pas qu'une seule façon de se produire, et que si, tout au contraire, il n'en était pas satisfait, il pourrait faire durer l'exécution du modèle au moins deux ou trois ans, ce qui modifierait peut-être les événements et la façon de penser de ses antagonistes. C'était de plus une assez grosse somme arrivant à l'artiste, qui, composant son groupe plus simple, n'aurait cette fois aucun des dé-

boires qu'il venait d'avoir pour la question de dépenses.
Tout cela me semblait au mieux combiné pour faire patienter le public, pour rémunérer un peu Carpeaux, et pour lui donner l'occasion de faire encore une œuvre remarquable, bien que traitée différemment de la première au moyen de draperies cachant les nus.

Malgré cela, il fut fort difficile de faire entendre raison à Carpeaux, justement blessé de la mise à l'index de son groupe ; mais je lui fis voir tous les avantages attachés à son acceptation ; je lui montrai divers endroits qui peut-être auraient pu lui convenir, et, dans la visite que je fis avec lui à cet effet de rechercher un emplacement, je voulus bien accepter celui qu'il me désigna, c'est-à-dire sous la voûte du grand escalier, à l'endroit où est aujourd'hui la *Prthie* de la duchesse Colonna. Il est bien vrai que, *in petto,* aucun des emplacements ne me semblait convenable, et que celui que Carpeaux venait de choisir était absolument impossible pour des raisons d'effet, de dimension et d'architecture ; mais cela importait peu, il y avait toujours le temps de se fixer sur un emplacement définitif, puisque j'avais obtenu du ministère que la translation du groupe ne se ferait qu'après que son remplaçant serait prêt à poser. Je paraissais donc accepter le choix de Carpeaux ; mais jamais je n'eusse donné à ce consentement un commencement d'exécution. D'ailleurs, il me semblait fort difficile de transporter le groupe, construit en trois morceaux différents, assemblés par des goujons et munis d'armatures les reliant à la muraille. On eût couru grand risque de briser quelques membres en faisant le détachement et la translation, et pour rien au monde je n'eusse voulu me charger d'une telle opération et passer pour un Vandale, si le malheur voulait qu'un orteil ou un bout de nez fût détaché dans la route! Mais, je le répète, il fallait tergiverser ; ne pouvant m'opposer absolument à des instructions impératives, il fallait user de quelque subterfuge, ce qui me fut, au surplus, assez facile; car, dans le fond de leur pensée, le ministre et le directeur des Bâtiments civils trouvaient la mesure et bien sévère et bien inopportune.

Enfin Carpeaux céda, pendant un instant du moins, et il me quitta en me disant que tout était convenu; mais il paraît qu'il rencontra en route quelques personnes qui lui parlèrent de dignité, de résistance, et d'une foule de belles choses très-grandes en théorie, mais parfois plus modestes en pratique ; de sorte que le lendemain matin, alors que j'allais faire mon rapport au ministre, je lus dans le *Figaro* un petit billet de l'artiste, lequel se gendarmait, s'offusquait de la détermination prise et finalement refusait de laisser déposer son groupe et de le refaire, à moins que l'empereur lui-même ne lui en donnât l'ordre formel!

Ce coup de tête fut une grande erreur; en mettant la presse dans la confidence de ce qui se préparait, Carpeaux se retirait tout moyen de sortir de l'impasse dans laquelle il s'était engagé, et en indiquant le nom de l'empereur, il rendait sa position plus difficile encore, puisque c'était l'empereur qui, cédant aux sollicitations d'un grand nombre de personnages, avait donné lui-même au maréchal Vaillant l'ordre de faire enlever le groupe.

Je voulus conjurer le péril ; j'allai chez Carpeaux sans le trouver. Je lui écrivis une longue lettre en le priant de revenir sur sa décision et lui demandant un rendez-vous immédiat à l'Opéra. Mais Carpeaux me répondit d'abord par ce premier billet.

« Mon cher Garnier,

« Après y avoir réfléchi, je refuse l'exécution d'un nouveau travail en remplacement de celui que l'Administration supprimerait aujourd'hui, bien qu'elle l'ait adopté préalablement.

« Si S. M. l'empereur l'ordonnait formellement, il ne me resterait évidemment qu'à me soumettre.

« Mais, dans tous les cas, il m'est impossible d'entreprendre un travail dans de semblables conditions.

« Mille amitiés.
« J. B^{te} CARPEAUX.

« Ce 27 novembre 1869. »

Je ne me tins pas pour battu et fis encore de mon mieux pour le faire changer d'avis, en lui montrant bien que ce n'était pas la question d'art qui était en jeu, mais plutôt une question censée de moralité qui s'éteindrait d'elle-même avec le temps et que c'était ce temps qu'il fallait gagner avant tout. Ce fut inutile; il me répondit le lendemain une nouvelle lettre, dans laquelle il me disait « qu'aucune considération ne le ferait changer d'avis, et qu'il ne viendrait pas au rendez-vous que je lui donnais. »

J'étais très-décontenancé de tout cela ; je comprenais fort bien la susceptibilité de Carpeaux, car son refus provenait, en somme, d'un sentiment de dignité personnelle que l'on ne pouvait blâmer, et, comme à sa place j'aurais certainement fait comme lui, je me sentais arrêté dans mon insistance, et me disais qu'après tout la résistance de Carpeaux produirait peut-être auprès du ministre un effet plus utile que mon entremise et mon amitié.

Il n'en fut pas ainsi; la note insérée dans le *Figaro*, avait éveillé aussi la susceptibilité du maréchal Vaillant, qui trouva cette revendication publique un peu impertinente; et comme il était en somme le plus fort, il fallut bien que Carpeaux cédât; et, le 8 décembre 1869, sur le refus officiel de Carpeaux de se charger de l'exécution du nouveau groupe, il confia celle-ci à Gumery, qui n'était pas à faire ses preuves de talent.

Gumery se mit donc à l'œuvre et commença son esquisse, conçue dans le caractère général des autres groupes de la façade, et naturellement je suivis ce travail comme celui du modèle qu'il exécuta ensuite; mais ce n'était pas néanmoins sans un certain serrement de cœur que j'allais voir cette esquisse et ce modèle. Cela me faisait l'effet que l'on doit ressentir en visitant un monsieur qui n'attend que votre décès pour se marier avec votre femme. Cependant, je ne pouvais décourager Gumery de son entreprise; son groupe était d'ailleurs bien arrangé, et avait des parties fort heureuses de lignes; de plus, il fallait user de quelques ménagements avec cet éminent statuaire, qui était fort malade et miné par la cruelle maladie de poitrine qui devait l'emporter l'année suivante, pendant les terribles jours du siége de Paris. C'est toujours avec une grande émotion que je me souviens de l'énergie, de la force d'âme de cet ami, qui, sachant sa fin prochaine, travaillait avec la plus grande ardeur afin de laisser à sa femme et à ses enfants une toute petite fortune devant les sauver de la misère. Mais je vous assure que cette énergie, soutenue d'une façon factice, cette fièvre de travail, exaltée par la fièvre de la phthisie, avait quelque chose de bien pénible et de bien douloureux ; et devant les efforts de ce pauvre Gumery pour terminer promptement son œuvre, je me sentais souvent bien préoccupé et je me demandais si je n'avais pas eu tort de le présenter au ministre pour exécuter le nouveau groupe !

Gumery, au reste, ne put vivre assez pour le voir terminer ; son modèle même fut en partie l'œuvre de ses praticiens, et malgré les grandes qualités qui se trouvent dans sa dernière œuvre, il faut bien reconnaître que si Gumery eût été en pleine santé, il eût donné à son travail ce cachet puissant et particulier qui distinguait le statuaire du grand couronnement de l'Opéra et des belles statues du monument de Chambéry.

Gumery était, en effet, non-seulement statuaire de grande valeur, mais il était encore sculpteur décoratif, composant largement, et donnant à ses figures cette impression architecturale si précieuse, si indispensable même pour le bon aspect des édifices. Sa sculpture, qui participait un peu de la sculpture romaine à sa belle époque, était cependant de la statuaire moderne, vivante et un peu naturaliste. Cette préoccupation de la nature, jointe à la tradition antique, donnait à ses œuvres un charme exceptionnel et faisait de cet éminent artiste un des meilleurs représentants de notre école française. Composant presque de jet, exécutant avec une remarquable habileté, Gumery était le plus précieux des collaborateurs, et l'on était certain, en s'adressant à lui, de n'éprouver ni mécompte d'exactitude, ni mécompte artistique.

Cependant le temps avait passé ; les événements

de 1870 étaient survenus; tout travail était arrêté et personne ne se préoccupait plus de l'Opéra, converti pendant le siége en magasin de vivres, et en poste d'intendance. Le groupe de Carpeaux fut oublié de même, et le modèle de Gumery, après avoir été moulé en plâtre, restait dans les ateliers de l'État. Il se passa presque deux ans ainsi, et l'on devait croire qu'après toutes leurs vicissitudes les danseuses de Carpeaux allaient enfin prendre une place définitive sur la façade de l'Opéra. Mais sous le ministère de M. de Larcy, alors qu'une grande partie de la Chambre, hostile à l'Opéra à cause de son origine, considérait ce monument comme une expression politique, la question revint au jour; quelques fougueux chevau-légers, M. de Lorgeril en tête, recommencèrent à battre en brèche l'œuvre du statuaire et les propos injustes et même outrageants pour Carpeaux se produisirent à la tribune. Devant cette opposition plus passionnée que raisonnable, il devenait difficile de demander à la Chambre des fonds pour continuer le monument, puisque ce monument devenait, pour quelques fanatiques, le cadre d'un groupe abhorré. Pour calmer un peu les esprits, il fallut promettre à la Chambre que le groupe de Carpeaux serait enlevé et remplacé par un autre, lui montrer que le modèle était déjà exécuté et que l'on s'occupait de la reproduction en pierre d'Échaillon. Pour être dans la vérité, ce qui arrive quelquefois, même aux ministres, il fallut bien que l'on s'occupât de cette reproduction, et je reçus l'ordre de commander immédiatement les pierres destinées à devenir les nouvelles danseuses.

L'année suivante, il en fut de même; avant de voter les crédits, il fallut que la Chambre, ou du moins certain groupe, reçût satisfaction sur le même point ; et mon cher et regretté ami Beulé, qui avait à cette époque une influence notoire sur les questions artistiques, me stimula à pousser vivement l'exécution du groupe de Gumery, certain qu'il était que cette satisfaction donnée aux opposants, le crédit annuel de l'Opéra ne serait pas encore refusé cette fois. Je pressais donc les praticiens, guidés par Thomas, que le ministère avait chargé de surveiller le travail posthume de Gumery, et le groupe se termina enfin !

Mais peu à peu l'indifférence, ou du moins le calme succédait à la tempête en ce qui regardait l'œuvre de Carpeaux ; la majorité de la Chambre se modifiait, les épigrammes devenaient moins nombreuses et l'on ne réclamait plus guère l'enlèvement du groupe. Puis vint l'incendie de l'ancien Opéra ; les travaux du nouveau théâtre furent menés avec activité, avec fièvre même, et les danseuses de Carpeaux dansaient toujours sur leur piédestal, pendant que le groupe de Gumery restait en attente dans l'atelier de l'île des Cygnes.

Carpeaux mourut, emporté par un mal cruel ; la sympathie que l'on devait à son grand talent se développa avec autant de surabondance que jadis s'était développé le dénigrement. Le sculpteur, enlevé à son art, devint une des gloires de la France, et son groupe une des grandes œuvres de notre époque ! La mort du vaillant artiste avait produit l'effet ordinaire ; tel qui l'accablait de son vivant, ne trouvait plus de paroles assez puissantes pour l'admirer alors qu'il n'était plus ; et le groupe de Carpeaux devint comme un lieu de pèlerinage où les couronnes, les bouquets et les épigraphes s'entassaient à la gloire du statuaire disparu. Qui donc alors aurait osé parler du changement du groupe? Qui donc aurait osé en proposer l'enlèvement? Rien que cette idée eût été déjà regardée comme un sacrilége, et nul n'eût eu le courage de la mettre en avant! Carpeaux venait d'entrer dans l'ère de la postérité et celle-ci rayonnait pour lui de gloire et de lumière!

Il faut donc croire, il faut donc espérer que la grande œuvre de Carpeaux restera maintenant à l'Opéra comme reste à l'arc de l'étoile le *Départ* de Rude, et si, ce qui est justice, on doit un jour montrer au public le dernier travail de Gumery, on lui cherchera un emplacement convenable[1], qu'il pourra occuper avec supériorité; mais qui ne doit pas être celui qu'on lui avait destiné, alors qu'une fausse moralité, qui n'atteignait que les vicieux eux-mêmes, leur faisait baisser les yeux devant des seins qu'ils ne savaient voir.

Les artistes ne considèrent pas la pudeur du même œil que les mères de famille, les marguilliers ou les juges d'instruction. Leurs études persistantes sur toutes les formes de la nature font qu'ils ne trouvent que le nu là où les autres trouvent la nudité, et c'est seulement la feuille de vigne qui les choque dans les statues sans vêtements. Aussi, si chez plusieurs d'entre eux le groupe de Carpeaux a éveillé quelques petits sentiments de répulsion, ce n'était pas parce que les formes naturelles étaient visibles, mais parce que ces formes étaient, en certains points, un peu trop vulgaires. Ce n'était pas la question morale, ou soi-disant telle, qui les touchait, mais bien la question purement artistique.

---

[1]. Cet emplacement semble être aujourd'hui le vestibule du palais du Trocadero.

Néanmoins, si parmi eux les raffinés ou les spiritualistes ont pu regretter comme un certain manque de goût et de délicatesse dans l'œuvre de Carpeaux, ils n'en reconnaissaient pas moins les qualités supérieures qui la distinguent, et je ne sais pas vraiment s'il y a eu un seul artiste, malgré son école, son sentiment ou son tempérament, qui n'ait pas rendu hommage à la fougue d'exécution du groupe de la danse. C'est qu'en effet on ne se trouve pas là en présence d'une œuvre ordinaire, banale dans ses défauts ou ses mérites; mais bien d'un morceau d'immense valeur, puissant de lignes, large de conception, qui palpite, qui vit, qui force le regard à s'étendre sur lui et l'admiration à surgir des colères qu'il peut soulever.

DES ESCALIERS LATÉRAUX.

Les escaliers latéraux, que j'appelle quelquefois aussi escaliers secondaires, conduisent à toutes les places de l'Opéra. Ils sont larges, commodes, à rampes nombreuses, à emmarchements réguliers ; ils ont enfin toutes les qualités utilitaires que l'on recherche chez les amis dévoués, et il semblerait qu'on dût les priser assez fort. Mais, hélas ! ils ont à lutter contre le conquérant qui s'est imposé avec la désinvolture d'un matamore : le grand escalier, et les pas qui le foulent à l'occasion sont des pas pressés, dédaigneux ou insouciants, qui se dirigent machinalement vers l'escalier d'honneur.

Pauvres petites rampes délaissées et incomprises, discrètes et résignées ! j'ai grande envie de venir à vous et de protester contre l'oubli qu'on fait de vos mérites. A quoi sert dans le monde d'être réservé ? à quoi sert dans la vie d'être honnêtement utile ? Barnum l'emporte sur le modeste travailleur ! la grosse caisse l'emporte sur la frêle musette ! Et pourtant, douce musette, musette caressante, musette du printemps, de l'amour et des fraîches idylles, que de charme en tes murmures ! que de grâces en ta simplicité ! Eh bien ! toi, escalier latéral, eh bien !

vous, escaliers latéraux, ainsi que le susurrement du pipeau champêtre, tu émeus, vous émouvez doucement et gentiment qui ne vous dédaigne, et l'harmonie qui se dégage de vos paliers en mosaïques et de vos colonnes de marbre est suave, tranquille et pénétrante! c'est le jour pur et calme sous le soleil de l'automne ; et non le jour éclatant et brutal sous les rayons d'été, qui semble scintiller et s'épanouir parmi les girandoles du grand escalier de l'Opéra!

O modestie ! ô timidité! ô pudeur juvénile! combien votre force ignorée et méconnue est grande! combien les amoureux, les artistes et les rêveurs la préfèrent souvent aux splendeurs exubérantes et aux tumultueux jaillissements de l'imagination !!!

Vous savez, si je continue ainsi sur ce mode lyrique, il est bien évident que je vais trouver tout à l'heure que le grand escalier est une monstruosité, que son architecture est celle d'un parvenu, et que sa vaniteuse outrecuidance artistique le fait seul préférer à ses timides voisins!... Mais je ne continuerai pas; car si j'aime les mélodies discrètement charmeresses, je ne déteste pas non plus les symphonies un peu bruyantes et largement rhythmées ; si donc je viens à vous, aimables escaliers de côté, si donc je viens rêver doucement sur vos blancs degrés, ne me forcez pas à décrier et à renier le vaisseau brillant de la rampe d'honneur lorsque, de vos emmarchements, je l'aperçois à travers les arcades, faisant miroiter ses marbres et étinceler ses lumières. Tout homme est un composé de sentiments contraires ; il est à l'occasion timide ou brave, amoureux ou sceptique, nigaud ou spirituel, modeste ou vaniteux ; il n'y a que les momies qui ne changent pas d'impression. Je puis donc vous aimer fort, chers escaliers latéraux ; mais n'exigez pas pour cela que je dédaigne le grand vaisseau central de l'Opéra ! D'ailleurs, si votre discrète apparence sert à faire paraître plus somptueux votre chef de file, la somptuosité de celui-ci sert à faire mieux comprendre votre discrétion ; au lieu de vous nuire mutuellement, vous vous portez secours, et devez faire aussi bon ménage que la marche de *la Juive* et le solfége de Panseron !

C'est convenu; eh bien, je puis maintenant dire que si, dans ces escaliers latéraux, le détail est pour quelque chose dans l'effet, le parti de composition y est pour presque tout, et que ce parti-là est venu à mon esprit, comme tout ce qui vient à la pensée, un peu accidentellement. Dans le premier projet, le projet de concours, j'avais mis en cet endroit des escaliers de forme circulaire ; sans grand raisonnement, il est vrai; mais à peu près parce que *ça faisait bien* en plan. Il ne faut pas trop se moquer de cette façon de composer; car il arrive souvent que *ça fait bien* en plan parce que la disposition est bonne, et que l'image n'est agréable que parce qu'elle est raisonnable; mais il y a des exceptions, et les escaliers circulaires en faisaient partie. Ils auraient pu être à leur place dans un monument ayant de grandes hauteurs d'étage, parce que le développement des rampes eût pu se concilier avec les hauteurs de montée ; mais dans un théâtre, où les planchers des loges sont inévitablement assez voisins les uns des autres, un escalier établi sur un plan circulaire assez développé dépassait le but en ce que, contrairement à ce qui arrive souvent dans un avant-projet, on *montait* trop ; puis on arrivait du côté opposé aux couloirs, puis il fallait un grand palier inutile; puis les escaliers ronds ont des marches désagréables du côté du collet; puis enfin, cette grande niche, qui était bonne à voir en plan, aurait fait bien mauvais effet en élévation. Tout cela me tracassait un peu et je cherchais à trouver autre chose, tournant malgré moi autour de la pensée première et arrivant plutôt à modifier un peu la donnée primitive qu'à faire quelque chose de neuf; quand un dimanche matin, l'idée de faire des rampes droites, revenant à mi-chemin sur elles-mêmes, me jaillit au cerveau, sans que rien m'y eût préparé. Ce fut un éclair que cette idée-là! Je courus tout de suite à l'Opéra, où mes inspecteurs devaient venir comme ils en avaient l'habitude, et je fis part de mon invention à Louvet, à Jourdain, à Le Deschault et à ceux qui se trouvaient là et qui furent immédiatement saisis de l'excellence de ma trouvaille. Vous voyez que je ne farde pas mes paroles et que je ne cherche pas à diminuer l'importance de ma découverte! C'est qu'en effet si elle est vraiment bonne, logique, si elle donne un motif heureux, bien pondéré, bien harmonieux, elle est venue d'elle-même, sans que je puisse m'attribuer d'autre mérite que celui d'avoir reçu inconsciemment de la capricieuse déesse Imagination un de ces petits chocs étranges qui amènent les idées à la cervelle. Quand on étudie avec soin quelques parties de son art, avec du travail, de la patience et de la volonté, on arrive toujours à un résultat assez satisfaisant, et l'on peut, sans trop s'en faire accroire, prétendre au titre d'artiste consciencieux; mais quand un parti quelconque, une composition heureuse vient se présenter à votre esprit, il ne faut se considérer que comme un intermédiaire entre l'instigateur inconnu de l'idée émise et l'expression pratique de cette idée. On dit bien, il est vrai, que les bonnes pensées ne germent que dans les bons terrains ; c'est possible ; mais le terrain fût-il encore meilleur, il serait toujours infertile si la semence n'y était pas jetée. Pour la satisfaction de mon amour-propre, je veux bien admettre que ma cervelle n'était pas tout à fait improductive ; mais pour rendre hommage à la vérité, il faut bien que je constate que la graine est venue sans que j'y pense, occupé que j'étais à fouiller dans des sacs remplis d'ivraie, et loin de me douter du bon épi de froment qui venait me germer au front, au milieu de mes glanes de mauvaise qualité.

Comme tout cela en somme vous réduit à peu de chose ! comme on se sent petit près de ces éclairs de pensées qui ne viennent pas de vous et comme on voit que pour vous faire oublier un peu tout cela les hommes ont eu bien raison d'inventer ce que l'on appelle le mérite, le talent, la supériorité et voire même le génie ! Chacun prend une petite part dans cette distribution-là et finit par s'imaginer qu'il a inventé de lui-même ce que Dieu avait mis dans les phosphates et les albumines qui composent son corps ! Ne pensons pas à cela ; on deviendrait non pas seulement modeste et timide, mais même découragé et insouciant. Ayons encore un peu de foi en nous si nous n'avons plus guère foi dans les autres ; disons-nous qu'après tout la supériorité entre les hommes n'est qu'affaire de pure comparaison et qu'il n'est pas défendu d'être roi dans le royaume des aveugles !...

Admettons donc, si vous voulez, que j'ai mon petit banc à la cour, pardon, à la présidence de la république des arts, et que les escaliers latéraux m'ont aidé à monter jusque-là. Eh bien, je m'y installe commodément sur ce petit banc; j'en fais comme un piédestal de rencontre, et de là je vais défendre ma position en disant à qui veut l'entendre que, si les escaliers latéraux n'occupent que la seconde place dans la Rome de l'Opéra, ils pourraient bien occuper la première dans le Landerneau des autres théâtres.

Tenez! ne trouvez-vous pas un grand charme à regarder les rampes légères qui se jouent parmi les colonnades? Ces gentilles petites gaînes qui portent des lampes ne vous semblent-elles pas toutes gracieuses et toutes aimables? Cette délicate ferronnerie qui s'appuie sur les degrés ne vous paraît-elle pas bien arrangée et d'un bon dessin? Et ces chapiteaux de métal, qui surmontent les fûts de granit ou de jaspe, n'ont-ils pas bonne apparence? Si vous êtes justes et sincères, vous serez de mon avis, et ne chercherez pas à renverser mon petit banc; et puis remarquez combien est logique cette dégradation de force et de couleur qui se voit dans les colonnes de support. En bas le granit, puis le jaspe, puis le marbre, puis la pierre d'Échaillon rose, puis jaune, puis blanche; le robuste en bas, le léger en haut; le foncé au départ, le clair au sommet! Vraiment, tout cela est combiné à merveille et ça serait un de mes confrères qui aurait inventé tout cela que je dirais : « Ah! sapristi! comme il a du talent! » Il est bien entendu que ce talent-là est toujours celui dont je parlais plus haut, et qui n'est qu'une convention faite entre les hommes, pour avoir le plaisir de dauber sur ceux qui ne font pas partie de la confrérie.

Vous voyez bien que je ne cherche pas à lutter avec Artaban, et que c'est par simple courtoisie envers moi-même que je fais des courbettes aux escaliers latéraux ; mais je ne voudrais pas non plus lutter avec la violette, et ce n'est pas non plus sans quelque plaisir que je soulève le voile qui cache tous mes mérites. Ainsi je ne suis pas fâché de dire que la construction des rampes elles-mêmes est ingénieuse et nouvelle, que les chapiteaux de fonte polie sont une heureuse idée et que les petits bancs qui accompagnent les gaînes font bon effet à la vue. Il est vrai que la fonte polie s'oxyde facilement et qu'après avoir lutté deux ans pour vaincre la rouille, j'ai été forcé de peindre les chapiteaux en ton de fer, sauf ceux du grand étage, et que si les bancs de pierre sont agréables à la vue, ils sont un peu froids pour ce qui s'assied dessus. Ah! dame, l'*utile dulci* est chose difficile à mettre toujours en pratique, et il faut s'estimer heureux quand l'*utile* se trouve d'un côté et quand de l'autre se trouve le *dulci !*

C'est dans le chapitre spécial aux marbres que je donnerai des détails techniques et pratiques sur les colonnes des escaliers latéraux ; car, comme ces détails excluent un peu la fantaisie, ils feraient peut-être étrange figure dans ces articles où l'art, le sentiment et le laisser-aller se montrent tant bien que mal ; il vaut donc mieux ajourner ces choses sérieuses, ayant un certain intérêt général, et me laisser simplement finir ce que je disais des escaliers secondaires, en me laissant croire que si j'en pense du bien on ne pensera pas du mal de moi.

Ainsi soit-il !

DES FAÇADES LATÉRALES ET DES PAVILLONS.

Lorsque la façade principale de l'Opéra fut découverte, tous ceux à qui elle déplaisait, et ils n'étaient pas absolument rares, et avec qui j'avais occasion de parler, me disaient : « Ah! ce sont vos façades latérales qui sont belles! c'est simple, c'est grand, et ça vous fait honneur. » C'est ainsi que l'on dit à la maman d'une petite fille laide ou bossue : Comme cette fillette a de beaux yeux ou a de jolies oreilles! Ça signifie clairement : elle ne louche pas, elle n'a pas les oreilles de Midas; mais, mon Dieu, quelle vilaine petite guenon vous avez là!

Vous comprenez donc bien que je ne me laissais pas tout à fait prendre aux compliments, et que je trouvais fort impertinents ces éloges qui ne cachaient qu'un blâme. J'ai gardé de cette impression une certaine rancune aux façades latérales, et je leur en veux encore un peu du rôle de dérivatif qu'elles ont joué. Pourtant, je ne voudrais pas les bouder toujours, et aujourd'hui que j'ai à parler d'elles, je sens que le sentiment de la justice est bien capable de l'emporter sur ma mauvaise humeur. D'ailleurs les temps sont changés : la façade principale a moins de détracteurs que jadis, et l'occasion se perd de me jeter au nez les autres façades en guise de consolation.

Parlons donc avec équité de ces façades, et puisque, paraît-il, elles sont recommandables, ne montrons pas un trop mauvais caractère en n'étant pas de l'avis des autres. Vous voyez que je fais là un sacrifice d'amour-propre, et j'espère que vous me saurez gré si je trouve maintenant que les anciens admirateurs des façades latérales et des pavillons avaient raison lorsqu'ils m'en disaient les louanges.

J'ai cependant un peu oublié les points principaux qui les avaient touchés. Étaient-ce les fenêtres du premier étage? cela se peut, car elles sont bien étudiées. Étaient-ce les arcades du rez-de-chaussée? c'est possible, car elles sont de bonnes proportions. Était-ce l'ensemble du second étage, avec ses occulus et ses bustes? Je ne dirai pas non; car cela se tient bien et fait un bon couronnement, quoique les pilastres-consoles soient quelque peu vulgaires d'étude. Était-ce enfin l'ensemble général de la construction, avec ses bons rapports de pleins et de vides? Ma foi, cela peut bien être; car les oppositions des baies et des trumeaux sont fort réussies. Mais tout cela ne forme qu'un doute et je suis vraiment embarrassé pour dire au juste ce qui plaisait à tout ce monde! Moi qui voudrais tant être du même avis qu'eux, j'ai peur de marcher à côté et de louer ce à quoi on ne pensait pas! J'ai grande envie de trouver tout bon! de cette façon, les intéressés pourront choisir à leur gré, et je ne blesserai personne. Et dites maintenant que je ne suis pas sage et modeste et que je ne sais pas écouter la *vox populi*?

Et pour les pavillons que faut-il faire? m'engager dans la corporation des claqueurs bénévoles qui les ont vivement applaudis? Le fait est, entre nous, qu'ils ne sont pas mal du tout, ces deux pavillons-là. Mais, entre nous aussi, il faut dire que ce n'est pas trop difficile à faire et qu'il faudrait être bien maladroit pour ne pas réussir des motifs qui peuvent avoir toutes les proportions imaginables. C'est là une particularité des formes circulaires, qu'étant moins rigides que les formes rectangulaires, elles laissent au sentiment plus de liberté et à la critique moins de prise. Oui, j'entends bien, vous me parlez des colonnes, qui sont, elles aussi, de forme circulaire! ça dérange un peu ma théorie ; mais ce qui est écrit est écrit, et sophisme pour sophisme, j'aime autant celui-ci qu'un autre, et je pourrais citer à l'appui les proportions diverses et toutes harmonieuses de la Halle au blé, du Tombeau de Cecilia Metella, du Pavillon de Hanovre et de toutes les tourelles trapues ou élancées de l'époque du moyen âge; oui, décidément, mon sophisme est un axiome, et si les pavillons de l'Opéra sont d'une bonne apparence, c'est qu'ils ne pouvaient en avoir une mauvaise !...

Mais ce qui pouvait être mauvais et qui ne s'en est pas fait faute, c'est l'arrangement du derrière des frontons de ces pavillons! Par suite de divers aménagements d'écoulement d'eaux ; par suite de la difficulté qu'il y avait en exécution de donner à ces frontons une épaisseur égale à celle du contre-fort à pilastre qui les soutient sur leurs profils, je me suis arrêté à couvrir en plomb les dessus de ces frontons et à leur donner une épaisseur insuffisante. Cela ne se voit pas de face ; ça se voit assez peu de profil; mais ça se voit fort bien, trop bien, de trois quarts et à une certaine distance. Alors le toit paraît dégingandé, le fronton à la fois maigre et lourd, et l'arrangement de tout cet ensemble est assez mal combiné. J'ai bien vu cela dès que la chose a été découverte ; mais c'était construit et fini, et ma foi, lassitude d'un côté, indécision de l'autre, j'ai laissé tels quels ces malheureux frontons qui me désespèrent chaque jour, lorsque je passe dans leur voisinage. C'est vraiment une punition assez forte pour ma faute, et comme elle se renouvelle à tout instant, je crois bien que j'aurai mérité amplement l'absolution. On n'a imposé souvent qu'un *Pater* et qu'un *Ave* pour pénitence de fautes plus grosses que la mienne, et cela fait, ces fautes pardonnées ne sautent plus à l'esprit avec la persistance de celle dont je m'accuse en ce moment.

Je vous dirai aussi que bien que les lucarnes du couronnement soient d'une bonne silhouette et d'une assez ferme composition, elles sont un peu lourdes et pataudes, et que la forme de l'œil-de-bœuf qui fait le jour de ces lucarnes est molle et assez peu distinguée. Les griffons pourtant ont un assez bon caractère ; mais ça ne suffit pas à donner plus de délicatesse au motif de couronnement des pavillons.

Quant aux proues sculptées au-dessus des arcades d'entrée et de sortie de la descente à couvert, elles sont d'une apparence bien pesante et d'une exécution bien imparfaite. Je pourrais bien, si je voulais, en rejeter la faute sur le sculpteur ornemaniste qui a modelé et exécuté ce motif, mais je m'en garderai bien. Comme je me plais à me considérer comme entièrement responsable des ornements composés et sculptés à l'Opéra et que je les trouve presque partout de bonne allure et de bonne qualité, je n'ai pas envie, pour me désintéresser de deux ou trois motifs un peu médiocres, de délaisser la paternité de toutes les compositions ornementales de l'Opéra. Ce

serait métier de dupe et comme si je refusais de payer
10 centimes pour ne pas recevoir une centaine de louis.
Je ne renie donc pas ma dette au sujet des deux proues
formant clef d'arcade; mais je conserve ma créance sur
tous les ornements disséminés dans tout l'édifice.

Il est évident que ma prétention ne s'étend pas jusqu'aux statues de toutes sortes qui entrent dans la décoration du monument et que je laisse aux sculpteurs la
responsabilité qui leur appartient. C'est donc aux statuaires qui ont sculpté les frontons et les cariatides des
façades latérales et des pavillons que revient tout l'honneur de leur travail, et l'on peut féliciter directement
Elias-Robert, Pollet, Travaux, Cabet, Mathurin Moreau,
Maniglier, Sobre, Truphème et Girard de leur composition et de leur exécution.

Hélas! en écrivant ces noms au courant de la plume,
je m'aperçois que les quatre premiers n'ont plus de félicitations à recevoir! ainsi que Carpeaux, que Gumery,
que Perraud, ils sont morts dans la force de l'âge et du
talent, et c'est presque un article nécrologique que j'écris
en écrivant aujourd'hui ces fascicules! Et cela va continuer ainsi; car il est assez probable que les autres
sculpteurs, que les peintres et que même l'architecte
finiront un jour ou l'autre par disparaître de notre monde,
de sorte que de tous ces vaillants artistes (pardonnez-moi
si je me mets dans la catégorie) il ne restera peut-être
plus que leurs œuvres! Avouez que vraiment cette perspective est un peu dure, et qu'il faut avoir une conscience
bien forte pour travailler pour des héritiers qui seront
toujours ingrats! J'ai bien cherché s'il y avait des moyens
de s'opposer à ces catastrophes finales; mais je n'ai pas

encore trouvé, et le mieux est toujours de croire à l'âme immortelle ! Si cela se passe ainsi, ce qu'il faut bien espérer, je me promets un jour, en compagnie de mes collaborateurs de l'Opéra, de mettre l'oreille aux écoutes afin de savoir si dans quelques milliers d'années les ruines de notre théâtre, illustrées par un *Guide-Joanne* de l'avenir, auront le privilége que l'on accorde aux ruines, celui de les préférer à toute édification nouvelle !

En attendant les paroles qui se prononceront dans ce temps-là, il faut bien faire attention à celles qui se prononcent de nos jours ; c'est pour cela que j'ai commencé ce chapitre en me préoccupant des mots qui m'avaient été dits à propos des façades latérales de l'Opéra, et que je le finis en me préoccupant de ceux qui pourront se dire encore sur un brave monument qui fera, j'espère, son chemin sous la protection de la patine que le temps y dépose chaque jour !

Puisque j'ai parlé des pavillons, quelques mots sur la descente à couvert ; cela est plus que suffisant pour une partie du monument qui ne comporte pas un chapitre spécial, du moins dans cet ouvrage, car le chapitre a été déjà fait autre part et a compris une grosse question qui n'a pas encore été résolue, celle de l'emplacement logique et pratique de ces descentes à couvert. Je ne peux pas toujours en écrivant par ici renvoyer à ce que j'ai écrit par là ; ces fascicules n'ont pas été faits pour servir de réclame à mon livre sur *le Théâtre,* et si je le cite encore aujourd'hui, c'est par pure paresse et pour ne pas recommencer dans ces pages une discussion certainement utile, mais qui a été assez développée.

D'ailleurs, ceux qui me lisent en ce moment montrent

une certaine confiance en moi puisqu'ils veulent bien s'intéresser à mon style irrégulier et à mes idées un peu prime-sautières ; eh bien, pourquoi deviendraient-ils méfiants si je leur recommande une lecture qui fait le complément de celle qu'ils entreprennent? Je le relis bien quelquefois moi-même, ce livre du *théâtre,* et si je le trouvais ennuyeux, soyez bien certain que je le laisserais bien vite de côté! Mais, loin de là! quand l'occasion se présente pour moi de parcourir quelques-unes de ces pages sincères, je me vois là-dedans rempli de jugement et de raison!

Vous dire que je n'en suis pas étonné, je ne le ferai pas ; car à force d'entendre dire que les artistes ont plus de sentiment que de bon sens, j'en viens à croire aussi que j'ai moins de logique que d'imagination, et c'est surprise agréable, je vous l'avoue, de constater que si je fais assez bon ménage avec la folle du logis, je ne divorce pas non plus avec la judicieuse Minerve. Telle est, du moins, ma façon de penser, et comme elle me fait plaisir, laissez-moi donc cette illusion.

Or donc, quand vous aurez lu la discussion sur les descentes à couvert en général, je n'aurai plus rien à vous dire en particulier sur celle de l'Opéra, qui est établie d'après les principes que j'ai développés, sauf peut-être de vous prier de regarder la voûte et les candélabres qui en sont les seuls points à signaler. L'indication est faite maintenant, je puis clore ce chapitre.

DES SCULPTURES DE CHABAUD

Si je consacre un chapitre ou plutôt un titre à l'œuvre de Chabaud, ce n'est pas pour revenir sur ses mérites et faire à nouveau la nomenclature des nombreux travaux qu'il a exécutés à l'Opéra. Je laisse de côté la question de qualité et de quantité, en me bornant seulement à dire que le talent et le nombre vont de compagnie dans les productions de mon ami Chabaud.

Ce qui fait que je détache un peu ce statuaire des autres, c'est que sa collaboration m'a apporté tant de facilités dans l'exécution, que je voudrais insister sur ce point que, dans la construction des grands édifices, il y aurait toujours avantage à diminuer le nombre des collaborateurs et à placer sous une même direction des œuvres d'art le plus souvent disséminées en plusieurs mains.

C'est là une question qui offre sans nul doute des difficultés dans la pratique et qui ne pourra, je crois, être maintenant résolue dans le sens qui me semble le plus convenable ; mais le principe de la concentration limitée n'en est pas moins excellent, et sans le pousser à outrance, il faudrait au moins s'en servir le plus possible. Il est évident qu'au point de vue de l'harmonie seulement, les édifices gagneraient si les décorations picturales ou sculpturales d'un ensemble étaient de la même pensée et de la même main, et personne ne mettra en doute que si les peintures qui s'exécutent actuellement au Panthéon étaient toutes du même artiste, elles ne présenteraient pas les dissonances de tonalités qui vont avoir lieu quand, à côté de Puvis de Chavanes, vont se trouver placés des Bonnat ou des Laurens. Remarquez bien que je ne parle pas du talent des artistes : je les suppose tous hors ligne ; je parle seulement de leurs tempéraments divers, qui les empêcheront de produire une œuvre collective ayant la tenue et la coloration égale dérivant d'un seul sentiment.

En mettant de côté les difficultés inhérentes à ce genre de production unique, on doit convenir, je le suppose, que le principe de l'unité est certes plus sauvegardé dans un cas que dans un autre, et comme dans un monument la question d'unité a souvent une extrême importance pour l'aspect général, il est positif qu'on doit rechercher, autant que faire se peut, l'application de ce principe d'unité.

Mais ce n'est pas tout encore, et indépendamment de cette harmonie générale désirée et désirable, il est encore un autre point qui n'est pas à dédaigner pour l'architecte : celui du grand secours effectif que lui procure l'association continue d'un artiste qui s'incorpore plus intimement avec votre pensée. Sans vouloir faire de comparaison blessante, on pourrait dire que l'artiste qui ne fait qu'un tableau ou qu'une statue pour un monument, est comme une femme de ménage qui balaye la chambre, fait le lit et s'en va à d'autres affaires ; tandis que l'artiste qui tient à l'édifice par des attaches plus nombreuses, est comme la bonne à tout faire, qui ne quitte pas la maison et s'intéresse à elle. La femme de ménage dit, en parlant de ses travaux : Je cire les bottes de Monsieur, ou je brosse les jupons de Madame; mais la domestique attitrée et attachée dit en parlant de sa besogne : Nous avons fait ceci et nous ferons cela! Dans le premier cas, occupation accidentelle ne formant pas de liens bien serrés; dans le second, occupation continue, amenant souvent à l'intétérêt de la chose commune.

Si les artistes me pardonnent cette comparaison un peu triviale, et qu'ils veuillent bien pour un instant ne pas s'en formaliser, ils reconnaîtront certainement que, pour celui qui fait une seule statue, le monument où elle doit être placée ne le préoccupe guère, tandis que s'il devait décorer toute une salle, il ferait de son mieux pour s'entendre avec l'architecte qui lui fournit un grand cadre, qu'il doit grandement remplir.

Donc vous avez, je suppose, sous la main, et vivant de la même pensée que vous, un peintre ou un statuaire qui considère l'édifice comme étant sa propre maison. Eh bien, chemin faisant, lorsque mille petits détails de forme ou de coloris viennent à se présenter devant vous lors de l'exécution, vous trouverez dans cet artiste un collaborateur assidu et dévoué et suivant bien votre voie. Tous deux alors, vous arrivez, en mettant chacun de votre art, à triompher des difficultés renaissantes et à produire ces multiples détails qui tiennent entièrement à la composition de l'édifice. Ainsi, pour Chabaud, par exemple, qui a passé dix ans avec moi à l'Opéra, je le trouvais toujours prêt, lorsque quelque motif nouveau venait à se produire, à m'aider de son habileté et de sa hardiesse de main. Que ce fussent des amours, des bustes, des mascarons, des têtes, devant se montrer seuls ou s'enchevêtrer avec des ornements, je demandais Chabaud, qui, en un instant, esquissait ce que je proposais et l'exécutait ensuite prestement, et dans les conditions décoratives qui devaient convenir à l'édifice. Lorsque, ce qui arrivait fréquemment, les sculpteurs ornemanistes avaient à inscrire dans leurs modèles quelques têtes ou quelques masques, au lieu de leur laisser l'exécution de ces parties importantes, je la confiais immédiatement à Chabaud, qui travaillait avec l'un ou avec l'autre avec le même entrain, la même certitude de formes et le même sentiment d'arrangement qu'il a à un si haut degré.

Grâce à lui, grâce à ce sculpteur faisant quasi-partie de l'agence des travaux, toutes les têtes ornementales de l'Opéra n'ont pas le caractère vulgaire de ces sortes de mascarons à nez épatés que les ornemanistes modèlent si fréquemment, et qui ont le don de m'irriter. Oui, vraiment, lorsque je vois des rinceaux délicats, des guirlandes légères, des cartouches élégants, modelés avec charme, avec talent, et qu'au milieu de ces gracieuses compositions se détachent ces têtes sans caractère, mal dessinées, mal coiffées, j'en viens presque à regretter le grand mérite des ornements, puisque ce mérite ne sert qu'à faire ressortir encore plus puissamment les mauvaises figures qui y prennent place!

Cette infériorité générale des figures décoratives vient de ce que les statuaires de talent ne veulent guère condescendre à faire à peu près le métier d'employé chez un confrère d'une catégorie artistique moins élevée que la leur, et que force est donc aux ornemanistes de s'adresser à des sculpteurs de talent secondaire. Mais lorsqu'un statuaire de valeur est, pour ainsi dire, attaché à un édifice, il se préoccupe de tout ce qui a rapport au monument, et trouve presque autant d'importance à une modeste figure qu'à un groupe de grande dimension. Il ne lui semble donc pas déchoir en mettant son talent au service de ce monument, et tel qui eût refusé de se mettre à la remorque d'un sculpteur ornemaniste, collaborera volontiers avec une demi-douzaine d'entre eux lorsqu'il sera stimulé par l'intérêt général de l'édifice. Il verra alors que son devoir est de ne laisser aucune partie incorrecte et qu'en somme, si on peut faire du grand art en composant un frontispice de temple, on peut aussi faire de l'art fort élevé en modelant, dans un caractère convenable, un mascaron ou une tête de chimère.

Si donc chaque monument avait de cette façon quelque peintre ou quelque statuaire en faisant presque partie inhérente, il n'y aurait plus de détails négligés ou de tonalités regrettables, et l'association complète de l'architecte, du sculpteur et du peintre, amènerait à un résultat bien plus puissant et bien plus harmonieux que celui auquel on peut aspirer en commandant seulement une compagnie d'hommes d'élite, mais ayant tous une arme différente.

Un bon général, il est vrai, serait celui qui choisirait ses soldats dans des corps de même allure, et de cette façon il arriverait sans doute à faire aller du même pas la troupe qu'il dirigerait ; mais ça n'est pas toujours facile à recruter ainsi, et l'on préfère parfois réunir de vaillants tirailleurs, marchant à peu près à l'aventure, que composer un bataillon ayant une belle uniformité. J'ai bien cherché, quant à moi, à mettre côte à côte des artistes de mêmes tendances, et en général je ne pense pas qu'à l'Opéra il y ait grand antagonisme entre les diverses productions de mes collaborateurs. Cependant je n'ai pas su toujours agir ainsi, et il faut avouer que je n'ai pas cherché ou du moins trouvé une grande parité de sentiment lorsque j'ai placé sur la façade le groupe de Jouffroy et celui de Carpeaux ! Mais il ne s'agit pas de moi en ce moment ; je tâche seulement de montrer les avantages qu'il y a pour l'architecture à être faite pour ainsi dire en participation perpétuelle avec des sculpteurs et des peintres, et si j'ai fait comme tant d'autres en ne mettant pas en pratique une théorie si utile, c'est que cela n'est guère facile à faire et qu'il faut compter avec bien des oppositions et même avec bien des injustices pour aller jusqu'au bout du procédé.

Il faut reconnaître, en effet, que ce qui, au temps de la Renaissance italienne, permettait à quelques artistes d'élite de se charger d'immenses travaux de peinture et de sculpture dans les monuments, c'est que ceux qui alors portaient réellement le titre de maîtres, étaient beaucoup moins nombreux que ceux qui peuvent maintenant, sinon se prétendre peintres, au moins aspirer à ce titre ; mais en revanche, ceux qui s'honoraient d'être les élèves des premiers, étaient plus nombreux que ceux qui aujourd'hui veulent accepter franchement cette appellation. Ces élèves, alors nourris dans les traditions de leurs maîtres, confondaient le plus souvent leurs talents particuliers avec celui qui était la marque distinctive de l'atelier qu'ils suivaient, et cette espèce de soumission aux procédés et aux sentiments de celui qui les conduisait, amenait forcément à ce qui constituait une école, c'est-à-dire presque une formule convenue, que chacun appliquait à peu près sans hésitation et sans récrimination. De cela il résultait que le maître chargé d'un grand travail pouvait obtenir et obtenait en effet aide efficace de ses nombreux élèves, et que, quelque grande que fût la besogne, elle arrivait toujours à bonne fin. Je parle, bien entendu, des peintres féconds, comme les Véronèse, les Dominiquin, les Lanfranc, les Raphaël même; mais il va sans dire que j'excepte les compositions grandioses et développées en elles-mêmes comme, par exemple, celles de la chapelle Sixtine, et que si j'indique un des procédés suivis lors de l'exécution de travaux considérables, je ne puis poser cette règle en principe immuable.

Cependant, il est réel que, dans certains cas très-fréquents, cette adjonction d'élèves de valeur aux maîtres dirigeants a permis à ceux-ci de produire des œuvres plus nombreuses qu'ils n'auraient pu le faire livrés à leurs seules forces. Aujourd'hui cet état n'existe plus : peu d'élèves gardent intactes les leçons du professeur, et le désir de se produire un peu hâtivement fait que ces élèves, encore loin d'être parfaits, préfèrent courir à la renommée en produisant des œuvres signées de leur nom, qu'en travaillant incognito pour un autre artiste, si grand qu'il soit! Il n'y a guère qu'en architecture où cette aide est presque indispensable, parce qu'il s'agit là souvent de choses à répéter ou tout au plus à interpréter, que les jeunes travaillent pour les plus avancés dans la carrière. Mais il ne faut pas leur en faire un trop grand mérite; car il est rare qu'un architecte puisse produire avant d'avoir quelques cheveux blancs, et leur abandon du métier de dessinateur et de commis ne leur servirait pas à grand'chose pour illustrer leur nom. D'ailleurs, comme peu à peu les ateliers de peintres et de statuaires particuliers ont été délaissés pour les ateliers officiels, il n'y a plus entre les maîtres et les élèves cette communauté d'idées qui existait jadis : le respect, la reconnaissance sont déjà bien affaiblis envers ceux qui, au lieu d'être librement choisis, et qui voulaient bien vous accepter dans leurs écoles, ne sont plus guère maintenant que des professeurs payés par l'État et n'ayant plus grande influence morale sur les jeunes gens, ceux-ci considérant l'enseignement qu'ils reçoivent d'eux comme un droit absolu.

Il ne faut pas trop exagérer le sentiment d'ennui que peut causer un tel changement de procédés ; il est devenu presque fatal avec les nouveaux règlements scolaires, et je ne pense pas que les élèves de maintenant aient une nature moins affectueuse et moins généreuse que ceux des temps passés; mais si on ne peut blâmer les gens de subir une modification presque inévitable, on peut toujours la regretter un peu, et constater en tout cas que cette rupture du lien qui autrefois réunissait le maître et les élèves empêche en certains cas ceux-ci de devenir les aides de ceux-là. Je dis en certains cas, car, grâce à Dieu, il se trouve encore quelques braves écoliers de valeur, qui, à l'occasion, se dévouent de tout cœur à l'œuvre de leur patron. Lenepveu fut de ceux-là avec M. Picot. Clairin en fut également avec Pils lorsqu'il refit presque toute la peinture de l'escalier de l'Opéra, et d'autres feraient certainement de même à l'occasion.

On voit par lesr éticences que j'apporte dans l'exposition de ces faits, que l'on ne peut guère accuser spécialement telle ou telle cause de l'effet produit; mais s'il y a un peu d'enchevêtrement dans toutes ces causes-là, il est bien évident que la manipulation pratique des arts n'est plus maintenant ce qu'elle était autrefois, et que de grandes différences se sont accusées.

De plus, il est souvent difficile à un architecte, voire même à une administration, de restreindre les commandes à quelques élus seulement, alors que tant d'artistes de talent ont des titres pour être également choisis. On éparpille donc les commandes, ou on en diminue l'importance pour les rendre plus nombreuses, et l'on va de ce fait et fatalement à l'encontre de ce principe dont je soutenais l'excellence, celui de la concentration et de l'unité.

Et pourtant, qui oserait franchement se plaindre trop haut de ce nouveau genre de distribution? La grande peinture et la grande scuplture ne sauraient trop être encouragées au détriment même des productions secondaires de ces arts, et s'il y a en France en ce moment abondance de grands artistes, faut-il, dans l'intérêt spécial d'un édifice, retirer à une partie de cette brillante phalange le moyen de se montrer au jour et de produire des œuvres remarquables?

C'est là la question délicate qui ne peut, du reste, être résolue d'une façon brutale. Ce ne sera que peu à peu, si on croit devoir pratiquer la réforme, que l'on pourra réduire le nombre des artistes choisis pour décorer les monuments ; de sorte que je m'aperçois qu'après avoir écrit tout ceci, j'arrive presque à conclure autrement que je n'avais commencé. N'importe ! il me semble qu'il n'est pas inutile de remuer un peu ces idées, ne fût-ce que pour engager plus apte, plus éloquent et plus persuasif que moi à les étudier à son tour. Mais, quoi qu'il en soit, je puis au moins dire encore qu'il est désirable dans l'intérêt décoratif des édifices, que les artistes qui doivent l'orner de sculptures et de peintures soient en nombre assez limité, et que j'ai pu en faire l'expérience en confiant à Baudry le soin de décorer une seule salle, et à Chabaud celui de modeler toutes les têtes décoratives du nouvel Opéra.

DU GLACIER
DU PAVILLON DU CHEF DE L'ÉTAT
DE L'AGENCE, DES ARTISTES
ET D'AUTRES CHOSES ENCORE

Pour terminer ce premier volume du texte de la monographie de l'Opéra dans le sens où je l'ai commencé, c'est-à-dire en ne m'occupant guère que des questions artistiques et laissant le second volume renfermer des études plus techniques et plus positives, je n'ai plus grand'chose à ajouter, à moins que je n'en aie encore beaucoup trop. Si je me contente de mettre les titres des chapitres, ce sera bientôt fini; si au contraire je m'aventure dans l'examen des parties de l'Opéra qui ne sont pas encore achevées, mais qui, je l'espère, devront l'être un jour, je ne prévois pas la fin de cette première partie de ma tâche.

Que faut-il faire? En pratiquant honnêtement mon métier d'écrivain, c'est-à-dire en ne fuyant pas la besogne que quelques-uns peuvent encore réclamer de moi, je risque fort d'en impatienter beaucoup d'autres qui ne trouveront plus dans ces chapitres, délaissés par moi jusqu'ici, ni idées nouvelles ni descriptions intéressantes; en arrêtant tout de suite mon inventaire et mes discussions, ce qui plairait sans doute à plusieurs, qui m'assure que je ne serai pas accusé de manquer de parole et de me dérober par paresse à une obligation contractée vis-à-vis de mes souscripteurs? Ah! si j'écoutais mon désir personnel, comme j'aurais bientôt terminé cette première moitié de mon entreprise! Quelques mots de reconnaissance à mes collaborateurs, quelques désignations d'artistes, une petite anecdote par-ci, un petit paradoxe par-là — et puis un adieu, ou plutôt un au revoir à mes lecteurs, et j'aurais alors deux ou trois mois devant moi avant de penser à écrire sur les marbres, l'éclairage ou la machinerie théâtrale. — Ce serait là vraiment un repos que je m'accorderais bien volontiers! car, voyez-vous, toutes les fois que l'on fait un métier qui n'est pas le sien, on commence avec ardeur, avec entrain; tout vous plaît et vous amuse dans ce changement momentané de profession; mais peu à peu on voit des difficultés que l'on ne soupçonnait guère; on se ralentit dans son enthousiasme; on regrette à part soi son ancien travail et on constate que la distraction éphémère que l'on avait recherchée ne vous divertit plus du tout. On se croyait au début plein d'idées neuves, on entrevoyait un pays à découvrir, et insensiblement on s'aperçoit qu'en cheminant dans ce que l'on prenait pour une route nouvelle, on se trouve dans un sentier battu et même rebattu, et que si l'on découvre quelque chose, c'est le vieux proverbe : « Soyez plutôt maçon si c'est votre métier. »

Vous me direz à cela : Mais le métier d'architecte comporte aussi celui d'écrivain. D'accord! mais entendons-nous : d'écrivain public, si vous voulez; celui qui fait des actes, des suppliques, des requêtes ou des projets de contrats, des expertises ; celui-là, nous le connaissons bien, et c'est par milliers qu'il faut compter les rapports que nous rédigeons pour les administrations qui ne se font pas faute de nous faire écrire un volume pour savoir si un rat a passé par la grille d'un égout. — J'estime bien, quant à moi, avoir noirci cinq ou six cent mille pages en rapports et correspondances, en cahiers des charges, en devis, en expertises, et en toutes ces misérables et interminables paperasseries qui envahissent l'architecture et l'architecte.

Oui, les architectes écrivent souvent et beaucoup, et à ce titre on peut donc les appeler écrivains ; mais ils écrivent en général sur les autres ; ils sont alors les dispensateurs des éloges et des blâmes et se constituent juges dans les questions qui leur sont soumises. De cette façon, c'est tout agrément ; on fait partie d'une sorte de magistrature ambulante, et, confit dans sa dignité, on ne se rebute pas en accomplissant sa haute mission... Mais songez donc ! au lieu d'être le juge ou le médiateur de deux parties... se prendre soi-même corps à corps, se confesser bon gré, mal gré ; se faire des révérences ou se donner des gourmades ! c'est bien différent ! et si le plaisir de dire *moi* est bien quelque chose, la peine que l'on a en voyant sa faute n'est pas non plus indifférente. Puis, quand on a fini de parler de soi ou de son œuvre, il arrive ceci : c'est que si l'on se relit à distance, on n'est plus dans la disposition d'esprit où l'on était le jour où l'on a écrit, et l'on trouve que l'on a dit des sottises en parlant bien de soi, et que l'on en a fait en en parlant mal...

Cela m'arrive maintenant quand quelques feuillets de cet ouvrage me tombent sous la main, et je suis presque aussi agacé en le relisant que si ces pages venaient d'un détracteur. L'esprit de contradiction, que j'ai bien un peu, me fait sursauter aux qualités que je m'attribue et aux défauts que je me donne. Pour bien peu je me mépriserais fort et ferais sans vergogne de la polémique avec moi-même!

Pourquoi donc vous dis-je tout cela? Je ne sais plus ce que j'avais à la pensée en commençant, sinon le moyen de chercher à finir mon premier volume sans trop parler de ce qui pourrait y entrer encore. C'est peut-être pour cela que maintenant j'ai grande envie de changer d'avis et de vous présenter le vestibule des billets avec ses plaques, fort bien trouvées, ma foi, et son ornementation du guichet un peu trop exubérante. Je suis sur le point de vous dire que les lanternes sont d'un très-bon dessin, et que le couronnement du guichet est beaucoup trop lourd, et si l'esprit de suite que je montre de cette façon dans ma description vous surprend quelque peu, dites-vous bien que c'est pourtant chose naturelle chez les artistes, qui ont la logique assez intermittente et la volonté sujette à des soubresauts.

Il ne faut guère en vouloir à ces artistes de ces inconséquences qui tiennent fatalement à leur profession; s'ils étaient réglés comme des diplomates, ils seraient dans les chancelleries et non dans les ateliers. Tenez, voulez-vous que je vous dise ce que sont ces gens qui font de l'art leur vie, leur espérance et leur tourment? Je passe mes jours dans leur compagnie, je fais partie de leurs réunions, et, par eux tous comme par moi-même, je sais l'espèce d'état maladif que leur profession développe inéluctablement. Si dans les lignes que je vais écrire à ce sujet il y a quelques points que je puisse revendiquer pour moi, c'est que je ne puis faire exception à la règle, et que, comme tous mes confrères, j'ai les avantages et les inconvénients de la qualité d'artiste.

Mais ce que je veux dire est néanmoins général et s'applique à toute la gent nerveuse et maladive qui vit par la pensée, l'amour-propre, l'imagination et le découragement. C'est toute une classe humaine ayant pour dominante l'impression soudaine et l'aspiration constante, et qui, vivant au milieu de conventions et de paradoxes, a quelques côtés touchant à ce qu'on appelle le génie et d'autres bien plus nombreux touchant à ce que l'on peut nommer la folie.

Tout d'abord, les artistes sont essentiellement nerveux; non pas que leur tempérament primitif soit ainsi fatalement constitué, mais parce que leur genre de production les amène sans répit à modifier la nature équilibrée pour la remplacer par des impressions fugitives, multiples et capricieuses. Tout homme qui travaille pour le public en général, qui est soumis au jugement de la foule, qui a à lutter contre les enthousiasmes irréfléchis ou les dénigrements exagérés, se sent graduellement atteint par cette modification nerveuse, et de robuste et calme qu'il pouvait être jadis, arrive en peu de temps à l'inquiétude et à l'énervement chronique.

Certes les artistes n'ont pas seuls le triste et pourtant enviable privilège de sentir vivement les impressions et de vibrer au moindre contact; mais dans les circonstances ordinaires de la vie les gens nerveux n'ont affaire qu'à un petit nombre de personnes qui passent le plus souvent indifférentes devant leurs œuvres et devant eux-mêmes.

Il y a bien des ouvriers nerveux, des bourgeois irritables, des commerçants à imagination vive; mais tous ils sont pour ainsi dire parqués dans une catégorie de relations qui n'étend pas au loin ses réflexions et ses critiques. Le calme du foyer suffit le plus souvent à ces nerveux-là pour leur ôter la surexcitation qui tendrait à se produire par la discussion générale de leurs faits et de leurs gestes. Ils sont nerveux, soit, mais nerveux plutôt latents; tempéraments marqués, mais non maladifs; constitution particulière, mais non exagérée.

Il en est tout autrement chez ces privilégiés qui ont, non pas le nom d'artistes, le nom ne veut rien dire, mais réellement la passion de l'art, et qui dans la mêlée combattent chaque jour vaillamment le bon combat. Chez eux une pensée unique domine : arriver à être le premier; produire avec effervescence, avec abondance, avec persistance! l'égoïsme les conduit par la main, la tête et le cœur, et s'empare graduellement de tout leur être; non pas l'égoïsme brutal et coupable, mais bien l'égoïsme sanctifié, si on peut s'exprimer ainsi. Pour bien faire, pour marcher en avant, toujours en avant, il faut une foi violente et robuste; il faut la confiance en soi; il faut le désir de marquer son passage ici-bas. Tout, momentanément, se sacrifie à cet instinct puissant de l'artiste. Tout disparaît en un instant donné devant ces préoccupations venues de l'imagination et du sentiment. Il faut que l'artiste soit avant tout personnel; c'est là son devoir, c'est là sa force. L'égoïsme seul peut le conduire à bon port, et tout artiste qui ne sent pas en lui cette dominante du moi, ne sera jamais qu'un pauvre artisan. — Mais, je le répète, quel charmant égoïsme que celui-là! Il s'attache aux choses d'art, mais il laisse intactes toutes les passions généreuses. L'artiste, égoïste d'une part, est compatissant de l'autre ; bienveillant, secourable, il ne dédaigne personne et cherche à faire le bien. La chanterelle du violon est tendue pour donner un son juste ; mais sur cette corde, ainsi étirée et inflexible dans sa tension, viennent se moduler des sons doux et charmants qui déguisent la sécheresse de l'accord primitif. L'égoïsme de l'artiste est ainsi droit, raide, inflexible quand il s'agit de sa personnalité artistique ; mais doux, affable et discret si sa personnalité humaine est seule en jeu. Le tempérament nerveux développe sa susceptibilité et son caractère ombrageux ; mais il développe aussi les qualités de son cœur, et s'il se raidit devant les attaques qui peuvent toucher à son amour-propre, il se laisse entraîner avec charme et bonheur aux sentiments de tendresse, de loyauté et d'affection.

Ce n'est pas qu'ils soient tous ainsi ; la nature particulière de chaque humain ne peut se changer du tout au tout, et la semence d'un arbousier ne peut pas produire un citronnier ; mais on greffe celui-ci sur celui-là, comme le caractère d'artiste se greffe sur la pousse initiale, et malgré les idiosyncrasies diverses qui se présentent chez l'artiste, une certaine uniformité de sentiment les relie les uns aux autres. Le portrait que j'esquisse ici peut donc être considéré comme étant celui de la majorité des artistes créateurs, impressionnables, propres à l'entraînement et au découragement, à la joie et à la tristesse.

Une des conséquences fatales de cette excitation constante de leur système nerveux est l'hypocondrie, soit que celle-ci se porte sur le moral, soit qu'elle se porte sur le physique; soit, le plus souvent encore, qu'elle se porte sur les deux choses à la fois. Il y a bien peu d'artistes qui ne soient misanthropes à leurs heures; il y en a encore moins qui ne soient un peu malades imaginaires. Ils ressentent ces terribles atteintes de la crainte des catastrophes; ils s'écoutent respirer et vivre, et l'attention qu'ils portent continuellement à leurs maux, faux ou réels, forme comme une espèce d'accompagnement incessant à toutes leurs occupations. Leur vie est empoisonnée par des chimères dans lesquelles ils se complaisent néanmoins, et s'ils échappent quelques instants à ces préoccupations incessantes, c'est pour retomber plus avant dans les angoisses qui ne les épargnent guère.

L'hypocondrie est parfois à l'état latent chez plusieurs de ces artistes : tant que le succès couronne leurs efforts, la misanthropie ne se montre pas chez eux; mais à la moindre critique ils accusent le monde entier de fausseté et d'injustice. Tant qu'ils se portent bien, ils ignorent les tristes appréhensions de la maladie; mais dès qu'un simple petit bobo vient à les atteindre, leur imagination prend fortement la tournure hypocondriaque, et ceux même, jusqu'alors peu habitués aux souffrances, qui se voient saisis par un malaise, deviennent en peu de temps insupportables aux autres et à eux-mêmes. Hélas! cette terrible maladie de l'hypocondrie ne se confine pas chez les artistes seuls; mais on peut dire que presque tous les artistes en sont atteints et que leur vie de travail se passe en compagnie d'une vie d'anxiété. C'est une espèce de démence dont ils sont envahis et qui chez plusieurs se développe au point de leur faire rechercher le suicide : Léopold Robert, Nourit, dernièrement ce pauvre Marchal, ont terminé ainsi leur vie; et pourtant ce n'étaient pas les sympathies qui leur faisaient défaut!

Faut-il donc plaindre ces natures ardentes, capricieuses, toutes faites de logique et d'inconséquences? Loin de là! s'ils souffrent, ils vivent; s'ils ont les tristesses, ils ont aussi les voluptés. Ce sont des enfants gâtés qui s'irritent des contradictions, mais qui ont encore, au milieu des déboires qui les attaquent, une plus grande somme de bonheur que bien d'autres! Enfants gâtés par le succès, par l'affection, par le malheur même; tout en eux jouit de l'exubérance vitale et sociale; ils peuvent aspirer à tous les honneurs; ils peuvent prétendre à toutes les joies du cœur; on leur passe leurs caprices, leur mauvaise humeur, leurs passions, pourvu qu'ils produisent des œuvres personnelles et typiques.

Tel, le Benjamin de la famille, malgré ses désobéissances, ses bouderies, ses emportements, est bien vite pardonné s'il sourit à sa mère et vient la caresser après la réprimande; tel l'artiste de tempérament est bien vite absous de ses faiblesses, de ses petites vivacités et de ses ridicules enfantillages, s'il sourit à l'art et en porte haut la bannière. On a pour ces natures exagérées et mal équilibrées une indulgence que l'on conserve pour bien peu d'autres. On les traite comme des illuminés, des malades; on a raison, au fond, et si on leur donne une médecine amère, c'est le plus souvent en la cachant sous une cuillerée de miel. Je ne dis pas cela pour un certain critique de talent, mais gonflé de son importance, qui s'imagine que l'art est concentré en lui tout seul et n'a que des paroles malveillantes et brutales pour ceux qui ne lui font pas de courbettes ou n'achètent son indulgence par quelques moyens détournés. Celui-là, ce n'est pas le miel qu'il distille, mais bien le fiel déplaisant et sentant l'âcre.

Il aurait peut-être raison, après tout, d'être sévère et arrogant envers les artistes qui s'en laissent trop volontiers accroire, si la critique partiale et malveillante ne faisait grand tort à l'art lui-même en décourageant ceux qui se livrent tout entiers à cet art. Ce genre de critique diminue les forces vives de la nation en affaiblissant chez l'artiste le sentiment indispensable de confiance qui seul l'entraîne en avant. Une remarque injuste, une allégation mensongère, horripilent les sens de l'artiste et le jettent dans un découragement qui peut ne pas être momentané. Au contraire, une critique bienveillante, un examen sérieux et aimable des œuvres produites, stimule grandement le vieux maître ou le jeune élève, et le dispose aux efforts soutenus et à l'étude élevée et persistante. Si l'on savait combien une louange simplement formulée et amenée à propos peut développer de vitalité dans l'esprit d'un artiste, ce ne serait qu'avec une extrême réserve que les critiques assermentés émettraient les blâmes qu'ils infligent aux œuvres produites! Il s'agit, bien entendu, d'œuvres pouvant être discutées, mais d'une valeur incontestable, et non pas de ces coups de pistolet que les Mangin de l'art tirent parfois pour assembler la foule autour d'eux.

J'ai fait moi-même, et à plusieurs reprises, ce métier, ce haut métier de critique; j'ai pu, je pense, être alors sincère et dire la vérité sans blesser personne, et il me semble toujours facile de trouver dans les toiles, les statues ou les monuments le point intéressant l'art et indiquant la tendance de l'artiste. C'est sur ce point qu'il faut insister; c'est vers la personnalité du maître qu'il faut se laisser aller, et, mettant de côté les défauts, compléments naturels de toute qualité, c'est sur les qualités compagnes des défauts qu'il faut surtout agir et attirer l'attention du public. De cette façon, au lieu d'être une entrave à la production des œuvres de valeur, on stimule celles-ci, on stimule l'artiste et l'on aplanit les difficultés qui se présentent à lui pour lui faire un chemin droit, ouvert, qu'il suivra alors avec entraînement au profit de la renommée et de la suprématie de son pays.

Soyez donc, soyons donc courtois, justes, bienveillants pour les artistes militants qui ont toujours un côté excellent, et gardons nos bons mots, nos épigrammes, nos dédains et nos colères contre cette plèbe de faux artistes qui encombrent la carrière, obstruent les routes, et font de leur profession, non un sacerdoce élevé, mais bien un tremplin de vanité impuissante et un réceptacle d'ignorance et de prétention!

Ce n'est pas que je veuille dire qu'il faille approuver quand même les productions des arts, même quand elles émanent de personnalités remarquables. La bienveillance et la courtoisie n'excluent pas la justice, et l'adulation irréfléchie est presque aussi dangereuse que le dénigrement systématique. Mais que la critique discute, soutienne et encourage, et elle sera plus forte, plus utile que si elle attaque, méprise ou calomnie. Que les petites feuilles satiriques exercent leur verve maligne sur les artistes, cela tire peu à conséquence, et d'ailleurs un peu de raillerie n'est pas toujours un mal; mais que la grande presse, la presse élevée et sérieuse, rejette loin d'elle les procédés malséants et les appréciations injurieuses; qu'elle fasse de la critique, non pas au moyen de popularité, mais bien un enseignement de haute valeur et un guide vers les grandes aspirations; qu'elle dédaigne les personnalités et s'attache surtout aux discussions de principe; qu'elle ferme impitoyablement le chemin aux impuissants et aux envieux; mais qu'elle tende la main à ceux qui font de l'art non pas un métier, non pas une réclame, mais, au contraire, le but de toute leur vie et de toute leur pensée.

Hélas! il est vrai qu'en ce moment ce genre de critique tend peu à peu à disparaître, du moins en ce qui concerne les arts pratiques; car l'art dramatique est encore privilégié de ce côté. Ce n'est pas le nombre de critiques qui fait défaut; ce n'est pas non plus leur talent; c'est une certaine ligne de conduite et de discussion qui s'éloigne graduellement de la mission professionnelle. L'esprit prend souvent la place du bon sens, et la camaraderie celle de l'équité; et pourtant quelle grande et belle situation serait à prendre dans cette haute critique! Que de bien pourrait faire celui qui, en toute indépendance et avec sincérité, pourrait retenir tel artiste sur une pente dangereuse et l'aider à éviter les faux pas! Mais il faudrait pour cela plus que l'habitude d'écrire et plus que l'habitude même de voir facilement les œuvres produites, plus qu'un certain goût artistique! Il faudrait que le critique, pour devenir ainsi le conseiller des autres, le mandataire du beau et du bien, fît d'abord des études sérieuses et approfondies; qu'il fût lui-même non pas artiste de métier, cela aurait bien des inconvénients, mais artiste de cœur et de sentiment. Il faudrait que ce guide éclairé, secourable, autorisé, ne se laissât pas aller au travers d'avoir de l'esprit, chose aussi désastreuse en critique qu'en art ! Bon sens, logique, instruction, sentiment profond du beau, bienveillance, respect de son devoir professionnel, jugement droit, style clair, affection innée pour les artistes, et bien d'autres choses encore, voilà ce qu'il faudrait pour qu'un critique pût imposer ses idées, conduire la foule et se faire apprécier et estimer de ses justiciables. C'est beaucoup demander ! mais ce n'est pas trop, et le jour où un homme de génie prendra la place, qui n'est occupée encore que par quelques gens de talent, l'art aura un palladium sacré, un criterium certain, une unité admirable, et insensiblement une grande école se formera et sincère et puissante et glorieuse !

Si cette magistrale critique ne se forme pas, si elle ne produit pas son Sainte-Beuve, s'il faut rester sous la domination de la critique actuelle, les arts et les artistes n'auront rien à en retirer ; la légion des *Saloniers* continuera à être spirituelle et légère, sans acquérir aucune autorité, et le public, diverti par les quelques bons mots semés au passage par ces aristarques sans conviction et sans idée de suite, s'imaginera toujours que l'art n'a qu'un but : amuser le monde, et la critique qu'une mission : dire des commérages !...

Je reconnais volontiers que la critique idéale est bien difficile à faire ; mais combien est plus difficile encore un autre genre de critique, celle que j'ai essayée dans le courant de ce volume : s'étudier soi-même, se donner des conseils, se juger sans parti pris est vraiment chose délicate, et il ne faut pas trop se rire de ceux qui échouent dans cette redoutable opération. D'ailleurs, cette critique particulière, cet examen après coup d'une œuvre produite, ne peut guère apporter d'éléments nouveaux à l'artiste qui l'entreprend. C'est presque une superfétation de ce qui s'est présenté pendant tout le cours de l'exécution; car l'étude successive des productions artistiques n'est autre chose qu'une critique continue et incessante. Cette proportion ne vous plaît pas, vous la changez; cette pose vous paraît mal venue, vous la modifiez; ce profil vous semble peu caractérisé, vous en dessinez un autre; eh bien, tous ces changements ne sont autres que le résultat d'une critique loyale et sincère. Si vous refaites dix fois une composition, cela prouve que neuf fois vous avez trouvé votre œuvre imparfaite, que vous vous êtes perpétuellement critiqué, et que vous ne vous êtes arrêté que lorsque vous avez jugé que le travail était enfin venu à point. N'est-ce pas réellement une critique vigilante que ce sentiment qui vous porte à parfaire l'œuvre, et ne trouvez-vous pas que, lorsque après avoir mis et remis cent fois son ouvrage sur le métier on arrive à le considérer comme satisfaisant, il devient presque impossible de revenir à nouveau sur le moyen employé et les résultats obtenus? Je me suis critiqué journellement pendant les quatorze ans qu'a duré la construction de l'Opéra, et pour me critiquer encore il faut que je mette beaucoup de bonne volonté. Eh bien, j'en ai mis autant que j'ai pu le faire, et si l'on trouve que j'ai été encore trop indulgent pour moi dans ces feuillets un peu hétérogènes, il faut penser que logiquement j'aurais presque le droit de ne me reconnaître aucun défaut puisque, pendant si longtemps j'ai cherché à me corriger de ceux que je me découvrais !

Allons ! allons ! la critique quelle qu'elle soit, n'est pas si aisée que veut bien le dire le proverbe, et je crois qu'il est encore plus facile de jeter une pierre au fond d'un puits que de dire pourquoi elle y fait des ronds qui se croisent dans l'eau.

Quoi qu'il en soit, ce qui est plus aisé que la critique, c'est de payer une dette de reconnaissance à ceux qui vous ont aidé de tout leur dévouement, et je tiens à ne pas terminer ce premier volume sans témoigner de ma gratitude et de mon affection au personnel de mon agence. J'ai trouvé dans cette brave réunion d'inspecteurs une aide si puissante et si effective, que j'ai plaisir à dire ici les noms de mes chers collaborateurs. Les uns ont passé avec moi quelques années seulement; d'autres ont vécu de notre vie commune à l'Opéra pendant plus longtemps; et d'autres encore m'ont accompagné pendant toute la durée des opérations. Il m'en reste encore un, de ces derniers là, qui est toujours attaché à l'agence et qui, depuis dix-sept ans bientôt, n'a cessé de me donner des preuves constantes de son attachement à l'œuvre et de sa bonne amitié : c'est Edmond Le Deschault, qui m'a été si précieux par sa loyauté en toutes choses, son goût délicat, son talent distingué et son dévouement à toute épreuve. J'ai échoué jusqu'ici en essayant de lui faire obtenir la distinction qu'il méritait si bien; mais comme je ne suis pas ministre et n'ai pas le pouvoir de lui conférer le petit ruban rouge, il faut bien que je me contente de reconnaître ici des titres qui, je l'espère, seront reconnus un jour autre part.

Jourdain aussi est resté avec moi jusqu'à la fin des travaux. C'était un ancien camarade d'atelier, devenu tout à fait mon ami pendant cette longue cohabitation journalière; caractère un peu triste et mélancolique, mais plein d'ardeur pour remplir son devoir: cette ardeur, il l'a prouvée surabondamment à l'Opéra, et les remerciements que je lui adresse sont complétement mérités, car les services qu'il a rendus ont été bien nombreux et bien efficaces.

Quant à Louvet, qui m'a quitté en 1870, mais qui, malgré cela, vient chaque jour encore à notre bureau, j'aurais dû le placer en première ligne, suivant l'ordre hiérarchique, puisque c'était mon inspecteur principal. Celui-là n'a pas eu de peine à devenir mon ami, car il l'était déjà depuis bien longtemps, lorsqu'il a été nommé à l'Opéra. Il fut même presque mon premier maître à l'atelier Léveil. Nous nous sommes trouvés ensemble à cet atelier, puis à l'atelier Lebas, puis à Rome, à la villa Médicis; en nous retrouvant dans cette aimable agence de l'Opéra, nous n'avons fait que continuer nos bonnes et affectueuses relations. Louvet a été pour moi un aide dévoué et puissant. Son habileté d'étude des plans m'a été d'un précieux secours, comme son bon sens et sa sincère amitié pour moi m'ont bien souvent soutenu dans les moments difficiles.

Je ne sais vraiment si j'aurais pu trouver ailleurs un collaborateur ayant sa position à l'agence, son titre de prix de Rome et son talent éprouvé, qui eût, avec autant de tact, de délicatesse, de bonne humeur et d'abnégation, pu remplir cette tâche si malaisée, d'être à la fois mon conseil journalier par ma confiance en lui, et mon subordonné par le titre. Aussi pendant les neuf ans que nous avons passés ensemble, il n'y a jamais eu entre nous le moindre nuage ni la moindre discussion, sauf naturellement celles qui se rapportaient aux questions artistiques qu'il était de notre devoir de soulever à chaque instant. Je devrais donc donner ici à Louvet une preuve de ma vive gratitude; je préfère lui donner surtout celle de ma sincère affection.

Je ne puis consacrer à chacun de mes collaborateurs un paragraphe particulier, parce que, en somme, n'ayant que des remerciements et des éloges à leur adresser, la justice que je me plairais à leur rendre serait presque uniformément libellée. En disant seulement leurs noms, cela impliquera la gratitude de ma part et voudra dire que leur talent est sous-entendu. Les uns comme les autres ont fait à l'Opéra un passage plus ou moins long; mais ils l'ont fait avec fruit pour le monument et peut-être aussi avec quelques avantages pour eux. Je citerai donc M. Noël, le conducteur principal du chantier, mort peu de temps après l'inauguration de l'Opéra, et qui a emporté les regrets de tous; puis, comme inspecteurs, sous-inspecteurs et dessinateurs, plus ou moins temporaires: Guadet, Pascal, Ambroise Baudry, Bénard, Batigny, Scellier, Noguet, Bernard, Stettler, Boudoy, Jean Girette, Tissandier, Nénot, Rebout, Raulin, Robert, Pauneau et Sabathier, et même Charles Yriarte, qui a quitté le crayon pour la plume.

Tout cela forme ou plutôt formait une jeune et vaillante pléiade d'artistes, aimant fort leur *grand chef* (c'est ainsi qu'ils m'appelaient), qui le leur rendait bien, et lui prouvant chaque jour cette bonne amitié par mille services simplement rendus. Qu'ils soient tous remerciés du fond du cœur ! grâce à eux la vie commune a été douce et charmante ; la hiérarchie disparaissait presque entre tous, et il ne restait plus dans l'agence de l'Opéra qu'une réunion de collaborateurs passionnés pour la besogne dont chacun s'acquittait avec entraînement.

Ils sont déjà bien loin ces beaux jours de travail collectif, où nous n'avions tous qu'un même idéal ! elles sont déjà loin ces heures de fièvre où, sans répit, sans relâche, il me fallait vivre avec mes pensées propres et avec celles des autres ! où, tenant les guides des ardents coursiers qui emportaient le char que je conduisais, il fallait que le coup d'œil fût sûr et la main ferme pour surveiller ceux qui auraient pris le mors aux dents, et stimuler ceux qui allaient être dépassés. Quelle agitation ! quelle effervescence journalière et continue ! quel entraînement irrésistible ! quelle volupté ! en un mot, que cette vie de science, d'art, de direction, d'excitation, de lutte, de déboires et d'espérances !

Aujourd'hui tout est calmé ! il ne reste plus de ces jours mouvementés qu'un bon et durable souvenir et le regret de les voir déjà si éloignés ! Mais, hélas ! il me reste encore l'obligation imprudemment consentie de donner en ces pages le pâle reflet des travaux de jadis, et de descendre du rang d'étoile pour devenir simple astronome, indiquant la constitution du soleil ainsi que le nombre de ses taches ! *Sic transit gloria mundi !!*

Heureusement que si l'étoile principale diminue de grandeur, les nébuleuses qui l'entouraient se sont à leur tour condensées en soleils ; de sorte que si les lumières du firmament artistique ne partent plus des mêmes foyers, elles n'en sont ni moins vives ni moins scintillantes.

Donc, si je regarde ce que sont devenus mes collaborateurs du temps passé, je constate que presque tous sont maintenant à la tête du bataillon dans lequel ils n'étaient jadis que de modestes soldats.

Ambroise Baudry, le frère du peintre, est depuis cinq ou six ans architecte en chef du khédive, au Caire. Jean Girette est architecte du baron de Rothschild à Vienne; Boudoy, architecte de la ville d'Avignon; Stettler, de la ville de Berne. Quant aux autres, dont la position artistique est également des plus honorables, ils ont obtenu, pendant ou après leur passage à l'agence de l'Opéra, le succès le plus envié par les élèves de l'école des Beaux-Arts; Bénard, Batigny, Scellier et Bernard ont remporté chacun le second prix de Rome, et Guadet, Pascal, Noguet et Nénot ont obtenu le premier grand-prix, qui leur a ouvert les portes de la villa Médicis.

Il me semble que mon agence n'était pas trop mal constituée et que j'ai eu la main heureuse en choisissant mes inspecteurs. Si je ne craignais de montrer une pointe de vanité, je dirais que les études faites à l'Opéra ont peut-être été pour quelque chose dans ces grands succès. Je ne demanderais pas mieux que de le croire et j'aimerais à me persuader que ces victoires successives, que remportaient mes jeunes collaborateurs, n'auraient pas été si fréquentes sans l'influence de l'espèce d'école que j'avais formée. Je sais bien qu'en agissant ainsi, je dépouillerais arbitrairement les professeurs en titre de tous ces lauréats et que je me parerais sans doute des plumes du paon; mais, que voulez-vous? il m'est si doux de penser que j'ai pu être de quelque utilité à ces jeunes artistes, que j'ai grand'peine à me défaire de mes prétentions.

Mais en tout cas, si je n'ai été que la mouche du coche, avouons au moins que je m'étais fort bien entouré et que j'avais deviné dans les premiers succès scolaires de mes inspecteurs, les germes de talent qui ne demandaient qu'à s'étendre et à s'épanouir. Louis XIV a eu autant de gloire par le choix de ses ministres que par sa valeur personnelle.

Faut-il après tout, mes amis, que je sois bien fier de vos succès? Votre grand-prix de Rome, qui vous assigne un rang prépondérant dans notre art (pardonnez-moi si je dis cela, et oubliez que j'ai eu jadis aussi ce prix); votre grand-prix de Rome, qui vous a permis d'étudier d'après les sources mêmes de l'architecture, votre grand-prix de Rome, qui vous a, pendant quelques jours au moins, comblés de joie, comme étant la plus haute de vos jeunes espérances, ce prix de Rome, hélas! deviendra plus tard un obstacle à votre carrière, non votre carrière d'artiste rêveur et passionné, mais votre carrière d'architecte exécutant. Ce titre-là, voyez-vous, s'il est encore bien venu des administrations qui depuis longtemps comptent avec lui, est bien souvent un épouvantail pour la clientèle bourgeoise ou princière. On s'imagine dans le public que l'architecte qui n'est pas le premier venu dans son art, est incapable de faire autre chose que des palais, et qu'il ne peut élever une cloison sans qu'il la construise toute en or! Le moindre maçon, ayant par hasard placé deux pierres l'une sur l'autre, sera toujours choisi de préférence à vous, par M. Jourdain ou M. Prudhomme, ou même par MM. Turcaret ou de la Sapinière. Vous avez passé dix ans à l'école des Beaux-Arts, cinq ans dans un chantier de constructions de l'État, puis quatre ans à Rome, puis au retour quatre ou cinq ans encore à diriger en second les travaux du ministère ou de la ville ; vos cheveux commencent à grisonner, et malgré cela, et surtout à cause de cela, à cause de vos titres et de votre talent, vous serez fui comme un chien galeux et délaissé pour un soi-disant constructeur, qui n'a d'autre mérite que l'aplomb et la vanité que donnent l'absence d'étude et l'ignorance de la profession.

Et dire que cette injuste et stupide croyance est enracinée de toute part, et que les gens sont assez bêtes pour y tenir opiniâtrément! Si encore il y avait apparence de raison! si la question de gros sous était là pour appuyer cette inconcevable folie, on pourrait à la rigueur la comprendre ; mais non ; plus on est habile dans son art, moins on fait de choses inutiles, et plus on recherche les moyens pratiques de le rendre grand et beau à peu de frais (ne souriez pas, je vous montrerai cela pour l'Opéra). Est-ce donc la question d'honoraires? mais c'est encore plus incompréhensible! puisque naïvement, dans notre profession, nous sommes tous égaux au point de vue de ces honoraires, et l'on payerait maintenant le même prix à Ictinus ou à Palladio que l'on paye au troisième sous-commis d'un entrepreneur à qui il prend la fantaisie de s'intituler architecte !...

Vraiment, il y a là une anomalie étrange et qui n'atteint que les architectes! Il ferait beau voir que les peintres, les artistes dramatiques et les littérateurs fussent tous payés également sur le même pied! Il ferait beau voir que Baudry, Got ou Dumas ne reçussent pour leurs œuvres pas plus qu'un peintre d'enseigne, un pitre de foire, ou un faiseur d'almanachs! Eh bien, c'est pourtant ce qui arrive chez nous, et, voyez ce que c'est, personne de nous ne s'en plaint! nous acceptons la tradition, malgré son manque de justice; nous ne voulons pas faire de catégorie; mais pour l'amour de Dieu au moins! puisque nous ne vous prenons pas plus cher que d'autres, adressez-vous donc à ceux qui, au lieu de vous faire une maison de pacotille, vous feraient, sans plus vous occasionner de dépenses, une construction plus ou moins typique, mais au moins de bonne apparence et de bon goût!

Vous concevez bien que je ne parle pas pour moi en ce moment; j'ai fait mon deuil de cette ineptie continue. D'ailleurs, il semble que maintenant on ait moins peur de moi, et, de plus, j'ai eu le rare et grand bonheur de construire de toutes pièces un important monument. Je n'ai donc pas à me plaindre; mais j'ai à plaindre les autres, qui, moins heureux sans doute du côté des créations artistiques, se trouveront en butte à la routine insensée qui semble s'être implantée en France. Ils auront le talent, mais ne pourront le montrer ni dans un bâtiment de l'État ni dans une simple maison, et, plus ils auront de mérite, plus ils seront exposés à crever de faim! Si vous croyez après cela que le prix de Rome soit chose bien enviable!

Peut-être, après tout, sommes-nous des nigauds de nous confiner tous ainsi dans un règlement arbitraire. Si nous nous décidions à graduer les demandes d'honoraires d'après le temps que nous avons passé à étudier et à apprendre notre métier, peut-être bien des gens viendraient-ils à ceux qui leur prendraient plus cher en se disant que s'ils payent plus ils seront mieux servis. Les appointements de Faure et de la Patti sont plus grands que ceux d'une chanteuse de café concert, et ça n'empêche pas que ces deux artistes ne soient ardemment recherchés. Nous ne demandons pas qu'on nous paye autant que ces brillants virtuoses ; mais, que diable, payez-nous plus que les comparses ! Voilà ce que nous pourrions dire, mais ce que nous ne dirons certainement pas, parce que les artistes de valeur ont la manie du désintéressement et un sentiment exagéré de leur dignité professionnelle. N'importe ! si les artistes acceptent les faits établis, que vous au moins, messieurs Tout le Monde, vous profitiez de cette égalité des salaires pour vous adresser de préférence à de jeunes artistes, pleins de talent et de zèle, au lieu de vous confier, comme cela vous arrive trop souvent, à des fruits-secs de l'école et à des ignorants fieffés. Il va sans dire que par gens de talent, je ne parle pas seulement des prix de Rome ; loin de là, car il y a à Paris bien d'autres éminents artistes qui n'ont pas cette qualité ; mais ceux-ci, comme les premiers, souffrent de la sottise des gens, et souffrent surtout quand ils voient de la pierre gâchée, du terrain perdu, et l'art compromis dans tant de constructions nouvelles.

Cependant, comme je suis honnête, n'en doutez pas ! il faut bien que je confesse que ma boutade d'à présent aurait été plus à sa place il y a une vingtaine d'années ; de jour en jour, l'art de la disposition et de la décoration se montre de plus en plus dans les maisons particulières, et peut-être que si cela continue ainsi, tous les gens de valeur trouveront leur place au soleil!

Je viens de parler en passant du désintéressement des architectes : il est réel, je vous l'assure, en bien des occasions; mais ils ne sont pas les seuls parmi les artistes qui préfèrent travailler pour rien plutôt que de ne pas travailler du tout; et je sais bon nombre de peintres et de statuaires qui se trouvent heureux... Je sens que je vais dire une sottise si je donne aux artistes le monopole du désintéressement; car, en somme, je ne vois que cela autour de moi dans les professions libérales : le médecin soigne bien souvent pour rien; l'avocat plaide d'office; l'écrivain donne parfois sa prose gratis aux journaux, et le soldat se fait tuer à la bataille sans demander une augmentation de solde. Est-ce que la nature humaine serait vraiment bonne et généreuse? Est-ce que l'égoïsme n'existerait pas? Est-ce que l'envie, la jalousie, l'ambition et l'avarice ne forment que des exceptions parmi les sentiments et les passions que Dieu nous a dévolus! Je serais vraiment tenté de le croire quand je vois tant de gens donner leur temps, leur talent et même leur argent pour remplir un devoir social et humanitaire. Ne faisons donc pas de catégorie de dévouement et de générosité; mais laissez-moi seulement le droit de mettre les artistes dans la phalange des désintéressés.

Je viens d'ailleurs d'en avoir une preuve nouvelle au sujet de la galerie du glacier de l'Opéra. La décoration de cette galerie avait été ajournée faute d'argent; on a mis dernièrement un petit crédit à ma disposition; mais comme il ne me permettait pas de mettre à exécution mon projet primitif, j'ai dû modifier et simplifier le parti et supprimer les peintures qui devaient entrer dans la décoration. Mais c'est là que les peintres se sont montrés; car plusieurs m'ont offert spontanément d'exécuter gratuitement les peintures décoratives. Comme, après tout, je suis d'avis que les artistes vivent plus de gloire que de pain, je n'ai eu garde de refuser cette proposition qui leur permettra de placer leurs œuvres bien en vue. J'ai cherché pourtant à ne pas leur faire un trop grand tort pécuniaire, et je leur ai offert de leur faire payer leurs figures au prix de simple décoration. Cela se pouvait en effet; car dans le parti que j'ai adopté alors, de grands panneaux se composent d'ornements et de figures entremêlés. J'ai offert aux artistes de leur donner ce qui aurait été payé aux peintres décorateurs qui enlèvent ordinairement les figures à bout de brosse. Ce n'était pas grand'chose ; mais enfin c'était toujours plus que rien, et cela soldait au moins les déboursés que les artistes devaient faire. C'est donc ainsi que la convention a été faite entre nous, et c'est ainsi que les gens de talent vont, pour le simple plaisir de faire de l'art à leur gré, passer plusieurs mois sur un travail qui ne leur rapportera rien autre que la satisfaction de montrer sous une nouvelle forme leur mérite de compositeurs et d'exécutants.

Ces artistes sont : Clairin, qui a pour lui seul près de la moitié de la besogne; E. Thirion; Escalier, qui, bien qu'architecte de valeur, est aussi un peintre fort distingué; puis Duez, puis mesdames Abéma et L. Doux.

Et voyez-vous, ce n'est pas un exemple isolé que ce désintéressement des artistes que je viens de citer; car depuis qu'ils ont eu la bonne pensée de collaborer *gratis pro Deo* à la décoration de l'Opéra, il n'est pas de jour où d'autres artistes, aussi fort éminents, ne me fassent semblable proposition... je crois, Dieu me pardonne! que tous ces braves gens-là payeraient eux-mêmes pour que l'on acceptât leur œuvre et que tous les artistes de la création aimeraient mieux se passer de boire et de manger que de ne pas faire de la peinture, de la sculpture ou de l'architecture! Ce ne serait peut-être pas trop délicat à l'État de consentir à ce marché, où il a le plus clair des bénéfices; mais j'ai fait pour ainsi dire le contrat en dehors de l'administration, afin de ne pas la faire accuser de parcimonie, et c'est moi l'obligé de mes collaborateurs. Mais je porte bien ce fardeau de la reconnaissance et je me promets encore à l'avenir, si l'occasion s'en présente et si cela peut être utile à l'Opéra, d'abuser des bons sentiments et de la générosité des artistes. Je n'ai pas la moindre vergogne à cet égard; ce n'est pas eux qui me blâmeront!

Ce serait sans doute ici l'occasion de vous parler de cette galerie du glacier, et de vous dire ce qu'elle sera après son achèvement; mais comme je n'en sais rien encore, il est plus prudent que je m'abstienne. D'ailleurs, sauf les peintures artistiques ou décoratives, cette galerie offrira assez peu d'intérêt, et il est bien inutile pour peindre une forêt de compter toutes les feuilles des arbres.

Il se peut, au surplus, qu'avant que je n'aie terminé mon second volume l'administration m'ait mis à même de compléter la décoration entière du glacier, du restaurant et du fumoir, ainsi que l'installation des archives et l'appropriation des anciens locaux jadis destinés au chef de l'État. Comme alors, il y aura sans nul doute, dans ces nouvelles salles quelques œuvres artistiques importantes ; je pourrai leur consacrer un ou deux chapitres et cela vaudra mieux que d'étudier maintenant des dispositions provisoires, ou des décorations seulement projetées, et je termine donc, pour le moment, l'examen architectural des diverses parties composant le nouvel Opéra.

FIN DU PREMIER VOLUME.

ERRATA

Page	Ligne	au lieu de :	lisez :
3	11ᵉ ligne,	par	pas
13	13	de un mètre	d'un mètre.
18	13	faudrait-il	vaudrait-il.
28	6	à diverti	a diverti.
59	32	par derrière	en arrière.
77	8	tels les murs	comme les murs.
77	10	telles que les	tels les.
111	4	*yllissus*	*illisus*.
141	27	composé	composée.
193	3	ce dont	dont.
196	20	ont eu	aient eu.
211	6 et 18	Grisons	Valais.
213	27	manequins	mannequins.
223	26	partout	pourtant.
223	32	faux-monayeur	faux-monnayeur.
233	31	qu'ils devaient	qu'il devait.
276	27	caractères grecs	caractères grecs byzantins.
304	7	Exposition universelle	Exposition universelle de 1867.
336	32	différemment que	autrement que.
352	3	bien mieux préféré	bien préféré.
352	4	tout entier que	tout entier plutôt que.

ERRATA.

Page 359 — 10ᵉ ligne, *au lieu de :*	me convaincre,	*lisez :*	me persuader.
368 — 30 —	des fils	—	de fils.
369 — 13 —	d'en prix	—	d'un prix.
372 — 15 —	les marbreries	—	les marbrières.
374 — 3 —	où l'autre	—	ou l'autre.
389 — 23 —	de Martial	—	d'Horace.
406 — 19 —	dont vous parlez	—	que vous parlez.
411 — 17 —	Rochesr	—	Rochers.
411 — 29 —	détonants	—	détonnante.

TABLE DES MATIÈRES

TABLE DES MATIÈRES

DU PREMIER VOLUME

———

PAGES.

Avant-propos 1

* * *

De la façade 9

* * *

Trop d'or ! trop d'or ! 37

* * *

Le foyer de la danse 51

* * *

Des aigles, des lyres, des lettres et des bustes 73

* * *

Des balustrades extérieures 9

* * *

	PAGES.
Les groupes Millet et Lequesne	109

* * *

De la décoration de la salle	115

* * *

De la forme de la salle et de l'arrangement des places	145

* * *

Le plafond de Lenepveu	163

* * *

De l'acoustique de la salle	181

* * *

Les couloirs de la salle	203

* * *

Du grand vestibule d'entrée	215

* * *

Le grand foyer	227

* * *

De l'avant-foyer et des mosaïques	261

* * *

Des candélabres du perron et des illuminations	285

* * *

Des petits salons circulaires	297

* * *

TABLE DES MATIÈRES.

	PAGES.
DE LA COUPOLE EXTÉRIEURE DE LA SALLE ET DE CELLES DES PAVILLONS.	301

* * *

DU VESTIBULE CIRCULAIRE.	313

* * *

DE LA LOGGIA.	323

* * *

DU GRAND ESCALIER.	335

* * *

DU RIDEAU D'AVANT-SCÈNE.	385

* * *

DES PORTIQUES DE LA QUEUE.	391

* * *

DU VESTIBULE DU CONTROLE.	399

* * *

DES MURS DE LA SCÈNE ET DE LA SALLE.	405

* * *

DE LA PORTE ET DES BATIMENTS DE L'ADMINISTRATION.	415

* * *

DES GROUPES ET DES STATUES DE LA FAÇADE.	423

* * *

DES ESCALIERS LATÉRAUX.	461

* * *

Des façades latérales et des pavillons. 469

* * *

Des sculptures de Chabaud. 477

* * *

Du glacier, du pavillon du chef de l'État, de l'agence, des artistes et d'autres choses encore. 487

www.ingramcontent.com/pod-product-compliance
Lightning Source LLC
Chambersburg PA
CBHW051400230426
43669CB00011B/1715